修訂三版

兩岸關係與政府大陸政策

主編 趙春山

編著 郭瑞華　張五岳　楊開煌　高　長
　　　王信賢　邵宗海　林祖嘉　陳小紅
　　　包宗和　劉大年　蔡東杰

三民書局

國家圖書館出版品預行編目資料

兩岸關係與政府大陸政策／趙春山主編.——修訂三
版二刷.——臺北市: 三民, 2022
　　面；　公分

　　ISBN 978-957-14-6706-1 （平裝）
　　1. 大陸政策 2. 兩岸關係

573.09　　　　　　　　　　　　　　　108013978

兩岸關係與政府大陸政策

主　　　編	趙春山
編 著 者	郭瑞華　張五岳　楊開煌
	高　長　王信賢　邵宗海
	林祖嘉　陳小紅　包宗和
	劉大年　蔡東杰

發 行 人	劉振強
出 版 者	三民書局股份有限公司
地　　　址	臺北市復興北路 386 號 (復北門市)
	臺北市重慶南路一段 61 號 (重南門市)
電　　　話	(02)25006600
網　　　址	三民網路書店 https://www.sanmin.com.tw

出版日期	初版一刷 2013 年 9 月
	修訂三版二刷 2022 年 4 月
書籍編號	S571420
I S B N	978-957-14-6706-1

三民書局

編者三版序

　　1949年政府遷臺以來，兩岸分治已超過一甲子。回顧過去兩岸關係的發展，可說曲曲折折，大部分是處在一個不確定的狀態。1987年11月政府開放國人赴大陸探親是重大的轉捩點，兩岸關係從此由對立邁向互動。雙方不僅因此成立了處理兩岸問題的辦事機構，也建立了制度性的協商管道。但因缺乏足夠的互信，兩岸的和解畢竟只是曇花一現。從1995年到2008年長達十二年期間，兩岸關係又陷入外弛內張的局面。

　　2008年5月，臺灣二次政黨輪替後，國民黨重新獲得執政地位。馬英九政府致力推動兩岸和解的制度化，希望建構一個互利共贏的兩岸新關係。事實顯示，兩岸不僅恢復了協商的進程，並且陸續簽署了包括ECFA在內的二十三項協議，兩岸關係處於六十年來的最佳狀況，進入對岸眼中一個「歷史的際遇時期」。2016年5月，民進黨再度取得執政地位，由於蔡英文政府拒絕接受「九二共識」，中共隨即片面關閉兩岸對話和協商大門，兩岸關係再度陷入僵局。由於兩岸關係攸關臺灣的生存發展和地區的安全穩定，因此，如何打開僵局，促進兩岸關係的和平發展，已成為兩岸人民與國際社會的共同期待。

　　本書探討的問題，主要包括「政府大陸政策」和「兩岸關係」兩個部分。有關「政府大陸政策」方面，書中除了描述政府在不同階段的政策內容，並且分析了影響政府決策的各項環境因素，其中包括：中共的對臺政策，中國大陸內部的政治、經濟和社會發展，以及國際和兩岸周邊地區情勢的變化；至於「兩岸關係」方面，本書強調的是兩岸經濟、文化和社會互動

的問題，也包括兩岸協商的過程。

　　最後，感謝國內學者專家提供他們的研究成果。編者有幸予以彙集成書，謹供各界人士參考。

趙春山　謹序

2019.8

兩岸關係與政府大陸政策　目次

第一章
當前我國大陸政策

壹、前　言

　　馬總統曾說 「兩岸關係是一種特別的關係 ， 但不是國與國的關係。」❶就因為具有特殊的性質，1949 年中華民國政府遷臺後的兩岸關係，才會一路走來，曲曲折折。根據政府官方的說法，在兩岸關係發展的初期階段，即自 1949 年至 1978 年，在這個長達二十九年的期間，雙方係處在一個軍事衝突與緊張對立的狀態；第二階段是從 1979 年至 1987 年 10 月，因大陸地區對臺改採「和平統一」的策略，我政府則提出「以三民主義統一中國」為號召，兩岸的軍事對立情勢趨於緩和。但雙方仍互不往來，「和平對峙」是此一時期的特色；第三階段則是從 1987 年 11 月 2 日，我政府開放民眾赴大陸地區探親開始，兩岸關係進入交流互動時期。❷

　　從 1987 年 11 月迄今，兩岸民間交流蓬勃發展，經貿互動尤其熱絡，雙方執政當局並且建立了具有半官方性質的制度性協商管道；但從 1996 年臺海危機爆發，歷經李登輝總統拋出「兩國論」，以及民進黨從 2000 年到 2008 年的執政，兩岸正常協商管道被迫中斷，兩岸關係因此出現「冷和」狀態；2008 年國民黨重獲執政地位，兩岸恢復制

---

❶　「總統接受墨西哥 《太陽報》 系集團董事長瓦斯蓋茲 (Mario Vázquez Raña) 專訪」，中華民國總統府，中華民國 97 年 9 月 3 日，https://www.president.gov.tw/NEWS/12562。

❷　馬英九，**兩岸關係的回顧與前瞻**（臺北市：行政院大陸委員會，中華民國 81 年），頁 2–3。

度化協商，雙方關係進入「和解制度化」時期。2016 年民進黨取得執政地位，由於蔡英文政府不接受「九二共識」的說法，對岸片面關閉兩岸協商大門，使得兩岸關係立刻陷入僵局。

　　上述兩岸關係的演變過程，凸顯大陸政策在我國政府各項施政中的特殊地位。大陸政策連同內政、外交，合而成為攸關臺灣生存和發展的三大公共政策。中國大陸有學者形容這三大政策雖彼此獨立，但實際上卻存在一種主從關係：即外交和大陸政策從屬於對內政策。因此，三大政策之間不是以並列方式存在，而是以「一體兩翼」的特殊形式銜接組合。大陸學者認為，臺灣總的政策體系形同一隻飛鳥，其中內政似「鳥之軀體」，外交政策和大陸政策如「鳥之雙翼」。「一體驅使兩翼運動」，也就是內政對於外交和大陸政策起了決定性的作用；「兩翼帶動一體前進」，則指外交和大陸政策也會在對內政策產生積極或消極的影響。❸

　　外交是內政的延長，大陸政策與對內政策的關係亦復如此。對岸學者據此強調我對內政策的主導地位，不難理解。其實，在任何推行民主憲政的國家，公共政策本會隨政黨輪替而作出調整。選舉制度的設計，就是為了具體反映民之所欲。但另一方面，民主不能離開法治，任何執政者都必須「依法治國」、「依憲治國」，如此也就維繫了重大公共政策的持續性。因此，我們認為三大政策的存在是相輔相成、相互影響的關係。政府制定大陸政策時，必須對內外形勢作出判斷，自然包括國際形勢、大陸形勢，以及臺灣內部的形勢。

貳、兩位蔣總統執政時期的大陸政策

　　1949 年中華民國政府退守臺灣，兩岸雖進入分治狀態，但中共仍以「武力解放臺灣」的口號提出威脅，並於 1949 年和 1958 年，相繼

---

❸　戴培元，「臺灣當局三大政策的相互關係及發展趨勢」，荊堯、常燕生、辛旗編，**九十年代臺灣政治**（北京：華藝出版社，1991 年 9 月），頁 36。

對臺發動「古寧頭戰役」與「八二三砲戰」。另一方面，蔣中正總統在臺復行視事後，也決心記取大陸失敗教訓，積極進行「反攻大陸」的備戰工作。例如，1950 年 6 月，蔣總統提出「一年準備，兩年反攻，三年掃蕩，五年完成」的號召。❹1952 年 10 月 10 日，國民黨舉行「第七次全國代表大會」（「七全大會」），會中通過「反攻大陸案」，並確立「攻勢作戰」的軍事戰略。❺

　　「七全大會」後，政府的當務之急，就是把臺澎金馬建設為「反攻大陸」的復興基地。例如，1957 年 10 月 10 日，國民黨召開「八全大會」，大會主要任務是策定「反共復國」的總方略。因此，蔣中正以國民黨總裁身分，於開幕典禮中指出此次大會的三大工作：一是集思廣益，策進反攻復國計畫；二是培植人才，擔當復國、建國使命；三是修改黨章，適合反共革命需要。❻

　　政府此時採取「反攻大陸、反共復國」為目標的政策，除了主觀意願，還考慮到客觀環境的配合。對內而言，備戰有助於動員群眾的支持，並集中資源投入政府特定的建設計畫。在外部環境方面，二次世界大戰結束後，以美國和蘇聯為權力中心形成的「兩極政治」體系，揭開了「冷戰」(cold war) 的序幕。雖然美蘇雙方皆擁有核子武器，但在「相互保證毀滅」的威脅下，彼此都努力避免直接軍事對抗；取而代之的是，雙方不斷對對方進行政治、經濟、外交和心理攻勢，以及間接從事「代理人」的戰爭。

---

❹　「為撤退舟山、海南國軍告大陸同胞書」，財團法人中正文教基金會，
　　http://www.ccfd.org.tw/ccef001/index.php?option=com_content&view=article&id=1373:0007–63&catid=228&Itemid=256。

❺　「臺軍戰略演變 4 階段：從『反攻大陸』到『決戰境外』」，華夏經緯網，
　　http://www.huaxia.com/tw/sdbd/js/00193799.html；「七全大會」，中華百科全書，
　　http://ap6.pccu.edu.tw/Encyclopedia/data.asp?id=4139&nowpage=1。

❻　「八全大會」，中華百科全書，
　　http://ap6.pccu.edu.tw/Encyclopedia/data.asp?id=4149&forepage=1。

政府遷臺後積極採取反共國策，並和美國締結「共同防禦條約」。因此，臺灣是美國在亞洲推行圍堵政策的堅強盟友。臺灣的地緣政治戰略地位，也被視為自由世界的「反共堡壘」，以及西太平洋一艘「不沉的航空母艦」。實際上，中華民國採取的反共政策，也得到了應有的報償。例如，美援為政府的各項建設，提供了物質的幫助；美國的外交支持，也確保了政府遷臺後持續享有的國際地位。

與此同時，中共建政後中國大陸形勢的變化，以及中共當時採取的對內與對外政策，也提供臺灣反共復國政策合理化的解釋。中共建政初期，毛澤東是以「蘇聯模式」來推動「社會主義改造」，隨後並進行了「社會主義建設」。1953 年 2 月 17 日，時任中共財政部長的薄一波，在一項針對全中國大陸預算的報告中宣稱：「今天的蘇聯，將是明天的新中國。」在此十天之前，毛澤東已表示：「為了建設我們的國家，我們將展開一場全國性的學習蘇聯運動。」 ❼中共不僅在內政方面學習蘇聯，在對外政策方面也採取對蘇聯為首社會主義陣營「一邊倒」的路線。然而，中共卻因學習蘇聯而付出慘痛代價。事實顯示，毛澤東對中國大陸社會進行的「改造」和「建設」，提供了中共內部藉群眾運動進行權力鬥爭的舞臺，從 「土改」、「大鳴大放」、「三面紅旗」，最後終於累積為「十年浩劫」的「文化大革命」。中國大陸民眾不僅因此處於「一窮二白」的狀態，中共政權也因中蘇共關係的惡化，幾乎陷於兩面作戰的外交困境。

1975 年蔣中正總統逝世，繼任的嚴家淦先生以及 1978 年當選第六任總統的蔣經國先生，仍持續反共基本國策。例如，蔣經國總統在1979 年因應中共與美國建交後，對臺展開的和平統戰攻勢，提出了「不妥協、不接觸、不談判」的「三不」策略。❽但這項政策，隨後

---

❼ Michael B. Yahuda, China's Role in World Affairs (London: Croom Helm Ltd., 1978), p. 59.

❽ 「三不政策」，臺灣大百科全書，
http://nrch.culture.tw/twpedia.aspx?id=3905。

卻出現了策略性的調整。

　　1981 年 3 月 29 日，國民黨召開「十二全會」，蔣經國總統開幕致詞時強調三個「決不改變」：反共復國的基本國策決不改變、中華民國憲法所決定的國體決不改變、以三民主義統一中國的目標決不改變。全會最後通過「貫徹以三民主義統一中國」案，宣稱「以三民主義統一中國」作為國民黨努力奮鬥的目標。❾1987 年 11 月 2 日，在蔣經國總統主導下，政府宣布開放民眾赴大陸探親，開啟了兩岸互動的大門。

　　此時政府從「軍事反攻」調整為「政治反攻」，也是受到內外環境因素的影響。首先，為了脫離越戰泥淖，美國前總統尼克森 (Richard Nixon) 於 1969 年 1 月就任後，提出以「談判代替對抗」的口號。❿美國不僅希望與蘇聯和解，也嘗試改善與中國大陸的關係。根據美國前國務卿季辛吉 (Henry Kissinger) 的回憶，尼克森當時認為與中共修好，能迫使蘇聯在越南問題上短期提供協助的機會；根據尼克森的看法，結束八億中國人的孤立狀態，就解除了對和平的一大威脅。因此，如果能和蘇聯、中共同時發展關係，則這種三角關係將給予美國謀求和平一個極大的戰略機會。⓫尼克森調整對中共策略，最後不但促使美國卡特 (Jimmy Carter) 政府於 1979 年元旦宣布與中國大陸建交，並且形成 80 年代美國聯合中共對抗蘇聯的大戰略。

　　毛澤東死後，大陸形勢發生重大的變化，其對臺政策也做出相應的調整。1978 年 12 月 18 至 22 日，中共在北京召開「十一屆三中全會」，會中決定把黨和政府的工作重點，從「以階級鬥爭為綱」，轉移到「以經濟建設為中心」。基於這個重大的戰略轉變，北京必須努力塑

❾　「三民主義統一中國」，臺灣大百科全書，
　　http://taiwanpedia.culture.tw/web/content?ID=3904。

❿　Richard Nixon inaugural address: Jan. 20, 1969, CBS NEWS,
　　https://www.cbsnews.com/news/richard–nixon–inaugural–address–jan–
　　20–1969/.

⓫　時報出版公司，**季辛吉回憶錄：中國問題全文**（臺北：時報文化出版公司，
　　1979 年），頁 2–3。

造一個和平穩定的國際環境，包括兩岸關係，以積極推動由鄧小平全盤設計的改革與開放政策。就在中共與美國建交的同一天，中共「人大常委會」發表「告臺灣同胞書」，聲稱中共對臺政策將從「武裝解決」改為「和平統一」，並呼籲兩岸進行「三通四流」。

與上述外部環境相呼應的是臺灣政治社會情勢的改變。面對臺灣內部日益升高的民主化需求，國民黨於 1986 年 3 月 29 日召開的「十二屆三中全會」上，蔣經國總統指示全黨進行黨務革新，並以黨務革新帶動政治革新，以開創國家民族新局面。1987 年 6 月後，蔣經國總統即展開大幅度政治改革，其中以 7 月 15 日宣布臺灣地區解除戒嚴最為重要。❶❷

對蔣經國而言，「三民主義統一中國」的號召，與臺灣內部的政治革新，兩者相互影響。由此觀之，開放民眾赴大陸探親，絕非僅是人道精神的考慮。蔣經國總統顯然不希望這個問題，成為反對人士用來進行政治鬥爭的工具。

參、李登輝總統執政時期的大陸政策

1988 年 1 月，蔣經國總統逝世，李登輝先生繼任總統。國民黨在同年 7 月 12 日召開的「十三全大會」中，通過了「中國國民黨現階段大陸政策」案，強調國民黨大陸政策的最終目標，在消除馬列主義共產制度的專制統治，建設民主、自由、均富、和平、統一的新中國。現階段的目標則是：擴展「臺灣經驗」，支援大陸民主運動，發揮政經影響，爭取大陸民心。國民黨的這一基本政策可以概括如下：

1.維護中華民國憲法。
2.反對馬列共產主義。
3.確保復興基地安全。

---

❶❷　「年表」，中國國民黨，http://www1.kmt.org.tw/page.aspx?mid=74。

4.支援大陸同胞爭取自由、民主、人權運動。

5.強化三民主義統一中國行動。❸

很明顯地，在李登輝總統領導下，國民黨此刻的大陸政策，強調的是要以加強臺灣民主憲政建設來爭取大陸民心，最後以團結全民族力量，共同努力達成國家統一的歷史任務。

為了落實國民黨的大陸政策，李總統於 1990 年 10 月邀集朝野各黨及社會各界人士，於總統府成立了「國家統一委員會」（簡稱「國統會」），研商制定「國家統一綱領」（簡稱「國統綱領」）。1991 年 1 月，行政院成立「大陸委員會」，統籌處理政府大陸事務；1991 年 2 月，「財團法人海峽交流基金會」（簡稱「海基會」）正式成立，並接受政府委託與授權，處理涉及公權力的兩岸事務性工作。1991 年 3 月，行政院院會通過「國家統一綱領」，成為政府推展兩岸關係的指導原則。1991 年 4 月 30 日，李總統宣告動員戡亂時期於 5 月 1 日零時終止，並依國民大會決議，宣告同時廢止「動員戡亂時期臨時條款」，即在憲政層次上，不再將中共視為叛亂組織。1992 年 7 月，立法院通過「臺灣地區與大陸地區人民關係條例」（簡稱「兩岸人民關係條例」），並於 9 月 18 日施行。❹

由上述政府推動大陸政策的過程，我們認識到李總統執政初期的想法，是為政府處理兩岸關係，奠定一個法制化的基礎。在法理層面，「國家統一綱領」文字雖然精簡，但涉及的問題卻是錯綜複雜，其要旨包括：

1.堅持一個中國，謀求中國的統一。

2.堅持和平統一，反對使用武力。

3.以尊重臺灣地區人民的權益為統一的前提。

---

❸ 馬英九，前揭書兩岸關係的回顧與前瞻，頁 73–75。

❹ 行政院大陸委員會編，臺海兩岸關係說明書（臺北：行政院大陸委員會，中華民國 83 年），頁 22–23。

4.和平統一有進程，分階段而無時間表。

統一進程的規劃則分下列三個階段：

㈠近程：交流互惠階段

這個階段的規劃有四項：
1.在互惠中不否定對方為政治實體；
2.擴大兩岸民間交流；
3.希望大陸積極推動經濟改革，開放輿論，實行民主法治；
4.以和平方式解決爭端，希望中共宣布放棄武力犯臺；希望兩岸在國際上相互尊重，互不排斥。

㈡中程：互信合作階段

這個階段的規劃有二項：
1.兩岸建立對等的官方溝通管道，從民間交流進入官方接觸；
2.開放兩岸直接通郵、通航、通商。

㈢遠程：協商統一階段

主張成立兩岸統一協商機構，「共商統一大業，研訂憲政體制，以建立民主、自由、均富的中國。」❶❺

制度層面，在李總統主導下，政府不僅成立了處理大陸事務的專責機構，並且建立了「海基會」作為與對岸「海峽兩岸關係協會」（簡稱「海協會」），解決兩岸事務爭端的協商管道。其中最具歷史意義的是，「兩會」領導人辜振甫先生和汪道涵先生，於 1993 年 4 月在新加坡舉行的會談。雙方根據「一中各表」的「九二共識」，達成了「兩岸公證書使用查證協議」、「兩岸掛號函件查詢、補償事宜協議」、「兩會聯繫與會談制度協議」以及「辜汪會談共同協議」四項協議。此後，

---

❶❺ 黃昆輝，前揭書**大陸政策與兩岸關係**，頁 4–11。

「兩會」依協議舉行了多次後續商談，對兩岸交流衍生的各項問題，繼續進行涉入討論。❶⑥

　　李總統執政初期對統一問題採取積極的態度，這也和當時臺灣面臨內外環境的變動有關。從 80 年代末期到 90 年代初期，整個「社會主義陣營」因德國統一、蘇聯解體和東歐劇變而處於分崩離析的狀態。在中國大陸，「六四事件」不僅使共黨的專政統治遭到挑戰，也使中國大陸受到西方國家的經濟制裁。在面對上述的內外困局，中共當局似乎錯失良機，未能對「國家統一綱領」的提出，作出即時善意的回應。

　　1995 年春節前夕，中共領導人江澤民，在中國大陸逐步走出「六四事件」的陰影後，發表了「為促進祖國統一大業的完成而繼續奮鬥」的講話（俗稱「江八點」）。❶⑦ 針對對岸這項對臺政策的重要表述，李總統於同年 4 月 8 日在「國統會」改組後的第一次會議中，提出了下列六項主張作為回應（俗稱「李六條」）：

1. 在兩岸分治的現實上追求中國統一。
2. 以中華文化為基礎，加強兩岸交流。
3. 增進兩岸經貿往來，發展互利互補關係。
4. 兩岸平等參與國際組織，雙方領導人藉此自然見面。
5. 兩岸均應堅持以和平方式解決一切爭端。
6. 兩岸共同維護港澳繁榮，促進港澳民主。❶⑧

　　從「國統綱領」到「李六條」的提出，李總統對於大陸政策的積

---

⑯　馬英九，前揭書**兩岸關係的回顧與前瞻**，頁 24。

⑰　「江澤民：為促進祖國統一大業的完成而繼續奮鬥」，中共中央臺灣工作辦公室，1995 年 1 月 31 日，
http://www.gwytb.gov.cn/zt/jiang/201101/t20110105_1676843.htm。

⑱　行政院大陸委員會編，「六十一、李總統登輝先生在國家統一委員會第十次全體委員會議講話──讓炎黃子孫昂首屹立，**大陸工作參考資料**（臺北：行政院大陸委員會，中華民國 87 年），頁 423–428。

極態度，卻因隨後一次美國之行，而被對岸當局澆了一盆冷水。

1995 年 6 月，李總統應邀訪美，在母校康乃爾大學 (Cornell University)「歐林講座」(Olin Lecture) 發表「民之所欲，長在我心」的演講。李總統在演講中細數臺灣民主發展的過程，期盼國際社會重視中華民國在臺灣存在的現實，給予中華民國更合理的發展空間。❶❾ 中共當局因不滿李總統的美國之行，乃片面宣布中斷兩岸「兩會」的協商。此外，從 1995 年 8 月開始，對岸不但在文宣上對李總統個人展開批判，並且針對臺灣進行了一連串的軍事演習，包括導彈試射，此即一般所稱的「文攻武嚇」。1996 年 3 月，李總統成為中華民國首任直接民選總統，對岸則以升高臺海軍事危機相對應。中共的舉動令李登輝總統感到不滿，1996 年 9 月 14 日，李總統在「第三屆全國經營者大會」上發表演講，提出了對大陸投資「戒急用忍」的思維❷⓪。表面上的用意是要防止企業在大陸過度擴張投資，避免升高兩岸經貿風險；但提出「戒急用忍」是在臺海危機之後，故影響所及，不免被賦予經貿以外的政治意涵。例如，時任行政院長的蕭萬長於 1998 年強調檢討、調整「戒急用忍」政策的前提是：「中共消除對我敵意，結束敵對狀態並存，尊重兩岸對等分治，以平等互惠對待我，不再阻擋我方在國際上的活動空間，臺商投資權益經過協議獲得確切保障，而且不影響臺灣經濟穩定發展。」❷❶

臺海危機因美國的軍事介入而暫時解除，但也因此促使美國與中

---

❶❾　「總統在歐林講座演講」，中華民國總統府，中華民國 84 年 6 月 10 日，
https://www.president.gov.tw/NEWS/22622。

❷⓪　「總統參加第三屆全國經營者大會」，中華民國總統府，中華民國 85 年 9 月 14 日，
http://www.president.gov.tw/Default.aspx?tabid=131&itemid=4089。

❷❶　「五五、蕭萬長院長宣示兩岸『三通』的前提和調整『戒急用忍』政策的條件」，行政院大陸委員會，
https://www.mac.gov.tw/News_Content.aspx?n=3D7C9BFC4F86BF4A&sms=CDA642B408087E65&s=58BD38F4400A7167#055。

共建立「戰略伙伴關係」；與此同時，兩岸開始商談恢復「兩會」的協商。1998 年 10 月，辜振甫啟程前往大陸訪問，此行不但會晤了汪道涵，也和江澤民在北京會面。正當兩岸關係面臨解凍，雙方規劃汪道涵赴臺進行回訪之際，李登輝總統於 1999 年 7 月 9 日接受「德國之聲」訪問時，提出了「兩國論」的說法，認為「自 1991 年修憲以來，已將兩岸關係定位在國家與國家，至少是特殊的國與國的關係。」❷❷

　　李總統把兩岸關係定位在「國家與國家」，顯然遠離了當初「國統綱領」中，有關兩岸政治實體的定位，故立即引起對岸的強烈反彈。中共再度宣布中斷「兩會」協商。

肆、陳水扁總統執政時期的大陸政策

　　2000 年總統大選，民進黨參選人陳水扁先生獲勝。民進黨執政時期的大陸政策，足以凸顯臺灣內政情勢對於大陸政策變化起的關鍵性作用。民進黨的大陸政策，源於該黨對於國家定位，以及兩岸關係定位的兩項重要文件：一是 1991 年通過的「臺獨黨綱」；二是 1999 年通過的「臺灣前途決議文」。民進黨的黨綱宣稱：「臺灣主權獨立，不屬於中華人民共和國，且臺灣主權不及於中國大陸」；因此，臺灣「應就此主權獨立之事實制憲建國，才能保障臺灣社會共同體及個別國民之尊嚴、安全，並提供人民追求自由、民主、幸福、正義及自我實現之機會。」並且認為這項主張，「應交由臺灣全體住民以公民投票方式選擇決定。」❷❸

　　在民進黨第八屆第二次全國代表大會通過的「臺灣前途決議文」，對前述「臺獨黨綱」作了修正。「決議文」表明：「臺灣是一主權獨立

---

❷❷　「總統接受德國之聲專訪」，中華民國總統府，中華民國 88 年 7 月 9 日，
https://www.president.gov.tw/NEWS/5749。

❷❸　「民主進步黨黨綱」，民主進步黨，
http://www.dpp.org.tw/upload/history/20160728102222_link.pdf。

國家，其主權領域僅及於臺澎金馬與其附屬島嶼，以及符合國際法規定之領海與鄰接水域。臺灣，固然依目前憲法稱為中華民國，但與中華人民共和國互不隸屬，任何有關獨立現狀的更動，都必須經由臺灣全體住民以公民投票的方式決定。」❷❹

陳水扁當選後，當然瞭解上述帶有「臺獨」傾向的文字，會引起國內外的疑慮。因此，在「520」就職演說中，特意提出「四不一沒有」的主張，即「不宣布臺獨、不更改國號、不推動統獨公投、兩國論不入憲，沒有廢除國統會、國統綱領的問題。」❷❺在兩岸經貿問題上，陳水扁總統更因應臺灣即將加入世貿組織的進程，決定調整過去李登輝時期的「戒急用忍」政策，因而提出「積極開放，有效管理」的新視野。❷❻

對陳水扁總統的說法，中共採取「聽其言、觀其行」的對策，即刻意保持「冷處理」的態度；可是，當陳總統於 2002 年 8 月 3 日，藉「世界臺灣同鄉聯合會第二十九屆年會」，發表「臺灣跟對岸中國一邊一國，要分清楚」❷❼的主張後，中共的對臺政策轉趨強硬。2004 年總統大選，陳水扁的競選口號是「守護臺灣、對抗中國」。中共不滿民進黨刻意走兩岸對抗的路線，於 2005 年 3 月制定了「反分裂國家法」，為武力犯臺建立法律基礎。❷❽2006 年 1 月 1 日，陳水扁總統在元旦祝詞中，進一步採取抑制對大陸經貿交流的政策，把「積極開放，有效

---

❷❹　同上。

❷❺　「中華民國第十任總統、副總統就職慶祝大會」，中華民國總統府，中華民國 89 年 5 月 20 日，https://www.president.gov.tw/NEWS/6742。

❷❻　「總統發表跨世紀談話」，中華民國總統府，中華民國 89 年 12 月 31 日，https://www.president.gov.tw/NEWS/3082。

❷❼　「總統以視訊直播方式於世界臺灣同鄉聯合會第二十九屆年會中致詞」，中華民國總統府，中華民國 91 年 8 月 3 日，https://www.president.gov.tw/NEWS/1198。

❷❽　「反分裂國家法」，中華人民共和國國防部，http://www.mod.gov.cn/big5/regulatory/2016–02/19/content_4618044.htm。

管理」，修正為「積極管理，有效開放」。㉙2006 年 2 月，陳水扁總統在國安高層會上裁示，「國統會」 終止運作及 「國統綱領」 終止適用。㉚綜合民進黨執政八年的大陸政策，有學者把它們歸納為戰略目標是達成「兩岸關係正常化」；其戰略指導原則為：「善意和解、積極合作與永久和平」；其設定的兩岸關係未來發展原則為「主權，民主、和平與對等」。因此，列舉民進黨政府的具體大陸政策內容包括：

㈠凝聚國家定位共識

臺灣是主權獨立的國家，依憲法國號是中華民國。

㈡提出共存共榮願景

以歐盟統合模式作為兩岸未來全新的思維格局。

㈢建構邁向願景的過渡性安排

建立從經貿、文化統合，到政治統合的新架構，內容包括：
1. 協商兩岸和平穩定的互動架構：共同確保臺海的現狀不被片面改變。
2. 發展經貿合作關係：積極管理，有效開放。
3. 協助中國政治民主化：化解兩岸根本的矛盾。㉛

㉙ 「中樞舉行中華民國 95 年開國紀念典禮暨元旦團拜」，中華民國總統府，中華民國 95 年 1 月 1 日，https://www.president.gov.tw/NEWS/10097。

㉚ 「陸委會致大陸臺商公開信說明國統會終止運作、國統綱領終止適用係為維護臺灣人民選擇未來的自由意志」，中華民國大陸委員會，中華民國 95 年 3 月 1 日，
https://www.mac.gov.tw/News_Content.aspx?n=EAF760724C4E24A5&sms=2B7F1AE4AC63A181&s=B3DDE4E21E692B20。

㉛ 邱垂正、童振源，「陳水扁政府與馬英九政府的中國戰略之比較與檢討」，**戰略：臺灣國家安全政策評論**，第 1 期（2008 年 9 月），頁 80；陳明通，「我國大陸政策的檢討與前瞻」，**新世紀智庫論壇**，第 29 期（2005 年 3

　　民進黨執政雖長達八年，但顯然沒有達成其大陸政策的目標。兩岸執政當局相互敵視，臺海緊張情勢有增無減，迫使美國的兩岸政策必須從「戰略模糊」轉向「戰略清晰」，即不斷強調美國採取「一個中國」政策，並反對臺灣獨立。例如，2003 年 10 月 14 日，美國國家安全顧問賴斯 (Condoleezza Rice) 針對「一邊一國論」回答記者詢問時表示：「美國的信念非常堅定，即不應有人試圖片面改變現狀。」 (It is our very strong belief that nobody, nobody should try unilaterally to change the status quo here.)❷小布希 (George W. Bush) 總統也在 2005 年 6 月 8 日接受媒體訪問時宣稱，如果中共片面武力犯臺，美國會基於「臺灣關係法」防禦臺灣；但如果臺灣片面宣布獨立，這就是一個單方面的決策，會改變美國對事態平衡的看法，改變美國的決策過程。❸

伍、馬英九總統執政時期的大陸政策

　　2008 年總統選舉，臺灣再度出現政黨輪替，國民黨參選人馬英九先生以壓倒性多數順利當選。馬英九的獲勝固然部分得利於前總統陳水扁與第一家庭的貪腐，導致民眾對於民進黨的反感；但除此之外，國民黨提出與大陸和解的政策主張，也因獲得選民的支持，而成為馬陣營勝選的關鍵因素。

　　早在 2005 年 4 月 29 日，在民進黨執政時期，時任國民黨主席的連戰就前往大陸從事「和平之旅」，並與當時中共總書記胡錦濤，發表

月），頁 44。

❷　Susan V. Lawrence, "Diplomatic But Triumphal Progress," Far Eastern Economic Review, November 13, 2003, p. 32.

❸　"Transcript: President Bush on 'Your World'," Fox News, June 8, 2005, https://www.foxnews.com/story/transcript–president–bush–on–your–world.

了「五項共同願景」，其中包括：

1. 促進儘速恢復兩岸談判，共謀兩岸人民福祉。
2. 促進終止敵對狀態，達成和平協議。
3. 促進兩岸經濟全面交流，建立兩岸經濟合作機制。
4. 促進協商臺灣民眾關心的參與國際活動的問題。
5. 建立黨對黨定期溝通平臺。❸

　　馬英九 2005 年 7 月當選國民黨主席後，把這五項願景列入國民黨政策綱領中，並成為 2008 年馬蕭陣營參與總統大選的政見。馬總統就任後，即在不同場合宣稱，政府將秉持在中華民國憲法架構下，維持臺灣海峽「不統、不獨、不武」的現狀，並在「九二共識、一中各表」的基礎上，以「先經後政、先易後難、先急後緩」的順序，推動兩岸和平發展。上述短短幾句話，已經概述了馬總統大陸政策的主要內涵，以及政府大陸政策追求的目標和實施的要點。

　　第一，馬總統從「憲政主義」(Constitutionalism) 的觀點為兩岸關係定位。中華民國是民主國家，但民主離不開法治。因此，政府必須依法行政，也必須受到國會和民意的監督。馬總統執政後，就是完全根據「中華民國憲法」的規定，來為兩岸關係定位。對於政府實施大陸政策而言，兩岸的定位問題非常重要；就兩岸關係而言，這是攸關對等和尊嚴的精神；就臺灣內部而言，這是涉及國家認同的問題，不能不嚴肅視之。

　　政府對兩岸關係定位的法源是「中華民國憲法增修條文」和「兩岸人民關係條例」，其中規定：中華民國政府行使統治權地區為「臺灣地區」，即「臺灣、澎湖、金門、馬祖及政府統治權所及之其他地區」；而「大陸地區」則是「臺灣地區」以外的中華民國領土。換言之，政

❸　「胡錦濤與連戰會談新聞公報（全文）」，中共中央臺灣工作辦公室，2005
　　年 4 月 29 日，
　　http://www.gwytb.gov.cn/speech/speech/201101/t20110123_1723800.htm。

府在 1992 年即已宣示，雖對大陸地區主張憲法上的主權，但已無事實上的治權。馬總統認為，出現「一個中華民國，兩個地區」這樣的定位，是因為 1949 年後的兩岸關係有它的特殊性，和二次世界大戰後的兩德與兩韓關係不同，故無法運用國際公法的承認制度，進行相互承認。但另一方面，馬總統強調：我們不應也不會否認大陸當局在大陸有效實行統治權的事實。因此，馬總統提出「互不承認」、「互不否認」的說法，其涵義就是兩岸「互不承認對方的主權」；但「互不否認對方的治權」。馬總統強調，唯有「互不否認」，才能促進兩岸關係繼續保持和平發展。㉟

　　第二，馬總統強調兩岸必須走向「和解制度化」。馬總統認為，藉由兩岸「和解制度化」過程，建立起諸多明確或潛在的原則、標準、規範以及程序，讓雙方的期望能有所交集。正由於這樣的交集在兩岸關係中產生了可預測性與信任感，因此促成了臺海與區域的穩定局勢。馬總統更指出，「和解制度化」除了要減少誤判可能性之外，更重要的是，要讓任何企圖扭轉此種趨勢的成本增加。㊱

　　事實顯示，馬總統就任以來，政府的大陸政策一直就朝兩岸「和解制度化」的軌道前進。馬總統提出任內將推動的三項大陸政策，包括擴大並深化兩岸交流；兩岸兩會互設辦事機構；全面檢討修正「兩岸人民關係條例」，㊲可以視為兩岸「和解制度化」的一個進程。馬政府希望從深化交流中累積更多的互信，從修正法令中建立合理的規範，並透過辦事機構的成立來付諸實踐。

㉟　「總統出席『2011 年世界國際法學會亞太區域會議』開幕典禮」，中華民國總統府，中華民國 100 年 5 月 30 日，
　　https://www.president.gov.tw/NEWS/15442。

㊱　「總統晚間與美國華府智庫『戰略暨國際研究中心 (CSIS)』視訊會議」，中華民國總統府，中華民國 100 年 5 月 12 日，
　　https://www.president.gov.tw/NEWS/15392。

㊲　「總統接受《亞洲週刊》專訪」，中華民國總統府，中華民國 101 年 11 月08 日，https://www.president.gov.tw/NEWS/17148。

　　第三，馬總統以「正視現實」的角度，循序漸進地推動兩岸交流。例如，馬總統強調要維持兩岸「不統、不獨、不武」現狀，即是從務實的觀點出發。馬總統認為，「不統」的意思是在他任內不跟中共討論有關兩岸統一的問題，「不獨」是不會追求法理上臺灣的獨立，「不武」則是反對使用武力做為解決臺灣問題的方案。❸以兩岸目前的特殊關係看，「維持現狀」最符合臺灣地區民眾的利益，也最符合國際社會的期待。任何片面改變現狀的行動，不僅違反民意，也會引發區域形勢的緊張。但兩岸現狀是動態而非靜態的，因此，馬政府強調須以「先經後政、先易後難、先急後緩」的順序，讓兩岸交流朝良性的方向發展。此外，透過協議的協商過程，以及協議簽署後的聯繫及執行，也可徹底落實「九二共識」、「擱置爭議、追求雙贏」的精神，以及雙方實踐「互不承認主權、互不否認治權」的精神，讓兩岸關係和平穩定與繁榮發展的每一步，走得更為穩健與踏實。❸

　　馬總統同樣是從務實的態度，看待各方關切的兩岸和平協議的簽署問題。馬總統認為，從停火停戰到和平協議，兩岸這個階段早就過去。目前兩岸簽的多項協議，每一項基礎都是和平，都可視為和平協議的一部分。再簽和平協議，形式為何？內容為何？臺灣民眾支持兩岸交流，但不希望走太快，主要是互信還不夠。因此，雖然和平目標不變，雙方共榮目標不變，但是否需要這樣的形式，有商榷餘地。❹換言之，簽署和平協議的時機和條件尚未成熟，但形式和內容仍舊可以討論。

---

❸　「總統接受墨西哥《太陽報》系集團董事長瓦斯蓋茲 (Mario Vázquez Raña) 專訪」，中華民國總統府，中華民國 97 年 9 月 3 日，
https://www.president.gov.tw/NEWS/12562。

❸　「王主委出席海基會『九二共識』20 週年學術研討會致詞稿」，行政院大陸委員會，中華民國 101 年 11 月 9 日，
http://www.mac.gov.tw/ct.asp?xItem=103565&ctNode=5650&mp=1。

❹　「總統接受《亞洲週刊》專訪」，中華民國總統府，中華民國 101 年 11 月 08 日，https://www.president.gov.tw/NEWS/17148。

　　第四，馬總統推動大陸政策非常重視國家安全，認為這是中華民國生存的關鍵。馬總統除了提出建立國家安全戰略的「三道防線」外，更在 2012 年 5 月就職典禮上，進一步提出了確保臺灣安全的 「鐵三角」，即以兩岸和解實現臺海和平、以活路外交拓展國際空間並增加國際貢獻、以國防武力嚇阻外來威脅。馬總統強調三者應「同等重視、平衡發展」。❹但從「軟實力」的概念出發，馬總統強調我們要把文化看作國力，文化的建設就是國力的建設。在馬總統眼中，臺灣有三個文化特質：一是公民素養植根最深厚；二是傳統文化保存最完整；三是傳統與現代的銜接轉化最細緻。民主制度造就了我們的公民社會，公民社會中開放的風氣和自由的精神。❹筆者認為上述的文化和制度建設是「臺灣經驗」最具吸引力的部分，它不但提供中華民國生存和發展的「正當性」基礎，也是政府推動大陸政策的「軟實力」。正因為如此，才期待兩岸在深化交流中能開拓新的合作領域，即期盼兩岸民間團體在民主、人權、法治、公民社會等方面，有更多機會交流與對話。

　　事實顯示，馬政府八年執政使兩岸關係處於六十多年來最好的情況，例如兩岸簽署了包括 ECFA 在內的二十三項協議；兩岸的高層對話，也從兩岸「兩會」、兩岸事務部門主管，升高到 2015 年 11 月兩岸領導人在新加坡舉行的「馬習會」。兩岸關係的大幅改善，也在臺灣對外關係方面產生了「外溢效應」，例如臺美關係也處於雙方斷交以來的最佳狀態。

陸、蔡英文總統執政時期的大陸政策

　　2016 年 5 月，民進黨在臺灣三度政黨輪替後取得執政地位。蔡英文在 2011 年 8 月競選總統時，就表示兩岸並不存在「九二共識」，故

---

❹　「中華民國第 13 任總統、副總統宣誓就職典禮」，中華民國總統府，中華民國 101 年 5 月 20 日，https://www.president.gov.tw/NEWS/16612。

❹　同❸。

沒有所謂接不接受或承不承認的問題。她認為臺灣內部對中國大陸的態度還沒有形成共識，故強調以民主程序先凝聚臺灣內部的共識，再以此共識作為與中國大陸談判的共識，即所謂的「臺灣共識」。❸

　　2015年4月9日，蔡英文首度提出她的兩岸主張就是維持現狀。❹對此美國給予高度肯定，國務院的回應是：「我們歡迎臺海兩岸一直以來，採取降低緊張與改善兩岸關係的措施，我們鼓勵北京和臺北當局，持續他們建設性的對話，這些對話已為兩岸關係帶來顯著改善。」❺但同一時間，中共國臺辦發言人馬曉光則表示：「堅持『九二共識』、反對臺獨的政治基礎，是維護兩岸關係和平發展的關鍵核心，是認同大陸和臺灣同屬一個中國。」❻2015年5月底蔡英文出訪美國，她先以投書媒體，再藉由到美國華府智庫「戰略暨國際研究中心」(CSIS) 的場合，進一步強調她之前所發表的兩岸論述。❼

　　2016年1月16日，蔡英文在發表總統勝選感言時表示，未來將以「中華民國現行憲政體制」、兩岸協商交流互動的成果，以及民主原則與普遍民意，作為推動兩岸關係的基礎，強調將會建立具有「一致性、可預測性、可持續的兩岸關係」。❽隨後，蔡英文接受「自由時

❸　「蔡：無92共識推臺灣共識」，自由時報，2011年8月24日，http://news.ltn.com.tw/news/focus/paper/518815。

❹　「民主進步黨中國事務委員會第二次會議新聞稿」，民主進步黨，2015年4月9日，https://www.dpp.org.tw/media/contents/6457。

❺　「美國務院：歡迎兩岸採措施降低緊張」，中央社，2015年4月10日，https://www.cna.com.tw/news/aopl/201504100016.aspx；「美國務院：樂見蔡英文『維持現狀』說」，人間福報，2015年4月10日，http://www.merit-times.com.tw/NewsPage.aspx?unid=395905。

❻　「國臺辦新聞發布會輯錄 (2015-4-15)」，中共中央臺灣工作辦公室，2015年4月15日，http://big5.gwytb.gov.cn/xwfbh/201504/t20150415_9584523.htm。

❼　「蔡英文於CSIS演說：臺灣迎向挑戰——打造亞洲新價值的典範」，民主進步黨，2015年6月4日，https://www.dpp.org.tw/media/contents/6559。

報」專訪時表示，願意以總統當選人的身分再次重申，5 月 20 日新政
府執政之後，將會根據「中華民國現行憲政體制」，秉持超越黨派的立
場，遵循臺灣最新的民意和最大的共識，以人民利益為依歸，致力確
保海峽兩岸關係能夠維持和平穩定的現狀。蔡英文表示，在 1992 年，
兩岸「兩會」秉持相互諒解、求同存異的政治思維，進行溝通協商，
達成了若干的共同認知與諒解，她理解和尊重這個歷史事實。她認為
1992 年之後二十多年來，雙方交流、協商所累積形成的現狀及成果，
兩岸都應該共同去珍惜與維護，在這個基本事實與既有政治基礎上，
持續推動兩岸關係的和平穩定與發展。

　　針對媒體詢及這個「政治基礎」的內涵是什麼時，蔡英文指出，
她所講的「既有政治基礎」，包含幾個關鍵元素：第一，是 1992 年兩
岸「兩會」會談的歷史事實、以及雙方求同存異的共同認知；第二，
是中華民國現行憲政體制；第三，是兩岸過去二十多年來協商和交流
互動的成果；第四，是臺灣的民主原則以及普遍民意。蔡英文強調，
臺灣是民主社會，民意與民主是政府處理兩岸政策的兩大支柱，如果
悖離民意與民主，就難以穩固長久，甚至可能會失去民心。❹

　　蔡英文總統的 520 就職演說，之前曾引起各方的期待，但在大陸
政策方面還是維持她過去的說法，只是其中提到：「新政府會依據中華
民國憲法、兩岸人民關係條例及其他相關法律，處理兩岸事務。」❺
因為上述兩項文件都隱含「一中」和「一國兩區」的概念，蔡總統的
說法被視為一項重大讓步。此外蔡總統也強調基於「要和其他國家共
享資源、人才與市場，擴大經濟規模，讓資源有效利用的精神」來推

---

❹　「總統當選人蔡英文國際記者會致詞中英譯全文」，民主進步黨，2016 年 1
月 16 日，https://www.dpp.org.tw/media/contents/7378。

❹　「蔡英文：九二歷史事實推動兩岸關係」，自由時報，2016 年 1 月 21 日，
http://news.ltn.com.tw/news/focus/paper/951154。

❺　「中華民國第 14 任總統蔡英文女士就職演說」，中華民國總統府，中華民
國 105 年 5 月 20 日，https://www.president.gov.tw/NEWS/20444。

動她的「新南向政策」。並且表示「會在科技、文化與經貿等各層面，和區域成員廣泛交流合作，尤其是增進與東協、印度的多元關係。」為此，「也願意和對岸，就共同參與區域發展的相關議題，坦誠交換意見，尋求各種合作與協力的可能性。」❺❶

　　蔡總統 2016 年 10 月 4 日接受美國「華爾街日報」專訪，針對兩岸關係，她重申，520 就職演說的內容已展現最大的彈性與善意，也把臺灣的最大公約數都考慮進去，希望中國大陸尊重臺灣民主機制產生的立場與判斷，回到 520 之後那段時間，雙方盡力維持理性及冷靜的立場。

　　她強調，維持現狀的承諾不變、善意也不變，但是不會屈服在壓力之下，也不會走到對抗的老路上去。蔡總統並呼籲兩岸儘快坐下來談，找出一個雙方都可以解決的辦法，但是不希望在雙方有意義地會談時，受到政治框架的影響。她認為，對臺灣人而言，臺灣是一個很民主的社會，即便大家對很多事情有不同的想法，但基本上都希望我們的民主，或者因為民主機制而產生的立場或判斷，中國大陸必須要尊重。她希望中國大陸不要誤解，也不要誤判這個情勢，以為用壓力就可以讓臺灣人屈服。她相信在民主的社會，這種壓力是所有人民一起承擔，不是政府就可以直接做決定，必須探求及探知民意之後才能做出決定，政府不可能做出違反民意的事情。❺❷

　　對於蔡英文 520 的講話，對岸的反應相當自制，沒有公開批判，卻當成是一份「未完成的答卷」；❺❸但在剩下的答卷未交出前，大陸一

---

❺❶　同❺❶。

❺❷　「總統接受美國《華爾街日報》專訪問答全文」，中華民國總統府，中華民國 105 年 10 月 5 日，https://www.president.gov.tw/NEWS/20759。

❺❸　「中共中央臺辦、國務院臺辦負責人就當前兩岸關係發表談話」，中共中央臺辦，2016 年 5 月 20 日，
http://www.gwytb.gov.cn/wyly/201605/t20160520_11463128.htm；
「總統就職演說國臺辦：沒完成的答卷」，中央社，2016 年 5 月 20 日，
http://www.cna.com.tw/news/firstnews/201605205023-1.aspx。

些人士已經用「文化臺獨」、「漸近式臺獨」、「柔性臺獨」來形容她在處理內政事務時採取的「去中國化」措施；同時，有關「武統」的論調，也不時出現在中共的官方媒體上，加上中共挖臺灣邦交國的舉動，都讓蔡政府內部一些人士感到不滿。因此，當 2017 年 3 月時任大陸國臺辦主任張志軍在大陸「兩會」期間指出，2017 年兩岸關係最大挑戰，就是臺獨勢力蠢蠢欲動，如果得不到有效遏制，「臺獨之路走到盡頭就是統一」，「而且這種統一方式會給臺灣社會和民眾帶來巨大傷害」❺❹時，蔡政府內部會產生十分強烈的回應。例如，時任陸委會主委張小月表示，任何惡言相向，對兩岸關係沒有任何幫助，言語恐嚇及武力威脅只會造成臺灣人反感。❺❺臺灣媒體更引述所謂「政府高層」的說法，對張志軍個人展開抨擊。❺❻至此，兩岸關係出現極度不穩定的狀態，有人擔心雙方關係會從「冷和」進入「冷對抗」，甚至有發生進一步衝突的可能。為了維持兩岸關係的和平穩定和發展，兩岸執政當局都必須共同努力，找出「以談判代替對抗」的辦法。

柒、結　語

綜觀 1949 年以來政府大陸政策的演變過程，其中有持續也有變遷，如何有效掌握內外環境變數，作出維護國家生存發展，對人民有利的大陸政策決定，應是評估執政者施政得失的重大指標。不可否認，

---

❺❹ 「國臺辦主任張志軍：臺獨必定會給臺灣民眾帶來巨大傷害」，環球網，2017 年 3 月 7 日，http://lianghui.huanqiu.com/2017/video/2017–03/10268015.html?agt=16372。

❺❺ 「陸嗆臺獨盡頭是統一　張小月：無助兩岸」，中央社，2017 年 3 月 7 日，http://www.cna.com.tw/news/aipl/201703070112–1.aspx。

❺❻ 「決策官員：張志軍從中作梗兩岸沒進展」，中央社，2017 年 3 月 7 日，https://www.cna.com.tw/news/firstnews/201703070488.aspx；「我高層批張志軍「3 誤」兩岸大局」，自由時報，2017 年 3 月 8 日，https://news.ltn.com.tw/news/focus/paper/1083958。

兩岸長期處於分裂分治狀態，不同的制度和價值觀，也使雙方和解的制度化面臨許多困難，甚至產生許多誤解，這些一時都難以解決。

西方有句話說：時間 (time)、自然 (nature) 和耐心 (patience) 是治療百病的三個醫生。兩岸關係錯綜複雜，正需要兩岸共同扮演這三個「良醫」的角色。我們認為大陸方面應加強對臺灣的全面瞭解，這是雙方建立互信的基礎；臺灣則應建立內部對大陸政策的共識，不能因為政黨競爭、族群對立、甚至統獨之爭而腐蝕自身團結，並造成嚴重的內耗。

問題與討論

一、說明政府遷臺後，蔣中正總統執政下的大陸政策，並討論當時的國際環境因素。

二、蔣經國總統執政時期，國民黨對於大陸政策有何重要主張？

三、「國統綱領」的內容為何？說明 90 年代初期，臺灣面臨的內外環境因素。

四、陳水扁總統執政時期的大陸政策，與過去國民黨執政時比較，有何重大差異？並分析民進黨執政對兩岸關係的影響。

五、馬英九總統在大陸政策方面有何重要主張？並說明這些主張對於兩岸關係的影響。

六、說明蔡英文總統對大陸政策的重要主張，以及對兩岸關係的影響。

參考文獻

行政院大陸委員會編印，**大陸工作參考資料**（臺北：行政院大陸委員會，民國 87 年）。

行政院大陸委員會，**李總統登輝特殊國與國關係：中華民國政策說明書**（臺北：行政院大陸委員會，民國 88 年）。

行政院大陸委員會編印，**臺海兩岸關係說明書**（臺北：行政院大陸委員會，民國 83 年）。

馬英九，**兩岸關係的回顧與前瞻**（臺北：行政院大陸委員會，民國 81 年）。

荊堯、常燕生、辛旗編，**九十年代臺灣政治**（北京：華藝出版社，1991 年 9 月）。

時報出版公司，**季辛吉回憶錄：中國問題全文**（臺北：時報文化出版公司，1979 年）。

黃昆輝，**大陸政策與兩岸關係**（臺北：行政院大陸委員會，民國 82 年）。

邱垂正、童振源，「陳水扁政府與馬英九政府的中國戰略之比較與檢討」，**戰略：台灣國家安全政策評論**，第 1 期，2008 年 9 月，頁 78–99。

陳明通，「我國大陸政策的檢討與前瞻」，**新世紀智庫論壇**，第 29 期，2005 年 3 月，頁 44–77。

Yahuda, Michael B. *China's Role in World Affairs.* London: Croom Helm Ltd, 1978.

Lawrence, Susan V., 2003/11/13. "Diplomatic But Triumphal Progress," *Far Eastern Economic Review*, November 13, 2003, pp. 32–34.

第二章
中共對臺工作組織體系

壹、前　言

　　認識中共對臺工作組織是兩岸關係研究的重要課題。就中共而言，對臺工作就是企圖解決所謂「臺灣問題」，達成完全統一的過程中，所有的政策制定與執行工作；其範疇很廣，包括政治、外交、經貿、軍事、社會、文教等層面，涉及交流、統戰、情報、滲透等活動。對臺工作不僅關係兩岸統一進程，同時事關「國家」核心利益，以及發展戰略全局。❶因此，中共提出「全黨都來做對臺工作」的方針，❷希望透過「多層次、多形式、多渠道、多面向」的部署，以「縱深設置、橫向聯繫、彼此照顧」方式，依照「各有分工、各有側重、互相協作、互相配合」原則，建立涵蓋官方與民間各階層的全方位對臺工作體系。❸

　　在中國大陸，中國共產黨、「人民代表大會」（簡稱「人大」）、「人民政府」、「中國人民政治協商會議」（簡稱「政協」）共同構成政治制度的基本結構。與之相適應，從中央到地方，設立中共各級委員會、各級「人大」、各級「人民政府」、「政協」的各級委員會，❹一般稱之

---

❶　徐麟，「服務全局、推動發展、促進統一」，**上海對臺工作**（上海），第 370
　　期（2008 年 11 月），頁 6。
❷　郭瑞華編著，**中共對臺工作組織體系概論**，修訂 2 版（臺北：法務部調查
　　局，民國 93 年 12 月），頁 2。
❸　中共研究雜誌社，**1994 中共年報**（臺北：中共研究雜誌社，1994 年 6
　　月），頁 2–96。
❹　中國共產黨委員會、「人民代表大會」、「人民政府」的地方層級到鄉鎮，「政

為「四套班子」。❺因此，中共對臺工作的組織結構，如果以系統屬性區分其組織結構，可以歸納為：黨務、政務、「人大」、「政協」、軍事、統戰、諮詢研究、宣傳八大系統。如從對臺組織的功能與運作，則可分為決策領導、行政業務、訊息（情報）蒐研、統戰交流、媒體宣傳五項。本文先探討中共對臺工作組織體系的建立與演變，其後就上述五項功能與運作，分為主要結構及從屬結構進行分析。

貳、對臺組織體系的建立與演變

中共對臺工作組織體系的建立，與其對臺認知有關，當認知改變，對臺政策隨即改變，對臺工作方法，以及組織和人員也跟著改變。基本上，對臺組織體系的演變，可分為三個階段：

一、第一階段：從 1949 年至 1978 年

兩岸早期處於軍事衝突階段，中共對臺工作的訴求是在「武力解放臺灣」，當時所有的對臺作為，均是依附在軍事動員之下。其後，中共因應國際格局變遷，調整對臺政策，提出「和平解放」口號，對臺工作方法隨之改變。首先是 1954 年 8 月「中央人民廣播電臺」正式向臺灣廣播；其次是建立「中央對臺工作領導小組」（簡稱「對臺領導小組」）及辦公室，對我黨政軍高層，以及長居海外的前黨政軍要員，進行勸和及爭取的工作。❻其核心人物為周恩來、李克農，主要機構為中共「中央調查部」、「中央統戰部」、「總參謀部情報部」等，但主事者俱屬軍方人士。大陸「文革」期間，在大陸的臺胞、臺屬遭嚴重迫

協」的委員會則只設置到縣。

❺ 張平夫主編，**人民政協概論**，2 版（北京：中央編譯出版社，2008 年），頁 81。

❻ 有人說是 1956 年成立，亦有人認為係從 1954 年 7 月或 1955 年 1 月開始。

害與鬥爭，「對臺領導小組」及其辦公室也未能再繼續運作。❼不過，由於大陸在 1971 年 10 月進入聯合國及「保釣事件」影響，兩岸外交競逐和爭取僑心工作日漸白熱化，大陸外交及僑務部門在對臺工作中相對突出。同時，中共恢復涉臺黨派——「中國國民黨革命委員會」和「臺灣民主自治同盟」的部分活動；並於 1976 年 6 月在「國家體育委員會」設立「臺灣省體育工作聯絡處」，❽意圖仿效對美乒乓外交，對臺進行體育統戰。

二、第二階段：從 1979 年至 1987 年

1978 年 12 月，中共舉行「十一屆三中全會」，確認改革開放政策，並定調以「和平」方式達成兩岸統一，拋棄原先的「解放」政策。由於戰略改變，戰術也跟著改變。這個階段裡，中共在對臺工作上，表現出高度的急迫感，除了提出「臺灣回歸祖國、實現祖國統一」是 80 年代三大任務之一之外，並在 1979 年 12 月重新組建「對臺領導小組」，由周恩來遺孀鄧穎超及國民黨元老廖仲愷之子廖承志主司其事，同時在各級省委裡也設立「對臺領導小組」，接著成立「中華全國臺灣同胞聯誼會」（簡稱「全國臺聯」）、「黃埔軍校同學會」等涉臺聯誼團體，希望藉這些與臺灣具有淵源關係的團體，發揮對內與對臺的統戰效果。另外，為從事臺情研究，於 1980 年 7 月，在廈門大學設立臺灣研究所，這是大陸最早成立的專門研究臺灣的學術機構。

---

❼ 廖承志，「一定要落實臺胞政策」，**廖承志文集**（北京：人民出版社，1990 年 8 月），頁 645–647。

❽ 「中華全國體育總會　臺灣省體育工作聯絡處在京成立」，花都資料庫，1976 年 6 月 26 日，
http://www.huadu.gov.cn:8080/was40/detail?record=443156&channelid=48004。

三、第三階段：從 1988 年迄今

1987 年 11 月我政府開放民眾赴大陸探親之後，兩岸開始進入交流互動階段，中共對臺組織日益齊備，發展出不同的功能。

為因應兩岸交流日增、互動頻繁所衍生的事務與種種問題，中共不僅在 1988 年 9 月設立對臺專責行政執行機構——「國務院臺灣事務辦公室」（簡稱「國臺辦」），又於 1991 年 12 月成立「海峽兩岸關係協會」（簡稱「海協會」），作為我方財團法人海峽交流基金會（簡稱「海基會」）的「對口單位」。並在與涉臺業務有關的「國務院」各部門，以及從省到縣的各級「人民政府」裡都設置「臺灣事務辦公室」（簡稱「臺辦」）。

在「對臺領導小組」方面，配合高層權力結構變化，於 1993 年 6 月改組，由時任中共「中央總書記」、「中央軍事委員會主席」、「國家主席」的江澤民擔任組長，❾不僅提升小組層次，也強化該小組對黨政軍及社團組織領導協調的功能。此種模式，其後成為慣例。

同時，為因應兩岸形勢的發展，不少大陸人士倡議成立一個民間團體，促進兩岸人民的接觸和瞭解，推動「和平統一」的進程。在此背景下，1988 年 9 月，「中國和平統一促進會」（簡稱「統促會」）在北京成立。大陸從中央到各省市，也繼之成立形形色色的對臺交流團體，擴大對臺工作，如「總政治部聯絡部」於 2001 年 5 月成立的「中華文化發展促進會」、國家民委於 2002 年 6 月成立的「中華民族團結進步協會」。

另外，為促進海峽兩岸的學術交流與合作，加深對臺灣的研究與瞭解，1988 年 8 月成立「全國臺灣研究會」。❿此外，還成立專業型

---

❾　鄒錫明編，**中共中央機構沿革實錄**（北京：中國檔案出版社，1998 年），頁 188。

❿　「全國臺灣研究會章程」，全國臺灣研究會，

研究會，並陸續在沿海省市組建地方性臺灣研究會。此後，有關涉臺研究機構團體更是紛紛出籠，如「上海臺灣研究所」、「國臺辦海峽兩岸關係研究中心」等。2004 年後，一些臺灣研究所紛紛升格為院，如廈門大學臺灣研究院、北京聯合大學臺灣研究院。

在衛星電視發展的同時，中共也利用電視臺作為新的對臺宣傳媒介，1992 年 10 月，以臺灣、港澳和東南亞華人區為對象的「中央電視臺」第四套節目（中文國際頻道，CCTV-4）正式播出，對臺宣傳開闢另一途徑。此外，由於網際網路不受地域限制，具有傳輸迅速、資料量豐富及互動性強等特點，近幾年成為中共對臺宣傳的新利器，各涉臺部門紛紛組建對臺宣傳網站，如國臺辦於 1997 年 7 月開通「中國台灣網」、2001 年 4 月開通「華夏經緯網」等。

上述種種作為，形成中共所謂的「多層次、多形式、多渠道、多面向」的對臺部署。

參、對臺工作組織主要結構

所謂主要結構，係指扮演決策領導的核心體系，以及負責行政執行的機構組織。

一、決策體系

中共的對臺決策領導體系，是以中國共產黨為中心的權力集中型態；在中央一層，主要的決策行為體包括：中共「中央政治局」及其常務委員會（簡稱常委會）、「全國人民代表大會」（簡稱「全國人大」）及其常委會、「國務院」、「中央軍事委員會」（簡稱「中央軍委」），以及「對臺領導小組」。

http://tyh.chinataiwan.org/benhuizhangcheng/200902/t20090225_835706.htm。

　　依據《中國共產黨章程》（簡稱《黨章》）規定，中共「全國代表大會」和它所產生的「中央委員會」（簡稱「中委」），是黨的最高領導機關，「中委」選舉產生「中央政治局」和它的常委會。「中委」是黨的「全國代表大會」閉會期間的最高領導機關，「中央政治局」及其常委會在「中委」全體會議閉會期間，行使「中委」的職權。❶「中央政治局」及其常委會是常設領導機關，主持黨的日常工作。由於中共「以黨治國」，因此，「中央政治局」的成員均兼有黨政軍主要部門的領導職務，以凸顯其重要性與決策地位，而「中央政治局常委會」委員更是中共權力核心中的核心，其地位自不待言。惟習近平主政後，建立個人核心權威制度，已弱化了「中央政治局常委會」的集體領導、個人分工負責制。

　　「全國人大」及其常委會是大陸最高國家權力機關，也是最高決策機關；在對臺工作中，扮演立法決策主體，其透過表決方式作出立法決定。惟實際上，中共不僅影響立法決策，甚至掌握立法決策。❷

　　「國務院」是行政事務的決策與執行主體，是大陸最高國家權力機關的執行機關，同時是最高國家行政機關。「國務院」的功能在執行中共的決策和任務，因此，「國務院」主要領導，都是中共「中央政治局」的成員，直接對黨內決策核心負責。

　　「中央軍委」則是軍事決策主體，是中共黨的、也是國家的最高軍事領導機關，「一個機構、兩塊牌子」；其雖領導全大陸武裝力量，惟有關戰爭、武裝力量及國防建設等重大問題，仍須接受中共中央的決定。2017 年中共十九大修訂《黨章》，將「中央軍委實行主席負責制」納入，與《憲法》相關規定同步，藉以強化「中央軍委主席」習近平的領導權威。

---

❶　「中國共產黨章程」（2017 年 10 月 24 日中共十九大修訂通過），新華網，http://cpc.people.com.cn/BIG5/n1/2017/1028/c64094-29614351-4.html。

❷　郭道暉，**當代中國立法（上）**（北京：中國民主法制出版社，1998 年），頁212。

　　此外，中共為了展現集體領導決策與執行工作需要，中共中央及各級黨委在直屬機構外，設置各種議事性委員會與工作領導小組，以便對相關工作負起指導、監督和協調的職能。基本上，小組扮演黨內決策高層與政府執行層次之間的協調角色，一方面有相當有力的決策建議權，另一方面也具有較強的政策推動力；它又是黨與政府之間的橋樑角色，既有緩衝又有協調的功能。❸而「對臺領導小組」是在中共「中央政治局」及其常委會領導下，一個負責制定對臺政策及推動工作的議事性機構，並統一指導、協調、監督黨、政、軍、群各部門的相關對臺工作。

　　「對臺領導小組」建立定期會議制度，像「江八點」、「胡六點」的提出及年度對臺工作等重大政策議題，都需要在小組會議上得到結論後，送「中央政治局常委會」審批，並提「中央政治局」全體會議討論通過。「對臺領導小組」從組建開始完全由軍方主控，時至今日，則已構成國安、外交、統戰、軍情、臺辦及經貿六大功能系統。

二、臺辦系統

　　所謂「臺辦」系統，是指從中共中央、「國務院」到各級地方黨委、「人民政府」所設立，以「臺灣工作辦公室」、「臺灣事務辦公室」為名的對臺工作專責組織。該組織在中共中央稱之為「中央臺灣工作辦公室」（簡稱「中臺辦」），中央政府稱之為「國臺辦」；在省級地方，稱之為「省（區、市）委臺灣工作辦公室」、「人民政府臺灣事務辦公室」；再依序到地級市、縣（市、區），均採同一模式，形成中共對臺工作「一條鞭式」的管理。換言之，從中央到地方基層的縣均設有黨和政府的對臺專責工作部門，其特色就是所謂「兩辦合一」、「一個機構、兩塊牌子」。另外，中共在涉及對臺工作的各個行政部門裡，也都

---

❸　邵宗海、蘇厚宇，**具有中國特色的中共決策機制：中共中央工作領導小組**（臺北：韋伯文化出版社，2007 年 6 月），頁 123–131。

設置有專門的對臺工作單位。

㈠中臺辦、國臺辦

「中臺辦」、「國臺辦」是中共中央、「國務院」主管對臺工作的辦事機構，也負責「對臺領導小組」的事務工作。❶早年中共在「對臺領導小組」設立辦公室，處理小組日常業務及各部門協調工作，正式名稱為「中央對臺工作領導小組辦公室」（簡稱中央對臺辦）。1988 年 9 月，因應我民眾赴陸探親，「國務院」成立「臺辦」，統籌協調涉臺行政事務。1991 年 3 月，兩辦合併成立「中臺辦」，該辦同時也是「國臺辦」。❶合併原因是認為對臺工作的政策性相當強，必須由黨直接領導；而保留形式上的政府部門建制，是為藉由行政系統名義，協調其他各機關和地方政府執行相關業務及制定法規。

「國臺辦」組建初期，只有四個司級的組：秘書行政組、政策研究組、聯絡組、協調組；❶其後隨著業務擴充，至 2009 年 6 月已增為十一個局：秘書局、綜合局、研究局、新聞局、經濟局、港澳涉臺事務局、交流局、聯絡局、法規局、投訴協調局、政黨局，以及機關黨委（人事局）。

㈡省級臺辦

省級「臺辦」係指各省、自治區、直轄市所設的「臺辦」。「國臺辦」成立後，中共為強化對臺工作，發揮組織、指導、協調、管理功能，逐步在大陸各級地方「人民政府」設立「臺辦」。1991 年 1 月 22 日，中共中央發出的「中共中央關於進一步加強對臺工作的通知」，要求各地方「臺辦」也採「兩辦合一」、「一個機構、兩塊牌子」。❶

---

❶　同❾，頁 196。

❶　同❾，頁 179。

❶　中共中央組織部、中央黨史研究室、中央檔案館，**中國共產黨組織史資料（附卷一下）**（北京：中共黨史出版社，2000 年），頁 895。

　　2018 年 9 月至 11 月，大陸省級黨政機構改革，各地「臺辦」機構亦調整為三種類型：第一，將「臺辦」列入黨委工作機關，屬正廳級，有二種形式，一是維持「省委（自治區黨委、市委）臺辦」同時也是「省（區、市）政府臺辦」，即一個機構、兩塊牌子的機構設置，如江蘇省；一是整合港澳事務職責，組建「省委臺港澳工作辦公室」（加掛「省政府臺港澳事務辦公室」牌子），如山東、福建。第二，將「臺辦」列入統戰部管理的機關，屬副廳級，亦有二種形式：一是單設「省委臺辦」，加掛「省政府臺辦」，如吉林、黑龍江、河南、貴州等省；二是整合港澳事務職責，組建「自治區黨委港澳臺工作辦公室」，同時加掛「自治區政府港澳臺事務辦公室」牌子，如寧夏。第三，將涉臺職責劃入「黨委統戰部」或「政府外事辦公室」，可分四種不同形式，一是如內蒙古、新疆「黨委統戰部」除掛「自治區黨委臺辦」，也掛「自治區政府臺辦」牌子；二是如「海南省委統戰部」，不再保留單設的「省委臺辦」，只掛「省政府臺辦」牌子；三是如「西藏黨委統戰部」，則掛「自治區港澳臺事務辦公室」牌子；四是如「青海省政府外事辦公室」，既掛「省委臺辦」，也掛「省政府臺辦」牌子，由「外事辦」主任兼任「臺辦」主任。由於蒙古、青海過去即如此設置，因此，規格不變；但是海南做法，明顯將「臺辦」功能降格。[18]

　　一般而言，省級「臺辦」的部門結構，須視當地涉臺業務繁雜與否，以及地方人民政府重視程度，以定其部門的多寡。沿海各省市「臺辦」通常設置五至六個業務處，惟近年有增加趨勢，如「北京市臺辦」即設置十個處：秘書處、經濟處、研究室、聯絡處、綜合處、宣傳處、人事處、交流一處、交流二處、投訴協調處，以及三個中心：信息中心、投訴協調中心、臺商投資服務中心、網絡中心。[19]而福建省臺港

[17]　陳德昇，**兩岸政經互動**（臺北：永業出版社，民國 83 年），頁 221。

[18]　周映柔、郭瑞華，「大陸省級機構改革下的臺辦設置調整分析」，**展望與探索**，第 17 卷第 1 期（2019 年 1 月），頁 132–135。

[19]　「機構設置」，中共北京市委臺灣工作辦公室北京市人民政府臺灣事務辦公

澳辦亦設有十一個處室及二個下屬單位（福建省臺灣同胞接待站、海峽論壇事務中心）。至於偏遠、經濟相對落後的內陸省份，大都只設二至三個處。

㈢（地級）市臺辦

地級「市臺辦」是負責該市涉臺事務的辦事機構，對全市與臺灣的經貿合作、各項交流和人員交往負有組織、指導、管理和協調的責任。因應 2018 年底的市級黨政機構改革，地級「市臺辦」調整方式與省級「臺辦」類似，甚至更進一步朝向與統戰部門統合。例如，廣東省東莞市委將「市委臺灣工作辦公室」及「市港澳事務局」管理職責整合，成立「市委臺港澳工作辦公室」，對外加掛「市臺港澳事務局」牌子，歸口「市委統戰部」管理。❷⓪

㈣縣（區）臺辦

「縣臺辦」是縣委、縣政府主管全縣對臺工作的辦事機構，但在機構、人員精簡情況下，通常與縣統戰部為「一個機構、兩塊牌子」。

至於各級「臺辦」之間是指導關係，而非領導關係，地方「臺辦」受當地黨委、人民政府直接領導，如「國臺辦」與省級「臺辦」是業務指導關係。因此，地方「臺辦」主任亦是由地方黨委直接任命，並不需要經「國臺辦」同意。

㈤部委及其他臺辦

大陸各個行政部門如有涉臺業務，也都專設對臺工作單位。有的是機關部門內的司級單位，如「外交部香港澳門臺灣事務司」、「商務

室，https://www.xunda-jh.com/html/taiban_804_816index.html。

❷⓪ 「東莞市委臺港澳工作辦公室正式掛牌成立」（2019 年 1 月 18 日），中國臺灣網，

http://www.taiwan.cn/local/dfkx/201901/t20190118_12133201.htm。

部臺港澳司」。有的部委「臺辦」雖是機關內的掛牌單位，但其實隱身在各部門內部的某一「廳」、「司」、「局」之內，例如，「文化和旅遊部港澳臺辦公室」是該部「國際交流與合作司」處理臺港澳事務時的對外行文單位，該司設有二十個處室，與臺港澳業務有關為港澳臺綜合事務處、港澳處、臺灣處，維持原「國家旅遊局港澳臺旅遊事務司」一樣編制。

　　基本上，在大陸，凡是有涉臺業務的組織機構，像是在高等院校、國有企業，以及規模較大的社團，均會設立「臺辦」，不過由於機構人員精簡等因素，所謂「臺辦」，正式名稱大都是「臺港澳辦」或「港澳臺辦」，而且幾乎都是與外事辦公室合署的「一個機構、兩塊牌子」。

三、海協會

　　「海協會」成立於 1991 年 12 月，係中共為因應當時兩岸互動情勢而組建的「社會團體法人」，以「促進海峽兩岸交往，發展兩岸關係，實現祖國和平統一」為宗旨，「接受有關方面委託，與臺灣有關部門和授權團體、人士商談海峽兩岸交往中的有關問題，並可簽訂協議性文件。」❷¹實際上，「海協會」成員大部分來自「國臺辦綜合局」，兩單位人員互相轉任；就此，「海協會」可說是「國臺辦」的擴大延伸。對中共而言，成立「海協會」是情勢所逼，不得不為。自從我政府開放國人赴大陸探親之後，隨著兩岸民眾互動日益密切，衍生越來越多的交往問題必須由兩岸政府出面解決。我政府為解決複雜的兩岸人民往來有關事務，但又不願由官方單位與大陸有關方面直接接觸，遂在 1990 年底，成立「海基會」，作為與大陸有關部門交涉與協商的單位。當時中共當局不僅無意成立「對口單位」，甚至反對。然而，當海基會與「國臺辦」數度實質接觸後，中共始感到體制與角色的不協

---

❷¹　「海峽兩岸關係協會章程」，海協會，1991 年 12 月 16 日，
　　http://www.arats.com.cn/bhjs/200806/t20080625_679003.htm。

調，因而體認到不論是在對臺統戰或交流需求，成立「民間對口單位」有其適用性與必要性，以便務實解決兩岸間的糾紛。

肆、對臺組織從屬結構

這是指配合主要結構而運作的機構或組織團體等，包括訊息蒐研、統戰交流及媒體宣傳等結構。

一、訊息蒐研系統

任何政府為確保決策正確和政策的有效執行，必須擁有敏銳、嚴密的訊息網絡和有效的蒐集方式。[22]中共對臺訊息（情報）蒐集和研析，主要係由軍情系統、國安系統、新聞系統，以及各研究諮詢機構組成；至於作為中共對臺工作的專責系統——「臺辦」，理所當然負有蒐情責任。

㈠軍情系統

共軍的情報蒐集任務，原本主要是由「總參謀部」（簡稱「總參」）的「情報部」（二部）、「技術偵察部」（三部）、「電子對抗雷達部」（四部），以及「總政治部」（簡稱「總政」）的「聯絡部」負責。惟在習近平上臺後，進行軍事大變革，除於 2015 年 12 月 31 日，成立陸軍領導機構，並增加「火箭軍」（即原「二炮部隊」）、「戰略支援部隊」兩個軍種。[23]同時於 2016 年 1 月 11 日公布，將「中央軍委」機關由原來的「總參」、「總政」、「總後勤部」、「總裝備部」四個總部，改為七個

---

[22] 朱光磊，**當代中國政府過程**，2 版（天津：天津人民出版社，2002 年），頁202。

[23] 「陸軍領導機構火箭軍戰略支援部隊成立大會在京舉行」，《人民日報》，2016 年 1 月 2 日，第 1 版。

部（廳）、三個委員會、五個直屬機構共十五個職能部門。❷❹其中「總
參」由原「中國人民解放軍總參謀部」更名為「中央軍委聯合參謀
部」，「總政」更名為「中央軍委政治工作部」，職權明顯限縮。

　　由於，「技術偵察部」係負責監聽無線電通訊、破譯各種密碼、判
讀衛星偵察照片等；「電子對抗雷達部」則掌管電子戰研究，負責電子
情報的蒐集、分析，反雷達干擾、反紅外線干擾，以及各式欺敵作戰
的模式設計等。❷❺因此，研判該兩部業務已改隸「戰略支援部隊」航
天系統部、網路和信息戰部管轄。至於原「總參情報部」、「總政聯絡
部」，均已降為「局」編制機關，成為「中央軍委聯合參謀部情報局」、
「中央軍委政治工作部聯絡局」；惟該二局目前組織建制與職能，外界
尚難掌握。

　　原「總參情報部」被列為軍事情報系統之首，主要任務是蒐集國
外軍事、戰略、科技、政治外交情報，以及執行軍事反間諜工作。下
轄七個工作局，第一局負責臺灣，惟在 1980 年代後，活動範圍和內容
有擴張之勢。該局下設北京、瀋陽、上海、南京、廣州五個分區（或
稱聯絡局），❷❻分別負責該管區對臺諜報活動，派遣蒐集我國軍戰略、
戰術、兵力規模、配置、裝備、人物特徵等軍事情報，甚至蒐集政治、
選舉情報。❷❼第一局的直屬系統包括各軍區情報局，下至集團軍情報
處。軍區情報局在業務上雖屬軍區領導，但在情報任務上也須接受「總
參情報部」的任務分配。❷❽

---

❷❹　「習近平在接見軍委機關各部門負責同志時強調講政治謀打贏搞服務作表
　　率努力建設『四鐵』軍委機關」，人民日報，2016 年 1 月 12 日，第 1 版。

❷❺　平可夫，**外向型的中國軍隊**（臺北：時報文化出版公司，1996 年），頁 17–
　　25。

❷❻　也有稱是北京、天津（或南京）、上海、廣州、深圳五地。這些單位都是駐
　　在所政府××辦公室出現，如廣州分區是「廣東省人民政府」第四辦公室；
　　「廣州軍區情報部」則是第五辦公室。

❷❼　平可夫，**中國間諜機關內幕**（香港：漢和出版社，2011 年），頁 144–145。

❷❽　同❷❺，頁 7–9。

　　「中國國際戰略學會」則是「中央軍委聯合參謀部情報局」以學術研究為掩護的對外聯繫交流單位，負責軍事戰略和國際保安問題的研究，並透過對外交流發展關係，會員大部分係「情報局」的退役或現役軍人。

　　原「總政聯絡部」是共軍另一大情報系統，原名「敵工部」（對敵工作部），是從「紅軍」時期的「白軍工作部」演變而來，當時任務為對我國軍的滲透、策反工作。該部下設四個工作局：聯絡局、調查研究局、邊防局、對外宣傳局，同時設有上海、廣州兩個分局。聯絡局過去主要負責蒐集臺灣政治情報、策反我國軍等；兩岸開放交流後，開始運用其他身分負責接待我方具有政經影響力的人士，並以商人身分出入臺灣。調查研究局對外活動，都以「中國國際友好聯絡會」名義展開。當七大軍區改制為五大戰區後，各戰區政治工作部轄下的群工聯絡局對外活動則仍沿用「中國國際友好聯絡會某某省分會」名稱。「和平與發展研究中心」則是隸屬「中央軍委政治工作部聯絡局」，負責對外公開的學術交流工作的研究單位；成立於 2001 年 5 月的「中華文化發展促進會」，是「中央軍委政治工作部聯絡局」從事對臺統戰交流的「民間組織」。

㈡國安系統

　　所謂國安系統，係指行政隸屬「國務院」及地方政府的國家安全及公安兩系統。國家安全系統，包括中央的「國家安全部」（簡稱「國安部」），以及省（區、市）級的「國家安全廳（局）」、地市和縣級的「國家安全局」。惟在 2018 年下半年大陸地方黨政機構改革中，地方「國家安全廳（局）」均不再隸屬地方政府，研判改由國安部與地方黨委國家安全委員會雙重領導。此外，「公安部」設「國內安全保衛局」（對外加掛公安部臺港澳事務辦公室牌子），省級政府「公安廳（局）」設「國內安全保衛局」，地級政府「公安局」下設「國內安全保衛支隊」，縣級政府「公安局」（市轄區「公安分局」）下設「國內安全保衛

大隊」。

　　「國安部」成立於 1983 年 7 月，由原「中央調查部」、「公安部國外局」（政治保衛局）❷❾，以及「中央統戰部」、「國防科工委」等部分單位合併而成；主要業務為對外情報、反間諜情報、反間諜偵察和技術偵察。❸❶「國安部」初成立時，設置九個工作局，然而隨著大陸社會的日益開放，及與外國交往互動的密切，國安部的任務趨於繁重，因而予以擴編，目前「國安部」下轄至少二十個工作局。其中負責對臺工作為「臺灣局」，下設行動、調查兩處。❸❶在大陸，凡是有境外人士聚集出入的地方，就有國安人員的存在。因此，在大陸的外資及合資機構，都有國安人員以不同職級隱身其中，臺商經營的企業當然也不例外。

㈢新聞系統

　　透過新聞媒體蒐集各種訊息有其便利性，是各國蒐集訊息的重要管道，在大陸新聞系統中，最具有訊息功能，提供訊息量最大的是「新華通訊社」（簡稱「新華社」），其次是「中國新聞通訊社」（簡稱「中新社」），以及晚近成立的「中國評論通訊社」（簡稱「中評社」）。在「人民日報」、「中央人民廣播電臺」、「中央電視臺」方面，也因派有記者來臺駐點，均可透過內部訊息傳輸系統傳送至對臺領導高層。

　　「新華社」是大陸最大的新聞訊息蒐集和發布中心，也是最具權威性的「國家通訊社」，經常由中共當局授權發布重大國內外新聞，並

---

❷❾　原由「公安部」主管的間諜、特務案件的偵察、拘留、預審和執行逮捕職權等，也在「國安部」成立後移轉由其承擔。然而在實際上，「公安部」仍繼續由該部「國內安全保衛局」（政治保衛局或稱敵偵局）負責相關工作。

❸❶　朱建新、王曉東，**各國國家安全機構比較研究**（北京：時事出版社，2009年），頁 359–360。

❸❶　一般研究資料，均指「國安部」設有「臺港澳局」，惟軍事評論家平可夫稱其多方核實，認為國安部初始即設有獨立的「臺灣局」，另設「港澳局」。參閱平可夫，**中國間諜機關內幕**，頁 91–92。

就國內外重大事件代表中共中央或「國務院」表態。該社透過「內參報導系列」，將大陸內外重大政治、經濟，以及社會動向反映到中共中央。「內參」分國內和國際二部分，並按報導內容性質，列為不同的類別，分發的範圍和層次也有很大的區別。㉜

「中新社」隸屬「國務院僑務辦公室」的事業單位，專門從事對外宣傳的新聞通訊社，也是大陸一家以港、澳、臺和海外華文傳播媒體為服務對象的通訊社；其報導尺度比「新華社」寬鬆，權威性當然也就不如「新華社」。總社設內參部，提供訊息供上級參考。

「中評社」號稱大陸第三家通訊社，以「溝通兩岸、融匯中華」為創辦宗旨，於 2005 年 6 月在香港正式發稿，除向傳統媒體提供資訊外，同時直接為全球華文網路媒體、用戶及讀者提供網路新聞資訊。該社資金主要來自在香港上市的「中國燃氣控股有限公司」，「國臺辦海峽經濟科技合作中心」是該公司的第一大和創始股東，透過資金網絡，凸顯出該社的特殊背景。

㈣研究諮詢機構

本文所稱研究諮詢機構，係指提供經過加工整理過的各種涉臺研究成果、諮詢意見，予決策部門及決策者的組織。

中共為執行對臺工作，其黨政軍部門所屬研究機構，原本即負有對臺研究任務，撰寫調研報告提供相關部門參考，並作為決策部門的諮詢對象，如「中國社會科學院臺灣研究所」。此外，為針對臺灣政治、經濟、社會等各方面，進行深入研究，定期提供各部門瞭解臺灣情況及制定對臺政策參考，同時增進大陸人民對臺灣情勢的認識與瞭解，因此，在一些重點大學和部分省市社會科學院設立臺灣研究所或研究中心，如「廈門大學臺灣研究院」、「福建社會科學院現代臺灣研究所」等。此外，在各地成立民間性質的臺灣研究社團等，如「全國

㉜ 何川，**中共新聞制度剖析**（臺北：正中書局，民國 83 年 7 月），頁 182–185、193–194。

臺灣研究會」及各省市地方的「臺灣研究會」等（如表 2-1）。上述部分研究機構不僅是大陸研究臺灣的學術重鎮，其成員更是中共制定對臺政策的重要智囊。

表 2-1　大陸涉臺研究諮詢機構

隸屬	機構名稱
中共中央	中央政策研究室、中臺辦研究局（兩岸關係研究中心）、中央黨校國際戰略研究所（臺港澳研究室）
國務院	中國國際問題研究院（隸屬外交部）、中國現代國際關係研究院（隸屬國安部）、中國社會科學院臺灣研究所（隸屬國安部）
中央軍委	中國國際戰略學會（隸屬軍委聯參部情報局）、和平與發展研究中心（隸屬軍委政工部聯絡局）、軍事科學院臺海問題研究中心、中國國際戰略基金會
地方政府	上海國際問題研究院、上海臺灣研究所、上海市東亞研究所、上海市臺灣研究會、上海市社會科學院亞太研究所、天津市社會科學院臺灣研究所、福建省社會科學院現代臺灣研究所、廣東省社會科學院臺灣研究中心、廣西社會科學院臺灣研究中心
高等院校	廈門大學臺灣研究院、南開大學臺灣經濟研究所、浙江大學臺灣研究所、南京大學臺灣研究所、清華大學臺灣研究所、北京聯合大學臺灣研究院、北京大學臺灣研究院、中國海洋大學海峽兩岸關係研究所、上海交通大學臺灣研究中心、復旦大學臺灣研究中心、中國政法大學臺灣研究中心、華中師範大學臺灣與東亞研究中心、兩岸關係和平發展協同創新中心
黨派社團	臺盟中央政策研究會、民革研究室、全國臺聯研究室
其　他	全國臺灣研究會、中評智庫基金會、臺灣經濟研究中心

資料來源：作者製表。

　　大陸對臺研究諮詢機構依其影響力，可分三類：一是隸屬黨政軍部門的研究機構，[33]它們對政策制定部門及決策者有直接的影響力；二是隸屬「教育部」的涉臺重點大學及特殊的學術研究或業務單位，其中的個別學者是決策者的重要智囊，比前一類更具影響力；三是一般涉臺學術機構、大學，或涉臺黨派團體研究部門，以及地方所屬涉

[33]　這些機構介紹，參見楊潔勉，**後冷戰時期的中美關係外交政策比較研究**（上海：上海人民出版社，2000 年），頁 134-142。

臺研究機構等，其影響力相對有限。

　　至於影響決策的方式：一是循各自行政隸屬上陳研究報告，接受主管部門或其他上級機關指定委託，甚至自行撰寫、提出報告；二是參加各種座談會、研討會，提出看法與建議，其中有公開的、有閉門的；三是個人與對臺工作領導者具有私交，主動或被動接受諮詢；❸❹四是公開發表論文及出版書籍。

二、統戰交流系統

　　這是以中共「中央統一戰線工作部」（簡稱「中央統戰部」）與地方「統戰部」為核心，透過各級「政協」所屬界別，如民主黨派、社會團體等，形成一個統戰主系統；另配合其他部門為因應對臺交流之需，而成立的交流團體，構成一個對臺統戰交流系統。

　　中共「中央統戰部」為中共進行國內統戰、海外統戰和對臺統戰工作的領導機構。該部三局（港澳臺、海外聯絡局）職掌為：「負責聯繫香港、澳門和海外有關社團及代表人士；做好臺胞、臺屬工作；對臺胞回大陸定居提出政策性意見，並檢查貫徹落實情況；負責中華海外聯誼會的工作；聯繫、指導、協調各民主黨派中央、全國工商聯和統戰系統有關團體的對臺和海外統戰工作。」❸❺

　　「政協」是一個號稱具有「黨派性的統一戰線組織」，❸❻也就是中共對內和對外最大規模的統戰機構。除了全國性的全國委員會（「全國政協」）之外，並有不同層級的地方性「政協」組織。各級「政協」配

---

❸❹　大陸「海協會」前會長汪道涵生前不但經常出席各種涉臺討論會、研討會，也主動徵詢研究者意見，再將其綜合心得，在「中央對臺工作領導小組」會議時，提供分享。

❸❺　「機構設置」，中央統戰部，2010 年 12 月 10 日，
http://www.zytzb.cn/publicfiles/business/htmlfiles/tzb2010/jgsz/201012/690112.html。

❸❻　同❺，頁 22。

合對臺工作部門，協助接待臺胞、吸引臺資、進行對臺各項交流活動等，在中共對臺統戰方面扮演重要角色。

　　大陸的政黨，除了中共，另有八大民主黨派：「中國國民黨革命委員會」（民革）、「中國民主同盟」（民盟）、「中國民主建國會」（民建）、「中國民主促進會」（民進）、「中國農工民主黨」（農工黨）、「中國致公黨」（致公黨）、「九三學社」、「臺灣民主自治同盟」（臺盟）。其中「民革」、「臺盟」的成員，因與臺灣有歷史上和地緣上的聯繫關係，故在中共對臺工作上，扮演著積極角色。「臺盟」於 1947 年 11 月在香港成立，其章程總綱明確標明，該盟是「由臺灣省人士組成的社會主義勞動者、社會主義事業建設者和擁護社會主義愛國者的政治聯盟」，❸❼因此，與其他民主黨派比較起來，「臺盟」是唯一具有濃厚地域色彩的政黨。另一個涉臺政黨是「民革」，成立於 1949 年 11 月，由國民黨左派及投共人士組成，以「同中國國民黨有關係的人士、同臺灣各界有關係的人士、致力於祖國統一的人士及其他有關人士」為組織吸收對象。

　　大陸對臺社會團體隨著兩岸交流增溫而成長，主要有「全國臺聯」、「統促會」、「黃埔軍校同學會」等（如表 2-2）。上述「全國臺聯」、「統促會」在執行對臺工作上，成效相對顯著。

表 2-2　大陸對臺工作主要社團

組織名稱	成立時間	主管機關或隸屬	工作對象	備註
中華全國青年聯合會（全國青聯）	1949 年 5 月 4 日	共青團	臺灣青少年學生	
中華全國臺灣同胞聯誼會（全國臺聯）	1981 年 12 月 27 日	中央統戰部	大陸境內外臺胞	
中國宋慶齡基金會	1982 年 5 月 29 日	中央統戰部	臺灣青少年學生及兒童	原名未冠中國，2005 年 5 月改今名

❸❼　「臺盟章程」，臺盟，2007 年 12 月 7 日，

　　http://www.taimeng.org.cn/tmly/tmzc/t20060714_134824.htm。

黃埔軍校同學會	1984 年 6 月 16 日	中央統戰部	黃埔校友及其第二、三代	與統促會合署辦公
中國和平統一促進會（統促會）	1988 年 9 月 22 日	中央統戰部	臺灣統派人士海外統派人士	
中華海外聯誼會（海聯會）	1996 年 5 月 24 日	中央統戰部	臺灣各界人士	
海峽兩岸農業交流協會	2001 年 1 月 15 日	農業農村部	臺灣農民企業家	
中華文化發展促進會	2001 年 5 月	軍委政工部聯絡局	臺灣各界人士	
中華民族團結進步協會	2002 年 6 月 10 日	國家民族事務委員會	臺灣原住民	
海峽兩岸經貿交流協會(海貿會)	2004 年 1 月 6 日	商務部	臺灣有關民間機構、工商團體	
中華媽祖文化交流協會	2004 年 10 月 31 日	中央統戰部	臺灣媽祖宮廟信徒	
中華宗教文化交流協會	2005 年 12 月 30 日	中央統戰部	臺灣各宗教界，以佛、道為主	
兩岸臺胞民間交流促進會	2006 年 3 月 2 日	臺盟	臺灣各界人士	
海峽兩岸旅遊交流協會(海旅會)	2006 年 7 月	文化和旅遊部	臺灣旅遊業者	係我交通部觀光局臺灣海峽兩岸觀光旅遊協會之對口單位
海峽兩岸關係法學研究會（海研會）	2011 年 12 月 23 日	中國法學會	臺灣法學專家、法律工作者	
海峽兩岸婚姻家庭協會	2012 年 8 月 28 日	民政部	兩岸婚姻群體	

資料來源：作者製表。

「全國臺聯」自稱為「臺胞之家」，是「臺灣各族同胞的愛國民眾團體，是黨和政府聯繫臺灣同胞的橋樑和紐帶」。❸ 「全國臺聯」是

❸ 「中華全國臺灣同胞聯誼會」，臺胞之家，

「全國政協」組成單位之一，不僅負責整合居住在大陸的臺灣省籍同胞；同時也是執行中共對臺統戰工作的第一線。除了「全國臺聯」，地方也有「臺聯」組織，目前除西藏外，在大陸三十個省、自治區、直轄市都成立省級的地方「臺聯」；另外在臺胞集中的八十六個地區、市也都建立地方「臺聯」組織，形成一個相當完整的組織體系。

由於「臺聯」本身是大陸臺胞組織，與臺灣內部有密切的聯繫和親情關係，在兩岸民間交流與交往中，有自身獨特的優勢。因此在中共對臺工作上，「臺聯」以民間團體的角色，在兩岸交往中，為兩岸民間各領域的交流進行許多牽線的工作，其中，包括 2004 年起開始舉辦的「龍脈相傳，青春中華」千人夏令營。

「統促會」原是相對鬆散的對臺組織，2004 年 9 月，「統促會」在北京召開第七屆理事大會，時任「全國政協」主席賈慶林當選會長，並由時任「中央統戰部」部長劉延東擔任執行副會長，讓「統促會」不再僅是象徵性的組織，而是具有濃厚的統戰工作取向。此一領導模式已形成慣例，延續至今。2018 年 10 月，「統促會」九屆二次理事大會，選舉「全國政協」主席汪洋為會長。

「統促會」最大的工作成果，是推動全球反獨促統活動，有計畫地透過僑務部門及統戰組織，積極向海外華僑、華人進行統戰，企圖組成全球華僑、華人的反獨促統聯盟，對臺形成包圍局面。中共號稱，近年來在其積極推動下，已在全球五大洲九十多個國家和地區成立二百多個「統促會」或類似的組織，❸❾並幾乎年年舉行全球性反獨促統大會，同時每年定期在北京召開海外統促會會長會議。

與此同時，大陸各地省級「臺辦」為推動兩岸地方民間交流工作，也紛紛成立民間交流團體。例如，「福建省臺辦」於 1993 年 9 月先成立「閩臺新聞交流聯誼會」，後又成立「閩臺交流協會」；「浙江省臺

---

http://www.tailian.org.cn/n1080/n1190/index.html。

❸❾ 「統促會現 1 正國級 12 副國級領導格局」，2015 年 9 月 22 日，文匯網，http://news.wenweipo.com/2015/09/22/IN1509220070.htm。

辦」於 1998 年 11 月，組建成立「浙江省海峽兩岸經濟文化促進會」。此外，部分涉臺業務繁重的地級市臺辦也成立民間交流團體，推動兩岸地方民間交流工作，例如「廈門市臺辦」成立「廈門市兩岸交流協會」。❹

三、媒體宣傳系統

由於中共係以宣傳起家，為了重視宣傳的具體運用，各級黨組織，除了「組織部」、「統戰部」之外，一定設有「宣傳部」。宣傳系統可說是中共對臺工作中，最先建立的機制。中共對臺執行部門：「中臺辦」即設有宣傳局，❹負責對臺宣傳工作。由於宣傳是中共對臺工作的重要組成部分，故不僅設置專屬廣播電臺從事對臺廣播，或者透過平面媒體如報刊、書籍進行文字圖片宣傳，近年並開關衛星電視頻道對臺從事音像宣傳，以及網際網路涉臺宣傳網站（如表 2–3）。

表 2–3　大陸涉臺宣傳機構

通訊社	新華通訊社（國務院）、中國新聞社（國僑辦）、中國評論通訊社（國臺辦）
報紙	人民日報及其海外版（中共中央）、香港大公報（國務院補助）、香港文匯報（國務院補助）、美國僑報（國僑辦補助）、環球時報（人民日報）
廣播電臺	中央人民廣播電臺（廣電總局）、海峽之聲廣播電臺（軍委政工部）、中國華藝廣播公司（軍委政工部聯絡局、中華文化發展促進會）、金陵之聲廣播電臺（江蘇省委）、浦江之聲廣播電臺（上海市委）、福建人民廣播電臺（福建省委）、東南廣播公司（福建省委）、廈門人民廣播電臺（廈門市委）、福州人民廣播電臺（福州市委）
電視臺	中央電視臺（廣電總局）、福建東南電視臺（福建省委）、廈門海峽衛視（廈門市委）

---

❹　這些省、市級交流團體，不是由現任「臺辦」主任，就是由卸任「臺辦」主任，擔任會長。

❹　即「國臺辦新聞局」，這是典型內外有別，對內稱宣傳局，對外用新聞局。

雜誌	臺灣工作通訊（國臺辦）、兩岸關係（國臺辦）、中國評論（中國評論通訊社）、臺聲（全國臺聯）、統一論壇（中國統促會）、黃埔（黃埔軍校同學會）
出版社	九州出版社（國臺辦）、華藝出版社（軍委政工部聯絡局、中華文化發展促進會）、華文出版社（中國出版集團公司、中央統戰部）
音像公司	九州（國臺辦）、華藝（原總政聯絡部、中華文化發展促進會）、巴蜀（四川省臺辦）、長龍（福建省委）
網站	華夏經緯網（國臺辦）、中國臺灣網（國臺辦）、你好臺灣網（中央人民廣播電臺）、新華網港澳臺頻道（新華社）、人民網臺灣頻道（人民日報）、中新網臺灣頻道（中新社）、東南網 - 臺海頻道（海峽新聞網）（福建省委、福建日報報業集團）、臺海網（福建省委、福建日報報業集團）、中國新聞評論網（中國評論通訊社）、央視網（中央電視臺）、環球網（環球時報）、華廣網（軍委政工部聯絡局）

資料來源：作者製表。

　　中共為部署對臺宣傳工作，曾於 1984 年 11 月、1995 年 2 月召開「全國對臺宣傳工作會議」，2001 年 5 月召開「中央對臺宣傳工作會議」。此外，大陸「國務院新聞辦公室」 ❷ 與「國臺辦」於 1993 年 8 月 31 日，共同發表「臺灣問題與中國的統一白皮書」，以七種文字版本，向國際說明「臺灣問題」現況和其癥結，以及立場與主張。1996 年 8 月，「中臺辦」、「中央宣傳部」、「中央對外宣傳辦公室」曾聯合發出通知，要求大陸媒體在使用涉臺的用語上，必須與中共當局「口徑一致」。

　　上述這些機構各有隸屬，但大都是在中共「中央宣傳部」直接或間接控制，以及在「中臺辦」政策指導及經費支援之下，以保持對臺宣傳「口徑」的一致。其中以「新華社」的角色最為特殊，它不僅是對臺宣傳工作執行者的角色，更是決策階層的重要訊息來源的提供者。

---

❷　「國務院新聞辦公室」與中共「中央對外宣傳辦公室」為「一個機構、兩塊牌子」，同樣列中共中央直屬機構序列。

伍、結　語

　　第一、形成以黨為核心的對臺工作體系：由於中共認為國家統一工作是未完成的任務，因此，為避免政策偏離，中共掌握對臺決策權，連執行權也要牢牢掌握在黨手裡，形成以中國共產黨為治理核心的工作體系。也因此，對臺專責機構「中臺辦」，是中共中央機構序列之一。

　　第二、共軍在對臺角色中特別突出：在中共對臺工作中，共軍始終是一個重要的決策參與和執行角色。掌握軍隊的人，就是中共最為重要的領導人，同時也是對臺政策的決策者。在執行層面，不管是訊息（情報）蒐研、統戰交流、政策宣傳等，共軍都扮演重要的角色。

　　第三、官方推動社群團體參與對臺工作運作：在中國大陸，幾乎不存在所謂民間團體，向官方登記的社會團體都是依附在黨政軍機構裡，在對臺工作上尤其如此。這種既是官、又是民的組織，在中共對臺政策執行上變成主力，一是因兩岸的交流，歷經由無到有、由少而多、由單而雙、由民而官的不同階段。當中共以統戰角度，要突破臺灣的迴避官方接觸，遂不得不成立許多的民間機構以進行交流；另一是對臺工作是中共黨的重要任務，既有的社群組織與黨有特定的政治關係，由黨直接領導，為執行「全黨都來做對臺工作」，黨即要求這些社群參與對臺工作。

　　總之，中共對臺工作採黨的一元領導，多元分工負責執行；以中共中央政治局及其常委會為決策領導核心，「對臺領導小組」為政策制訂與協調中心；同時從中央到地方成立對臺專責機構——「臺辦」，採「兩辦合一」、「一個機構、兩塊牌子」，這是中共對臺工作的主幹，再佐以各級黨、政、軍、群等其他相關部門，形成一個龐大的對臺工作網絡。

問題與討論

一、請描述中共對臺工作組織體系的整體輪廓為何？

二、何謂「臺辦」系統？中共建立「臺辦」系統的目的何在？

三、中共對臺工作組織體系有何特點？

四、中共為何成立「海峽兩岸關係協會」？

五、大陸建立眾多對臺研究諮詢機構，如何區分其影響力？其影響決
　　策方式為何？

參考文獻

中共中央組織部、中央黨史研究室、中央檔案館，**中國共產黨組織史資料（附卷一下）**（北京：中共黨史出版社，2000 年）。

中共研究雜誌社，**1994 中共年報**（臺北：中共研究雜誌社，1994 年 6 月）。

平可夫，**外向型的中國軍隊**（臺北：時報文化出版公司，1996 年）。

平可夫，**中國間諜機關內幕**（香港：漢和出版社，2011 年）。

朱光磊，**當代中國政府過程**，2 版（天津：天津人民出版社，2002 年）。

朱建新、王曉東，**各國國家安全機構比較研究**（北京：時事出版社，2009 年）。

何　川，**中共新聞制度剖析**（臺北：正中書局，民國 83 年 7 月）。

邵宗海、蘇厚宇，**具有中國特色的中共決策機制：中共中央工作領導小組**（臺北：韋伯文化出版社，2007 年 6 月）。

周映柔、郭瑞華，「大陸省級機構改革下的臺辦設置調整分析」，**展望與探索**，第 17 卷第 1 期（2019 年 1 月），頁 131–138。

徐　麟，「服務全局、推動發展、促進統一」，**上海對臺工作**（上海），2008 年 11 月，頁 6。

張平夫主編，**人民政協概論**，2 版（北京：中央編譯出版社，2008 年）。

郭道暉，**當代中國立法（上）**（北京：中國民主法制出版社，1998 年）。

郭瑞華編著，**中共對臺工作組織體系概論**，修訂 2 版（臺北：法務部調查局，民國 93 年 12 月）。

陳德昇，**兩岸政經互動**（臺北：永業出版社，民國 83 年）。

楊潔勉，**後冷戰時期的中美關係外交政策比較研究**（上海：上海人民出版社，2000 年）。

鄒錫明編，**中共中央機構沿革實錄**（北京：中國檔案出版社，1998年）。

廖承志，**廖承志文集**（北京：人民出版社，1990 年 8 月）。

「陸軍領導機構火箭軍戰略支援部隊成立大會在京舉行」，《人民日報》，2016 年 1 月 2 日，第 1 版。

「習近平在接見軍委機關各部門負責同志時強調講政治謀打贏搞服務作表率努力建設"四鐵"軍委機關」，《人民日報》，2016 年 1 月 12 日，第 1 版。

「中國共產黨章程」（2012 年 11 月 14 日十八大修訂通過），新華網，http://news.xinhuanet.com/18cpcnc/2012-1/18/c_113714762_4.htm。

「中華全國臺灣同胞聯誼會」，臺胞之家，http://www.tailian.org.cn/n1080/n1190/index.html。

「中華全國體育總會　臺灣省體育工作聯絡處在京成立」（1976 年 6 月 26 日），花都資料庫，http://www.huadu.gov.cn:8080/was40/detail?record=443156&channelid=48004。

「內設機構」，福建省臺辦，http://www.fjstb.gov.cn/html/20041122/816012.html。

「北京市人民政府臺灣事務辦公室聯繫方式」，北京．臺灣在線，http://www.bj.taiwan.cn/govinfo/201007/t20100722_1463758.htm。

「全國臺灣研究會章程」，全國臺灣研究會，http://tyh.chinataiwan.org/benhuizhangcheng/200902/t20090225_835706.htm。

「海峽兩岸關係協會章程」（1991 年 12 月 16 日通過），海協會，http://www.arats.com.cn/bhjs/200806/t20080625_679003.htm。

「臺盟章程」（2007 年 12 月 7 日），臺盟，http://www.taimeng.org.cn/tmly/tmzc/t20060714_134824.htm。

「機構設置」（2010 年 12 月 10 日），中央統戰部，

http://www.zytzb.cn/publicfiles/business/htmlfiles/tzb2010/jgsz/2010
12/690112.html。

「機構設置」，中共北京市委臺灣工作辦公室北京市人民政府臺灣事務
辦公室，

https://www.xunda-jh.com/html/taiban_804_816index.html。

「中國共產黨章程」（2017 年 10 月 24 日中共十九大修訂通過），新華
網，

http://cpc.people.com.cn/BIG5/n1/2017/1028/c64094-29614351-
4.html。

第三章
中共對臺政策之研究

壹、前　言

　　影響中共對臺政策的因素，主要包括三個重要層面：其一，為外在國際政經體系的規範與快速變遷，特別是中共與美國關係的互動與亞太區域政、經互動的衝突與整合。如長期以來中共都將其所謂的「臺灣問題」，視為它與美國最為敏感與最為核心的議題。其二，為兩岸雙邊各項政治、經濟、社會的互動交流、協商與雙邊實力的對比。近年來伴隨著兩岸關係政治互信與否及大陸實力的崛起，也使其在對臺政策上逐步展現單邊作為。其三，為兩岸各自雙方內在所面臨到政治、經濟、社會的快速變遷發展的制約，特別是臺灣內部政黨的輪替與否。當民主體制的臺灣，面臨到民族主義高漲的中國大陸，也會促使中共對臺政策在不同時期，作出不同的策略與手段。

　　這三個層面之間又具有高度的互動性與相關性，例如 1978 年 8 月 12 日，中國大陸與日本簽定「中日和平友好條約」，10 月下旬，中共領導人鄧小平更親自赴日本參加簽約，和中日雙方互換批准書的儀式。繼中共與日本簽定和平友好條約後，1978 年 12 月 16 日，中共與美國簽署「建交公報」，雙方決定自 1979 年元旦正式建立外交關係。相較於外交上的重大突破，1978 年 12 月 18 日至 22 日，中共「十一屆三中全會」召開，更是標誌著走向「改革開放」的歷史里程碑。伴隨著中共內、外環境的重大變化，自然也使得中共對臺政策在 1979 年元旦，以全國人大常委會名義發表「告臺灣同胞書」，開啟對臺政策進行「和平統一」的攻勢。同樣的，自從 2017 年美中貿易戰引發的美中大

國博弈，美中關係的惡化與美臺關係的強化，也促使中共在對臺政策上採取「軟」、「硬」兩手都加大的作為。

　　回顧以往中共的對臺政策，大都秉持先確立戰略目標的路線方針，繼而再訂定具體策略方法手段。檢視 1949 年以來的中共對臺政策，其側重點縱然有所差異，惟基本原則仍具有相當程度的「一貫性、延續性」，即都是以「完成祖國的統一」作為最高與最終的戰略目標。這一點我們可以從中共歷年來的政策宣示或文本來觀察，不論是毛澤東時期所強調的「和平解放臺灣」，到鄧小平時期的「和平統一、一國兩制」，到江澤民時期發表的「江八點」，以及胡錦濤時期的「胡六點」，或是中共在「十八大」的「政治報告」所強調的「和平統一最符合包括臺灣同胞在內的中華民族的根本利益，全體中華兒女攜手努力，就一定能在同心實現中華民族偉大復興進程中完成祖國統一大業」，❶2013 年 2 月 25 日中共中央總書記習近平在北京會見國民黨榮譽主席連戰時開宗明義也強調：「繼續推動兩岸關係和平發展、促進兩岸和平統一，是新一屆中共中央領導集體的責任」。❷2019 年元月 2 日，中共總書記習近平更在紀念「告臺灣同胞書」發表四十周年大會上發表「習五點」，一般認為這是自 1979 年元旦中共發表「告臺灣同胞書」四十年來，歷任領導人在舉辦紀念大會中，體現出規格層級最高、宣傳力度最大，及高舉統一旗幟與內涵最鮮明的重要講話。習近平在講話全文 4,287 個字中，提到「統一」兩個字出現 46 次，提到「民族」共 34 次，提到「一國兩制」也有 6 次。❸凡此，都可清楚看出就中共

❶　「胡錦濤強調：豐富一國兩制實踐和推進祖國統一」，新華社，2012 年 11 月 8 日，國臺辦網站，
　　http://www.gwytb.gov.cn/wyly/201211/t20121108_3358728.htm。

❷　「習近平總書記會見連戰一行」，新華社，2013 年 2 月 25 日，國臺辦網站，http://www.gwytb.gov.cn/wyly/201302/t20130225_3823738.htm。

❸　「習近平：為實現民族偉大復興 推進祖國和平統一而共同奮鬥——在《告臺灣同胞書》發表 40 週年紀念會上的講話」。參見 2019 年 1 月 2 日新華網。http://big5.gwytb.gov.cn/wyly/201901/t20190102_12128140.htm

對臺政策而言，均未脫離以實現「祖國統一」為最高戰略的目標，並在此一目標下採取不同的手段與策略。

貳、毛澤東、鄧小平、江澤民、胡錦濤時期的對臺政策

一、毛澤東時期的「武裝解放」、「和平解放」

　　毛澤東統治時期，在當時美蘇對峙冷戰的體系架構下，中共的對臺政策係以「武裝解放臺灣」與「和平解放臺灣」為主要訴求。1949年10月1日中共在北京正式建立「中華人民共和國」，10月24日由葉飛率領共軍進攻金門，27日戰役結束，共軍在古寧頭慘敗，使得國民政府不僅守住了金門，保衛了臺灣，也扭轉了在大陸兵敗如山倒的頹勢。❹ 1950年6月25日韓戰的爆發，美國杜魯門（Harry S. Truman）總統宣布派遣第七艦隊巡防臺灣海峽防止雙方衝突，1954年12月3日美國與中華民國政府簽定「中美共同防禦條約」，更使得毛澤東的「武裝解放臺灣」口號，逐漸改為「和平解放臺灣」的訴求。

　　1958年8月23日，毛澤東策劃由當時福州軍區的第一政委葉飛指揮，對我金門駐軍與砲兵陣地等軍事目標進行猛烈砲擊，兩個小時之內密集發射四萬五千發砲彈，其火力密集程度打破二次大戰以來的紀錄，造成當時金門防衛副司令吉星文等將領殉職，隔日再砲擊三萬五千發，即俗稱的「八二三砲戰」。共軍雖然對金門發動猛烈砲戰，但並無登島之意。8月24日在金門的駐軍對廈門也進行反攻砲擊，加上美國國防部宣布，命令第七艦隊採取防禦措施，調動航空母艦與陸海

---

❹　即俗稱的「古寧頭大捷」，我方統計殲滅共軍二萬人，中共方面統計損失九千多人。爾後11月6日共軍又在浙江舟山的登步島慘敗，被殲滅五千人被俘二千人，稱為「登步島大捷」。

軍陸戰隊八萬人集中臺灣海峽。9月1日金門料羅灣發生激烈海戰，美國軍艦進行護航運輸補給，解放軍也奉毛澤東之命避免與美艦衝突。10月5日，毛澤東指示當時國防部長彭德懷與副部長黃克誠：「不管有無美機美艦護航，10月6日、7日我軍一砲不發，敵方向我砲擊，我也一砲不還，偃旗息鼓，觀察兩天再做處理」。❺10月6日彭德懷在毛的指示下發表「告臺灣同胞書」，強調「我們都是中國人。三十六計和為上計，你們與我們之間的戰爭，三十年了尚未結束，我們建議實行和平解決，這就需要談判」。❻1958年10月31日毛澤東對時任總理的周恩來、副總理兼外長的陳毅、中央軍委祕書長兼國防部副部長的黃克誠下達指示：「應將逢雙日不打的地方加以推廣，就是說，逢雙日一率不打砲，使蔣軍可以出來活動，曬曬太陽，以利持久。只在單日略為打一點砲，由內部通知福建實行，暫不再發聲明」。❼自此，在金門中共就採取單打雙不打策略。

1960年起，中共除了面臨到內部掀起的文化大革命，也在1972年2月28日由周恩來與美國總統尼克森在上海簽署「上海公報」開始進行關係正常化，即不再強調「武裝解放臺灣」，而改為「和平解放臺灣」的訴求。

二、鄧小平時期的「和平統一、一國兩制」

1977年7月召開的中共「十屆三中全會」上，鄧小平正式復出，恢復撤職前的一切黨政軍職務（中共中央副主席、國務院副總理、中共中央軍委副主席兼解放軍總參謀長），1978年1月7日在會見美國

---

❺ 毛澤東，「關於暫停炮擊和發表『告臺灣同胞書』給彭德懷、黃克誠的信」，中共中央黨校、中共中央臺灣工作辦公室編，**中共三代領導人談臺灣問題**，初版（北京：內部學習資料，2001年9月），頁102–103。

❻ 彭德懷，「中華人民共和國國防部告臺灣同胞書」，前引書，頁104–105。

❼ 毛澤東，「金門單日打炮雙日不打炮」，前引書，頁121–122。

國會議員，談到臺灣問題時強調，「解決臺灣問題就是兩隻手，兩種方式都不能排除。力爭用右手爭取和平方式，用右手大概要力量大一點，實在不行還得用左手即軍事手段，我們在這方面不可能有什麼靈活性，要說靈活性，就是我們可以等。」 ❽ 自始開啟了以和平統一為訴求，但也不放棄武力統一的手段。

　　1978 年底中共召開「十一屆三中全會」，1979 年元旦北京與華盛頓宣布建交，同一天，由中共全國人民代表大會常務委員會發表「告臺灣同胞書」，宣示停止砲擊金門等島嶼，改為倡議和平統一，並提出寄希望於臺灣人民與臺灣當局，堅持「一中」反對臺獨，同時也呼籲雙方儘快實現通航、通郵與旅遊參觀，進行學術、文化、體育觀摩。1981 年 9 月 30 日中共人大委員長葉劍英提出「關於臺灣回歸祖國實現和平統一的方針政策」（即俗稱「葉九條」）。第一項就提出舉行國、共兩黨對等談判實行第三次合作，共同完成祖國統一大業。第二項提出了通郵、通商、通航、探親、旅遊以及開展學術、文化、體育等交流。第三項即提出國家實現統一後，臺灣可以作為特別行政區，享有高度的自治權，並可保留軍隊。

　　鄧小平時期對臺政策最具代表性的厥為「和平統一、一國兩制」。事實上，「一國兩制」的構想，原是針對解決「臺灣問題」而提出的。1982 年 1 月 11 日，鄧小平在會見美國華人協會主席李耀滋時首度提出「一個國家兩種制度，兩種制度是可以允許的」，❾ 這是「一國兩制」用語首度提出。1982 年 12 月中共全國人大五屆五次會議通過中華人民共和國憲法第 31 條規定：「國家在必要時設立特別行政區」，為「一國兩制」方針下，設立特別行政區，並實行不同於大陸內部的制度提供法律依據。1984 年 6 月 22 日至 23 日，鄧小平在北京會見香港

---

❽　鄧小平，「會見美國國會議員時的談話」，**鄧小平思想年譜**，第 1 版（北京：中共中央文獻出版社，1998 年 11 月），頁 53。

❾　鄧小平，「會見美國華人協會主席李耀滋時的談話」，**中共三代領導人談臺灣問題**，頁 195。

工商界訪京團與香港知名人士鍾士元的談話時，正式提出以「一國兩制」作為解決香港問題與臺灣問題的方案。❿1984 年 12 月 19 日中共與英國完成香港前途談判並發表「中英聯合聲明」，確定於 1997 年香港主權回歸中國大陸後，維持「五十年不變」（經濟社會制度不變、生活方式不變、法律基本不變），強調「港人治港、高度自治」。自此「和平統一」與「一國兩制」即成為中共對臺政策的主要方針。

三、江澤民時期的「江八點」、「一個中國原則與臺灣問題」白皮書

1989 年「六四事件」後，雖然江澤民在中共「十三屆四中全會」成為中共中央總書記，同年 11 月 9 日也從鄧小平手中接任中央軍委主席。但由於一方面鄧小平仍然大權在握，江澤民本身權力並未穩固；另一方面主管對臺工作係由當時國家主席暨中央對臺工作小組組長楊尚昆負責。故江澤民在對臺政策上，多半重申「和平統一」、「一國兩制」與「三通四流」。1993 年 3 月江澤民在接替楊尚昆擔任國家主席後，基於兩岸互動與對臺事務工作的重要性日益凸顯，也接替楊尚昆擔任中共中央對臺工作領導小組的組長職務。

雖然江澤民自 1993 年起即負責對臺工作，但在對臺政策上提出具體的政策主張，則是要到 1995 年 1 月 30 日，在「中臺辦」與「國臺辦」舉行的新春茶話會上提出「為促進祖國統一大業的完成而繼續奮鬥」⓫（簡稱「江八點」）。一般認為「江八點」的提出，是鄧小平「一國兩制」提出後，對臺政策最為重要的政策宣示，不僅進一步體現了江澤民主政下的對臺政策基調；也藉此對外宣示了其權力基礎的穩固，開啟了江澤民的時代。「江八點」的提出，除了延續鄧小平時代的對臺政策方針，也重申「和平統一，不承諾放棄對臺使用武力」、「堅持一

---

❿ 　鄧小平，「一個國家兩種制度」，前引書，頁 214–218。

⓫ 　江澤民，「為促進祖國統一大業的完成而繼續奮鬥」，前引書，頁 283–289。

個中國，反對臺灣獨立」、「加速推動兩岸三通與各項民間交流」。並首度提出分階段進行兩岸談判的主張，第一步雙方可在「一中原則」下，正式結束兩岸敵對狀態談判並達成協議；不再強調兩岸黨對黨談判，而提出兩岸領導人會晤不需借助國際場合，並強調臺灣與外國發展文化經濟關係，北京將不持異議；強調不以政治分歧去影響干擾兩岸經濟交流與合作，並具體主張保障臺商權益。❷

　　雖然 1995 年「江八點」的提出，北京認為這不僅是象徵著對臺政策的重大進程，也對臺灣充分體現了善意。但 1995 年因為李登輝總統訪美，北京立即在 6 月 6 日中斷兩岸兩會的談判協商，並開始透過黨的機關報「人民日報」與國家通訊社「新華社」，共同署名為「人民日報、新華社聯合評論員文章」的高規格層級方式，措詞強烈地對李登輝總統展開一系列的「文攻」批判。1996 年 3 月在臺灣首度舉行總統大選前夕，中共更在臺灣海峽進行一連串對臺的針對性軍事演習和導彈試射。從 1995 年 6 月到 1996 年 3 月，北京對臺一連串強烈的「文攻武嚇」，也使得臺海的和平穩定自 1958 年「八二三砲戰」後，再度成為國際社會關注的焦點。雖然自 1996 年臺灣總統大選落幕後，伴隨著中共與美國關係的逐步改善，暨兩岸經貿社會交流的開展，在 1998 年 10 月兩岸兩會當時最高領導人──大陸的海協會會長汪道涵與臺灣的海基會董事長辜振甫，在上海進行了第二次的「辜汪會晤」，重新開啟了兩岸兩會制度性的對話與交流，使得兩岸關係有所改善。但在 1999 年 7 月 9 日，因為李登輝總統在接受德國之音專訪時提出「特殊兩國論」，中共不僅再度中斷兩岸兩會的協商，並以「文攻武嚇」方式，意圖迫使臺灣回到「一個中國」的立場。至 1999 年 9 月 21 日臺灣發生了「九二一大地震」，造成重大的傷亡，才讓北京對臺的「文攻武嚇」有所紓緩。

　　中共在 2000 年臺灣進行總統大選前夕，於 2 月 21 日以「國務院臺灣事務辦公室」與「國務院新聞辦公室」的名義，公開發表措詞強

---

❷　同❿。

烈的「一個中國的原則與臺灣問題」白皮書，提出「如果出現臺灣被
以任何名義從中國分割出去的重大事變，如果出現外國侵占臺灣，如
果臺灣當局無限期的拒絕通過談判和平解決兩岸統一問題，中國政府
只能被迫採取一切可能的斷然措施，包括武力使用，來維護中國的主
權和領土完整，完成中國的統一大業」。❸在臺灣總統大選投票前三
天，即 2000 年 3 月 15 日，中共總理朱鎔基更直言臺獨沒有好下場，
而臺獨意味戰爭，臺灣選民必須警惕。2000 年 3 月 18 日臺灣總統大
選民進黨籍候選人陳水扁勝選後，中共即採取施壓緊繃態勢，全力防
止臺灣走向臺獨，一直到陳水扁總統在 2000 年「520」的就職演說中
正式提出「四不一沒有」，才使得緊繃的兩岸關係有所紓緩，並換得北
京對臺政策的「聽其言觀其行」。

四、胡錦濤時期的「反分裂國家法」、「胡六點」

　　2002 年中共「十六大」召開，胡錦濤接替江澤民為中共中央總書
記，2003 年 3 月胡錦濤正式接替江澤民成為中共國家主席。胡錦濤主
政後，面對 2003 年起臺灣總統大選的加溫，暨陳水扁總統除了倡言
「正名、新憲」等訴求外，並首度提出兩項公投議題與總統大選合併
舉行，使得兩岸關係的緊繃態勢急遽升高。2004 年大選陳水扁總統連
任成功，在 520 就職演說之前夕，中共便授權由「中共中央臺灣工作
辦公室」、「國務院臺灣事務辦公室」，於 5 月 17 日就當前兩岸關係問
題發表聲明（一般簡稱「517 聲明」），該聲明除了措詞強烈表達堅定
反對臺獨外，更強調「現在，有兩條道路擺在臺灣當權者面前：一條
是懸崖勒馬，停止臺獨活動，承認兩岸同屬一個中國，促進兩岸關係
發展；一條是一意孤行，妄圖把臺灣從中國分割出去，最終玩火自焚。
何去何從，臺灣當權者必須作出選擇。中國人民不怕鬼、不信邪」。❹

---

❸　國務院臺灣事務辦公室、國務院新聞辦公室，「一個中國的原則與臺灣問
　　題」，前引書，附錄部分頁 31–46。

　　2004 年 9 月，中共「十六屆四中全會」召開，胡錦濤從江澤民手上接下中央軍委主席職務，首度集黨政軍大權於一身後，也全面主導對臺政策，並將「反對臺灣法理臺獨」作為對臺政策的重中之重。在胡錦濤主政下，不僅在 2004 年 12 月 17 日對外宣布將訂定「反分裂國家法」（簡稱「反分裂法」），宣示以法反獨的堅定決心，並於 2005 年 3 月 14 日的「全國人大」正式完成立法；藉由該法對外宣示以武反獨的立場與決心。根據該法第 8 條規定「得採取非和平方式及其他必要措施，捍衛國家主權和領土完整」。值得注意的是在「反分裂法」通過之前，由於 2004 年底臺灣立法委員的選舉，泛藍陣營委員在立法院仍然擁有過半席次，與 2005 年農曆春節兩岸首度進行「春節包機」。因此，2005 年 3 月 4 日胡錦濤在參加「全國政協」十屆三次會議乃提出了「胡四點」，強調「第一，堅持一個中國原則決不動搖；第二，爭取和平統一的努力決不放棄；第三，貫徹寄希望於臺灣人民的方針決不改變；第四，反對臺獨分裂活動決不妥協」。❶❺ 在「反分裂法」通過後，兩岸氣氛雖然緊繃，但 2005 年 4 月時任國民黨主席的連戰率團到大陸進行「和平之旅」，並與胡錦濤發表兩岸和平發展「五項共同願景」，5 月親民黨主席宋楚瑜也到大陸進行「搭橋之旅」，並與胡錦濤達成「六點共識」。一般認為胡錦濤從「反分裂法」的通過，到與國民黨、親民黨、新黨等進行政黨交流，也體現胡錦濤對臺政策軟硬兼施的靈活策略。

　　2008 年 3 月 22 日臺灣總統大選，馬英九總統的當選暨兩項公投議題未過，5 月 20 日馬總統發表重要的就職演說，6 月臺灣的海基會與大陸的海協會恢復了自 1999 年以來中斷的協商，開展兩岸關係互動的新局，也使得中共在對臺政策上宣示，由「形勢嚴峻」❶❻ 的歷史高

❶❹ 「中臺辦、國臺辦就當前兩岸關係問題發表嚴正聲明」，華夏經緯網，2004 年 5 月 17 日，參見下列網址：http://big5.huaxia.com/xw/dl/00202867.html。

❶❺ 胡錦濤，「兩岸新形勢下發展關係四點意見」，新華網，2005 年 3 月 5 日，http://news.xinhuanet.com/taiwan/200503/04/content_2649922.htm。

危險期，走向「雨過天晴」❶的和平發展機遇期。為了因應兩岸新局，中共對臺政策上也於 2008 年 12 月 31 日，在北京人民大會堂由胡錦濤藉由紀念「告臺灣同胞書」三十週年，發表對臺重要講話，提出了推動兩岸關係和平發展的六點主張（一般通稱「胡六點」），這篇重要講話被視為歷年來，中共在對臺政策上層級最高（胡係以黨政軍領導人的三項名義）、篇幅最多（多達五千多字）、面向最廣（包含恪守「一個中國」，增進政治互信；推進經濟合作，促進共同發展；弘揚中華文化，加強精神紐帶；加強人員往來，擴大各界交流；維護國家主權，協商涉外事務；結束敵對狀態，達成和平協議等六個層面）❶的對臺政策指導性綱領文件，也是中共在 2012 年「十八大」政治報告中，有關涉臺政策最為重要的組成部分。

參、習近平上臺後中共對臺政策之解析

長期以來對臺政策對於中共最高領導人而言，不僅涉及到執政基礎的正當性，有時更關乎到歷史地位的評價。因此，歷任最高領導人基於不同的人格特質與領導風格、不同的內外時空環境變遷、不同時期兩岸關係的互動與實力對比，自然會提出不同的政策方針與策略方法。中共在「十八大」後選出習近平擔任中共「中央總書記」與「中央軍委主席」，正式揭開了習近平時代的序幕。在 2013 年 3 月 14 日的

❶ 賈慶林，「臺獨活動猖獗使臺海局勢處在高危期」，人民網，2007 年 9 月 29 日，國臺辦網站，
http://www.gwytb.gov.cn:82/zyjh/zyjh0.asp?zyjh_m_id=1431。

❶ 陳雲林，「吳伯雄大陸行將為兩岸關係和平發展做出貢獻」，新華網，2008 年 5 月 26 日，國臺辦網站，
http://www.gwytb.gov.cn/gzyw/gzyw1.asp?gzyw_m_id=1583。

❶ 「紀念『告臺灣同胞書』30 週年，胡錦濤發表重要講話」，新華網，2008 年 12 月 31 日，http://news.xinhuanet.com/newscenter/200812/31/content_10586479.htm。

「全國人大」會上，習近平也當選「國家主席」與「國家軍委主席」兩項職務，不僅集黨、政、軍權力於一身，也正式擔任「中央對臺工作領導小組」組長一職負責對臺工作。

2017 年 10 月 18 日中共召開了第十九次全國代表大會，本次大會正式確立習近平個人在黨內的歷史定位。正如政治學者傅士卓 (Joseph Fewsmith) 所言，習近平正逐漸開啟他個人的「習近平時代」。美國學者藍普頓 (David M. Lampton) 更指出，十九大「更像是一個習近平的加冕典禮，而不是向領導人第二個任期的制度性過渡」。❶❾目前在中共黨內，已無人能質疑習近平的絕對權威與領袖地位，一般認為，在「習近平時代」，中國大陸對內將展開包含反貪腐與對經濟、政治、軍事等各項體制的改革。對外將不再韜光養晦，而大力推動「一帶一路」，與美國建立新型的大國關係。對臺也將會積極推動「反獨、促統」，推動兩岸關係新里程以追求歷史定位。

一、習五點重要政策解析

就中共對臺政策而言，中共總書記習近平，在 2019 年元月 2 日藉紀念「告臺灣同胞書」發表四十周年大會上發表「習五點」。第一，攜手推動民族復興，實現和平統一目標。民族復興、國家統一是大勢所趨、大義所在、民心所向。第二，探索「兩制」臺灣方案，豐富和平統一實踐。「和平統一、一國兩制」是實現國家統一的最佳方式。第三，堅持一個中國原則，維護和平統一前景。一個中國原則是兩岸關係的政治基礎。堅持一個中國原則，兩岸關係就能改善和發展，臺灣同胞就能受益。背離一個中國原則，就會導致兩岸關係緊張動盪，損

---

❶❾　儲百亮，「十九大開幕：習近平示強權，欲重塑中國政治」，2017 年 10 月 18 日，紐約時報中文網，
https://cn.nytimes.com/china/20171018/xi-jinping-communist-party-china/zh-hant/。

害臺灣同胞切身利益。第四，深化兩岸融合發展，夯實和平統一基礎。兩岸同胞血脈相連。我們對臺灣同胞一視同仁，將繼續率先同臺灣同胞分享大陸發展機遇，為臺灣同胞、臺灣企業提供同等待遇，讓大家有更多獲得感。第五，實現同胞心靈契合，增進和平統一認同❷⓿。「習五點」可說是自 1979 年元旦中共發表「告臺灣同胞書」發表四十年來，歷任領導人在舉辦紀念大會中，體現出規格層級最高，宣傳力度最大，與高舉統一旗幟與內涵最鮮明的重要講話。

就層級而言，相較於中共第三代領導人江澤民在 1995 年 1 月 30 日提出「為促進祖國統一大業的完成而繼續奮鬥」的「江八點」，全文約 3,400 字。當年是以中臺辦等單位名義舉辦的「新春茶話會」形式進行。中共第四代領導人胡錦濤，在 2008 年 12 月 31 日，紀念「告臺灣同胞書」三十周年，提出「攜手推動兩岸關系和平發展　同心實現中華民族偉大復興」（即胡六點），全文 5,000 字，也只以「座談會」方式舉行。此次習近平在四十周年則以「大會」形式，拉升到與 2018 年 12 月 18 日紀念改革開放四十年大會同等的最高規格。在規格層級上，可說歷年來最高。

就宣傳力度上，在習近平 2 日發表重要講話後，中共機關報「人民日報」在元月 3 日除了罕見刊登以題為「推進祖國和平統一進程的重大宣示」的「社論」（「人民日報」已經二十多年未曾以「社論」形式刊登對臺政策），3 日「新華社」也刊登題為「為民族復興、祖國和平統一而共同奮鬥」的評論員文章。自元月 4 日起「人民日報」更以「人民日報評論員」高規格層級連續刊登四篇：一論「新時代對臺工作的綱領性文獻」、二論「國家強大、民族復興、兩岸統一是歷史大勢」、三論「共同推進祖國和平統一進程」、四論「歷史不能選擇，現在可以把握，未來可以開創」，作為學習貫徹習近平總書記在「告臺灣同胞書」發表四十周年紀念會重要講話。這種文宣的規格層級，只在 1996 年李登輝前總統訪美之後，中共當時「文攻武嚇」時，發動「人

❷⓿　同註❸

民日報」與新華社發表四篇「人民日報新華社聯合評論員文章」的「四評」，可以比擬。在提升文宣力度後，中國大陸各涉臺單位也已經開始全面學習習近平的講話。

就促統力度而言，「習五點」的談話全文 4,287 個字中，「統一」兩個字出現 46 次，「臺獨」8 次，「一國兩制」6 次。提到「九二共識」只有 2 次。1995 年江澤民在「江八點」中，談到「統一」有 28 次，「臺獨」有 5 次，「一國兩制」有 4 次。2008 年胡錦濤的「胡六點」中，「統一」有 23 次，「臺獨」有 9 次，「一國兩制」則有 3 次，「九二共識」有 2 次。

自從「習五點」提出後，中共官方就將它定調為「對臺政策的行動指南」。2019 年 1 月 22 日在北京舉行的對臺工作會議，中共中央政治局常委、全國政協主席汪洋強調，除了要全面貫徹落實習近平總書記在「告臺灣同胞書」發表四十週年紀念會上的重要講話精神，將其作為中共對臺政策暨推動兩岸關係的行動指南❷１。國臺辦主任劉結一在 2019 年 2 月中共「求是」雜誌上也發表一篇題為「做好新時代對臺工作的根本遵循和行動指南」的文章，表示要深刻領會習近平總書記重要講話的核心要義有五點：一是深刻揭示了臺灣前途命運與民族偉大復興的內在聯繫。二是深刻昭示了兩岸關係發展和祖國必然統一的歷史大勢。三是鄭重提出了新時代堅持「一國兩制」、推進祖國和平統一的重大政策主張。四是充分體現了對臺灣同胞利益福祉的關心關懷。五是鮮明表達了堅決反對臺獨分裂、外來干涉的嚴正立場。劉結一強調，今後對臺工作重點為：一是團結臺灣同胞共謀民族復興。二是紮實推進祖國和平統一進程。三是堅持深化兩岸融合發展。四是持之以恆做臺灣人民工作。五是堅決反對「臺獨」分裂行徑❷２。

---

❷１　「2019 年對臺工作會議在京召開汪洋出席並講話」。參見 2019 年 1 月 23 日新華網。
　　http://big5.gwytb.gov.cn/wyly/201901/t20190123_12134935.htm

❷２　「劉結一：做好新時代對臺工作的根本遵循和行動指南」。參見 2019 年 1

二、中共十九大後對臺人事的布局

在中共政治體制運作中，機構組織職能的變遷、路線政策的訂定與人事的更迭部署，三者經常是密不可分。在中共「十九大」與2018年「兩會」閉幕後，外界對於中共對臺政策上，最為關注的重點在於：一是作為對臺最高決策機制的「中共中央對臺工作領導小組」與涉臺人事的改組；二是此一對臺人事布局所體現的對臺政策意涵為何？

綜觀歷屆「中共中央對臺工作領導小組」的成員人數並未固定，其主要是反映出功能需求導向，以因應國際及兩岸情勢變化。惟自1993年起，有制度化發展趨勢，總體涵括：統戰、外事、國安、共軍、臺辦、海協等部門。自1998年起加入「中共中央辦公廳主任」（身兼書記處書記），主因係中共最高領導人在聽取小組各成員有關對臺決策參考時，須經其統合相關資訊，以便做出「科學決策」。2003年起加入「全國政協」主席，且擔任副組長，主要著重其統一戰線職能，因為「全國政協」主席也身兼中國大陸內部與外部（全球各地「和平統一促進會」）統戰系統最高領導人，加上因應2000年後民進黨執政的「反獨、促統」戰略需求，以體現中共對臺政策的重視。

中共「十九大」進行領導換屆後，中央對臺小組與相關涉臺人事也照例更替。2018年3月新一屆的「全國人大」與「全國政協」上任後，中共在對臺人事部署上，從對臺最高決策機關的中共中央對臺工作領導小組，到國（中）臺辦與海協會等重要涉臺人事部署也都到位。面對此一新的對臺人事布局，新的中央對臺小組副組長由政協主席汪洋出任，汪過去五年在副總理任內身兼美、中全面經濟對話的中方最高官員，汪洋的出任可說是繼當年錢其琛擔任中央對臺小組副組長之後（後為賈慶林與俞正聲皆未有瞭解美國等國際經驗），對於中、美關

月18日海峽之聲網站。

http://www.hxvos.com/news/2019–01/18/cms911286article.shtml

係最為熟悉的對臺工作領導小組副組長。此外，政治局委員楊潔篪擔任對臺小組秘書長，也大力提升對臺工作的重要性。國臺辦新主任劉結一的任命也值得關注。一般認為劉結一以擔任常駐聯合國代表的身分層級擔任國臺辦主任，相較於當年王毅與張志軍皆以外交部常務副部長兼黨委書記，轉任國臺辦主任，劉結一的出線並不讓人感到意外，層級也未提升（因為駐聯合國大使的層級是比不上外交部的常務副部長兼黨委書記）。但一般認為劉結一任國臺辦主任的最大特色是，劉結一是中共史上第一個擁有駐美（紐約）經驗四年多的外交官轉任國臺辦主任。相較於王毅只有駐日本經驗，張志軍只有駐英國經驗，劉結一可說是第一個有駐美經歷的國臺辦主任，加上劉結一專長國際組織、軍控等。海協會會長由卸任的國臺辦主任張志軍出任。從此依涉臺人事布局而觀，未來兩岸關係中的國際活動空間，若欠缺政治互信，恐將日亦嚴峻。面對中共「十九大」後，對臺人事部署體現史上對美國最為瞭解的對臺工作團隊，未來中、美互動下的對臺政策，亦須我方高度關注與審慎因應。

習近平上臺後涉臺人事的大幅更動（含「國臺辦」與「海協會」重要人事與若干重要智庫），一方面顯示出，中共中央對臺工作因為幹部年齡任用有其限制必須更迭外，另一方面也顯示出對臺政策為體現新的領導人的決策風格與內外環境變遷需求，而在人事任用上自有其考量。

三、中共「十八大」後習近平二十五次對臺講話評析

自習近平在 2012 年中共「十八大」擔任中共中央總書記，暨 2013 年 3 月 17 日擔任國家主席以來，到 2019 年 1 月 2 日「告臺灣同胞書四十周年紀念大會」，與 2019 年 3 月 10 日「兩會」期間在福建省人大強調「融合發展」，總共發表二十五次有關涉臺談話。

仔細檢視其中有十四次是藉由會見臺灣政治領袖，分別是 2013 年

2 月 25 日在北京與連戰會晤的「連習會」、2013 年 4 月 8 日在海南島博鰲論壇與蕭萬長會晤的「蕭習會」、2013 年 6 月 13 日的在北京與吳伯雄會晤的「吳習會」、2013 年 10 月 6 日峇里島 APEC 與蕭萬長會晤的「蕭習會」、2014 年 2 月 18 日在北京與連戰會晤的「連習會」，在臺灣爆發太陽花學運後的 2014 年 5 月 7 日在北京與宋楚瑜會晤的「宋習會」、2014 年 9 月 26 日在北京會見臺灣統派團體（許歷農、郁慕明等）、2014 年 11 月北京 APEC 會議時與蕭萬長會晤的「蕭習會」、2015 年 5 月 4 日在北京會晤朱立倫的「朱習會」、2015 年 9 月 1 日在北京會晤前往參加抗戰勝利七十周年紀念活動的連戰等臺灣各界代表人士、2015 年 11 月 7 日在新加坡與馬英九總統舉行歷史性的會晤「馬習會」、2016 年 11 月 1 日在北京會晤洪秀柱主席率領的中國國民黨大陸訪問團、2018 年 4 月 10 日在海南島博鰲論壇與蕭萬長會晤的「蕭習會」、2018 年 7 月 13 日在北京會見中國國民黨前主席連戰率領的臺灣各界人士參訪團。

有四次是藉由參加中共兩會期間所發表的重要講話，分別是 2015 年 3 月 4 日參加全國政協十二屆三次會議的民革、臺盟、臺聯等三個涉臺政協的聯組會。❷另外一次，則是在 2016 年 3 月 5 日參加全國人大上海代表團審議所發表重要講話。❷還有 2018 年 3 月 20 日在第十三屆全國人民代表大會第一次會議上的講話，以及 2019 年 3 月 10 日兩會開幕期間赴福建人大團強調「融合發展」。

另外有五次，則是中共「十八屆四中全會」後，2014 年 11 月 1 日至 2 日前往福建調研，到平潭島與臺商臺胞見面所發表重要談話。2016 年 7 月 1 日中共建黨九十五周年大會上的講話。2016 年 11 月 11 日紀念孫中山先生誕辰一百五十周年大會上的講話。2017 年 10 月 18

---

❷　「基礎不牢地動山搖習近平重申 92 共識」，中央社，2015 年 3 月 5 日，
http://www.cnabc.com/news/aall/201503050086.aspx。

❷　「習近平參加上海代表團審議」，國臺辦網站，2016 年 3 月 5 日，
http://www.gwytb.gov.cn/wyly/201603/t20160305_11402896.htm。

日在中共十九大政治報告中以及 24 日在十九大閉幕時的講話，當然，還有 2018 年底紀念改革開放四十周年大會，以及 2019 年初告臺灣同胞書四十周年紀念大會所提出的「習五點」。

　　仔細檢視這二十五次重要講話可以歸納出習近平在對臺政策思維上的方針與走向：中共對臺政策除了一手加大反獨外，也一手加大社會經濟融合的促融與透過民主協商促統。從馬總統八年執政下兩岸關係的互動經驗，北京認為兩岸關係不能停留在只經不政。伴隨著北京實力增長與兩岸實力對比差距加大，北京認為在對臺政策上，必須旗幟鮮明開展兩岸民主協商促統的歷史性里程碑，方能一方面滿足中國大陸內部需要，另一方面防範外力的介入與臺獨分裂勢力的增長，為統一開展歷史性進程。相較於鄧小平、江澤民、胡錦濤時期「和平統一、一國兩制」方針，主張透過結束敵對狀態簽署和平協議。在習近平主政下，則是一方面透過單邊立法與單邊作為推動社會經濟融合的促融工作，另一方面透過民主協商在九二共識的基礎上，與兩岸各政黨、各界別推舉代表性人士，就兩岸關係和民族未來開展廣泛深入的民主協商，以推動兩岸關係和平發展達成制度性安排。是以，透過經濟社會融合與兩岸協商的政治對話，以此兩大路徑作為推動實現具有臺灣特色的「一國兩制」方案。

　　評析中共未來的對臺政策，除了加大反獨防獨的力度外，將更積極透過「單邊立法」與「單邊作為」將兩岸事務形塑成「一國內部事務」，特別是在 2018 年 2 月 28 日，由國務院臺辦、國家發展改革委經商中央組織部等二十九個部門，發布三十一項「關於促進兩岸經濟文化交流合作的若干措施」。綜觀這三十一項惠臺措施，基本上分為兩部分，一是十二項給予臺資企業與大陸企業同等待遇，二是十九項為臺灣民眾在大陸學習、創業、就業、生活提供與大陸民眾同等待遇，亦即對臺灣企業與民眾進一步落實「國民待遇原則」。一般認為，中共在 2018 年 2 月 28 日推出的對臺三十一條措施，基本上是呼應中共總書記習近平在 2017 年「十九大」報告中所提出的，「願意率先同臺灣同

胞分享大陸發展的機遇、我們將擴大兩岸經濟文化交流合作，實現互利互惠，逐步為臺灣同胞在大陸學習、創業、就業、生活提供與大陸同胞同等的待遇，增進臺灣同胞福祉」。根據國臺辦指出「三十一條惠及臺胞措施」，在提出一年左右，已經有二十二個省市，六十個地方制定落實三十一條措施的具體辦法。

展望中共對臺政策，將一手加大「一中反獨」，透過國防、外交強硬手段施壓。另一手加大「一中促統」加大兩岸社會經濟融合，加大與臺灣政黨、政治人物、智庫學者、地方縣市首長民意代表與民間團體開展互動交流。是以，在未來中共對臺政策上，相較於外交與國防上加大一中反獨的底限思維，涉臺部門更是側重以耐心與恆心細膩來推動兩岸社會經濟文化融合，更加大透過兩岸各政黨、地方政府、民間團體與代表性人士進行政治對話，建立九二共識一中反獨促統的統一戰線，一則製造臺灣內部官、民對立，中央與地方對立，以促使「一中促統」的能夠逐步推動並最終能水道渠成。另外則是會放在積極全面落實對臺灣民眾到大陸投資、工作、就業、生活等與大陸居民同等待遇，落實兩岸社會經濟的融合發展。

肆、結　語

綜觀習近平主政下中共的對臺政策，一般認為習近平在對臺政策思想上，與當年鄧小平的「一國兩制」追求和平統一最大的不同在，習近平旨在推動「新一國兩制」。其特色乃將臺灣問題放到新時代中國大陸國家發展策略中一個重要環節。主要強化「單邊立法」與「單邊作為」，並同時加大「反獨」與「促統」力度。是以，習近平不僅強調以往鄧小平時代「一國兩制」下，會尊重臺灣地區的社會制度和生活方式，如今更強調率先讓臺灣人民分享中國大陸發展機遇。強調擴大經濟文化交流，逐步為臺生、臺商、臺灣人民在中國大陸的就學、創業、就業、生活與中國大陸居民享有同等待遇。習近平的「新一國兩

制」目標，不僅強調兩岸同胞是命運與共的骨肉兄弟，是血濃於水的一家人，也號召兩岸同胞共同弘揚中華文化，促進心靈契合。通過兩岸文化交流互動，拉近兩岸同胞心理距離，實現心靈契合，而不像當年鄧小平只單純追求形式統一。因此，在中共對臺政策上，相較於外交與國防上加大一中反獨的底限思維，涉臺部門更是側重以耐心與恆心細膩來推動兩岸社會經濟文化融合，更加大透過兩岸各政黨、團體與人士進行政治對話，共議統一，製造臺灣內部官、民對立，社會內部分裂，以促使「一中促統」的水道渠成。

其次，中共對臺政策的和緩與嚴峻有一部分也取決於美、中關係。習近平在「習五點」也強調，「我們不承諾放棄使用武力，保留採取一切必要措施的選項，針對的是外部勢力干涉和極少數臺獨分裂分子及其分裂活動」，「臺灣問題是中國的內政，事關中國核心利益和中國人民民族感情，不容任何外來干涉」❷❺。習的講法主要就是針對美國。一般認為，美、中關係至少在習近平提出強軍強國夢的 2035 年前，面對中國崛起與對美國威脅日益加大，美、中總體關係仍然將是對抗多於合作。未來，伴隨著美、中雙方關係的變化，也使得美、中關係中的臺灣議題可能將日益凸顯。如果兩岸欠缺政治互信，臺北無法從北京得到應有的回應，面對北京軟硬兩手都加大，單邊作為的對臺新策略，自然促使臺北更加尋求美國與日本等大國關係的強化，但美、臺關係與日、臺關係的強化，則必然引起北京更大的疑慮與對臺進行報復，這讓兩岸關係也面臨到更多的風險與挑戰。一般認為，面對外在美、中的可能變局，與中共對臺兩手抓（對我政府硬與對我民間軟），我方也必須精準全面總體的評估我國家利益。事實上我國家利益評估與計算乃是對親美日等所獲取的利益的加總，扣除來自北京的侵蝕傷害，兩者加減所獲得的淨利益，換言之，我方除了積極爭取美日所獲取的利益外，也必須精準評估北京可能對我國家利益所造成的傷害。

再則，面對未來中共對臺政策與兩岸關係發展，可能面臨到的內

❷❺　同 ❸

外諸多風險與挑戰，一般認為自從 2016 年臺灣政黨後迄 2019 年，兩岸關係發展最具隱憂乃是：兩岸的執政當局與執政黨在欠缺良好溝通管道與基本政治互信的情況下，當一方所釋放的善意，經常在對方的等待與疑慮中不斷的流逝與無法積累（一方的善意只有在對方也能善意回應下，才能夠加碼釋放，形成正循環）。正因為雙方自認為都得不到對方的善意回應，因此，有時候必須對內部交代以化解內部不滿的強硬呼聲，這些對內交代的言語與作為，卻因兩岸雙方欠缺事前溝通與諒解，自然被對方視為惡意與挑釁。這種明察對方敵意之秋毫，卻不見善意之輿薪，形成當前兩岸關係有可能步入「敵意螺旋」的日益惡化趨勢。面對兩岸關係可能存在的風險挑戰，習近平任期內不僅跨越實現中國夢的第一個百年 2021 年，至少有十年甚至更長的執政期間。兩岸領導當局雙方都亟需思索，在以往既有溝通管道中止，究竟該如何重新啟動或建立新的對話管道？因為兩岸執政當局不論是要積極尋求到新的共識、諒解；或是旨在消極因應一旦有意外因素爆發，可以避免誤判、進行危機管控與亡羊補牢，若沒有良好的溝通管道與對話機制，都難以發揮應有功能。

展望未來，面對習近平主政下中共對臺政策，一般認為當前臺灣在兩岸關係互動上，政治自我認同日益強化，但在經貿實力對比卻是日益弱化，藍綠朝野對抗分裂的臺灣是不可能建構和平穩定的兩岸。因此，不論是面對中共的對臺政策日趨靈活多樣，抑或兩岸在上述重大議題的協商與談判，如何善用臺灣政黨政治、議會政治、媒體開放，乃至豐沛的公民社會活力，使其成為我方在兩岸互動中成為有效的「雙層賽局」(two-level game) 互動資產，而非互動中腹背受敵的負債，殊值臺灣朝野省思。面對中共對臺新政策，臺灣不論哪個政黨執政，不僅要積極加強立法行政溝通與朝野對話外，更要加強與臺灣社會各界（學界、媒體、社團……等）溝通對話，同時也要善用臺灣政黨政治與多元社會做為雙層賽局，並在兩岸的政治經濟互動中爭取臺灣最大利益。畢竟一個藍綠分裂對抗的臺灣，不論是面對全球化與區域整合

的浪潮，抑或兩岸關係的談判與互動，都難有前景與未來。兩岸的和平建構不僅端賴兩岸領導人的互信，也繫乎兩岸人民的互信，更繫乎臺灣藍綠領袖的良性互動。畢竟一個欠缺政治互信的的兩岸，將難以建構和平穩定的兩岸。

問題與討論

一、影響中共對臺政策的因素主要有哪幾個層面？

二、中共對臺政策與領導人的權力基礎及歷史定位有何關聯？

三、胡錦濤在 2008 年 12 月 31 日所提的「胡六點」主要內涵為何？

四、習近平在 2019 年「告臺灣同胞書」提出「習五點」，主要內涵為何？

五、習近平的「新一國兩制」與當年鄧小平的「一國兩制」有何異同？

參考文獻

中共中央黨校、中共中央臺灣工作辦公室編，**中共三代領導人談臺灣問題**（北京：內部學習資料，2001 年）。

邵宗海、蘇厚宇著，**具有中國特色的中共中央決策機制**（臺北：韋伯文化出版社，2007 年）。

許惠祐，**兩岸交流政策與法律**（臺北：華泰文化，2007 年）。

張五岳編，**兩岸關係研究**（臺北：新文京出版，2003 年）。

海峽兩岸關係協會編，**兩岸對話與談判重要文獻選編**（北京：九州出版社，2004 年）。

陳明通等著，**民主化臺灣新國家安全觀**（臺北：圓神出版，2005 年）。

陳　慶，**中共對臺政策之研究**（臺北：五南圖書公司，1990 年）。

郭瑞華編著，**中共對臺工作組織體系概論**（臺北：法務部調查局，2004 年）。

蔡　瑋，**中共的涉臺決策與兩岸關係發展**（臺北：風雲論壇，2000 年）。

薄一波，**若干重大決策與事件的回顧**（北京：北京人民出版社，1997 年）。

蘇　起，**從兩國論到一邊一國**（臺北：天下遠見出版，2003 年）。

國務院臺灣事務辦公室網頁。http://www.gwytb.gov.cn/index.asp。

行政院大陸委員會網頁。http://www.mac.gov.tw/。

中華民國（臺灣）總統府網頁。http://www.president.gov.tw/。

海峽交流基金會網頁。http://www.sef.org.tw/。

人民網。http://www.people.com.cn/。

新華網。http://www.xinhua.org/。

第四章
中共政權制度、運作與改革

壹、前　言

　　中國大陸與臺灣在 1949 年因國共內戰，而分裂成為兩個名稱各異，但有效統治中華民國全部領土的政權。出於爭天下的恩怨，因此，互視對方為叛亂集團，誓必除之而後快；兩岸從此進入最徹底、最嚴厲的相互隔絕時期。由於長期的隔絕，彼此互不往來，相互醜化，彼此從自己的角度去形塑對方，以強化相互反對和敵對的正當性，直到上世紀 80 年代兩岸才重開互動之門；然而，畢竟隔絕已久，加上長期被灌輸的成見，往往造成彼此溝通、協商以至協議的困難，大大阻礙了我們自己的發展。因此，全面地、準確地認識對方，成為我們客觀處理兩岸關係的必要基礎，而認識中共不能不知曉中共的政權；本章簡介中共之政權制度、政治運作及政治改革三個方面。

貳、中共黨政制度簡介

　　依據中共憲法的「總綱」，中共要建立的是「工人階級領導的、以工農聯盟為基礎的、人民民主專政的社會主義國家」。所以其國家的性質是「社會主義」，而政權的特質是「人民民主專政」；中共所說的「社會主義」除了一般重視公平價值和福利國家的理念之外，還負有帶領人類奔向共產主義社會，消滅「國家」的任務，利用此種「使命」來宣傳「人民民主專政」的合法性。

　　什麼是「人民民主專政」？簡單說就是由中國共產黨來領導國家。

中國共產黨在其章程中明訂：「中國共產黨是中國工人階級的先鋒隊，同時是中國人民和中華民族的先鋒隊，是中國特色社會主義事業的領導核心。」❶不過在制度表現上，當今的中共政治制度與改革開放❷前的政治制度，存在重大的差異。當今的中共政權，從中央到地方都建立「四大機構」：即「黨的組織」、「人民代表大會」、「人民政府」和「政治協商會議」，以黨為領導，各機構分司其職的方式來運作。

一、黨的組織

共產黨在中共政權中是永遠處於領導的地位，不論從權力的大、小或是排名的順位，都充分顯示共產黨的領導地位。為了貫徹這種領導的方式，共產黨自身建立了一個由上而下「指揮靈活、紀律嚴明、組織嚴密，具有強韌戰鬥力的有機戰鬥集體。」❸此一黨的組織系統包括「中央組織」、「地方組織」和「基層組織」三大塊。此一組成體系是和行政系統的組織體系基本相對應，即每一個級別的行政政府，均有與之相對應的黨的組織。

在黨的中央組織，包括了黨的「全國代表大會」和它選舉產生的「中央委員會」、「中央紀律檢查委員會」；由「中央委員會」全體會議選舉產生的「中央政治局」和「中央政治局常務委員會」；由「中央政治局常務委員會」 提名 「中央委員會全體會議」 通過的 「中央書記處」；由「中央委員會」決定的「中央軍事委員會」。

黨的地方組織是指黨的省、自治區、直轄市，設區的市和自治州

---

❶　「中國共產黨章程」，2012 年 11 月 14 日，
　　http://news.xinhuanet.com/18cpcnc/2012-11/18/c_113714762.htm。
❷　中共政權在 1979 年實施「改革開放」政策，使得中國大陸的各個方面都出現明顯的變化。
❸　「黨的組織」，下載自黨史百科網站，
　　http://dangshi.people.com.cn/GB/165617/173273/10415198.html。

以及縣（旗）、自治縣、不設區的市和市轄區的代表大會和它們所產生的委員會，還包括經黨代表大會選舉產生的紀律檢查委員會。

　　黨的基層組織包括黨的基層委員會、總支部委員會和支部委員會。它是根據工作需要和黨員人數，經上級黨組織批准而建立起來的，黨章規定，企業、農村、機關、學校、科研院所、街道、人民解放軍連隊和其他基層單位，凡是有正式黨員三人以上的，都應當成立黨的基層組織。

㈠全國代表大會

　　黨的全國代表由省級黨代表大會選出、組成全國代表大會，每五年集會乙次，而主要的任務就是聽取和審查報告；討論並決定黨的重大問題和選舉中央委員、中央紀律檢查委員；組成「中央委員會」、「中央紀律檢查委員會」。

㈡中央委員會

　　「中央委員會」每屆任期五年，「中央委員會全體會議」由「中央政治局」召集，每年至少舉行一次。一般會簡稱為「○屆○中全會」，通常是決定年度的黨工作和中央部分重大人事任免。

㈢中央政治局

　　中央政治局設「政治局委員」共二十五名，由全國代表大會代表選舉之，這是中國共產黨真正的最高決策機關，其成員的組成有黨、政、軍、人大、政協各「口」❹的代表，有中央、地方的代表，十分重視結構平衡的原則，以便在最高決策時，得以聽取，最終照顧到各方的利益。中共政權所有重大的決定，都必須經由「政治局會議」決

---

❹　即指一個方面的工作，如財經口、宣傳口、政法口、外事口、工交口、科技口等，楊光斌，**中國政府與政治導論**（北京：中國人民大學出版社，2003 年），頁 31。

定，2002 年胡錦濤上任之後，「中央政治局」的會議平均 35 天左右召開一次（胡在位 3,650 天，共 102 次），習上任以來迄今（2013 年 3 月）是每 30 天一會，以中國大陸幅員之大，這樣的會議次數相對是正常的。❺

㈣中央政治局常委會

「政治局常委」共七名（2002–2012 年間為九人），這是中國共產黨真正的最高領導機關，從 1992 年迄今，中國共產黨的領導方式從主席制、總書記制，正式轉為集體領導制──常委分工下的總書記制負責制，其辦法是由每一個常委領導一個方面的工作，由之全權負責，其分工如下：

1.總書記：負全責，同時兼任國家主席和中央軍委會主席。

2.政治局常委、全國人民代表大會委員長。

3.政治局常委、國務院總理。

4.政治局常委、全國政治協商會主席。

5.政治局常委、中央書記處第一（排名）書記，負責黨口（以往在中共換代接班時，接班人通常還兼國家副主席，以培養其國際聲望）。

6.政治局常委、國務院常務總理，與總理分工，並在總理出國期間代理總理。

7.政治局常委、紀律檢查委員會書記。

七位常委在法理上是同一等級，並無高低、領導與被領導之別，故而大陸學者曾名之為「集體總統制」，❻而且認為它在實際運行中體現出五大機制：集體交班、接班機制；集體分工協作機制；集體學習機制；集體調研機制；集體決策機制。❼

---

❺　中國共產黨網站，政治局會議欄，2002/11–2013/03。

❻　胡鞍鋼，「九常委制度不可動搖」，人民日報，2012 年 7 月 2 日，
　　http://opinion.dwnews.com/big5/news/2012-07-02/58774779-all.html。

❼　同❻。

依權力的來源，黨的「全國代表大會」與「中央委員會」、「中央委員會」與「中央政治局」之間是選舉與被選舉、授權與被授權的關係。但是按權力運作的邏輯，實際上是「政治局常委會」領導「政治局委員」，而「政治局」領導「中央委員會」。

㈤中央書記處

其功能、職掌歷經變化，如今它是「中央政治局」及其常務委員會的辦事機構。「中央書記處」的工作由「中央委員會」總書記主持，不過一般是由書記處排名第一的書記實際負責，「中央書記處」實行集體領導和個人分工負責的制度，並設書記若干人。

此外在黨中央還設有兩類機構，一為部門機構，共十五個，如黨中央四大部：組織部、宣傳部、統戰部、外聯部及政策研究室等，我們關心的「臺辦」（名為「中央臺灣工作辦公室」）其正式的編制也在黨中央。另一為直屬事業單位，共十個，如「中央黨校」、「中央編譯局」、人民日報、光明日報等。

㈥中央紀律檢查委員會

是中國共產黨的中央紀律檢查機關，負有維護黨紀、推進黨風廉政建設和反腐敗等職能，實行書記負責制。從 1993 年 2 月起，「中共中央紀律檢查委員會」與「國務院監察部」機關合署辦公。

㈦中央軍事委員會

中共軍隊稱為「解放軍」，此一名稱與共產主義的信仰相關，而解放人類又被宣稱是共產黨的使命，因此軍隊是由黨來指揮，故而在黨內設立「中央軍委會」來統籌和管理軍事。「中央軍委會」設主席一人，副主席二～三人（通常是二人），「軍委會委員」八人，設有「總參謀部」、「總政治部」、「總後勤部」、「總裝備部」等領導機關，簡稱「四總部」。它們既是「中央軍委」的工作機關，也是全軍軍事、政

治、後勤、技術裝備工作的領導機關。基本任務是：保障「中央軍委」
關於作戰和建軍的戰略決策和各項方針、政策的實現。

至於地方和基層的黨組織和中央組織十分雷同，當然在規模、層
級、人員編制均不能和中央相提並論。

二、全國人民代表大會

從中共政治權力的運作邏輯來看，他們主張權力集中追求效率，
而不認同權力必須制衡的觀點；他們推崇「議行合一制」，主張把權力
集中在「人民代表大會」；但事實上，「人民代表大會」也是在共產黨
的領導下，把權力集中在「人民代表大會」也就是把權力集中在共產
黨手中；所以，大陸媒體稱「人大代表」為「四手代表」，即「走訪選
民握握手、聽聽報告拍拍手、選舉表決舉舉手、大會閉幕揮揮手」。❽
然而，在中國大陸的「人大代表」雖不是西方政治中的專職議員，但
在「憲法」中也規定了若干權利，而「人大代表」之所以無法真正履
行其職責，關鍵在於代表中共的官員就占了絕大部分，那些送到「人
大」審議的報告、法案、人事，他們早已看過，該調整的、該改正的，
他們在事前都已經表達，因此到了會場自然異議變少了，這便是他們
的制度中的「協商」。

㈠代表產生

按中共的選舉法，「全國人大代表」、「省、自治區和直轄市人大代
表」由相應下一級「人大」選舉產生。只有縣、鄉級「人大」由人民
直接選舉；其次候選人由政黨、人民團體，或十人以上聯名推薦。然
而最後成為選舉名單的候選人常常是政黨、人民團體所推薦。所以層
級愈高其代表性也愈低，與權力關係也愈密，導致角色混淆，在功能

---

❽ 「南川水江鎮人大從『橡皮圖章』到『剛性監督』」，重慶日報，2010 年 1
月 7 日。

上必然萎縮。「全國人大代表」裡有 70% 左右為各級官員及中國共產黨的各級領導，其中在軍隊的代表中有將軍一級的軍官占 60% 以上，地方為各省及自治區一級領導，各省、自治區、直轄市的代表團團長通常為該省（區、市）人大常委會主任、人民政府省長（主席、市長）及／或中國共產黨在該省（區、市）的委員會書記。

㈡角色功能

從「人大代表」作為個別的「代表」的角色來看，是混淆的、矛盾的；但是「人大」作為政權的機關，仍然有其重要的角色──法律的制定者，特別在改革開放以後，中共的「全國人大」在立法任務上是十分吃重的。根據中共的憲法和立法法的規定，「全國人大」的立法權主要由以下四方面構成：1.立憲權；2.立法律權；3.立法監督權；4.其他立法權。「全國人大」的立法活動，就是運用這四方面立法權，在它們所能調整的範圍內進行立法的活動。

例如第九屆 (1998–2003)「人大」，共「通過了憲法修正案一件、法律七十五件、法律解釋八件、有關法律問題的決定二十九件，合計立法一百一十三件。」❾1997 年，中共在黨的「十五大」提出「到 2010 年形成中國特色社會主義法律體系」的立法目標，這一體系是以憲法為統領，由憲法相關法、民商法、行政法、經濟法、社會法、刑法、訴訟和非訴訟程式法等七個法律門類，包括憲法、行政法規、地方性法規三個層次的法律規範構成的協調、統一的有機整體。此一立法工作的努力和大陸的經濟建設的成果起到重要作用。

如今，「人大」的立法工作開始由「速度型」向「質量型」轉變，❿除了立法之外，中華人民共和國憲法規定中華人民共和國最高

---

❾　李鵬在工作報告中指出，九屆人大及常委會五年通過一百一十三件法律和決定，http://big5.china.com.cn/chinese/zhuanti/290399.htm。

❿　「法治中國的壯錦圖景～十年立法回眸」，2013 年 3 月 3 日，http://big5.xinhuanet.com/gate/big5/news.xinhuanet.com/politics/2013-

的國家權力機關，採取議行合一，在對外交往上扮演國會的角色。

(三)「全國人大」之組織

　　1.「全國人民代表大會」設委員長、副委員長若干人、祕書長、副祕書長主持日常工作，另有常設機關「全國人民代表大會常務委員會」（簡稱「全國人大常委會」）。由委員長、副委員長若干人、祕書長、委員若干人組成，於「全國人大」閉會期間，代表「人大」行使職權。❶

　　2.「全國人民代表大會」共設九個專門委員會，即：民族委員會、法律委員會、財政經濟委員會、教育科學文化衛生委員會、外事委員會、華僑委員會、內務司法委員會、環境與資源保護委員會及農業與農村委員會。

　　從法理上說，中共「人大」機構成立上述的委員會，除了審議相應的法律提案之外，也負有監督政策和施政的責任，然而從過往的紀錄來看，這顯然是「人大」機構最弱的一環，如今在網路時代的壓力下，「全國人大」在審議國務院各部門的工作報告時，也會出現修正的要求。❷除此之外，地方「人大」也開始出現否決工作報告的事件，如：甘肅玉門市「人大常委會」首次否決一工作報告；又如湖南衡陽「人大」代表否決「市中級法院工作報告始末」。❸另外在選舉政府領導上，也出現票數差距，代表了對中共提名官員的認可程度；同時近幾年，中共採取由省委書記兼省「人大」主任的改革，其本意應該是

03/03/c_124408783.htm。

❶　「中華人民共和國全國人民代表大會組織法」，1982 年 12 月 10 日，http://news.xinhuanet.com/ziliao/2006-03/02/content_4247937.htm。

❷　「人大主席團會議透露，政府工作報告修改 19 處」，中國新聞網，2012 年 3 月 10 日，http://www.chinanews.com/gn/2012/03-10/3733438.shtml。

❸　轉引自「全國人民代表大會」，維基百科網站，http://zh.wikipedia.org/wiki/%E5%85%A8%E5%9B%BD%E4%BA%BA%E6%B0%91%E4%BB%A3%E8%A1%A8%E5%A4%A7%E4%BC%9A。

提高「人大」監督政府的力道，但效果如何，仍待觀察。

三、國務院

「中共國務院」（以下簡稱國務院）即 1954 年「中華人民共和國憲法」實施後的中華人民共和國中央人民政府（之前稱「政務院」），是中共最高國家權力機關「全國人民代表大會」的執行機關，也是最高的行政機關。「國務院」採總理負責制，總理全面領導「國務院」工作，總理代表「國務院」對「全國人大」及其常委會負責；另設副總理、國務委員協助總理工作，並與「國務院」祕書長、各部部長、各委員會主任、中國人民銀行行長、審計署審計長一起對總理負責。「國務院」工作中的重大問題，總理具有最後決策權。

㈠組織和運行

在機構設置方面，依據 2013 年 3 月 10 日中共的第十二屆「全國人大」所通過的「國務院機構改革和職能轉變方案」，這次改革，「國務院」正部級機構減少四個，其中組成部門減少二個，副部級機構增減相抵數量不變。改革後，除「國務院辦公廳」外，「國務院」設置組成部門由 2008 年的二十七個變為二十五個、「國務院」直屬特設機構（一個）、「國務院」直屬機構（十六個）、「國務院」辦事機構（四個）、「國務院」直屬事業單位（十三個）、「國務院」部委管理的國家局（十六個）、「國務院」議事協調機構（三十三個）。另有「國家檔案局」與「中央檔案館」、「國家保密局」與「中央保密委員會辦公室」、「國家密碼管理局」與「中央密碼工作領導小組辦公室」、「國務院臺灣事務辦公室」，是屬於一套人馬、兩塊牌子，列入中共中央直屬機關的下屬機構序列。❶❹

---

❶❹　「中國機構及其領導人資料庫」，
　　　http://politics.people.com.cn/GB/8198/351134/index.html。

「國務院常務會議」由總理、副總理、國務委員、祕書長組成，由總理召集和主持。會議的主要任務是：1.討論決定「國務院」工作中的重要事項；2.討論法律草案、審議行政法規草案；3.通報和討論其他重要事項。「國務院常務會議」一般每週召開一次，可根據需要安排有關部門、單位負責人列席會議。⓯

「國務院全體會議」由總理、副總理、國務委員、各部部長、各委員會主任、人民銀行行長、審計長、祕書長組成，由總理召集和主持。「國務院全體會議」的主要任務是：1.討論決定「國務院」工作中的重大事項；2.部署「國務院」的重要工作。「國務院全體會議」一般每半年召開一次，可根據需要安排有關部門、單位負責人列席會議。⓰

這兩個例行性的會議都是「國務院」內部機構橫向議事、協調的機制，但兩者除了人數和例會時間的差別之外，在權責上如何分工，權限上有何區別？尚未見有明文規定。從實際會議的內容來看，「國務院全體會議」是針對一個時期的國家重要行政工作、重大形勢之因應和政策之實施；如年度政府工作報告、五年規劃綱要等，而「國務院常務會議」則討論比較具體的議題、各部、委提交「人大」審議的法規等。⓱另外，總理還不定期召開總理辦公室會議，研究重要問題。⓲

㈡中央與地方

任何一個國家都會涉及中央與地方關係，總的來看，涉及中央與地方的事、權、財和人四者，中共一直實行的是中央集權制，所以對中央而言，地方政府只是它的派出機構，地方政府的權力自然是由中央授予。然而，中國大陸的地方太大，中央不可能事事追蹤，因此地

⓯ http://big5.gov.cn/gate/big5/www.gov.cn/gjjg/2013-01/04/content_2304247.htm。

⓰ http://www.gov.cn/gjjg/2005-07/26/content_17197.htm。

⓱ 朱光磊，**中國政府與政治**（臺北：揚智出版社，2004 年），頁 41。

⓲ 同❹，頁 130。

方也就有了自己的便宜之權。中共建政之後，中央對地方的控制一直很嚴格，特別在權、人、財方面，地方也因為在財政上的依賴，必須完全聽令。改革開放後，特別是 90 年代實施分稅以來，某些地方財力大幅增加，因而在政策上，就出現與中央不同調的情況。90 年代以來，中央對地方大諸侯的整肅，都和「中央、地方」關係這個議題相關。中共學者認為：「改革開放以來，加快政企分開、政事分開，實施政府機構改革，加強科學民主決策機制建設等，逐步實現了政府行政管理體制的轉變，使得大陸中央與地方關係不斷得以完善」，但是「目前仍存在著事務混亂、職責不清、上下錯位、機構從上到下複製等問題」。⓳

　　目前，在中央與地方關係的格局與問題上，中共中央基本上依賴單一的「人事權」進行管理。未來一旦推行基層領導選舉，其人事的控制力弱化，勢必影響全局的發展和宏觀調控。是以如何建立權屬清晰、運行規範高效有序的中央與地方關係，仍然是中共在行政體制改革中的重大課題。

　　針對上述的問題，大陸學者建議中共中央必須從法制化原則入手，避免採取政策性的手段來調整。中央與地方的權限由法律明訂，才能各安其位。同時，合理地按經濟發展需要，而非為中央控管地方的需要，來重劃地方行政區域，才能真正調動地方發展的積極性。另外，學者熊文釗認為：「必須打破目前司法區域和行政區域相結合的政治設計」，主張「司法區域和行政區域相脫離原則」。例如，熊文釗舉出「過去中國人民銀行是每個省有一個分行，省長可以給分行行長寫條子，……造成了大量的呆壞賬，金融的安全出了問題。……現在為了金融安全的需要，推行的是九大分行，省長不能給分行行長下指令，他也管不了分行的人事及財務，此一改革出臺之後，一夜之間實現了金融

⓳　周天勇、王安嶺、谷成、吳旭東，「目前中央與地方關係的格局與問題」，2008 年 5 月 29 日，
　　http://theory.people.com.cn/GB/68294/120979/120983/7278783.html。

區域與行政區域的脫離」，❷⓿金融安全逐步得以保障。同理，「讓司法權切實發揮中央對地方監督作用和調節地方之間的爭議，並平等地保障公民權利，以推進有限政府的實現。目前此種司法地方化制度的安排，司法不能獨立於行政之外，它違反了程序正義最基本的要求，所以打破目前司法區域和行政區域相結合的原則的推行，有助於審判權和檢察權的獨立行使。」❷①

　　中共中央若能認真思考上述建議，採取可行之策，有效加以落實，不但可以合理安排中央與地方的關係，而且有助大陸司法的公平性和公信力。

四、全國人民政治協商會議

㈠簡　介

　　中共的「全國人民政治協商會」（以下簡稱「人民政協」）原本(1949–1954)是中共政權的議事機構，具有立法的功能。1954年之後，中國大陸人民選舉了「人民大會代表」，「人民政協」理應廢除，但毛澤東認為「人民政協」有許多非黨的黨友，留著可以發揮建言的效果，自此「人民政協」就轉型為政治顧問。改革開放之後，中共需要重新激勵知識分子，以及非黨的各界菁英再次為中共政權效力，這才重拾早年「中國人民愛國統一戰線」的口號。1982年人民政協在第五次會議上，通過新的章程，提出「中國共產黨領導的多黨合作和政治協商制度是我國的一項基本政治制度。中國人民政治協商會議根據中國共產黨同各民主黨派和無黨派人士『長期共存、互相監督、肝膽相照、榮辱與共』的方針，促進參加中國人民政治協商會議的各黨派、無黨

---

❷⓿　熊文釗，「處理中央與地方關係應把握八項原則」，2013年1月7日，http://phtv.ifeng.com/program/sjdjt/detail_2013_01/07/20909126_0.shtml。

❷①　同❷⓿。

派人士的團結合作，充分體現和發揮我國社會主義政黨制度的特點和優勢。」

2015 年中共陸續提出 「加強社會主義協商民主建設的意見」 和「加強人民政協協商民主建設的實施意見」兩份文件，再次確立了「人民政協」是「社會主義協商民主的重要管道和專門協商機構，是國家治理體系的重要組成部分」，也強化了「人民政協」作為中共統戰工作的主要機構，其職責「協商民主、民主監督、參政議政制度化、規範化、程式化。」這些規章對「人民政協」而言，最大的改變就是「人民政協」從清談館，變成有條件的參政院，因此「人民政協」在中共的政權結構中，才逐步具有一定的角色與功能，透過上述的文件，「人民政協」角色與功能的調整，中共可以「名正言順」地反駁外界對其「一黨專政」的批評，強調其政權是「一黨領導」，其他參政黨的參政作用是看得見，起作用的，同時在中共的各級政府中，確實有近三分之一的非共產黨員幹部；其次這也是安置、酬庸大陸、臺港澳、海外各界友好名流精英的最佳場合；其三是也可以將所有大陸精英對中共政權的不滿，批評者提供了內部的議論的場所。

㈡組　織

「全國政協委員會」設主席、副主席若干人領導「全國政協」。另外，全國政協委員會設辦公廳，在祕書長領導下進行工作；設副祕書長若干人，協助祕書長進行工作。「全國政協委員會」設常務委員會主持會務。常務委員會由全國政協委員會主席、副主席、祕書長、常務委員組成。❷❷

「全國政協委員會」設立了九個專門委員會，包括：1.提案委員會、2.經濟委員會、3.人口資源環境委員會、4.教科文衛體委員會、5.社會和法制委員會、6.民族和宗教委員會、7.港澳臺僑委員會、8.外事委員會、9.文史和學習委員會。❷❸

---

❷❷　「中國人民政治協商會議」，http://baike.baidu.com/view/24083.htm。

全國委員會另轄設三個全國性社會團體組織：中國經濟社會理事會、中國宗教界和平委員會、中國人民政協理論研究會。

㈢「全國政協」委員之遴聘

「全國政協」委員並非經由選舉產生，每屆政協委員名額和人選經上屆全國政協委員會主席會議審議同意後，再經全國政協委員會常務委員會協商、推薦、邀請，並公布最後名單。「政協」委員是在中國大陸各個領域、各個界別有代表性和有社會影響、有參政議政能力的人物。主要成員由三十四個界別組成，包括中國共產黨、中國國民黨革命委員會、中國民主同盟、中國民主建國會、中國民主促進會、中國農工民主黨、中國致公黨、九三學社、臺灣民主自治同盟、無黨派民主人士、中國共青團、全國總工會、全國婦聯、全國青聯、全國工商聯、中國科協、全國臺聯、全國僑聯、文化藝術界、科技界、社科界、經濟界、農業界、教育界、體育界、新聞出版界、醫藥衛生界、對外友好界、社會福利和社會保障界、少數民族界、宗教界、特邀香港人士、特邀澳門人士和特別邀請人士。❷❹

㈣統戰對象

民主黨派成員；無黨派人士；黨外知識分子；少數民族人士；宗教界人士；非公有制經濟人士；新的社會階層人士；出國和歸國留學人員；香港同胞、澳門同胞；臺灣同胞及其在大陸的親屬；華僑、歸僑及僑眷；其他需要聯繫和團結的人員等十二類人士。❷❺

---

❷❸　同❷❷。

❷❹　中國文史出版社，**中國人民政協全書（上卷）**（北京：中國文史出版社，1999 年），http://www.people.com.cn/GB/34948/34965/2674879.html。

❷❺　「中國共產黨統一戰線工作條例」（試行），2015 年 09 月 23 日，http://cpc.people.com.cn/n/2015/0923/c64107–27622040.html。

㈤職　能

「全國政協委員」主要的職能可以概括為：

1.**政治協商**：中共的重大政策、文件事前會與「政協委員」協商。

2.**民主監督**：在每年「全國人大」開會期間，「全國政協」也同時開會，俗稱「兩會」，可以監督政府。另外，平時「政協」各委員會也組團赴各地，對各項事業和群眾生活的重要問題進行調查研究，通過議案、提案和其他形式，向國家有關機關和組織提出建議和批評。

3.**參政議政**：「政協」也有向政府推薦人才，擔任幹部，以及對時勢提出建議、建言的權利。

總之，在中共的政治組織中，中國共產黨是執政黨，是政權的領導核心，「人民代表大會」是國家權力機關；人民政府是國家權力機關的執行機關，管理國家行政事務的機關；「全國政協」是各黨派團體和各族各界代表人士進行政治協商、民主監督、參政議政的重要機構。

「全國政協」與「人大」、政府三者之間的關係是，一個在決策前協商，一個在協商後表決作決策，一個在決策後執行，三者統一在中國共產黨的領導下，運行中國大陸的全部政務。

參、中共黨政運作簡介

中共原有政治體制是完全照搬「蘇聯模式」，此一模式的特點就是黨管一切。結果，在共產黨取得政權，居於執政黨的地位之後，就直接對政府進行指揮干預，結果在機構上是疊床架屋，權責不分；在人事上是冗員成災，毫無效率。從學理上說，把黨的性質等同於國家政權機關本身，這一方面使黨陷於行政管理的瑣碎事務之中，妨礙了對整個國家進行整體的領導；另一方面也導致政權機關的混亂，出現機構重疊、官僚主義的現象。實行政治體制改革，三十多年來中國大陸

的政治體制也隨著作出相應的、必要的，甚至是不得不的調整，而持續三十年的不斷微調和發展，已使中共在自己的「政治領域」發生了顯著變化。「國務院」的機構改革應該是最明顯的，然而在黨政運作方面的調整，應該更為重要，其特點大致如下：

一、黨的領導現代化

中共在改革開放以後，黨的領導依然是絕對不可挑戰的原則，但也要求黨必須提高自身的領導素質和內涵。

㈠黨的領導內涵科學化

實行政治體制改革後，按大陸學者的看法，中共對黨的領導作出了科學定位：「一是黨的領導是對國家最高層次的領導，是政治原則、政治方向和重大決策的領導；二是黨向國家政權機關推薦重要幹部，同時向國家機關中的黨組委派幹部，以實現黨的領導；三是黨通過自己的組織和黨員，起先鋒模範作用，做好人民群眾的思想政治工作，教育和動員人民群眾在國家政權機關的領導下進行社會主義建設；四是黨要管黨，對自己的幹部和黨員加強監督。」❷❻這些定位，黨的領導得到了保證，換言之，黨是透過政治方向的把握、政策的制定和政府機構的人事安排等方面來領導政權——「全國人大」、「國務院」、「全國政協」以及軍隊、法院、檢察院以及其他各種各類的社會團體、企業單位。

㈡黨自身領導的變化

自中共「十四大」(1992) 以來，在中共中央實行了集體接班、集體領導制度，分工合作的領導制度，之後的二十年，在中共的決策、

❷❻　許耀桐，「中國政治體制改革的發展與啟示」，2008 年 6 月 30 日，http://www.chinaelections.com/NewsInfo.asp?NewsID=98545。

領導各個方面都以「民主集中制」的原則來領導、決策，從制度上否定了一人接班、個人集權，領導專斷的決策、領導的錯誤和危險。此一改革，使得黨、政領導幹部一起決策，保證了黨的領導民主化和決策科學化、監督效率化。

㈢強化各級政府自主行政能力

在黨的領導下，強化了各級政府的工作能力，鄧小平提出「凡屬政府職權範圍內的工作，都由國務院和地方各級政府討論決定和發布，不再由黨中央和各級地方黨委發指示、作決定」，[27]使得政府真正行使了行政職權，各級政府也真正成為行政管理的中心，建立了嚴格的行政管理規章制度，實行行政首長負責制，而與之同時黨的領導也得到同步地提升。

二、黨委與黨組

為了避免以往之黨政不分，黨包辦一切國家事務的弊端，中共自80 年代後開始注重黨政關係的理順及黨政職能的發展，始有了「黨政分開」的提法與要求。所謂的「黨政分開」就是要劃清黨和國家政權之間的職能，理順黨組織與人民代表大會、政府、司法機關、群眾團體、企事業單位和其他各種社會組織之間的關係，做到各司其職，各盡其責，並且逐步將分工走向制度化，規範化。

依據這一改革的要求，黨就必須改變昔日直接領導政府的方式，轉而要使黨領導是透過黨的路線、方針、政策及在政權機關內擔任公職的黨員發揮作用來實踐的。黨的主張經過法定程序──即「人大」的商議變為國家意志，交由政府去執行；黨的政策愈得人心，政府執行就愈順利，自然黨的威望也愈高，因此，黨在制定政策、方案、法

---

[27]　人民出版社編，**鄧小平文選（第二卷）**（北京：人民出版社，1994 年），頁339。

律、方針之前愈是瞭解、熟悉民意，愈能耐心說服；愈是經過科學的論證，政策也愈得人心。特別是一般行政政策，通過黨組織的活動通常都可以訂定相對符合民意的方案。

中共黨對政的領導中，為了進一步確保政府在黨的政策執行上不致偏離，所以普遍在政府的部、委、人民團體、經濟組織、文化組織和其他非黨組織與機構中，成立黨的組織，更加有效地主導和監督政府的執行與運作；這些普遍在非黨部門、單位設立的黨的組織，稱為「機關黨組」（簡稱「黨組」）或「機關黨委」（簡稱「黨委」），設立「黨組」或「黨委」，一般有兩種說法：一是依該單位的黨員人數，另一說是按該單位是否有下級單位而定；單位黨員人數多或有下級單位者設立「黨委」，反之設立「黨組」，有了這一組織，也可以確保單位本身長期不脫離黨的領導。中共也明訂在單位內部的黨的組織，其基本任務主要是負責實現黨的路線、方針、政策，討論和決定本部門的重大問題，團結非黨幹部和群眾，完成黨和國家交給的任務，指導機關黨和直屬單位黨組織的工作。具體任務是：

1.保證黨的路線、方針、政策的貫徹執行。按照黨的意志，組織全體黨員、幹部、群眾認真學習、正確理解，把握精神實質，並根據上級黨委制定的方針、政策、任務，結合本部門、本行業的實際，實事求是地、創造性地貫徹落實。保證思想上、政治上、行動上與中央保持一致。

2.討論與制定有關戰略發展規劃，年度工作計畫和為完成一個時期的中心任務所採取的重要決策等重大問題，並由黨組集體討論，日常工作由行政首長分別去做。

3.討論研究中層幹部任免、晉升、獎懲，以及全域性的勞動工資政策的調整與實施，並由黨組集體討論決定。然後按規定向有關方面提出建議，後由有關方面公布。行政幹部由行政首長任命或聘任，黨務幹部應由上級黨委批准。

4.指導機關黨組織的工作，加強機關黨的建設。按黨章規定，黨

組負責指導機關黨委（總支、支部）的工作，按照黨組一個時期總的意圖，及時向機關黨委（總支、支部）提出任務和要求。根據上級黨組織總的部署，結合本單位的實際，提出工作建議和意見。

5.檢查監督，帶頭抓好黨性思想政治工作。黨組為了領導和保證所在單位各項任務的完成，必須把思想政治工作作為各項工作的生命線，帶頭抓、經常抓，不能只依靠機關黨委、總支、支部去做。黨組成員不僅自身要做好，還要督促檢查別人都來重視並積極做好思想政治工作。❷❽

「黨委」是「屬於黨的基層組織，它只起保證監督作用，不領導本單位的業務工作。它的主要任務是管黨的思想、組織和作風建設，通過黨組織的戰鬥堡壘作用和黨員的先鋒模範作用，推動機關的各項工作。」

按以上中共的描述，在中國大陸所有的非黨機關或單位中，「黨委」和「黨組」都是保證政府、團體在執行共產黨的政策上，忠實履行黨的政治路線、思想路線、組織路線的制度設計。不過「黨組」的責任更多是政治路線保證，而「黨委」的責任更多是組織保證。

以上制度設計的中心思想就是為了保證黨的領導，在人事、財物、政策各方面均得以牢牢掌控。「權」是保住了，但是也滋生了僵化和腐化的弊端。

從「僵化」而言，如果「黨組」很認真，則執行政策必然沒有彈性、沒有效率，結果自然「僵化」；反之，「黨組」也可能形同虛設，還是領導一人說了算。從「腐化」而言，中共的設計原本就是自己人管理、監督自己人，故而容易出現「抱團」現象，形成集體腐敗、結構貪污，加上派系護短、利益糾葛，自然弊病叢生，而且沉痾積重。所以中共從江澤民到胡錦濤再到習近平，都大聲疾呼，要求「政改」，而且都將反腐肅貪列為首要急務。

---

❷❽　「黨組的性質和任務是什麼？」，
　　http://www.jgjy.gov.cn/dangwu/dwsc/zzsz/024.htm。

三、會　議

在中共的政治運作中，「會議」是極為重要的決定和執行政策關鍵，例如，中共的最高領導、最高決策機構都稱為「會」，這就說明了領導和決策都是通過「會」去體現。特別在中共的高層政治運作，「會」更是不可或缺。

會議，在漢語中有兩種不同的含義。它既可以作為一種經常商討並處理重要事物的常設機構或組織的名稱，也可以被用來表示有組織、有領導的民主協商和決定某些事項的臨時性集會，也就是我們通常所說的「開會」。

「會議」是人們集合各方利害相關者，共同而公開地在一定時間、一定場地和場合，依據一定法則「進行」的一種交流意見、蒐集訊息、溝通協調及決定政策的場合。

一般而言，在重大決策之前，中共會召開所謂的「碰頭會」等非正式而且比較輕鬆的交換意見的會議，來瞭解利益關係者對事件的意見或看法，假如對某些事件已經有了方向的決定構想，中共就會召開「吹風會」，以便讓相關人士預知決定的方向，同時也可以瞭解外界對決策的初步反應。

在解決思想、路線上的問題時，中共會以「神仙會」方式，來化解矛盾與緊張，此一辦法緣自 1959 年中國大陸因為錯誤的「三面紅旗」政策進入困難時期，當時大陸的工商界、知識界和民主黨派大多數人對於國內形勢有看法，又怕批判鬥爭，不敢講真話，思想上相當緊張，「中共中央統戰部」部長李維漢向民建、工商聯領導人陳叔通、黃炎培等建議，採用「神仙會」的方式來開會。這種「神仙會」的特點是「三自」、「三不」，「三自」即自己提出問題，自己分析問題，自己解決問題；「三不」即不打棍子、不戴帽子、不抓辮子，充分發揚民主，讓大家講心裡話，引導思想交流、討論，提高認識，增強信心。

這樣做的結果，大家逐步消除了顧慮，敞開了思想，使會議開得生動活潑，大家心情舒暢。「神仙會」這種方式，是正確處理人民內部矛盾的好方法，㉙至今中共在解決難題仍然會加以採用。

中共中央真正重要的會議有六個：它們分別是「中共中央政治局常委會會議」、「中央政治局會議」、「中央工作會議」、「中央委員會全體會議」、黨的「全國代表會議」和「全國代表大會」。除了「中央工作會議」之外，其他五種會議都具有實際的決策功能。上述五種會議是按照它們在決策過程中的地位高低順序進行排列的，「中共中央政治局常委會」和「中央政治局」在「中央委員會」閉會期間行使「中央委員會」的職權，重大會議議程和決定大多是由「中共中央政治局常委會」提出和做出的，需要提交「中央政治局會議」和「中央委員會」表決的決議由「中央政治局委員會」決定。㉚

就政治溝通而言，會議召開的頻率愈高、會議持續的時間愈長，其政治溝通的頻率就愈高、範圍就愈廣。在中國共產黨的六種法定會議中，「中共中央政治局常委會」會議參加人數最少、召開頻率最高，它是中共中央的日常工作機構，不定期召開，在會議召開期間，與會人員有充分的時間就任何問題進行充分的討論，政治信息的雙向傳遞程度很高。黨的「全國代表大會」每五年召開一次，每次會期最長，通常十天左右，參與會議的代表有條件就範圍廣泛的問題進行討論，最後形成一致意見。這種會議的討論實際上都是就大會主席團提交的報告進行分組討論，每組按照地方和行業進行劃分，跨組討論的情況極少發生，並且分組討論時正面意見多於批評意見。㉛

在運行面還會成立「歸口管理」功能的「小組」，如：外事小組、國安小組、對臺小組等。成立「辦公室」也是重要的運作方法，如精

㉙　「神仙會——發揚民主和自我教育的好形式」，2012 年 3 月 23 日，安徽統一戰線網站，http://www.ahtz.gov.cn/tzlh/20120323/article_310.html。

㉚　胡偉，**當代中國政治溝通**（上海：人民出版社，2006 年），頁 91。

㉛　同㉚，頁 92。

神文明辦、應急辦、嚴打辦等以任務編組的模式，統籌人、財、事，集中資源，效率處理等辦法。

肆、中共的政治改革

1978 年中國大陸展開了全面的改革開放，其後經過近四十年持續的努力，而作出了如今的成績，然而許多人在評價中國大陸當今的發展時，很普遍地抱持一種觀點，就是「認為中國到目前為止只有經濟改革沒有政治改革」，但平實而論，中國大陸從六十年中期的「文化大革命」時期轉入「社會主義建設」時期，是從政治鬥爭轉入經濟建設，從政息人亡轉到幾代接力，從鎖國備戰到和平發展，其中的反差之大，完完全全超過了一般民選政治下，不同政黨的更替所可能出現的差異；因此，大陸學者稱「改革開放」是全面改革，包括政治體制、經濟體制、文化體制在內的三大改革，開創了有中國特色社會主義的嶄新局面。而且他們都認為「在三大改革中，政治體制改革居於重要地位，起著至為關鍵的作用。」❸❷ 從邏輯上說，大陸學者的說法並不誇張。因為從形式邏輯的角度思考，事理很清楚，如果當今中國大陸的政治一如「文化大革命」時代或是如同上世紀八、九十年代的政治，那麼就必然出現以下的疑問：

1.如果是，面對當今的中國，這樣的政府有如此的治理績效，那又何需政治改革？

2.如果不是，中共的政治必然有所改革，既有改革，則西方的說法，自然是不攻自破。

3.如果第二推論為真，則必須承認中共的「改革」是全面的，而非「只經不政」的改革。

以當今中國大陸的表現來看，鄧小平從一開始就清清楚楚地瞭解，

❸❷ 許耀桐，「中國政治體制改革的發展與啟示」，人民網，2006 年 12 月 08 日，http://theory.people.com.cn/BIG5/40764/73360/73363/5145397.html。

政策轉移和共黨政權的領導統治合理性的關係，簡言之，改革開放不是為了推翻黨的領導，而是為了讓大陸人民重新信任中共，擁護中共，這是解釋中共「改革開放」政策時，必須思考的一點。基於此，我們可以理解，「改革開放」不可能是「只經不政」的政策，否則其經濟改革也行不通，至少不可能有如今的成績。可見外界的說法，只是因為中共的政治改革，不是他們所要的改革，而不是有無政治改革的問題。

　　為什麼在「堅持共黨政權領導」的原則之下的改革，也可以公然認為是政治範疇的改革呢？主要是由於東西文化對政治基礎的假設不近相似。若以政治學者大衛伊斯頓 (David Easton) 的定義，政治的含義應包括三層意思：

　　1.認為政治活動的基本物件是社會價值物，包括物質價值和精神價值。

　　2.認為政治活動的內容和方式是分配社會價值物的決策活動。

　　3.認為這種分配是權威性，即合法強制性的分配。

　　後來他又將之簡化為「政治乃是為社會價值作權威性分配」(the authoritative allocation of values for a society)，依此定義，對西方而言，會問的根本性問題是「政治權威」應從何而來？因為他們是從封建貴族和國王階層把權力爭取過來的。對東方而言，會問的根本性問題是「政治權威」應如何分配這些社會價值才合理？因為中國人相信「民本思想」是君王必需的本質，「天聽自我民聽，天視自我民視」，如果君王沒有做到，那就只要順天應人的湯武革命，把君王趕下臺就妥了。換言之，對政治西方最重視的是權力的來源為何，是權力的合法性問題；而東方最重視的是權力行使的結果是否合理，是權力的合理性問題。所以西方的政治是「以民為主，結果自負」為衡量政治良莠的標準；而東方的政治是「以民為本，政府全責」為衡量政治良莠的標準。

　　是以我們在評量中共改革開放以來的政治改革時，不能只以西方政治的角度去評量，中共的「政治改革」只是不符合那些反華、反中人士的期待而已。主觀地以西方資本主義國家的政治制度為典範，為普世

原則，只要中共的政治改革，不按照他們的想像、不按他們所設定的標準，那就是沒有「政治改革」；或是中共的「改革」是無希望的。㉝

　　也必須以中華文化的政治觀點加以評價，那就是從中共政治制度的時間產標，去描述其政治變化。換言之，檢視中國大陸的政治改革時，必須是同時採用歷時性 (diachronic) 的觀點，客觀描述或評量中共政權自身的變化、發展，與中共原來的統治制度有何不同；同時也採用共時性 (synchronic) 的觀點，將中共的政治改革與現代西方國家的政治制度進行對比，才是現階段討論中共政治改革，比較有意義的作法。

一、「政治改革」與「政治體制改革」

㈠兩者有別

　　誠然中共在政治領域的改革中，他們比較正式的用語是「政治體制改革」，此一用語不同於外界所用的「政治改革」，中共的改革開放總設計師鄧小平就是使用「政治體制改革」乙詞，鄧小平說：「政治體制改革同經濟體制改革應該相互依賴，相互配合。只搞經濟體制改革，不搞政治體制改革，經濟體制改革也搞不通，因為首先遇到人的障礙。事情要人來做，你提倡放權，他那裡收權，你有什麼辦法？從這個角度來講，我們所有的改革最終能不能成功，還是決定於政治體制的改革。」㉞最早鄧小平著名的「黨和國家領導制度的改革」（1980 年 8 月 18 日）用的詞彙是「領導制度」，其後則廣泛使用「政治體制改革」，從「十三屆」的黨大會「報告」中相關的用語，都是「政治體制改革」㉟按名詞編纂的一般法則，名詞越是簡略其內含也越多，外延

㉝　沈大偉，「習近平治下中國政治改革無望」，紐約時報，2016 年 5 月 31 日，https://cn.nytimes.com/china/20160531/c31chinashambaugh/zh–hant/。

㉞　鄧小平，「在全體人民中樹立法制觀念」，1986 年 6 月 28 日。

則越大，反之名詞之下的限制詞越多，內含也越小。換言之，「政治改革」所包含的內容可以是政治的全面向，從政治哲學、政治制度、行政體制等全方位的改革，而鄧小平在改革開放一開始，即思考「政治體制改革」的必要性。首先針對「文化大革命」的十年浩劫，鄧認為要「恢復和建立健全的黨民主集中制，以健全民主集中制為制度基礎形成穩定團結的領導集體，逐步恢復和建立生動活潑的政治局面，為改革開放和現代化事業的發展提供良好有序的政治環境和可靠保障。」㊱同時他也指出「政治體制改革」總的目標有三條：一是鞏固社會主義制度，二是發展社會主義社會的生產力，三是發揚社會主義民主，調動廣大人民的積極性，讓工人、農民和知識分子參與管理，實現管理民主化。㊲在推動「改革」的同時，鄧小平在 1979 年 3 月 30 日中國共產黨中央委員會的理論工作「務虛會」上提出了「堅持四項基本原則」，他說：「我們要在中國實現四個現代化，必須在思想上堅持四項基本原則：第一，必須堅持社會主義道路；第二，必須堅持無產階級專政；第三，必須堅持共產黨的領導；第四，必須堅持馬列主義、毛澤東思想。」㊳1987 年 7 月 4 日鄧小平會見孟加拉國總統艾

㉟ 十三大之五：關於政治體制改革；十四大之二：九十年代改革和建設的主要任務之第六，積極推進政治體制改革，使社會主義民主和法制建設有一個較大的發展；十五大之六：政治體制改革和民主法制建設；十六大之六：政治體制改革和民主法制建設；十七大之六：堅定不移發展社會主義民主政治；十八大之五：堅持走中國特色社會主義政治發展道路和推進政治體制改革；十九大之六：健全人民當家作主制度體系，發展社會主義民主政治。

㊱ 陳建兵，「鄧小平關於政治體制改革目標的論述及其現實意義」，論文網，2018 年 12 月 25 日，https://www.lunwendata.com/thesis/2018/150835.html。

㊲ 吳敏，「鄧小平的政治體制改革藍圖及其實踐」，亞東網，2007 年 7 月 17 日，http://www.atchinese.com/index.php?option=com_content&task=view&id=36719&Itemid=64。

㊳ 「堅持四項基本原則」，共產黨新聞網，http://cpc.people.com.cn/BIG5/64162/64170/4467148.html。

爾沙德時提出。堅持四項基本原則、改革、開放、搞活是社會主義現代化建設的總方針、總政策。兩個基本點統一起來，才是中共十一屆三中全會路線的完整內容。此即「一個中心，兩個基本點」❸❾這就清楚地說明瞭中共的「改革」是立足於「四項基本原則」，中共的「政治改革」應該是「政治體制改革」。所以「政治體制改革」的定義是指「在不改變國家基本政治制度的前提下，對於政府機構、人事設置、黨政分工、決策機制、權力運作機制等方面的改革，藉以提高政治組織與行政管理工作的效能，促進社會、經濟、文化各項事業的發展。」❹❿

㈡「政治體制改革」內容

　　那麼中共所進行的「政治體制改革」究竟有哪些內容呢？依大陸學者國家行政學院政治學教研室主任許耀桐教授的研究，其範圍應包括以下八個方面：一是政治權力職位之授予方式改革；二是黨政關係和黨政體制改革；三是政府職能轉變和機構改革；四是幹部人事制度改革；五是決策體制改革；六是司法體制改革；七是權力制約和監督體制改革；八是執政黨自身改革。此外，與政治體制改革相關的還要研究選擇什麼樣的戰略、策略，採取什麼樣的方式、步驟的問題。❹❶

　　至於中央黨校的王懷超教授則認為中共的「政治體制改革」，受到「蘇聯東歐劇變與大陸八九年的『六四』風波」的影響，以至於八十年代中共追求的「政治體制改革」，和九十年代推進的「政治體制改革」在目標上，出現差距。八十年代的「政治體制改革」主要內容：「實行黨政分開；進一步下放權力；改革政府工作機構；改革幹部人事制度；

❸❾　「『一個中心，兩個基本點』的含義是什麼？」，中國網，2015 年 11 月 6 日，http://big5.china.com.cn/guoqing/zhuanti/2015–11/06/content_36987830.htm。

❹❿　「政治體制改革」，**現代中國**，https://ls.chiculture.org.hk/tc/idea–aspect/201。

❹❶　許耀桐，「中國未來五年應加快政治體制改革」，**經濟與社會觀察**，2006 年第 2 期，http://www.chinaelections.com/NewsInfo.asp?NewsID=98486。

建立社會協商對話制度；完善社會主義民主政治的若干制度；加強社會
主義法制建設。」九十年代的「政治體制改革」，「後來變成了進一步完
善人民代表大會制度，完善共產黨領導的多黨合作和政治協商制度，建
立和健全民主的科學的決策機制，加強基層民主建設等。與此相適應，
在實踐中，政治體制改革有所放緩，從而在整體上，使政治體制改革明
顯滯後於經濟體制改革。」新世紀初，中共的「政治體制改革」又有了
新的要求，2000 年秋的中共十五屆五中全會公報指出：要適應經濟體
制改革和現代化建設的要求，繼續推進政治體制改革，加強民主法制建
設。王教授特別指出「關於政治體制改革的內容增加了兩項：一是推進
決策的科學化與民主化，二是擴大公民有序的政治參與。」❷

　　中國社會科學院政治研究所的房寧所長將中共的「政治體制改革」
問題分的更細，❸他認為：八十年代初廢除領導幹部終身制、廢除人
民公社體制、簡政放權、廢除「四大自由」，恢復法制四大改革是主要
工作。從「十二大」到「十三大」是中共的「政治體制改革」最繁重
的時期，1987 年 12 月中共中央通過「政治體制改革的總體設想」，其
主要內容有：黨政分開、黨的制度建設（加強政治局作用、加強中央
委員會作用、黨代會常任制等）、權力下放、機構改革（精簡和編制約
束）、人事制度改革（進一步年輕化、分類管理、任期制、改革退休制
度—社保）、建立社會協商對話制度（公開性和公共政策對話與辯論）、
完善民主（公民基本權利）等。另外基層群眾自治制度是中國實行改
革開放後形成和建立起來的。

　　九十年代開始在鄧小平所說「國際大氣候和國內小氣候」影響下，
中共的「政治體制改革」出現了「一是加強黨的領導，實行黨政分工。
二是思想整肅，反對資產階級自由化。三是分稅制改革集中了中央權

❷　王懷超，「中國政治體制改革 24 年」，人民網，2003 年 4 月 22 日，
　　http://www.people.com.cn/GB/guandian/29/163/20030422/977550.html。

❸　房寧、張茜，「中國政治體制，40 年來有何變化？」，觀察者網，2018 年 2
　　月 1 日，https://www.guancha.cn/FangNing/2018_02_01_445378_s.shtml。

力」三個現象。

在新世紀裡中國摸索出自己「政治體制改革」的內在邏輯：它們有兩點：一是堅持四項基本原則：中國改革的邏輯起點，這是保障中國改革成功，特別是政治體制改革，最終實現現代化的最重要和最成功的策略。也是中國模式成功和蘇聯、東歐原社會主義國家改革失敗的重要差別；二是四大基本經驗：中國改革的邏輯展開：其一是在經濟社會發展的進程中，把保障人民權利與集中國家權力統一起來。其二是在工業化階段，以協商民主作為民主政治建設的主要方向和重點。其三是隨著經濟社會發展進步，循序漸進地擴大和發展人民權利。其四是在民主政治建設和政治體制改革中，採取問題推動和試點推進的策略。

其實中共近幾任的領導人還強調了「黨要管黨，從嚴治黨」，理應也是中共「政治體制改革」的範疇，尤其是習近平時代，「從嚴治黨」更是習在治國理政中極其重要的組成部分。總而言之，中共的「政治體制改革」在目標上，一方面是強化、提升和改善黨的領導；另一面實現國家治理體系和治理能力現代化；在內容上包括了使中共的「政治體制」，在行政上更加民主化、法治化、透明化、科學化、監督化；在體制上，尋找到以「共產黨領導、人民當家作主和依法治國」三者有機統一為基本內容的政治制度。

二、中共「政治體制改革」概述

如上所述，綜觀中共四十年的「政治體制改革」，絕不是從其政權統治的合法性典思考改革議題，而可以說完全是從如何「鞏固共產黨統治」的「合理性」，進行必要的改革，其「政治體制改革」的目標就是「實現國家治理體系和治理能力現代化，成為綜合國力和國際影響力領先的國家」❹從此一角度入手，中共「政治體制改革」可以分成

❹ 習近平，「決勝全面建成小康社會奪取新時代中國特色社會主義偉大勝利

除舊和佈新兩大塊。

㈠除舊部分

　　改革開放以來，鄧小平確實在一開始就注意到原本的政治體制存在著弊端，在他著名的「黨和國家領導制度的改革」乙文中，一開始就提出了原有體制的四大弊端：權力過分集中，造成個人專斷，破壞集體領導、產生官僚主義；兼職、副職過多，效率難以提高，容易助長官僚主義和形式主義；黨政不分、以黨代政；以及政權交接班的問題，這是保持黨和政府正確領導的連續性、穩定性的重大戰略措施。❹❺不過鄧也同時指出「改革黨和國家領導制度及其他制度，是為了充分發揮社會主義制度的優越性，加速現代化建設事業的發展。」❹❻

　　自改革開放以來，中共歷次的黨大會報告也都指出其體制的缺點。「十二大」胡耀邦在「報告」中指出：「當前迫切需要解決的主要問題，是在於『文化大革命』遺留下來的黨風不正和社會風氣不正，……在於各級領導機構的臃腫龐大、效率不高和經濟體制不能充分適應生產力發展的需要。❹❼『十三大』趙紫陽在『報告』中指出：「我們在領導工作中還有不少失誤。新舊體制正在交替，許多制度尚不健全，各方面的管理和監督還跟不上形勢的發展。」❹❽「十四大」江澤民在「報

　　——在中國共產黨第十九次全國代表大會上的報告」，共產黨新聞網，2017年 10 月 18 日，

http://www.12371.cn/2017/10/27/ARTI1509103656574313.shtml。

❹❺　鄧小平，「黨和國家領導制度的改革，（一九八〇年八月十八日）」，人民網，2006 年 10 月 24 日，

http://cpc.people.com.cn/GB/69112/69113/69684/69695/4949714.html。

❹❻　同❹❺。

❹❼　胡耀邦，「全面開創社會主義現代化建設的新局面」，人民網，1982 年 9 月 8 日，http://big5.china.com.cn/gate/big5/guoqing.china.com.cn/2012-08/29/content_26368267.htm。

❹❽　趙紫陽，「沿著有中國特色的社會主義道路前進」，人民網，1987 年 10 月

告」中指出：「我們在工作中也發生過失誤和偏差，現在還面臨著很多
困難和問題，人民群眾還有不少意見和一些不滿意的地方。」❹「十五
大」江澤民在「報告」中指出：「在前進道路上還有不少矛盾和困難，
工作中也有缺點和不足。……黨風、政風、社會風氣和社會治安的狀
況人民群眾還不滿意，貪汙腐化、奢侈浪費等現象仍在蔓延滋長，官
僚主義、形式主義、弄虛作假的問題較為嚴重。」❺「十六大」江澤民
在「報告」中指出：「一些黨員領導幹部的形式主義、官僚主義作風和
弄虛作假、鋪張浪費行為相當嚴重，有些腐敗現象仍然突出；黨的領
導方式和執政方式與新形勢新任務的要求還不完全適應，有的黨組織
軟弱渙散。」❺「十七大」胡錦濤在「報告」中指出：「黨的執政能力
同新形勢新任務不完全適應，對改革發展穩定一些重大實際問題的調
查研究不夠深入；一些基層黨組織軟弱渙散；少數黨員幹部作風不正，
形式主義、官僚主義問題比較突出，奢侈浪費、消極腐敗現象仍然比
較嚴重。」❺「十八大」胡錦濤在「報告」中指出：「一些領域存在道
德失範、誠信缺失現象；一些幹部領導科學發展能力不強，一些基層

---

25 日，
http://cpc.people.com.cn/GB/64162/64168/64566/65447/4526368.html。

❹　江澤民，「加快改革開放和現代化建設步伐奪取有中國特色社會主義事業的
更大勝利」，人民網，1992 年 10 月 12 日，
http://cpc.people.com.cn/GB/64162/64168/64567/65446/4526308.html。

❺　江澤民，「高舉鄧小平理論偉大旗幟，把建設有中國特色社會主義事業全面
推向二十一世紀」，人民網，1997 年 9 月 12 日，
http://cpc.people.com.cn/GB/64162/64168/64568/65445/4526285.html。

❺　江澤民，「全面建設小康社會，開創中國特色社會主義事業新局面——在中
國共產黨第十六次全國代表大會上的報告」，人民網，2002 年 11 月 8 日，
http://www.southcn.com/news/ztbd/llb/bg/200211160429.htm。

❺　胡錦濤，「高舉中國特色社會主義偉大旗幟　為奪取全面建設小康社會新勝
利而奮鬥——在中國共產黨第十七次全國代表大會上的報告」，人民網，
2007 年 10 月 24 日，http://news.xinhuanet.com/newscenter/2007-10/24/
content_6938568.htm。

黨組織軟弱渙散，少數黨員幹部理想信念動搖、宗旨意識淡薄，形式主義、官僚主義問題突出，奢侈浪費現象嚴重；一些領域消極腐敗現象易發多發，反腐敗鬥爭形勢依然嚴峻。」❸「十九大」習近平在「報告」中指出：「全面依法治國任務依然繁重，國家治理體系和治理能力有待加強；意識形態領域鬥爭依然複雜，⋯⋯一些改革部署和重大政策措施需要進一步落實；黨的建設方面還存在不少薄弱環節。」❹

　　從以上的檢討歸納，可以得出中共對自己的政治，主要改革的重點有二，一是政治體制方面不適應經濟的改革；二是從政者本身的作風、認知、操守等問題。所以中共的政治體制改革的「佈新」，就集中在以下三個方面：民主化、法制化、反貪腐加以說明。

(二)佈新部分

1.民主化

　　中共的「政治體制改革」從一開始就談民主化，只是他們所謂的民主化，有別於西方國家所倡議的自由主義民主，而主張社會主義民主，在中共的政治實踐中，社會主義民主包括了兩大部分，一部分是以類似「自由主義民主」的選舉方式，來選拔基層的幹部以及人大代表，或是黨代表等；另一部分則強調行政民主化的方法。

　　首先是社會主義民主選舉，從選舉的對象來看，中共只開放兩類政治人物採用選舉的方法產生，一類是基層行政幹部，一類是各級人

❸　胡錦濤，「堅定不移沿著中國特色社會主義道路前進　為全面建成小康社會而奮鬥——在中國共產黨第十八次全國代表大會上的報告」，新華網，2012年 11 月 8 日，
　　http://news.xinhuanet.com/18cpcnc/2012-11/17/c_113711665.htm。

❹　習近平，「決勝全面建成小康社會　奪取新時代中國特色社會主義偉大勝利——在中國共產黨第十九次全國代表大會上的報告」，共產黨新聞網，2017年 10 月 18 日，
　　http://www.12371.cn/2017/10/27/ARTI1509103656574313.shtml。

民大會的代表或是委員會的委員；從選舉的方法來看，可以分為直接選舉和間接選舉。前者是由合格的選舉人直接選出，如大陸從 1982 年推動的農村村民委員會主任、副主任，鄉（鎮）、縣的人民代表大會代表；其他各級組織權力的領導，省級、全國人民代表大會代表則由同級「人代會」和下一級「人代會」，採非同額方式，複選制選舉之，另外在各類、各級的選舉中，其候選人則由上一級的「人代會」組成的選舉委員會按方方面面原則，經由民主協商原則確定，一般按應選名額的一又三分一名額提名。

其次是行政民主化，在中共的政治術語中「民主」一詞，通常是指在各級組織在政策決策上，不能由領導人一人獨斷專行，必須在決策前聽取各方意見，充分討論協商、溝通、說服，達成一致的意見、共識，如果最終無法達成一致的意見、共識，則採多數決的方式，允許少數保留意見下，執行多數人的決定。其後在決策方面又加上科學化，即決策前必須先行調研，進行專家組的可行性評估報告，或是試點的評估報告等制度化的程式，當然最關鍵的還是協商民主。「協商民主」在中國大陸已經被中共確認為「社會主義民主政治的特有形式和獨特優勢」，也是中共實施「群眾路線在政治領域的重要體現的重要形式」。[55]

「協商民主」在中共的政治體制中包括了機構和運作兩層意義：

從機構制度而言，從中央到地方各級政權都設立了「人民政治協商會議」，在中央有「中國人民政治協商會議」，簡稱為「政協」、「人民政協」，省、市、縣各級均設有「人民政治協商會議」，這些是專司協商的單位。八十年代起中共陸續地強化各級「人民政治協商會議」的角色和功能，例如鄧小平親自擔任第五屆「中國人民政治協商會議」主席 (1982–1987)，九十年代「十四大」之後政協主席，均由中共中央政治局排名第四的常委出任。足以說明在改革開放時代，中共對「人

[55] 「關於加強社會主義協商民主建設的意見」，新華網，2016 年 8 月 18 日，http://cppcc.china.com.cn/2016-08/18/content_39118430.htm。

民政治協商會議」重視。八十年代以來，經過數次的調整、充實，如今的「政協」明確擁有以下的功能：

政治協商是對國家和地方的大政方針，以及政治、經濟、文化和社會生活中的重要問題在決策之前進行協商和就決策執行過程中的重要問題進行協商。民主監督是對國家憲法、法律和法規的實施，重大方針政策的貫徹執行、國家機關及其工作人員的工作，通過建議和批評進行監督。參政議政是對國家、社會的重要問題以及人民群眾普遍關心的問題，開展調查研究，反映社情民意，通過調研報告、提案、建議案或其他形式，向中國共產黨和國家機關提出意見和建議。同時也向中國共產黨和國家機關推薦人才。

從運作制度而言，按大陸學者的研究認為「協商民主的有效運作方式是把有序參與、平等議事、民主監督、凝聚共識、科學決策、協調各方、和諧發展融為一體。」在過程中尋求各主體之間和利益各方之間的共識，所以民主協商是「整合、潤滑」社會各種關係的有效途徑，可以為不同主體之間，最大程度上達成共識創造了條件。此一運作方式亦可成為人們的一種行為方式和生活態度，以期能平和地面對問題，公正地處理矛盾，聚力地應對困難，和諧地辦好事情。亦可成為一種思維方式解決一切問題、處理一切事情的方方面面，不是簡單地用是非對錯來做判斷，不是單純地用票決「多數」來做決斷，不是片面地用獎勵懲罰來做了斷，而是抱著協商的態度，有話好好說，有事好商量，通過協商來形成共識，通過協商來尋找最大公約數。❺❻ 從當前中國大陸運作民主協商的範圍來看，包括了政黨協商、政府協商、政協協商，積極開展人大協商、人民團體協商、基層協商，逐步探索社會組織協商。❺❼

---

❺❻　朱曉進，「如何讓社會主義協商民主更深入人心」，團結報團結網，2019 年 4 月 2 日，http://www.hewang.gov.cn/html/95/20190402/13274.html。

❺❼　史瑞傑，「協商民主是我國社會主義民主政治的特有形式和獨特優勢」，光明日報，2018 年 3 月 23 日 http://theory.people.com.cn/BIG5/n1/2018/

　　簡言之，中共的「民主協商」在近卅年的摸索下，已經成為一套不同於西方「審議式民主」(deliberative democracy)，更不同於西方「民選民主」的民主參政管道。「民主協商」的規範運作是社會主義「協商民主」的主要內涵，也是中共在政治體制改革上追求的民主，從人民參與政事作為民主權利的表現來看，「民主協商」不論在制度設計、落實參與、權力表現各方面都不遜於西方「民選民主」。特別是從當今老牌的西方「民選民主」國家，如英國、美國都出現「民粹」政治的情況下，應該說「民主」的話語權已經出現了變化，不再任由西方國家獨占其定義；對於中共在改革開放中的政治改革，亦應從新認識。

　　其他如「黨內民主」、「基層民主」的制度設計，亦多以「協商民主」的理念，實踐於中共黨內、中國大陸的基層組織之內。從政治體制改革的角度看，這是中共推動社會主義的兩個試點模式，當然其過程並不順利，時間也花費甚久，這裡既有中共各級幹部的抵觸、拖延，但也有從試點中，尋找問題，解決弊端必要的政治成本。所幸新世紀以來，隨著中國大陸的開放有已經形成了制度，如會期確定，差額選舉等，特別在權力的監督方，借諸新工具、新技術的運用，手機的普及，互聯網使用的發達，使得政府的資訊更加公開，普通人獲得資訊、參與政事的方便性大大提高，這就為民主參與提供了重要保證。事實上，在中國，互聯網的使用在公共討論中扮演了一個如此重要的角色，以至於中央政府已經開始把它當做了收集政策回饋的管道之一。❺❽是以中共的社會主義民主也就成為可以進一步觀察的民主制度。

2.法制化

　　在 1979 年以前，中共應該不認為「法制」對現代國家有其必要性，大陸東南大學法學院李步雲教授認為，中共的法治歷程在 1978 年

0323/c40531–29884377.html。

❺❽　「東亞論壇：漸進主義──對中國政治矛盾的一種解釋」，譯者網，2010 年 9 月 1 日。http://yyyyiiii.blogspot.tw/2010/09/blog–post.html。

以前基本上是從法制初創 （1949–1956 年） 到停滯不前 （1957–1966
年） 再到徹底破壞（1967–1976 年）三個階段。它的基本特徵是實行
社會主義的「人治」。❺1978 年，中國共產黨召開了十一屆三中全會，
才提出「加強社會主義法制」的號召並提出了「有法可依、有法必依、
執法必嚴、違法必究」 ❻的法制工作方針。此後全國人民代表大會也
開始強化立法工作。此後經過卅餘年的努力，到 2011 年 3 月按中共十
一屆全國人大四次會議上，時任全國人大常委會委員長吳邦國在作全
國人大常委會工作報告時宣布：「到 2010 年底，我國已制定現行有效
法律 236 件、行政法規 690 多件、地方性法規 8600 多件，並全面完成
對現行法律和行政法規、地方性法規的集中清理工作，……一個立足
中國國情和實際、適應改革開放和社會主義現代化建設需要、集中體
現黨和人民意志的，以憲法為統帥，以憲法相關法、民法商法等多個
法律部門的法律為主幹，由法律、行政法規、地方性法規等多個層次
的法律規範構成的中國特色社會主義法律體系已經形成，國家經濟建
設、政治建設、文化建設、社會建設以及生態文明建設的各個方面實
現有法可依，黨的十五大提出到 2010 年形成中國特色社會主義法律體
系的立法工作目標如期完成。」 ❻不過大陸的學者還是將改革開放以
來中國大陸的法制化區分為三個階段： ❻首先是 1978 年 –1997 年的
法制創建新時期，在此一階段突出了制訂憲法、刑法、訴訟法、人大
組織法、選舉法、中外合資經營企業法等立法工作；依法審判「四人

---

❺　李步雲，「中國法治歷史進程的回顧與展望法學」，2007 年第 9 期，頁 27。

❻　「中國共產黨第十一屆中央委員會第三次全體會議公報 （一九七八年十二
　　月二十二日通過）」，人民網，http://cpc.people.com.cn/BIG5/64162/
　　64168/64563/65371/4441902.html。

❻　「吳邦國在十一屆人大四次會議上作報告」，2011 年 3 月 11 日，
　　http://www.12371.cn/2013/02/21/ARTI1361413281839373.shtml。

❻　張文顯，「中國法治 40 年：歷程、軌跡和經驗」，**吉林大學社會科學學報**，
　　2018 年 第 5 期，https://www.chinalaw.org.cn/Column/Column_View.
　　aspx?ColumnID=956&InfoID=29609。

幫」的守法行動和普及法律知識的教育等三大工作。第二是 1997 年–
2012 年的依法治國新階段，中共在「十五大」提出「依法治國」，以
取代以往的「法制」。大陸學者稱「依法治國的本質是人民在黨的領導
下，依照憲法法律管理國家事務和公共事務，依法治權。依法治國的
重心是依法行政，建設法治政府。」❸這段時間，最為主要的工作是
必出須在「制度上保證司法機關獨立公正地行使審判權和檢察權」，其
次是建設「中國特色社會主義法律體系」，其三大家商關切的是「黨
大？法大？」的問題，胡錦濤在中共中央政治局第三十二次集體學習
時強調：「依法執政最根本的是依憲執政。要牢固樹立法制的觀念，各
級黨組織都要在憲法法律範圍內活動，全體黨員都要模範遵守憲法法
律，帶頭維護憲法法律權威。要督促和支持國家機關依法行使職權，
做到依法行政，依法推動各項工作的開展，切實維護公民的合法權
益。」❹當然以中共長期堅持「黨的領導」的政治文化，短短十餘年
的「法治」倡議，決不可能有令人滿意的效果。不過這總是一個開始。
第三是「十八大」以來的「全面依法治國新時代」，在此一時期法治工
作是突出「創造性地發展了中國特色社會主義法治理論」。❺次則提出
「社會主義法治國家必須全面推進科學立法、嚴格執法、公正司法、
全民守法進程」的法治新十六字方針。三則將「全面依法治國」與「全
面深化改革」、「全面從嚴治黨」並列為完成「全面建成小康社會」此
一戰略目標的「三大戰略舉措之一」，習近平強調「沒有全面依法治
國，我們就治不好國、理不好政，我們的戰略布局就會落空。」為此
習提出了「中國特色社會主義法治體系」，其內容包括了「形成完備的
法律規範體系、高效的法治實施體系、嚴密的法治監督體系、有力的
法治保障體系，形成完善的黨內法規體系」。❻

---

❸　同❸。

❹　胡錦濤，「堅持科學執政、民主執政、依法執政扎實加強執政能力建設和先
　　進性建設」，人民日報，2006 年 7 月 4 日第 1 版。

❺　同❸。

　　以上這些中國大陸法治改革的簡要歷程，代表中共從「人治」邁向「法治」的各時期的歷程，然而在中國數千年以來官本主義的傳統下，不論是官方領導階段或是民間社會，都不可能在短短的數十年看到效果，因為官本主義的文化「就是以權力為本位的政治文化和社會政治形態，在這種政治文化和社會政治形態中，權力關係是最重要的社會關係。」❻❼在此社會政治文化中，「權力」是高法律，所以今日的中國大陸可以開始擁有「法律文化」，或許再假以時日在中共的官場逐步形成一套法治文化。而在中共的政治體制下，中國社會「法治」轉型的關鍵就在於共產黨和各級黨的領導幹部，大陸學者呼籲要「徹底摒棄人治思想和長官意志，做到在法治之下而不是法治之外，更不是法治之上想問題、作決策、辦事情，決不搞以言代法、以權壓法；努力營造辦事依法、遇事找法、解決問題用法、化解矛盾靠法的法治環境。」❻❽習近平也十分重視中國大陸的「法治」建設，他說「我們要讓全面深化改革、全面推進依法治國如鳥之兩翼、車之兩輪，推動全面建成小康社會的目標如期實現。」❻❾從某種意義上說，習的大力「反貪腐」也就是從中共官場的關鍵少數入手，加大「依法治國」的作為，使中共級的官員、領導嚴格守紀守法，垂範社會，樹立法治文化。

(三)反貪腐

1.運動式反腐

　　中共自實行改革開放之後，各級官員的「尋租」行為就越來越明顯，加以中國大陸的法治不健全，資訊不透明，產權意識弱等客觀條

---

❻❻　同❸❶。

❻❼　俞可平，「官本主義是現實，民本主義是理想」，**學術前沿**，2013 年第 9 期，https://kknews.cc/finance/pe43rj.html。

❻❽　同❸❶。

❻❾　「國家主席習近平發表二〇一五年新年賀詞」，新華網，2014 年 12 月 31 日，http://www.xinhuanet.com//politics/2014-12/31/c_1113846581.htm。

件的不成熟，以至在九十年中共號召社會主義商品經濟到市場經濟的發展過程中，官場的貪腐現象可謂越來越嚴重，從中共的歷次黨大會的報告來看，「反貪腐」的用字譴詞，也是越來越嚴肅：

十三大的報告說：「在改革開放的過程中，黨內反對腐敗的鬥爭是不可避免的。如果容忍腐敗分子留在黨內，就會使整個黨衰敗。對經不起考驗的黨員，首先要滿腔熱情地進行教育。……對於那些敗壞黨和人民事業的腐敗分子，必須採取堅決清除的方針，一經發現立即處理，有多少清除多少，決不能姑息養奸。」⑩十四大的報告說：「在改革開放的整個過程中都要反腐敗，……下決心抓出成效，取信於民。」⑪十五大的報告說：「反對腐敗是關係黨和國家生死存亡的嚴重政治鬥爭。……在整個改革開放過程中都要反對腐敗，警鐘長鳴。既要樹立持久作戰的思想，又要一個一個地打好階段性戰役。」⑫十六大的報告說：「堅持和完善反腐敗領導體制和工作機制，認真落實黨風廉政建設責任制，形成防止和懲治腐敗的合力。領導幹部特別是高級幹部，……自覺地與各種腐敗現象作堅決鬥爭。對任何腐敗分子都必須徹底查處、嚴懲不貸。」⑬十七大的報告說：「把反腐倡廉建設放在更加突出的位置，旗幟鮮明地反對腐敗。堅持標本兼治、綜合治理、

---

⑩ 趙紫陽，「沿著有中國特色的社會主義道路前進」，人民網，1987 年 10 月 25 日，
http://cpc.people.com.cn/GB/64162/64168/64566/65447/4526368.html。

⑪ 江澤民，「加快改革開放和現代化建設步伐奪取有中國特色社會主義事業的更大勝利」，人民網，1992 年 10 月 12 日，
http://cpc.people.com.cn/GB/64162/64168/64567/65446/4526308.html。

⑫ 江澤民，「高舉鄧小平理論偉大旗幟，把建設有中國特色社會主義事業全面推向二十一世紀」，人民網，1997 年 9 月 12 日，
http://cpc.people.com.cn/GB/64162/64168/64568/65445/4526285.html。

⑬ 江澤民，「全面建設小康社會，開創中國特色社會主義事業新局面——在中國共產黨第十六次全國代表大會上的報告」，南方網，2002 年 11 月 8 日，
http://www.southcn.com/news/ztbd/llb/bg/200211160429.htm。

懲防並舉、注重預防的方針，紮實推進懲治和預防腐敗體系建設，在堅決懲治腐敗的同時，更加注重治本，更加注重預防，更加注重制度建設，拓展從源頭上防治腐敗工作領域。」❼十八大的報告說：「反對腐敗、建設廉潔政治，是黨一貫堅持的鮮明政治立場，是人民關注的重大政治問題。這個問題解決不好，就會對黨造成致命傷害，甚至亡黨亡國。反腐倡廉必須常抓不懈，拒腐防變必須警鐘長鳴。」❼十九大的報告說：「腐敗是我們黨面臨的最大威脅。只有以反腐敗永遠在路上的堅韌和執著，深化標本兼治，保證幹部清正、政府清廉、政治清明，才能跳出歷史週期率，確保黨和國家長治久安。當前，反腐敗鬥爭形勢依然嚴峻複雜，鞏固壓倒性態勢、奪取壓倒性勝利的決心必須堅如磐石。……在市縣黨委建立巡察制度，加大整治群眾身邊腐敗問題力度。不管腐敗分子逃到哪裡，都要緝拿歸案、繩之以法。推進反腐敗國家立法，建設覆蓋紀檢監察系統的檢舉舉報平臺。強化不敢腐的震懾，紮牢不能腐的籠子，增強不想腐的自覺，通過不懈努力換來海晏河清、朗朗乾坤。」❼

　　從上述黨大會的報告，我們可以說中共的領導人不論是江澤民時代或胡錦濤時代，都在任內倡導反腐，也有過官員落馬，不過都不像

❼　胡錦濤，「高舉中國特色社會主義偉大旗幟為奪取全面建設小康社會新勝利而奮鬥——在中國共產黨第十七次全國代表大會上的報告」，2007 年 10 月 24　　日，http://news.xinhuanet.com/newscenter/2007–10/24/content_6938568.htm。

❼　胡錦濤，「堅定不移沿著中國特色社會主義道路前進　為全面建成小康社會而奮鬥——在中國共產黨第十八次全國代表大會上的報告」，新華社，2012 年 11 月 8 日，
http://news.xinhuanet.com/18cpcnc/2012–11/17/c_113711665.htm。

❼　習近平，「決勝全面建成小康社會奪取新時代中國特色社會主義偉大勝利——在中國共產黨第十九次全國代表大會上的報告」，新華社，2017 年 10 月 18 日，
http://www.12371.cn/2017/10/27/ARTI1509103656574313.shtml。

習近平時代的績效，當然在新世紀裡，中共官場的腐敗，已經是團夥結合，上下勾聯，形成貪腐的利益共全體，中國大陸社會對官場的貪腐已經到了容忍的邊緣，甚至民間流行「不反貪腐亡國，反貪腐亡黨」，確實威脅中共的執政的地位；因此，習近平的大力「反貪腐」，在本質是救黨、救國，政權圖存的唯一途徑。習近平上任以來，在中央經委書記王歧山的搭配下，開啓了極為嚴厲的「反貪腐」行動，一個任期後，按媒體引用中央紀律檢查委員會的報告：「到 2017 年 5 月為止，大陸有三十一個省市，接近萬名廳、處級官員落馬，其中檢方立案審查的廳級官員達 1,225 名，處級官員 8,684 名。基層官員更達 134.3 萬人，當中有 64 萬人是農村黨幹部。」❼❼特別是周永康、蘇榮、薄熙來等副國級人物以及徐才厚、郭伯雄這樣的副軍頭的落網，更是轟動。中共十八大以來，被公布查處官員（不含僅因「八項規定」受處分者）中，中共黨的機構、國家機關、政協及人民團體幹部、國有企事業單位主要負責人（副部級及以上）共 202 人，解放軍軍官和武警警官（副軍級及以上）共 65 人（不重複計入徐才厚、郭伯雄），合計 267 人。另據資料顯示從十九大之迄 2019 年 5 月又有 35 名部以上的高官因貪腐而落馬。❼❽足證習近平的「反貪腐」的作為力度之大，在第一任期取得了相當的效果，而且第二任期亦未鬆懈。另外配合反貪腐，也提出八項規定和各項行為準則，經幾年的貫徹推行，中國大陸的官風、社風確實明顯改善，民眾的口碑也多所讚譽。

2.制度化反腐

上述的反貪腐作為從外界來看，總還是一種中共慣用的「運動式」作為，短效易現，不太可能形成「不敢貪、不能貪、不願貪」的長期文化。然而「十八大」以來，習近平的「反貪腐」，可以說進入了第二

---

❼❼ 「習近平打貪 134 萬名官員遭懲處」，2017 年 10 月 8 日，
https://www.rti.org.tw/news/view/id/372944。

❼❽ 「中共十八大以來的反腐敗工作」，維基百科。

階段，即立法律、設機關。

　　⑴立法律：為了使反貪腐工作得以持續，中共的第十三屆「全國人民代表大會」於 2018 年 3 月 20 日經全體人大通過「中華人民共和國監察法」❼❾該法的第 1 條就說清楚說明立法的目的，是「為了深化國家監察體制改革，加強對所有行使公權力的公職人員的監督，實現國家監察全面覆蓋，深入開展反腐敗工作，推進國家治理體系和治理能力現代化」。這就說明了中共「反貪腐」是一項與政權同期存在的工作。在第 6 條也明確規定「國家監察工作……構建不敢腐、不能腐、不想腐的長效機制」。

　　「監察法」規定「中華人民共和國國家監察委員會是最高監察機關。」（第 7 條）同時「監察委員會依照法律規定獨立行使監察權，不受行政機關、社會團體和個人的干涉」（第 4 條）。不過此「國家監察委員會」是在中共的政治體制下建立的，因此在第 2 條就強調「堅持中國共產黨對國家監察工作的領導，……構建集中統一、權威高效的中國特色國家監察體制。」那麼是否「國家監察委員會」對中共各級例黨委機構無監察權？該法第 12 條規定了「各級監察委員會可以向本級中國共產黨機關、國家機關、法律法規授權或者委託管理公共事務的組織和單位以及所管轄的行政區域、國有企業等派駐或者派出監察機構、監察專員。」第 15 條之㈠明明白白地規定監察的對象包括「中國共產黨機關、人民代表大會及其常務委員會機關、人民政府、監察委員會、人民法院、人民檢察院、中國人民政治協商會議各級委員會機關、民主黨派機關和工商業聯合會機關的公務員，以及參照『中華人民共和國公務員法』管理的人員。」

　　當然問題還在於「黨中央」是否也受監察，其實從中共當前的幹部培養過程而言，理論上到了中央領導層級應該是久經考驗，但這些

---

❼❾　「中華人民共和國監察法第十三屆全國人民代表大會通過」，中國人大網，2018 年 3 月 21 日，

http://www.npc.gov.cn/npc/xinwen/2018–03/21/content_2052362.htm。

幹部在位上時權大勢大，想要監察，十分困難，只能是在其任期之後的情況下去揭發，這就是習近平必須大力推動「黨要管黨，從嚴治黨」的原因，當然這不可能是完美的辦法，然而在一黨專政的政體下，也只能如此了。

⑵設機關：中共的「監察委員會」是從中央到縣，在各級的政權都相對設立，「監察法」規定「中華人民共和國國家監察委員會是最高監察機關。省、自治區、直轄市、自治州、縣、自治縣、市、市轄區設立監察委員會。」（第 7 條）因此，在中國大陸以往描述中共的政權，包括了「黨委、政府、人大、政協」稱為「四大機關」，然而之後再描述中共的政權時，就改須加上「監察委員會」，而稱之為「五大機關」。同時從某種意義說，中共此次「監察委員會」的成立，其實就是中共政治體制最大的改革，因為「監察委員會」的成立，就是「監察權」獨立。

為什麼是「監察權」獨立呢？按「監察法」第 8 條規定：「國家監察委員會由全國人民代表大會產生，負責全國監察工作。」「國家監察委員會對全國人民代表大會及其常務委員會負責，並接受其監督。」第 9 條「地方各級監察委員會對本級人民代表大會及其常務委員會和上一級監察委員會負責，並接受其監督。」

這是代表「監察權」在人事上是由「人民代表大會」產生，但是其職務責任只對「上一級監察委員會負責，並接受其監督」。這就意謂著「監察權」不受地方政權的影響，則「監察委員會」在監察地方政權的各級幹部的貪腐行為時，就不會受政權的干預，於是其「獨立性」便逐步的突顯。這對大陸官員的貪腐行為的杜絕，就是制度的遏止，而不是領導人的意志。

其實中共的政治體制改革除了上述的作為之外，國務院及各級地方政府的機構精簡，國家公務人員的考選等還有許多的改革，都是為了因應中國大陸的經濟騰飛，以及外部環境巨大變化的挑戰，而不斷地在政治上作出最適當的改變和調整。

　　中共的政治改革確實不是西方人所要求的民主選舉、三權分立、政黨競爭的一套，而是選擇走中國自己適合的改革之路，但不是沒有政治改革，只是中共稱之為政治體制改革而已。

　　人類智慧的局限帶來人類社會的不完美，而也正因為世界的不完美，從而使得人類組成的社會，不論在政治、經濟、社會、文化和軍事等所有的面向，所有的層面永遠存在發展、變化的空間，從而構成多元多樣，五彩繽紛，色澤鮮豔的世界。在此一世界任何人為的制度都在，也必須不斷地自我改革，自我革新。西方民主亦不例外，它不是人類歷史的終結，它也沒有權利要求所有人將之視為「普世價值」去衡量全人類、全世界所有的國家。面對中共的政治，我們必須實事求是，必須從新認識，畢竟這是一個只用了不足半世紀的時間，而帶領著十四億人口成功的政權，而且此刻的中國大陸在中共的政治體制下，正在逐步邁向全面的現代化國家。

伍、結　語

　　總之，從上世紀以來，在中國大陸的相關研究上，就不斷有學者提出 「從中國瞭解中國」 的呼籲 ； 1984 年美國學者柯亨 (Paul A. Cohen) 就提出 "Discovering History in China"（從中國瞭解歷史）；巴基斯坦裔的美籍學者薩依德 (Edward Waefie Said) 的名著「東方主義」(*Orientalism*) 也對西方中心的思考提出批判。臺灣的中國大陸研究本身最大的優勢，就是身在東西之間，從而可以兼顧東西的觀點，可以理解其政治邏輯，本章即以「以經解經」的立場，告訴讀者中共他們想什麼、做什麼以及如何做。

問題與討論

一、就中共的「四大機構」的角色及功能與中華民國的政權組織相比，有何異同之處？

二、中共政權中「政黨」政治與中華民國的政黨政治相比，有何異同？

三、中共「黨的領導」具有哪些特點？

四、「會議」在中共政治運作中的角色和功能為何？

五、中共政權當前推動的「行政民主」其特徵為何？

六、研究中共的政權應破除哪些既定的成見？

七、何謂中共「政治改革」？吾人應如何看待中共歷任領導人所進行的政治改革？

八、習近平的政治改革之主要內容為何？效果為何？你認為其對中共政權的影響為何？

附錄：黨組與機關黨委⑧

一、黨組的性質和任務是什麼？

　　黨組是設立在中央和地方國家機關、人民團體、經濟組織、文化組織或其他非黨組織的領導機關中的党的組織機構。黨組的基本任務，主要是負責實現黨的路線、方針、政策，討論和決定本部門的重大問題，團結非党幹部和群眾，完成黨和國家交給的任務，指導機關黨和直屬單位黨組織的工作。具體任務是：

　　1.保證黨的路線、方針、政策的貫徹執行。按照黨的意志，組織全體員、幹部、群眾認真學習、正確理解，把握精神實質，並根據上級黨委制定的方針、政策、任務，結合本部門、本行業的實際，實事求是地、創造性地貫徹落實。保證思想上、政治上、行動上與中央保持一致。

　　2.討論與制訂有關戰略發展規劃，年度工作計畫和為完成一個時期的中心任務所採取的重要決策等重大問題。並由黨組集體討論。日常工作由行政首長分別去做。

　　3.討論研究中層幹部任免、晉升、獎懲，以及全域性的勞動工資政策的調整與實施。並由黨組集體討論決定。然後按規定向有關方面提出建議，由有關方面公布。行政幹部由行政首長任命或聘任，黨務幹部應上級黨委批准。

　　4.指導機關黨組織的工作，加強機關党的建設。按黨章規定，黨組負責指導機關黨委（總支、支部）的工作，按照黨組一個時期總的意圖，及時向機關黨委（總支、支部）提出任務和要求。根據上級黨組織總的部署，結合本單位的實際，提出工作建議和意見。

---

⑧　http://www.jgjy.gov.cn/dangwu/dwsc/zzsz/024.htm

5.檢查監督，帶頭抓好經黨性思想政治工作。黨組為了領導和保證所在單位各項任務的完成，必須把思想政治工作作為各項工作的生命線，帶頭抓、經常抓，不能只依靠機關黨委、總支、支部去做。黨組成員不僅自身要做好，還要督促檢查別人都來重視並積極做好思想政治工作。這是考核黨組工作實績的重要方面。

二、黨組的地位和作用是什麼？

黨組處於本單位的核心地位。在各級政府機關和非黨組織中設立黨組，是上一級黨的委員會為保證黨的路線、方針、政策在這些單位得以順得貫徹執行而採取的組織措施。它是集體領導的一種組織形式。黨組在這些單位處於核心地位。凡有黨組的單位，行政首長必須在黨組的集體領導下進行工作，重大問題都必須經過黨組的集體討論決定，然後貫徹實施。但是，黨組不是一級黨委，不能領導本部門本系統下屬單位中的黨組織。黨組主要是靠黨組成員擔負的行政領導職務，按照一定的行政程式，把黨的指示變為行政領導機關的決定、指示和建議，同時靠強有力的思想政治工作和黨組成員的模範帶頭作用來保證黨的路線方針政策的貫徹執行。

三、機關黨委的性質和任務是什麼？

機關黨委是指在各級黨政機關中設立的黨的基層委員會。機關黨委在上級黨的委員會或黨的機關工作委員會領導下工作，同時接受本部門黨組的指導。

機關黨委屬於黨的基層組織，它只起保證監督作用，不領導本單位的業務工作。它的主要任務是管黨的思想、組織和作風建設，通過黨組織的戰鬥堡壘作用和黨員的先鋒模範作用，推動機關的各項工作。

機關黨的基層委員會（含不設黨的基層委員會的總支部委員會、

支部委員會）的主要職責是：

1.宣傳和執行党的路綫、方針、政策，宣傳和執行黨中央、上級組織和本組織的決議，發揮黨組織的戰鬥堡壘作用和黨員的先鋒模範作用，支持和協助行政負責人完成本單位所擔負的任務。

2.組織黨員認真學習馬克思列寧主義、毛澤東思想、鄧小平理論和黨的路線、方針、政策以及決議，學習科學、文化和業務知識。

3.對黨員進行嚴格管理，督促黨員履行義務，保障黨員的權利不受侵犯。

4.對黨員進行監督，嚴格執行黨的紀律，加強黨風廉政建設，堅決同腐敗現象作鬥爭。

5.做好機關工作人員的思想政治工作，推進機關社會主義精神文明建設；瞭解、反映群眾的意見，維護群眾的正當權益，幫助群眾解決實際困難。

6.對入黨積極分子進行教育、培養和考察，做好發展黨員工作。

7.協助黨組（黨委）管理機關黨組織和群眾組織的幹部；配合幹部人事部門對機關行政領導幹部進行考核和民主評議；對機關行政幹部的任免、調動和獎懲提出意見和建議。

8.領導機關工會、共青團、婦委會等群眾組織，支援這些組織依照各自的章程獨立負責地開展工作。

9.按照黨組織的隸屬關係，領導直屬單位党的工作。

四、黨組和黨委有什麼不同？

黨組和成員、任務、領導關係方面有很明顯的區別：

1.黨組成員，是由批准成立黨組的黨的委員會從非黨組織領導機關擔任負責工作的黨員中指定的；黨委的成員是由黨的代表大會或黨員大會選舉產生的。

2.因為黨組不是一級黨委，所以，黨組的任務不象黨的委員會那

樣負有統一領導所屬地區（或單位）的工作的責任，它只發揮自己的指導作用。

3.在領導關係方面，黨組必須在批准它的黨的委員會的領導下工作；而黨委在代表大會閉會期間，在本地區（或單位）範圍內，執行上級黨組織的指示和同級黨代表大會的決議，定期向上級黨委彙報工作。

五、黨組與行政首長、機關黨委的關係

在單位中，黨組居核心地位，要實現黨組工作意圖，必須處理好以下幾個關係：

1.黨組領導與行政首長職權的關係

行政首長對機關和行業的各項行政或業務工作有權統一指揮，組織實施；有權對行政副職確定分工，並對其佈置任務，檢查執行情況；有權提出對副職的表彰、晉升、調整分工、調動工作的意見；在徵得黨組意後有權任免下屬行政幹部；有權領導日常工作，召開局長辦公會議、局務會、碰頭會和現場辦公會。但不能以政代黨，同時也不能由黨組包攬行政工作，特別是既是黨組書記，又是行政首長的同志，更要注意掌握好集體領導與首長負責制的關係。

2.黨組與機關黨委的關係

黨組與機關黨委是指導關係，不是領導關係。機關黨委直接受同級直屬機關黨委（工委）或同級黨委領導。黨組和機關黨委二者不能互相代替，各有分工、各司其職。黨組的任務主要是負責黨的方針、政策在本單位的實現，團結非黨幹部和群眾，完成黨和國家交給的任務，對本單位黨組織的工作，應當大力支持，加強指導，幫助它們解決問題。而機關黨委則主要通過加強機關黨的基層組織建設、思想建

設、作風建設和思想政治工作，領導工會、共青團組織，共同保證和
監督行政任務的完成。機關黨委要主動向黨組彙報工作，反映情況，
主動爭取和接受黨組對機關黨組織的工作進行指導。

六、黨組可否審批發展新黨員和處分黨員？

　　黨章規定，發展黨員或給黨員紀律處分，須經支部黨員大會討論
通過，報黨的基層委員會批准。黨組不是一級黨委，不能審批發展新
黨員和批准處分黨員。

　　黨組可否領導本部門本系統下屬單位的黨組織？

　　黨組不象黨的委員會那樣負有統一領導所屬地區和單位黨組織的
工作的責任，不能領導本部門本系統下屬單位的黨組織。

參考文獻

人民出版社編，**鄧小平文選**（第二卷）（北京：人民出版社，1994年）。

中國文史出版社，**中國人民政協全書（上卷）**（北京：中國文史出版社，1999年）。

朱光磊，**中國政府與政治**（臺北：揚智出版社，2004年）。

胡　偉，**當代中國政治溝通**（上海：人民出版社，2006年）。

楊光斌，**中國政府與政治導論**（北京：中國人民大學出版社，2003年）。

周天勇、王安嶺、谷成、吳旭東，「目前中央與地方關係的格局與問題」，2008年5月29日，

http://theory.people.com.cn/GB/68294/120979/120983/7278783.html。

孫學玉、杜萬松，「政治民主向行政民主拓展的邏輯與保障」，**中共中央黨校學報**，2004年第8期，

http://sci.sdx.js.cn/Article_Show.asp?ArticleID=132。

許耀桐，「中國政治體制改革的發展與啟示」，2008年6月30日，

http://www.chinaelections.com/NewsInfo.asp?NewsID=98545。

熊文釗，「處理中央與地方關係應把握八項原則」，2013年1月7日，

http://phtv.ifeng.com/program/sjdjt/detail_2013_01/07/20909126_0.shtml。

趙紫陽，「沿著有中國特色的社會主義道路前進」，人民網，1987年10月25日，

http://cpc.people.com.cn/GB/64162/64168/64566/65447/4526368.html。

江澤民，「全面建設小康社會，開創中國特色社會主義事業新局面——在中國共產黨第十六次全國代表大會上的報告」，人民網，2002年11月8日，

http://www.southcn.com/news/ztbd/llb/bg/200211160429.htm。

胡錦濤，「高舉中國特色社會主義偉大旗幟　為奪取全面建設小康社會

新勝利而奮鬥——在中國共產黨第十七次全國代表大會上的報告」，人民網，2007 年 10 月 24 日，

http://news.xinhuanet.com/newscenter/2007-10/24/content_6938568.htm。

胡錦濤，「堅定不移沿著中國特色社會主義道路前進　為全面建成小康社會而奮鬥——在中國共產黨第十八次全國代表大會上的報告」，新華網，2012 年 11 月 8 日，

http://news.xinhuanet.com/18cpcnc/2012-11/17/c_113711665.htm。

習近平，「決勝全面建成小康社會奪取新時代中國特色社會主義偉大勝利－在中國共產黨第十九次全國代表大會上的報告」，共產黨新聞網，2017 年 10 月 18 日，

http://www.12371.cn/2017/10/27/ARTI1509103656574313.shtml。

「中共中央關於全面深化改革若干重大問題的決定」，中央政府門戶網站，2013 年 11 月 15 日，

http://www.gov.cn/jrzg/2013-11/15/content_2528179.htm。

「中共中央關於全面推進依法治國若干重大問題的決定」，人民網，2014 年 10 月 29 日，

http://cpc.people.com.cn/n/2014/1029/c64387-25927606.html。

「習近平重要講話傳遞全面從嚴治黨新資訊」，新華網，2019 年 1 月 11 日，

http://www.xinhuanet.com/politics/xxjxs/2019-01/11/c_1123979429.htm。

第五章
「改革開放」與大陸經濟發展

壹、前　言

　　1978 年以前，中國大陸奉行馬列共產主義、毛澤東思想，實行中央集權計畫經濟制度，對內實行不平衡發展戰略，優先推動工業化，不重視輕工業及農業之發展。對外則受到西方國家對大陸採取「政治上孤立，經濟上封鎖」政策的影響，不得不實行閉關自守、自給自足的經濟發展模式，因而長期以來幾乎與主流國際經濟體系隔絕。

　　在中央集權計畫經濟體制下，經濟成長主要依賴大量的資本和勞動力投入、粗放的模式；資本的供給主要來自國內的積累，除在 1950 年代初期，大陸幾乎沒有國外資金挹注，透過計畫和強制手段，把企業盈餘和農業剩餘集中由中央統籌分配運用，較受重視的經濟部門優先獲得配置較多的資源。

　　這種高度不平衡的發展模式，造成大陸的產業和經濟結構呈現畸形發展和資源浪費的現象。更嚴重的問題是，過度發展重工業的結果，經濟持續成長並未使人民生活水準同步得到改善；❶同時，受到內部「兩條路線」政治權力鬥爭、行政手段主導宏觀政策的影響，經濟發展呈現劇烈波動，❷民不聊生；另一方面，由於與歐美先進國家長期

---

❶　1952–1978 年間，大陸居民消費水準成長了 1.3 倍，平均每年成長 3.3%，
　　相較於同期間國民生產總值的成長表現（平均每年成長 6.6%），一般民眾
　　並未同步分享經濟成果。

❷　極左思想居主導地位的大躍進（1959–1961 年）和文革期間（1966–1968
　　年），經濟呈現明顯衰退趨勢；重視生產力發展的務實派抬頭時，例如

隔絕，造成大陸產業科技水準低落（國防工業除外）、科學知識貧乏、經濟成長動能衰弱等問題。中共領導階層或已體認到這些問題不利於社會安定，甚至將危及政權維繫，因此，在 1978 年 12 月舉行的「十一屆三中全會」，斷然決定採取「對內改革、對外開放」的政策。

貳、經濟體制改革的進展

中國大陸推動經濟體制改革，主要聚焦在三個方面，一是重建市場競爭機制，也藉此打破過去集權的指令性計畫經濟體制，逐漸恢復市場在資源配置上扮演的角色。二是改革產權制度，藉改變產權關係和產權運行規則，將政企不分、產權不明、不自主經營、不自負盈虧的企業加以改造。三是重建物質誘因機制，激勵勞動者和企業經營的積極性。

初期的改革是從擴大國有企業經營自主權開始的，實行所謂的「放權讓利」政策。不過，由於在新體制下擁有某些自主權的企業不受市場競爭的約束，因而造成社會總需求失控、財政赤字劇增和經濟失序等現象，招來保守派人士強烈批判。國有企業改革陷入困境後，大陸把改革的重心轉向農村的非國有經濟，試圖透過一些變通性的制度安排支持非公有經濟發展，大陸知名經濟學家吳敬璉稱這種改革戰略為「增量改革」戰略。❸

在「計劃經濟為主，市場調節為輔」的原則下，初期農村經濟改革的重點，主要在於解除對「包干到戶」、「包產到戶」等的禁令，解決農民與集體的關係，也就是農民與人民公社制度之關係的問題。承

1963–1965 年期間，經濟的表現則較好。

❸ 「增量改革」戰略又稱為「體制外先行」戰略，也就是說，對於計劃經濟原有的部分（即存量部分）不做大改變，改革和發展特別著重在增量部分進行。參閱吳敬璉，**當代中國經濟改革教程**（上海：上海遠東出版社，2010 年），頁 47。

包制得到支持並在全大陸逐步推廣後，逐漸取代了人民公社「三級所有、隊為基礎」的制度；農民生產的積極性受到激勵，農村經濟活力提升，以集體所有制為主的鄉鎮企業也蓬勃發展起來。

「增量改革」戰略在農村推行的成效顯著，大陸黨政領導乃將這種經驗推廣到其他部門，採取的策略是：在保持國有經濟主體地位的原則下，逐步開放對私人創業活動的限制；同時繼續鼓勵外商直接投資，對外資開放國內市場，為民營經濟發展開創新的空間。

1984 年 10 月中共「十二屆三中全會」通過「關於經濟體制改革的決定」，成為指導大陸經濟體制改革的綱領性文件，對改革的方向、性質、任務和基本目標，做了明確的規定；逐步形成以「三步走」為核心內容，建設有中國特色的社會主義為總目標的經濟發展戰略思想。第一步目標是，「1981 年到 1990 年實現國民生產總值比 1980 年翻一番，解決人民的溫飽問題」；第二步目標是，「1991 年到二十世紀末，國民生產總值再增長一倍，人民生活達到小康水平」；第三步目標是，「到二十一世紀中葉，人均國民生產總值達到中等發達國家水平，人民生活比較富裕，基本實現現代化。」

這一階段的改革由以農村為重心轉向以城市改革為重心，確認社會主義經濟是「公有制基礎上有計畫的商品經濟」，對增強企業活力做了重要的部署。重點在於解決兩個方面的關係問題，一是確立國家和全民所有制企業之間的關係，擴大企業生產經營自主權；二是確立職工和企業之間的關係，保證勞動者在企業中的主人翁地位。❹同時，還對價格管理體制進一步改革，逐步縮小國家統一定價的範圍，開放生產資料計畫價格和生產要素價格，大多數商品和勞務分別實行國家指導價格和市場調節價格的雙軌制度。

農村的改革主要是在解決農民與國家關係的問題，繼續完善以家庭為單位的聯產承包責任制，自 1985 年開始，取消對農副產品實行統

---

❹　參閱中共中央研究室編，**十二大以來重要文獻選編（中）**（北京：人民出版社，1986 年），頁 564–565。

購及派購的辦法，改採國家計劃合同收購的新政策；同時，取消向農民徵收實物稅，改採現金稅；取消對城鎮居民統購農產品，改採給付生活補貼。

在「增量改革」戰略下，國有經濟現有體制大致維持，但容許私營經濟發展，並引入部分市場機制，形成計劃經濟和市場經濟雙軌並存的局面。這種雙軌的經濟體制，主要表現在生產資源分配和價格領域，其他的領域也多所存在，如銀行的貸款利率和市場利率、外匯牌價和調劑市場匯率雙軌制等。對於「雙軌制」的利弊得失，各界褒貶不一，這種體制在保持經濟和社會穩定、促進民營經濟發展，以及通過示範效應和競爭壓力，推動原國有部門加速改革等方面發揮了明顯的作用，但在另一方面，卻也帶來國有企業財務狀況惡化、利用雙軌制以權謀私等尋租 (rent-seeking) 活動盛行，導致貪腐蔓延等嚴重的消極後果。

1988 年經濟危機和 1989 年天安門事件先後爆發，導致大陸經濟改革停滯，指令性計畫加強，市場取向的改革步伐放緩。由於改革開放衍生一些問題，與社會主義意識形態格格不入，遂在社會上引起姓「資」和姓「社」的大爭論，並引向了對改革開放的質疑。❺

自 1990 年下半年開始，鄧小平曾多次說明了計畫與市場之間的關係，明確指出計畫和市場都是經濟手段，資本主義與社會主義的本質區別不在於計畫或是市場在經濟中所占的比例大小；社會主義也有市場經濟，資本主義也有計畫經濟，試圖打破對市場談虎色變的僵局。

就在媒體關於姓「資」和姓「社」的爭論如火如荼展開之際，1992 年春天，鄧小平南巡發表重要談話，強調「革命是解放生產力，改革也是解放生產力」、「發展才是硬道理」、「要加快改革開放的步伐，不要糾纏於姓「資」還是姓「社」的爭論，結果牽動了大陸進一步改革的速度與幅度。當年 10 月間中共召開「十四大」後，結束了過去

❺　所謂的「社」，是指社會主義制度下的生產資料公有制，所謂的「資」，是指資本主義的生產資料私有制。

「摸著石頭過河」以及「增量改革」的模式，確立了「社會主義市場經濟體制」發展方針，全面加速推動經濟改革。大陸學者形容當年這些作為，是實行改革開放政策以來的第二次思想大解放。

1993 年中共「十四屆三中全會」提出「關於建立社會主義市場經濟體制若干問題的決定」，具體陳述了如何實現社會主義市場經濟的改革目標。首先提出「整體改革、重點突破」的新戰略，不僅在「體制外」的邊緣地帶推動改革，而且強調要深化國有部門的改革，要求在二十世紀末初步建立社會主義市場經濟制度。其次是針對財稅體制、金融體制、外匯管理體制、企業體制和社會保障體制等領域，提出改革的目標和方案。

財稅體制改革的目標，是將原來的「財政包干制」改為依中央與地方職權劃分的分稅制。金融體制改革的核心，是要建立強有力的中央銀行宏觀調控體系，並確立中央銀行和專業銀行的職能分工機制，前者專司宏觀調控職責，獨立執行貨幣政策，後者專辦商業銀行業務；另新設政策性銀行，如開發銀行和進出口信貸銀行，負責執行政策性金融業務，與商業性金融分離。外匯管理體制改革，主要是統一人民幣官定匯率和調劑市場匯率，實行單一的、有管理的浮動匯率制度；建立外匯市場，實行經常項目下人民幣有管理的兌換。國有企業改革重點，在建立「產權明晰、權責明確、政企分開、科學管理」的現代企業制度，推動大中型企業公司化改制。在社會保障制度方面，主要是建立包括社會保險、社會救濟、社會福利、優撫安置和社會互助等多層次的社會保障制度。

「十四大」後全面推動經濟體制改革的進展相對順利，特別是在外匯管理體制、財稅體制等領域；不過，在社會保障制度、國有企業改革方面則遭遇不少的阻力，❻因而進展有限。1998 年，中共「十五

---

❻ 新的社會保障制度遲未能建立，主要是社會保障的行政管理與社會保障基金的經營分開原則，遭到原有行政管理機關的杯葛。國有企業改革則因國有經濟在國民經濟中的份額下降，被質疑有違社會主義公有制為基礎的精神，因而進一步改革受阻。參閱吳敬璉，前引書，頁 70–71。

大」否定國有經濟的比重大小同社會主義性質的強弱直接相關，肯定多種所有制共同發展，至少一百年的社會主義初級階段之基本經濟制度，該項決定在 1999 年 3 月被寫入憲法，❼ 從此，國有資本從非關國民經濟命脈的領域退出，並發展多種形式的公有制經濟；個體、私營等非公有制經濟獲得憲法的保障，逐漸發展成為社會主義市場經濟的「重要組成部分」。

2001 年 12 月，大陸正式加入世界貿易組織 (World Trade Organization, WTO)，對大陸而言，該項成就一方面表示對外開放進入新的階段，另一方面也給經濟體制進一步改革提供助力。翌年 11 月，中共召開「十六大」，把「完善社會主義市場經濟體制」和「全面建設小康社會」列為二十一世紀頭二十年大陸經濟建設和改革的主要任務之一。2003 年，中共「十六屆三中」全會通過「關於完善社會主義市場經濟若干問題的決定」，大陸經濟體制改革進入了新的里程。

「完善社會主義市場經濟體制」圍繞在消除影響經濟社會發展的體制障礙方面展開一系列改革，涉及的領域主要包括：所有制結構、農村稅費制度、金融、財稅、投資和價格體制、國有資產管理體制、分配和社會保障體制等。❽

以所有制改革為例，重點在於積極推進大型國有企業的產權多元化，完善國有企業的市場退出機制，戰略調整國有經濟布局和結構，增強國有經濟活力、控制力和影響力；推行全員勞動合同制，探索工資集體協商制度、企業經營者年薪制和股權期權激勵制度。

---

❼ 憲法條文明示：「國家在社會主義的初級階段，堅持公有制為主體、多種所有制經濟共同發展的基本經濟制度」；「在法律規定範圍內的個體經濟、私營經濟等非公有制經濟，是社會主義市場經濟的重要組成部分」；「國家保護個體經濟、私營經濟等合法的權益和利益」。間接引自吳敬璉，前引書，頁 72。

❽ 參閱高長，**大陸政策與兩岸經貿**（臺北：五南圖書出版公司，2012 年），頁 21–30；鄒東濤、歐陽日輝等著，**新中國經濟發展 60 年 (1949–2009)**（北京：人民出版社，2009 年），頁 427–473。

　　財稅體制改革主要在於完善公共財政體制。首先是明確規範政府支出範圍，進一步調整財政支出結構；預算管理體制改革不斷深化、健全政府間移轉支付制度。其次是實施稅制改革，一是針對農業部門，免除農業稅、牧業稅、特產稅、屠宰稅，對種糧、良種、農機購置、農資綜合等實行補貼；二是調整和完善出口退稅制度；三是推進增值稅轉型改革試點；四是對消費稅稅目和稅率進行大規模調整；五是實施所得稅收入分享改革，企業所得稅由按企業隸屬關係劃分改為中央、地方按比例分享；內、外資企業所得稅統一按 25% 課徵；提高個人所得稅工薪所得費用扣除標準和內資企業所得稅計稅工資稅前扣除標準。

　　金融領域改革的重點，首先是將中國人民銀行的職掌調整為制定和執行貨幣政策、維護金融穩定、提供金融服務等三方面，不再負責銀行、證券、保險業的金融監管業務。其次是自 2004 年起，人民銀行對再貸款實行分類管理，金融機構適用的存款準備金率與其資本充足率、資產質量狀況等指標掛鉤，實行差別存款準備金制度。第三，利率市場化循序漸進。第四是按照「一行一策」的原則，積極進行國有商業銀行股份制改革；國有保險公司完成重組改制；證監會啟動股權分置改革計畫。至於外匯市場，2005 年 7 月間宣布開始實施「以市場供求為基礎、參考一籃子貨幣進行調節、有管理的浮動匯率制度」。

　　關於國有資產管理體制改革，提出通過「國家制定法律法規，建立中央和地方政府分別代表國家履行出資人職能，享受所有者權益，權利、義務和責任統一，管資產和管人、管事相結合」的資產管理體制。國務院國有資產監督管理委員會（簡稱「國資委」）於 2003 年正式成立，並頒布「企業國有資產監督管理暫行條例」依法行政，國有資產管理新體制逐步建立起來。

　　農村經濟體制改革以增加農民收入為主。一是農村稅費改革全面展開，包括取消農業特產稅、逐步降低農業稅稅率；二是從體制上穩定和減輕農民負擔，積極推進糧食流通體制市場化改革，對種糧農民

實行直接補貼；三是進一步打破城鄉分割的戶籍制度，建立農村富餘勞動力向非農產業和城鎮移轉的機制；四是加快土地徵用制度改革等。

加快完善現代市場體系方面，首先在價格改革中，推出電價改革方案配套實施辦法；實施民航國內航空運輸價格改革方案；加強和改進藥品價格管理；整頓和規範教育、醫療收費；繼續推行價格和收費公式制度等。其次關於資本市場的改革，主要包括股權分置改革、全面提高上市公司質量、改革發行制度、推動基金業和機構投資者發展、逐步完善資本市場法律體系等。第三是進一步消除阻礙勞動力合理流動的制度性障礙，加快勞動力市場的規範化建設等。

關於分配制度和社會保障制度改革，特別強調「要完善收入分配制度，規範收入分配秩序」；「十七大」再把各類生產要素按貢獻參與分配，健全制度，擴大中等收入者比重，提高低收入者收入水平。具體的作為包括提高「兩個比重」，❾逐步提高職工工資和居民收入水平，「創造條件讓更多群眾擁有財產性收入」，進一步規範收入分配秩序，保護合法收入，調節過高收入，取締非法收入，同時要規範和調控壟斷行業收入分配。

社會保障制度方面，強調「堅持社會統籌和個人帳戶結合，完善城鎮職工基本養老保險制度和基本醫療保險制度，健全失業保險制度和城市居民最低生活保障制度」，探索建立農村養老、醫療保險和最低生活保障制度」。「十六屆六中」全會提出，到 2020 年建立覆蓋全民的社會保障體系；「十七大」報告再提出，加速建立覆蓋城鄉居民的社會保障體系，要以社會保險、社會救濟、社會福利為基礎，以基本養老、基本醫療、最低生活保障制度為重點，以慈善事業、商業保險為補充，加速完善社會保障體系。

習近平執政後，於 2013 年「十八屆三中」全會通過「全面深化改革」文件，其中經濟體制改革是重點，核心問題在於「處理好政府和市

---

❾ 「兩個比重」是指「逐步提高居民收入在國民收入分配中的比重，提高勞動報酬在初次分配中的比重」。

場的關係，使市場在資源配置中起決定性作用和更好發揮政府作用」。轉變政府的職能，首要之務在於解決政府「越位」的問題，以及改善政府「缺位」的問題，前者主要在落實簡政放權、減少對微觀經濟的直接干預，把「萬能」政府改為「有限」、「服務型」的政府；後者主要則在加強市場監管、維護好市場秩序；在另一方面，也要增強政府的基本公共服務職能，積極發展教育、醫療、社會保障等社會事業。

為落實「發揮市場的決定性作用」，特別強調要建立統一、開放、競爭、有序的現代市場體系。其中包括商品和要素自由流動，平等交換；破除地方保護主義，打破地方封鎖；清除市場壁壘，完善市場決定價格的體制；擴大區域對外開放，加快自貿區建設，擴大內陸沿邊開放，降低外資進入門檻，放寬民營企業的進入門檻；鼓勵不同主體平等競爭，反對壟斷；改善市場監管體系等。

「更好地發揮政府作用」之核心理念，是在資源配置中，凡市場能做到和能做好的事，就放給市場去做，政府不要直接干預，不要越位、錯位。不過，政府也不能缺位，在市場監管、健全和完善市場體系、維護市場秩序、消除市場封鎖與割據、建立公平的市場競爭環境等方面，政府責無旁貸，甚至要做得更好。

經濟體制改革的部署主要包括堅持和完善基本經濟制度、加快完善現代市場體系、深化財稅體制改革、健全城鄉發展一體化和構建開放型經濟體制等五個方面。整體改革方案與「十四屆三中」全會所提出的改革藍圖比較，堪稱為是升級版的社會主義市場經濟。

2017 年中共「十九大」政治報告中關於經濟體制改革，提到「深化供給側結構性改革」及「去產能」，「建設現代化經濟體系，把發展經濟的著力點放在實體經濟上」。「振興實體經濟」作為供給側結構性改革主要任務，在於貫徹「三去一降一補」，即「去產能、去庫存、去槓桿、降成本、補短板」，以解決投資效益不高，質量不夠高的問題。具體策略主要包括，❿第一、補齊發展短板，增加有效供給；第二、

❿ 參閱王彥喬，「中國經濟去產能、調結構，已去化鋼鐵 1 億、煤炭 4 億噸」，

簡政放權，減輕企業負擔，處理好政府與企業的關係，讓企業更願意在實體經濟上著力；第三、創新驅動，增加技術創新的投入，轉化發展動能；第四、化解過剩產能，優化資源配置，透過市場化解過剩與落後產能；第五、完善實體經濟建設，如生產性服務金融業等。

經濟體制改革的重點，首先是金融監管改革。金融穩定將是最高政策目標，監管的對象主要包括迅速增加的影子銀行、跨部門的金融套利行為等。為防範金融風險、治理銀行業市場亂象方面，特別鎖定同業、理財、表外等三個重點領域，過去強調金融自由化的基調，已經轉變成風險防範、整頓監管體系。未來幾年，金融體系的擴張，做大做強，或將不再是重點，已經成立的「金融穩定發展委員會」將開展一系列改革。

第二是市場化改革與國企改革。儘管中國大陸早在 2015 年間即曾公布國企改革的官方指導意見，但進展有限。之後的國企改革，將把重點放在政府對國企的控制，而不是市場化改革。儘管習近平重申市場在資源配置的重要作用，但對於國企改革的描繪與此前沒有明顯差別，主要在產能整合、削減成本、發展混合所有制。

第三是土地和房地產市場改革。習近平曾說過：「房子是用來住不是用來炒的」，充分表達他對房地產市場的態度，就是要保持合理的房地產價格，要實現全體人民住有所居；未來可能會進一步探討如何加速建立房地產市場的「長效調節機制」，以保證房地產市場的穩定和健康發展。

第四是完善農村基本經營制度，解決「三農」問題。首先關於土地承包制度，由於大部分地區農村承包地已進入第二輪承包期，「十九大」報告提出，保持土地承包關係穩定並長久不變，第二輪土地承包到期後將再延長三十年，這樣的政策信號，目的在於穩定農民預期，以有利於推進農業的規模化經營，培育以家庭農場、農業企業為主的新型農業經營主體，引導更多資金、技術、人才流入農村和農業。其

風傳媒，2017 年 10 月 21 日，http://www.storm.mg/article/347708。

次是促進農村一、二、三產業融合發展，使產業鏈延長和向前後延伸，讓農民不僅能夠通過農、林、漁、牧業增加收入，也能夠通過農產品加工業、休閒農業等二、三產業獲得更多收益；為農民實現在地化就業、規模化就業提供了可行路徑。

參、對外開放政策

大陸的對外開放戰略，與經濟體制改革一樣，係依循漸進原則逐步推進的，初期是以沿海地區為戰略重點，後期持續延伸至其他內陸地區，分階段、分層次逐步展開。對外開放政策的目的，主要是要加強與世界各國經貿交流，透過國際貿易、利用外資、人才交流等手段，促進經濟發展。

大陸對外開放從沿海少數城市「點」開始，逐步擴展到沿海港口城市「線」，再到沿海開放區「面」；開放形式也由經濟特區擴展到開放城市、開放區，以及高新技術開發區等多種形式。

1980 年 8 月，大陸正式批准在深圳、珠海、汕頭和廈門等城市試辦經濟特區，賦予特殊的稅收優惠政策和較大的經濟權力，扮演技術的窗口、管理的窗口、知識的窗口，也是對外政策的窗口；❶復於1984 年 5 月間，進一步開放大連、天津、上海、福州、廣州等十四個沿海港口城市，並在其中設立十二個經濟技術開發區，實行經濟特區的某些特殊政策，擴大地方權限，作為經濟特區的延伸。

翌年，大陸政府又將對外開放的區域範圍擴大，包含長江三角洲、珠江三角洲、閩南及廈門、漳州、泉州三角地帶等開闢為沿海經濟開放區。1987 年底，大陸提出沿海地區發展戰略，積極發展外向型經濟，並進一步擴大沿海經濟開放區的地域範圍；1988 年，又決定將膠

---

❶ 特區內各類企業的自用貨物進口享有免繳關稅和工商統一稅優惠；國外商品進口關稅和工商統一稅減半徵收；特區內自產的商品在特區內銷售，工商統一稅減半徵收。

東半島、遼東半島列為沿海經濟開放區；同年 3 月決定設立海南省和
建立海南經濟特區；1990 年，決定開發和開放上海的浦東，允許外商
興辦第三產業和金融、商品零售業，允許外商從事轉口貿易和開設外
資銀行等。

　　進入 1990 年代，大陸進一步提出對外開放的「四沿戰略」，其中，
除延續 1980 年代所實行的「沿海經濟發展戰略」，另增加了「沿邊」、
「沿江」和「沿線」的戰略方案。❿整體而言，對外開放是沿著三個
軸線展開。首先是以上海浦東新區的開放和發展為龍頭，進一步開放
長江沿岸城市，逐步把長江流域建設成為一條新的開放帶。其次是由
沿海向內陸擴散，加速內陸省區的開放腳步，連同前項長江沿岸城市，
共涉及十二個省、自治區的十六個城市，橫跨大陸中部、西部兩個經
濟地帶。第三是沿海省、市進一步擴大對外開放的區域範圍。截至
2002 年，共批准設立了四十九個國家級經濟技術開發區，還建立了五
十三個國家級高新技術產業開發區、十五個國家級出口加工區、十四
個國家級保稅區和十四個國家級邊境經濟合作區。⓭

　　對外開放政策關於門戶對外開放的部分，由「點」（指設置經濟特
區）開始到「線」（沿海開放城市），再發展到「面」（開放區、「四沿」
開放），逐漸形成了多層次、多領域、多元化、全方位的對外開放格
局，開放的戰略重心由體制試點向全面制度建設轉型。另一個重點是
積極融入國際經濟體系，參與或協同創立區域經濟合作組織，譬如爭
取加入亞太經濟合作組織（APEC，1991 年加入），積極參加亞歐會議
(ASEM)，發起建立上海合作組織（SCO，1996 創立），與東協建立

---

❿　「沿邊」是指重點開放若干邊境城市，發展與鄰近國家的經貿交流和合作
　　關係；「沿江」是以上海浦東新區為龍頭，著重推動重慶市以下長江流域各
　　省市的全面開放和發展；「沿線」是指沿歐亞大陸橋，從東部港口至新疆阿
　　爾泰山口這段鐵路的沿線地區對外開放。

⓭　參閱鄒東濤、歐陽日輝，**新中國經濟發展 60 年 (1949-2009)**（北京：人民
　　出版社，2009 年），頁 385-386。

「中國－東協自由貿易區」（CAFTA，2002），與日本、韓國一起成為東協對話國之一、形成 「十加三」 體制，主導創設博鰲亞洲論壇(2001) 等。

2001 年 12 月，大陸正式成為 WTO 的締約成員，對外開放進入嶄新階段，從原來有限範圍和領域內的開放，轉變為全方位的開放；在更大範圍、更廣泛的領域參與國際經濟合作與競爭。加入 WTO，不只使大陸擴大了對外開放，而且對外開放的模式由自主、單邊，轉向 WTO 各成員間的相互開放，同時也由原來按大陸政府制定的政策推動開放，轉向按照 WTO 的規則大幅開放；由被動接受國際經貿規則，轉變為主動參與國際經貿規則的制定。

為符合 WTO 架構下非歧視、公開性、公平競爭、市場開放、透明性等規範要求，加入 WTO 後大陸逐步取消不符合 WTO 規定的優惠政策、削減關稅和非關稅壁壘、推動貿易、投資與金融等領域的自由化。此外，更積極融入國際經濟體系，參與全球重要經貿政策的制定和協調，努力改善與大國的經貿關係。

對外開放戰略的決策思維，主要是要加強與世界各國經貿交流，擴大對外貿易，利用外資、引進新技術和現代企業經營觀念，促進大陸經濟發展。在計畫經濟體制下，大陸對外貿易體制係國家壟斷的保護貿易體制，由中央的外貿部統一領導、管理，外貿各專業公司統一經營，實行指令性計畫和統負盈虧的高度集中體制。改革開放後，對外貿易不再由指令性計畫控制，改變為許可證、配額等行政管理的商業控制，打破專業外貿公司壟斷經營的格局，同時，增設各類外貿公司，實施優惠政策，鼓勵對外貿易，逐步推進貿易自由化。

引進外資，是大陸改革開放政策的一大重點工作，利用外資具有下列好處：1.補充國內資金不足的缺口；2.擴大出口、賺取外匯；3.引進外國先進技術和現代企業經營管理經驗；4.改善交通、能源、工業原材料供應等發展瓶頸。為了達到這些目標，大陸各級政府自 1979 年開始陸續採取了諸多政策措施，一方面希望改善與世界各國的關係，

從各國政府及國際金融組織獲得貸款；另一方面則希望改善本身的投資環境，創造商機，吸引各國廠商到大陸直接投資。

大陸的外資政策在 1980 年代，基本上是配合當時「區域傾斜」的沿海開放政策執行，也就是吸引外商直接投資 (FDI) 的優惠政策，偏向依區域別劃分；進入 1990 年代，開始調整轉向「產業傾斜」，吸引外商直接投資 (FDI) 的優惠政策，改按產業別劃分。2000 年間中共召開「十五屆五中全會」，通過第十個五年發展計畫（即「十五計畫」），確立了「西部大開發」的政策，與「科技興國」戰略並列，形成了「區域傾斜」與「產業傾斜」並重的外資政策。嗣後，面對加入 WTO 的新形勢，大陸利用外資政策出現第二次戰略轉變，較過去更加重視配合全國產業發展政策，同時也更強調法制化、政策透明度和有效規範。

近年來，配合國內外環境變化，大陸的外資政策持續調整，外資企業享受超國民待遇的租稅優惠措施已逐步取消；同時，為提升外資的素質，在作為上已逐漸從「招商引資」轉向「招商選資」，不再來者不拒；也更加注重環境保護、資源能源節約與綜合利用效率。

此外，值得一提的是，隨著大陸經濟快速發展，綜合國力提升，近年來鼓勵企業到海外投資已成為大陸政府的重要施政。第十二個五年發展計畫（即「十二五規劃」）明確提出要加快實施「走出去」戰略，引導各類企業開展境外投資合作；試圖透過對外直接投資或併購，獲得新技術，或掌握市場通路、品牌等，補強大陸產業價值鏈的缺陷。

大陸商務部公布的資料顯示，對外直接投資金額在 2002 年間僅 27 億美元，約占當年全球對外投資總額的 5% 左右，在全球排名居第 26 位；不過，嗣後逐年快速成長，到 2016 年時已增加至 1,961.5 億美元，較 2002 年成長了 72 倍，成為全球第二大對外投資國；在全球對外投資總額中約占 13.5%。❷2017 年出現負成長 (−19.3%)，惟對外投資金額 1,582.9 億美元，仍是歷年來第二高；占同年度全球對外投資流

---

❷　大陸商務部發布，「2017 年度中國對外直接投資統計公報」，經濟日報，2018 年 9 月 28 日，http://www.sohu.com/a/256798199_118392。

量總額的比重連續兩年超過一成，投資流量規模僅次於美國和日本，位居全球第三。

　　大陸對外投資金額近三年都超過外資流入規模，儼然已成為資本輸出國，顯示工業化已達到一定的水準，本土企業已經有能力在國際市場上進行經營和競爭活動，反映了大陸跨國公司時代的來臨。從對外投資的存量看，迄 2017 年底止，累計已達 18,090.4 億美元，占全球總存量的 5.9%。大陸對外投資存量在全球所占份額，自 2002 年起逐年增加，在全球的排名也隨之水漲船高，從 2002 年的第二十五名逐年上升至 2017 年的第二名。

　　2007 年中共「十七大」報告提出，「要拓展對外開放廣度和深度，提高開放型經濟水平」，特別強調要「完善內外聯動、互利雙贏、安全高效的開放型經濟體系，形成經濟全球化條件下參與國際經濟合作和競爭新優勢」。此外，並進一步擴大中西部地區和東北等老工業基地對外開放的的領域和範圍；鼓勵企業「走出去」；逐步推進人民幣國際化；加強推動多雙邊經貿關係和區域經濟合作發展。資料顯示，❶❺自 2002 年以來，大陸已經先後與香港、澳門、智利、東協、巴基斯坦等二十四個國家和地區簽署了十六個自由貿易協定，夥伴國遍及亞洲、大洋洲、南美洲和歐洲；還有「區域全面經濟夥伴關係協定」(RCEP)、中日韓自貿協定等十多個自貿協定的談判仍然在進行中。

　　中共「十八屆三中」全會通過了「全面深化改革若干重大問題的決定」（以下簡稱「深改決定」），強調「必須推動對內對外開放相互促進，引進來和走出去更好結合，促進國際國內要素有序自由流動」，「加快培育參與和引領國際經濟合作競爭新優勢，以開放促改革」，同時要「推動內陸貿易、投資、技術創新協調發展」，「加速沿邊開放步伐」；未來將更積極參與多邊貿易體制、自由貿易區、投資協定等各項談判，參與制定新一輪國際規則，從國際經貿規則的遵守者向參與者、

---

❶❺　參閱「大陸加速 FTA 談判 13 項進行中」，聯合新聞網，2018 年 7 月 31 日，https://udn.com/news/story/11316/3281049。

制定者轉變。

為創造國際經濟合作競爭新優勢，「深改決定」強調要「統一內外資法律法規，保持外資政策穩定、透明、可預期」，放寬外商投資准入；將積極投入自由貿易區建設，「改革市場准入、海關監管、檢驗檢疫等管理體制」，加快政府採購、電子商務等新議題談判，「形成面向全球的高標準自由貿易區網絡」。已先後選定上海、福建、廣東、天津等地設置自由貿易試驗區試點，透過簡政放權，「以開放倒逼改革」的方式推動新一輪改革，並為未來加入較高標準的國際自由貿易協定累積經驗。此外，為增強企業全球價值鏈整合與國際化經營能力，未來將擴大企業及個人對外投資，加快「走出去」的步伐。

自 2013 年起，大陸推出「一帶一路」和「亞投行」戰略，❶❻試圖與沿線國家在既有的雙邊和多邊機制下，擴大基礎建設投資，推動自由貿易，整合金融，促進人民幣國際化，甚至建立新的區域安全體系。推出該項戰略的主要目的，首先是為消化大陸過剩產能找尋市場；其次是確保油氣、礦產等資源穩定供應；第三是加快中西部地區開發；第四是加強發展與沿線國家經濟合作夥伴關係，促進政治互信、經濟融合，提升大陸在該區域內的經濟話語權和影響力；政治上則有抗衡美國重返亞洲、突破美國圍堵的考量。

自 2017 年中共召開「十九大」以來，特別強調要繼續擴大經濟體制的對外開放，堅持引進來和走出去並重，形成全面開放新格局。

國務院副總理汪洋指出，❶❼今後一段期間對外開放的新任務和新

---

❶❻　「一帶一路」是「絲綢之路經濟帶」（「一帶」）和「21 世紀海上絲綢之路」（「一路」）兩者的簡稱，是由大陸最高領導人習近平於 2013 年 9 月間出訪哈薩克、10 月出訪印尼時，先後提出的發展戰略構想。「亞投行」是「亞洲基礎設施投資銀行」的簡稱，由大陸發起、主導，旨在對亞洲國家和地區的基礎建設投資提供資金融通，已於 2015 年底正式成立，總部設在北京，創始成員國五十七個，包括三十七個域內國家及二十個域外國家。

❶❼　參閱「汪洋：十九大規劃新時代中國對外開放路線圖」，香港文匯網，2017年 10 月 30 日，

舉措，一是紮實推進「一帶一路」建設，成為對外開放政策的重要驅動力；二是加速轉變外貿發展方式，繼續拓展對外貿易，培育貿易新業態、新模式，推進貿易強國建設；三是改善外商投資環境，包括加強法治建設、完善管理體制、營造公平競爭的市場環境、保護合法權益；全面實行准入前國民待遇加負面清單制度，大幅放寬包含服務業在內的市場准入；四是優化區域開放布局，在深化沿海開放的同時，加大西部開發力度，促進中西部內陸和沿海地區成為開放的新高地；五是在開放平臺建設方面，將賦予自由貿易試驗區更大改革自主權，探索建設自由貿易港等；六是創新對外投資合作新模式，重點在於促進國際產能合作、加強對海外併購的引導、規範海外經營行為、健全服務保障等；七是促進貿易和投資自由化、便利化，支持多邊貿易體制、推進自由貿易區建設、提高雙邊開放水平。

肆、「改革開放」政策執行成果

「改革開放」確實給大陸經濟發展注入生機及活力，並創造了備受國際矚目的經濟成就，幾可媲美於 1960–1970 年代的亞洲四小龍，成就的關鍵因素之一在於這段期間大陸採取了與過去完全不同的經濟發展模式。

大致而言，改革開放之前，大陸採取粗放型經濟發展方式，為了追求高速成長，該階段係透過增加生產要素投入量，特別是增加投資規模的方式；[18]同時，為了追求經濟獨立自主，避免西方國家對大陸封鎖禁運的影響，採取內向型經濟發展方式，實行貿易保護政策，以及高度集中統一的外貿和外匯管理體制。改革開放以來，大陸的經濟發展方式已逐漸由粗放型轉向集約型；同時積極發展加工對外貿易，

---

http://news.wenweipo.com/2017/10/30/IN1710300048.htm。

[18] 參閱吳敬璉，**中國增長模式抉擇**（上海：上海遠東出版社，2006 年），頁 101–118。

大量引進外資和國外先進技術，內向型發展方式也逐漸走向外向型，外需已成為大陸經濟成長的重要貢獻因素。

　　過去四十年改革開放的經濟成就，可從表 5-1 的資料得知梗概。大陸的國內生產總值 (GDP) 已從 1978 年的 3,645 億元人民幣，逐年快速增加至 2010 年的 401,202 億元；1978-2010 年間，大陸 GDP（按可比價格計算）成長約二十倍，實質成長率每年平均達到 9.6%；❶同期間，人均 GDP 水準也大幅提高了十四倍左右，每年平均成長率超過 8.5%；2017 年大陸的 GDP 進一步提高至 820,754 億元人民幣，又比 2010 年成長將近七成。

　　四十多年來大陸經濟持續快速成長，已使得大陸的綜合國力顯著提升，GDP 總量在世界各國之排名，自 2001 年起提升到第六名，僅次於美國、日本、德國、法國和英國之後，在發展中國家則排名第一位；2005 年間進一步竄升至第四名。GDP 在全球 GDP 總量中所占的份額已從 1989 年的 2.2%，❷上升到 2002 年的 3.8%；2010 年大陸的 GDP 占全球的份額進一步提高至 9.3%，排名也上升至第二位，僅次於美國。❷2017 年，大陸 GDP 已達 820,754 億元，在全球所占份額再提高至 15% 左右。

　　進出口貿易總值是衡量一個國家經濟國力的另一項重要指標。表 5-1 資料顯示，大陸進出口貿易總值，在 1978 年間僅 206 億美元，到 1990 年已增加至 1,154 億美元，2000 年時更突破至 4,743 億美元，貿易總額在世界各國之排名逐年上升至第七位。加入 WTO 後，大陸對外貿易擴張的速度加快，2017 年間大陸對外貿易總值已突破至 41,072

---

❶　根據歷年大陸國家統計局出版的**中國統計年鑑**相關資料整理。

❷　參閱世界銀行，**2001 年世界發展指標**（北京：中國財政經濟出版社，2002 年），頁 12。

❷　世界銀行的研究報告指出，按購買力平價 (PPP) 計算，2002 年間大陸經濟總量已在全球排名第二。請參閱世界銀行，**2001 年世界發展指標**（北京：中國財政經濟出版社，2002 年），頁 12。

表 5-1　大陸重要經濟指標變動趨勢

	單　位	1978	1980	1990	2000	2010	2015	2017
GDP	億元人民幣	3,645	4,546	18,668	99,214 (7)	401,202 (2)	689,052 (2)	820,754 (2)
進出口總值	億美元	206 (32)	381	1,154 (16)	4,743 (7)	29,740 (2)	39,530 (1)	41,072 (1)
進口值	億美元	108.9	200.2 (22)	533.5 (17)	2,251 (7)	13,962 (2)	16,795 (2)	18,438 (2)
出口值	億美元	97.5	181.2 (26)	620.9 (15)	2,492 (7)	15,777 (1)	22,735 (1)	22,634 (1)
外匯存底	億美元	1.7	−13.0	110.9	1,656 (2)	28,743 (1)	33,303 (1)	31,399 (1)
FDI 實際金額	億美元	–	–	34.9	407.2	10,57.4	1,262.7	1,310.3

說明：括弧中數字代表世界排名序位。

資料來源：依據歷年大陸國家統計局出版的**中國統計年鑑**相關數據整理。

億美元，在全球貿易中的份額則由 1980 年的 0.9%，逐年上升至 15% 左右，目前已成為全世界第一大貿易國。

　　大陸自 1980 年代初期以來一直採取鼓勵出口的政策，其效果到 1990 年代逐漸顯現，對外貿易由入超轉為出超，同時出超的金額呈現逐年增加的趨勢。由於對外貿易出超逐年增加，加上外商直接投資絡繹不絕，總量規模不斷擴大，結果使得大陸的外匯儲備逐年累積，截至 2014 年 6 月間，大陸外匯儲備累計規模達 3.99 萬億美元，創下歷年來最高水準，與 1980 年代初期外匯短缺的窘境相比簡直是天壤之別。惟近年來，大陸經濟成長減緩，加上股、匯市動盪導致資金持續外流，大陸外匯儲備不增反減，至 2017 年底已減為約 31,399 億美元。

　　大陸經濟持續高速成長，主要得益於下列兩個因素，一是經濟體制改革釋放出來的強大動力，市場經濟體制逐步建立並取代原來計畫經濟體制，對增強經濟活力和提高經濟效率發揮了巨大作用；二是日益全球化的國際環境為大陸的外向型經濟發展提供了有利的空間，尤其外商直接投資對大陸整體經濟高成長，扮演關鍵的角色。❷❷

　　外商對大陸直接投資持續增加，是大陸經濟快速發展的主要貢獻因素，一方面外資流入填補大陸資金缺口，促進大陸的資本形成，提升生產能量，另一方面，也帶入了相對先進的技術、行銷渠道和管理經驗，透過技術溢出效應，提高相關企業勞動生產力，促進大陸產業升級。

　　在大陸加入 WTO 之後，在特殊的外資政策和產業發展政策配套加持下，外商製造業向大陸轉移速度加快；跨國製造業在大陸直接投資不但規模不斷擴大，且逐漸向產業鏈的上中下游擴充，已經進入大陸投資多年的大型跨國企業，更是從早期單打獨鬥，改採整個產業鏈投資模式，帶動了配套的海外企業／周邊衛星工廠到大陸投資，形成跨國公司的群聚效應。

　　跨國公司以全球經營戰略著眼，把國際產業鏈中部分加工組裝活動大規模移向大陸的結果，對於大陸製造能力之提升、產業結構之改善具有明顯的貢獻，更重要的是，很快地把大陸捲入了全球高科技產業網絡，外商直接投資已經成為大陸技術轉讓的重要來源，同時跨國企業也逐漸成為大陸重要的技術成員。❷❸由於跨國企業將大陸定位為勞動密集型低階產品的生產基地，持續快速增加投資促使大陸成為「世界工廠」。主要工業部門如家電、資訊、冶金、石化等都具有國際競爭力，尤其紡織、建材、有色金屬等產業之相關產品，甚至已成為全球主要的供應基地。

　　隨著大陸製造業快速發展，其產值在全球所占比重也不斷翻升。資料顯示，大陸製造業增加值占全球的比重，在 1980 年間僅 1.5%，❷❹

❷❷　自實行改革開放政策迄 2012 年底，大陸實際使用外資累計高達 13,327 億美元。引自大陸商務部官方統計資料。

❷❸　Barry Naughton 的研究指出，外商直接投資有助於總體投資和結構的改變；外商直接投資在帶來基礎資源的同時，也帶來管理經驗、營銷渠道和技術。Barry Naughton, *The Chinese Economy: Transitions and Growth.* (Cambridge, Massachusetts: The MIT Press, 2007), P. 360。

❷❹　郭克莎、賀俊，**走向世界的中國製造業：中國製造業發展與世界製造中心**

相當於巴西的一半，處在全球排名十強之外。不過到了 1990 年，該比重已提高至 2.7%，不只超過巴西，居發展中國家之首，甚至亦擠進全球第八強。

自 2001 年以來，大陸工業增加值持續保持成長的趨勢，漲幅在主要工業國家中居於首位。㉕2001-2014 年間，按 2010 年不變價美元計算，成長了 3.8 倍。該期間大陸分別於 2005 年和 2008 年超越德國和日本；2011 年進一步超越了美國，成為全球製造業第一大國。截至 2016 年，大陸製造業實際增加值達到 2000 年的七倍，占全球製造業總產值的比重，則從 8.5% 提高到 30.9%。㉖大陸製造業在全球所占的權重上升，不只意味著規模帶來的獨特競爭優勢，也顯示大陸製造業的任何波動都會對全球產生重大影響。

四十年的「改革開放」，已使得大陸的經濟結構出現顯著的變化。以三級產業結構為例，表 5-2 資料顯示，無論以國內生產總值，或是勞動力就業人數，自 1978 年以來產業結構之變化非常明顯，第一產業所占比重逐年降低，第三產業的占比呈逐年增加之勢，而第二產業則呈現先增加後遞減的趨勢。相對而言，第一階段，也就是 1978-1990 年間產業結構的變化較為溫和，進入二十一世紀之後的變化則顯著加快。值得一提的是，大陸第二產業產值的占比仍然偏高，與大陸的高投資率和作為世界工廠的特色緊密相關；而第三產業，也就是服務產業儘管近年來的發展相當快速，但仍然相對滯後；第一產業產值的占比逐年快速下降，但吸納的就業人口仍然超過總就業人口的四分之一，顯示還有空間可釋出勞動力。

問題研究（北京：經濟管理出版社，2007 年），頁 6。

㉕ 中國社會科學院工業經濟研究所，**2016 中國工業發展報告：工業供給側結構性改革**（北京：經濟管理出版社，2016 年），頁 24。

㉖ 楊燕青、林純潔，「中國如何引領全球製造業競爭力變遷」，新浪財經，2018 年 4 月 8 日，
http://finance.sina.com.cn/roll/2018-04-08/doc-ifyvtmxe1025807.shtml。

表 5-2　大陸三級產業結構的變化

年　別	國內生產總值構成			勞動力就業構成		
	第一產業	第二產業	第三產業	第一產業	第二產業	第三產業
1978	27.7	47.7	24.6	70.5	17.3	12.2
1990	26.6	41.0	32.4	60.1	21.4	18.5
2000	14.7	45.5	39.8	50.0	22.5	27.5
2005	11.6	47.0	41.3	44.8	23.8	31.4
2010	9.5	46.4	44.1	36.7	28.7	34.6
2015	8.8	40.9	50.2	28.3	29.3	42.4
2017	7.9	40.5	51.6	27.0	28.1	44.9

資料來源：根據歷年大陸國家統計局出版的**中國統計年鑑**相關數據整理。

　　隨著經濟快速崛起，大陸宏觀經濟體質已產生巨大的變化，特別是集權計畫經濟的主導作用減弱，市場化和國際化的程度不斷提高，地方經濟勢力擴張，為因應時勢變化，政府的施政也越來越重視法制。

　　「國際化」通常是反映一國融入世界經濟體系，與世界各國經濟互動關係或經濟融合程度的一項指標，可以由對外貿易總值占國民生產總值（或 GDP）的比重，也就是外貿依存度的變化得知梗概。「改革開放」以來，大陸對外貿易總額占 GDP 的比重，已從 1978 年的 9.7% 逐年提高到 2007 年的 69.4%，平均每年約增加二個百分點，顯示大陸參與國際分工，結合國際經濟資源發展經濟的能耐，在國際分工格局中的地位水漲船高，同時也顯示大陸經濟受到國際經濟景氣榮枯影響愈來愈明顯；而隨著經濟規模總量擴大，大陸對於國際經濟景氣之榮枯也漸具影響力。近年來隨著內需市場擴張，大陸的外貿依存度已逐漸降低，近年來已降至 50% 以下。

　　經濟體制改革的重要內容之一是重建市場機制，經過三十多年的改革，市場機制在大陸已逐步建立，取代傳統的計畫經濟體制。以產品市場化為例，在改革開放前的計畫經濟體制下，政府幾乎控制了包括消費財和資本財在內的所有商品之生產數量和價格，產品價格極度扭曲。自 1979 年開始，大陸政府放寬集市貿易的限制，逐步取消農副

產品統購統銷制度、放寬價格管制、擴大市場調節範圍。2004 年的資料顯示，96% 以上的商品價格已開放由市場定價。❷⓻

相對於產品市場化的成就，大陸的要素市場化進展相對遲緩許多。以利率為例，儘管目前大陸在利率市場化方面已有相當的進展，不過，在實務面，資本價格（利率）的決定，基本上仍由政府行政管制，尤其直接融資市場的市場化程度更低。勞動力市場的市場化速度相對較快，且勞動工資報酬（價格）基本上已由市場決定。

「增量改革」鬆綁了非公有經濟發展空間，改革的結果已使得所有制結構，從改革開放之前的單一公有制經濟，轉變為公有制、非公有制和混合所有制等多種所有制共同發展的局面。以工業部門為例，2010 年全國經濟普查的資料顯示，❷⓼國有企業家數的比重已經占不到 2%，產值的比重約在 8% 左右；非國有企業的角色愈來愈重要，尤其私營經濟高速發展，在工業部門企業總家數中約占六成，產值約占三成；境外投資企業（包括港澳臺商和外商投資企業）家數約占 16%，產值的份額則高達 27%。個體戶、私營經濟等民營企業之所以能快速發展，主要是傳統的制度束縛鬆綁，同時大陸政府透過立法保障民營企業產權，發揮了鼓勵的效果。值得注意的是，四十年改革已使國有企業公司化，企業經營管理已享有高度的自主權；並且多數國有企業的產權已經多元化，特別是上市公司，已有大量的私人資本、外商資本和非公有的社會資本、公眾資本進入其中。

近年來，公有制經濟占比下降與非公有制經濟占比上升的變化已趨緩，2016 年的資料顯示，❷⓽公有制經濟在產值、就業、稅收等結構中所占比重都低於非公有制經濟，但公有制經濟在經營性總資產中的

---

❷⓻　參閱北京大學中國國民經濟核算與經濟增長研究中心編，**中國經濟增長報告 (2006)**（北京：中國經濟出版社，2006 年），頁 119。

❷⓼　根據大陸國家統計局 2011 年**中國統計年鑑**相關資料整理。

❷⓽　姜春力，「我國所有制結構變化與發展建議」，2018 年 11 月 29 日，http://www.cciee.org.cn/Detail.aspx?newsId=15866&TId=231。

占比仍然超過 50%，顯示在國民經濟中公有制經濟仍然占主體地位。

不過，按照中央「做強做優做大」的要求，國有資本在戰略布局上已逐漸向資源性、公共服務性和涉及國家安全的重要行業及關鍵領域集中，並發揮著主導作用。譬如，在攸關國民經濟命脈和國計民生的石油、天然氣開採業、菸草製品業、電力和熱力生產供應業、水生產和供應業等領域。2016 年的資料顯示，國有經濟占有 60% 以上的份額；公有制經濟在農村經營性資產中甚至居於絕對優勢。而在競爭性行業的領域裡，如批發業、零售業、餐飲業、住宿業等行業，公有制經濟則已逐漸退出，非公有制經濟迅速發展並逐漸占據優勢。

此外，混合所有制經濟是早在 1997 年中共「十五大」就提出的概念，自中共「十八屆三中」全會政治報告提出「積極發展混合所有制經濟」以來，得到國有企業和國有資產管理體制改革的加持，經過股份制改造和國有資產優化配置後的混合所有制經濟，已成為大陸所有制結構中發展最快的型態。

值得注意的是，大陸經濟高速成長的同時，也存在一些問題。譬如，由於「改革」採「漸進式」，經濟體制由計畫走向市場的轉變過程中，形成兩制並存的「雙軌制」現象，其為大陸帶來諸多負面效應，一是為「尋租」活動提供了制度環境條件，從而衍生「以權謀私」、「權錢交易」行為；二是雙軌摩擦造成對國有資產價值的不當管理，導致國有資產大量流失；三是使得改革衍生的分配不公問題更加惡化。收入分配不均及城鄉居民貧富懸殊擴大，已對大陸社會穩定發展造成衝擊，勞工抗爭、農民靜坐抗議等社會事件層出不窮。

其次，大陸的市場化程度提高雖然對市場競爭機制的建立與資源的有效配置具有正面影響，但由於大陸的市場體系不夠健全，許多市場規則也未完善建立起來，因而經常出現市場失序問題。譬如盲目投資造成產能過剩、庫存增加、產品價格下降、通貨緊縮、企業利潤大幅滑落、金融風險增加、出口貿易國際摩擦頻仍等問題；市場法規不健全，以及文化、社會價值觀等落後的市場觀念，造成不正當競爭行

為及嚴重的地下經濟活動，使得市場扭曲，競爭機制無法有效發揮。

第三，不平衡經濟發展戰略雖然促使具有比較優勢條件的東部地區優先發展起來，但寄望其輻射擴散到中西部地區的效果遠不如預期，反而原本地區間經濟發展不平衡的問題更加突出。中西部地區由於基礎設施嚴重落後、資金短缺，且科技水準較低、勞動力素質相對較低、經濟效益較差等不利因素之制約，無法吸引東部地區之資金、技術向中西部擴散，甚至中西部地區本來就十分短缺的資金、技術、人才等向東部流出，結果形成了東、中、西部地區發展差距越來越大的局面，陷入了二元經濟的不良循環。

第四是環境汙染和破壞問題。大陸巨大的能源消費規模和以煤炭為主的能源消費結構所引起的汙染物排放，譬如二氧化碳、二氧化硫、氮氧化物、煙塵等汙染物排放總量遠超過環境承載能力，生態遭到破壞。近年來，水質汙染、空氣汙染、耕地退化、沙塵暴等環境惡化現象，已經對大陸人民的正常生活與經濟活動等造成嚴重的影響。馬洪等人的研究指出，按照目前的趨勢發展，到 2020 年間，大陸二氧化碳排放量將達到 13–20 億噸，每人平均碳排放水準將高達 0.9–1.3 噸。❸⓿由於大陸是二氧化碳排放量的大國，國際社會要求大陸限排溫室氣體的壓力勢必越來越大，從長遠來看，未來大陸經濟的持續高速成長勢將受到環境容量的制約。

伍、大陸經濟崛起的國際效應

國際上對於大陸快速崛起的成就，備極關注。一方面，大陸經濟成長的動能被視為是世界經濟成長的引擎，受到國際社會的肯定；另一方面，「中國威脅論」的論調也在國際間廣受議論，因為大陸在國際市場上展現強大的競爭力，經濟能量逐漸累積，給國際社會，尤其給亞太地區新興經濟體造成極大的壓力。

❸⓿　馬洪、王夢奎，2006 **中國發展研究**（北京：中國發展出版社，2006 年）。

　　世界銀行的研究報告指出，❸大陸的經濟崛起為世界發展帶來機會，成為世界經濟成長和貿易成長的驅動力之一。過去二、三十年來，大陸經濟高成長，增加大量物美價廉的產品供應國際市場，同時也擴大了資本財和中間製品的國際需求，對於世界經濟的繁榮有一定程度的貢獻。此外，大陸經濟持續發展，加上充沛低廉的生產要素供應，為跨國企業提供一個有利的投資據點。在跨國公司的全球布局戰略中，大陸地區主要被定位為勞動密集低階產品的生產基地，該等趨勢在大陸政府實施特殊的外資政策和產業發展政策配套下，逐漸奠定了「世界工廠」的地位。

　　近年來跨國公司全球布局對大陸的定位，賦予「世界工廠」和「世界市場」的雙重角色。逐利的跨國公司一方面充分挖掘和利用大陸充沛的勞力資源優勢，選擇大陸在其全球布局中扮演製造基地的角色；另一方面則期待經濟成長帶給大陸居民更高的所得和購買力，成為全球最具潛力的市場。大陸政府積極搶搭全球化潮流，善於利用跨國公司建構全球價值鏈分工體系的契機，積極主動參與國際分工，從長期來看，引導大陸邁向更高一級的國際分工地位，並非不可能。

　　加入 WTO 以來，大陸對外貿易強勁成長的表現，與外商直接投資大量湧進密切關聯，一方面是因為外商投資企業的經營模式偏外向型，投資帶動了貿易；另一方面，跨國公司龐大的全球產銷體系，為大陸製品進入國際市場提供穩定、有效的通路；而外商企業帶入的技術在大陸境內擴散，提升了大陸產業的製造能力和國際競爭力，也都有助於大陸對外貿易擴張。❸

---

❸　參閱世界銀行，**2001 年世界發展指標**（北京：中國財政經濟出版社，2002年），頁 12–15。

❸　根據大陸國家統計局歷年**中國統計年鑑**相關資料顯示，外商企業對大陸出口的貢獻，在 1990 年間僅 12.6%，嗣後逐年快速增加，到 2005 年時已增加至 58.3%；外商企業在進口方面的角色類似，惟近年來，隨著大陸本土企業崛起，外商企業對大陸進出口的貢獻已降至 50% 以下。

伴隨大陸出口持續擴張，大陸製品在國際市場上的占有率也不斷提升。資本財、中間財和零組件等製品出口逐年擴張，逐漸取代一般消費財成為大陸出口的主要財貨，且在國際市場上的占有率已逐年提升。2017 年資料顯示，❸❸全球資本財市場來自大陸製造的占比超過四分之一；同年度大陸零組件的全球市占率在亦達 14.7%。由此可見，大陸製品出口在全球產業鏈中已占有一席之地。

對其他國家而言，大陸一直是主要競爭對手，特別是出口產品結構較接近的國家，更是直接感受到大陸的威脅。尤其亞洲毗鄰的外向型經濟體，在第三地市場上的占有率，因為大陸加入競爭明顯遭到擠壓而減少了。

大陸出口擴張對國際市場造成諸多衝擊。❸❹首先，由於大陸的生產成本較低，在國際市場上具有強勁的價格競爭力，結果造成了同類產品的國際價格不升反降，貿易條件因而惡化。其次，對於進口國而言，進口價格降低，使得通膨的環境更為良性。在 2008 年農礦產品的國際價格衝到高峰之前，大陸高速經濟成長以及與全球經濟的快速接軌，產生了一個正面的貿易條件衝擊，結果導致全球經濟的通膨水平低於預期，也就是說，該期間大陸的出口擴張，對於全球通膨形勢能夠維持在穩定的水準有很大貢獻，同時也為各國消費者提供更多的選擇和更高的福祉。

關於進口商品結構，1990 年代，紡織製品曾是大陸主要進口財貨，其中絕大部分是紡織原料，包括棉花、化學纖維等，不過，近年來因進口替代效應，該類產品在進口總額中所占份額已大幅下降。較特別的是，電子電機設備始終是大陸進口的最大宗商品，1995–2017 年間，電子電機設備進口值成長了十三倍；二十一世紀初期，其占同年度進口總值的比重曾突破 40%，可見其高度依賴進口的情形，這種

---

❸❸ 根據大陸國家統計局出版**中國統計年鑑**各年相關資料計算得知。

❸❹ 高長，「中國大陸紅色供應鏈之發展及其對臺灣的影響」，委託研究報告（未出版），2018 年。

現象一直到近年來仍沒有改變。

在 2000 年以前，大陸進口貨品以中間財與資本財占大宗，其中，鋼鐵、化學品、人造纖維及塑料原料等屬於資本密集型產品；機器、運輸機械和電子產品等則屬於技術密集型產品。不過，近年來，隨著大陸工業化發展，原物料、零組件等之進口需求急增，取代資本財和中間加工財成為進口之大宗。從全球市占率的角度觀察，自從大陸加入 WTO，更加融入國際經濟體系後，經濟快速發展同時帶動進口需求大增，結果造成大陸各類貨品進口在國際市場的占有率節節攀升；其中，尤其原物料、零組件等類貨品進口值成長的速度更快，目前大陸原物料進口在國際市場的占有率已突破 20%。

近十多年來，礦產品進口大幅增加，特別是石油進口。大陸對能源、農礦產和原材料的大量需求，儘管在大陸進口總額中所占比重並不大，但在國際市場上形成競爭，其規模已足以影響全球市場的行情，產生所謂的「中國效應」。❸❺以能源為例，雖然大陸是全世界十大產油國之一，但由於石油的消費總量居全球第二大，超過一半的石油需仰賴進口；大陸對石油的大量進口需求，曾導致國際石油價格攀升，進而在國際間造成收入的重分配。主要石油出口國的貿易條件大幅改善，出口收入也隨之水漲船高；但石油進口國卻受到連累，包括部分已開發國家都無法倖免，並為此付出了代價。

大陸對外貿易擴張和經濟快速崛起，牽動了東亞經貿版圖，甚至對全球經貿版圖也造成影響。以出口貿易為例（表 5-3 A 欄），1980年大陸的貿易夥伴主要為亞洲日本和歐洲，當年大陸出口總額的份額，亞洲為 62.7%、日本為 22.0%、歐洲為 22.1%。最近幾年，美國已成為大陸最主要的出口市場，其所占份額已從 1980 年 5.4% 提高到 2017

---

❸❺ 據估計，1990 年代中期以來，世界市場農礦產品價格的上升有 50% 左右是由於大陸的需求增加造成的。Linda Yueh 著，魯東旭譯，**中國的增長：中國經濟的前 30 年與後 30 年**（北京：中信出版社，2015 年），頁 349–350。

年的 19.0%；對日本出口所占比重，同期間則呈現逐年下降趨勢，特別是進入二十一世紀以後，到 2017 年時僅占 6.1%。

表 5-3 大陸進出口貿易的地區分布

單位：億美元；%

地區別	1980		1990		2000		2010		2017	
	A	B	A	B	A	B	A	B	A	B
總計金額	183	196	521	331	2,492	2,250	15,777	13,962	22,635	18,140
亞洲	62.7	38.0	65.3	43.9	53.1	62.8	46.4	59.8	48.4	56.7
日本	22.0	26.4	17.0	24.3	16.7	18.4	7.7	12.7	6.1	9.1
南韓	－	－	－	－	4.5	10.3	4.4	9.9	4.5	9.8
臺灣	－	－	－	－	2.0	11.3	1.9	8.3	1.9	8.6
新加坡	2.3	1.0	3.6	1.4	2.3	2.2	2.1	1.8	2.0	1.9
東協	4.2	2.4	2.4	2.5	3.7	7.1	4.9 (8.8)	8.6 (11.1)	(12.3)	(13.0)
北美洲	6.1	23.8	10.0	19.1	22.2	11.6	19.4	8.4	20.4	9.6
美國	5.4	19.6	9.3	15.1	20.9	9.9	18.0	7.3	19.0	8.5
歐洲	22.1	25.6	16.8	26.2	18.3	18.1	22.5	15.6	19.0	18.0

說明：⑴ A 欄代表大陸出口貿易主要夥伴各占有的份額；⑵ B 欄代表大陸進口貿易主要夥伴各占有的份額；⑶東協 2010、2017 兩年括弧內的數據包含十個國家；其他各年包含印尼、菲律賓、馬來西亞、泰國等四個國家。

資料來源：依各年**中國統計年鑑**相關資料計算。

再從進口面來看（表 5-3 B 欄），1980 年大陸自亞洲、北美和歐洲等三個地區進口的比重分別為 38.0%、23.8% 和 25.6；到了 2000 年，亞洲地區所占份額驟升至 62.8%，北美和歐洲所占份額則分別下降至 11.6% 和 18.1%。進入二十一世紀，大陸自亞洲、北美、歐洲進口的比重呈現縮減的趨勢，惟自東協進口的比重則保持上升趨勢。

大陸與東亞新興發展中國家的經貿關係越來越緊密；2017 年從東亞新興發展中國家進口的份額合計超過三分之一，比 1980 年間上升將近 27 個百分點，其中最大的變化來自於與臺灣和南韓的貿易。1980 年間，大陸與南韓和臺灣的直接貿易微不足道，不過，到了 2017 年間，大陸自南韓和臺灣之進口占其進口總額的比重已分別達到了 9.8%

和 8.6%。

　　大陸經濟崛起，打破了東亞經濟發展的「雁行模式」，牽動了東亞經貿版圖，過去扮演領頭雁的日本，儘管在亞洲經濟中仍具重要地位，但其風光已大不如前。相對地，由於大陸吸引數以萬計的跨國公司投資，其中，有 70% 左右係來自東亞國家和地區，尤其是來自臺灣、南韓、香港、新加坡的企業，將大陸定位為海外的主要生產據點，所需之工業原材料、半成品和零組件絕大部分是從東亞周邊國家進口，因而伴隨工業化發展，自東亞各國進口金額快速成長；而加工製造的產品仍然是以歐美地區為主要市場，因此，在 1980–2017 年間，大陸出口快速成長和出口地區分布的變化，背後其實反映了大陸與周邊國家和地區出口實績轉移的現象。大陸經濟崛起，提供東亞各國出口的機會，發揮了區域內貿易引擎的角色，大陸與周邊國家和地區之經濟橫向內在的聯繫不斷加強。

　　無疑的，在全球經濟舞臺上，大陸已成為重要的角色。大陸不只融入全球經貿體系的態度非常積極，也試圖爭取更重要的國際分工地位；而且以發展中國家的領導者自居，積極參與國際組織的運作，試圖在國際政經舞臺爭取更大的話語權和影響力。大陸領導人曾不諱言地公開表示，作為一個經濟和政治大國，參與國際經濟體制不僅要以負責任的態度去接受和遵守規則，更要主持國際正義，其企圖心昭然若揭。隨著各國經貿實力消長，國際社會對於大陸也有期待，大陸在發展國際政經關係上更顯得得心應手。

　　2009 年以來，國際金融動盪與經濟景氣低迷，對中國大陸經貿發展造成嚴重的影響，其中，最直接的就是進出口貿易，美國次貸危機演變成金融海嘯，曾使大陸對外貿易出現嚴重衰退現象，從而造成以出口為主的產業產能過剩問題惡化。其次，歐美跨國企業因資金鏈緊縮，到大陸投資呈現衰退之勢，甚至於已在大陸投資的企業也出現撤資現象；大陸的金融部門也無法避免遭池魚之殃，因為美國次貸危機和歐債危機都造成歐美股市動盪和當事國貨幣貶值，大陸持有美元或

歐元資產因而縮水；而大量國際游資為避險或企圖套匯，流向東亞地區，加上歐美各國相繼採取寬鬆貨幣政策，流動性大增，造成短期流動資本湧向大陸，加劇人民幣升值壓力，同時也嚴厲考驗大陸政府治理經濟的能耐。

然而，國際金融危機的衝擊對大陸而言，也是成就的機會。大陸利用國際經濟衰退之勢，「倒逼」國內經濟結構轉型，推動各項改革、加速轉變經濟發展方式；同時，採取了有利的措施擴大內需，強化消費需求成為支撐經濟成長的主要動力。在另一方面，歐美各國都期待大陸是全球第二大經濟體，可以伸出援手協助度過主權債務危機，於是大陸政府乃借力使力，積極鼓勵企業「走出去」；許多國有企業紛紛趁機出擊，大量收購歐洲的優質資產，扮演雪中送炭角色，既有助於提升國際形象和國際政經影響力，又有利於掌握景氣反轉前的先機，而透過直接投資或併購，也可以獲得新技術或掌握市場通路、品牌等，補強本身產業價值鏈之缺陷。近年來大陸積極推動「走出去」的戰略，在海外直接投資或併購持續增加，自 2013 年開始，對外投資金額每年都超過 1,000 億美元，儼然已成為資本輸出國；同時，對外投資標的和投資方式也更加多元化，特別是與能源、礦產有關的行業。

大陸經濟崛起，人民幣匯率是否得宜備受國際社會關注與議論，2005 年 7 月，大陸首次實施人民幣與美元脫鉤，及與一籃子貨幣掛鉤的匯率制度改革，並宣布讓人民幣匯率隨市場狀況浮動調整，迄今升值幅度已超過 30%；不過，國際社會對大陸人為操縱人民幣匯率的指控並沒有減少，期待大陸作為全球最大的債權國，在導正全球經濟失衡方面應有大國責任和相對作為。

近年來大陸政府在推動匯改的同時，隨著國際經濟形勢變化，也積極將人民幣推向國際。全球金融海嘯爆發後，大陸深感歐美國家長期主導國際金融體系，卻無法有效監管自身金融正常運行，造成國際金融亂象及經濟波動，乃積極倡議新國際儲備貨幣，促進人民幣國際化的企圖心極為強烈。

　　大致上，大陸從三個方面著手將人民幣推向國際：一是推動人民幣作為跨境貿易結算工具，二是與主要貿易夥伴國家簽定貨幣互換協議，三是以香港為試點發展人民幣離岸中心，鬆綁人民幣在離岸市場的流通限制。其策略路線圖相當清晰，即先由周邊化開始，再區域化，最後達到國際化；先推人民幣作為區域層級貿易結算計價的貨幣，再逐步開放金融體系，開放資本項目，提升人民幣作為國際的貨幣交易和儲備功能。

　　國際貨幣基金 (IMF) 已正式將人民幣納入特別提款權 (SDR) 貨幣籃子，2016 年 10 月 1 日生效。人民幣被正式認可為國際儲備貨幣，與美元、歐元、英鎊、日圓等併列為五大國際貨幣，是人民幣國際化的一個重要里程碑，一方面凸顯大陸在國際政經舞臺上的大國角色得到肯定，另一方面也顯示大陸未來將採取更高的國際標準，進一步推動金融改革和金融市場雙向開放，全面融入全球金融市場。據大陸招商證券估計，中期人民幣在全球外匯儲備中的份額將從目前的 1% 左右，增加到 2%–4%。各國選擇離岸市場、QFII、RQFII，以及中國大陸銀行間債券市場等管道配置人民幣資產，將會推動市場機構和投資者持有更多人民幣，從而擴大人民幣在金融交易中使用。

陸、結　語

　　大陸自實施改革開放政策以來，經濟體制已逐漸由過去集權計畫轉向市場經濟，同時，也逐步與國際經濟體制接軌，經濟市場化、國際化的程度逐年提升。過去四十年來經濟持續高速成長，已從一個短缺型經濟體，經濟、科技水準落後的國家，蛻變為具有國際影響力、世界第二大經濟體，成為帶動世界經濟成長的主要引擎，被世人讚嘆為「中國奇蹟」。

　　大陸經濟持續高速成長，主要得益於經濟體制改革釋放出來的強大動力；其次是日益全球化的國際環境為大陸的外向型經濟發展提供

了有利的空間；第三是得力於漸進式的改革發展模式。

　　「改革開放」給大陸經濟發展注入了生機與活力，其中，外商投資企業扮演重要的角色。外商對大陸經濟發展的貢獻，除了資金流入填補大陸資金缺口，促進大陸資本形成，更重要的是帶來先進技術、資本設備和管理經驗，對於大陸製造能力之提升，以及產業結構的改善和外匯創收等之貢獻卓著。

　　國際產業轉移伴隨著資本和技術投入，大陸製造業總體規模不斷擴大，國際競爭力水漲船高，在國際分工中的地位也越來越重要。對外貿易持續擴張，不只在國際市場占有率節節攀升，全球多數國家對大陸的貿易依賴度大幅提升，無論出口或進口皆然。對其他國家而言，大陸進口需求擴增，帶來新的商機，尤其亞洲鄰國受益不小。然而，大陸的出口擴張，在全球市場中所占份額有增無減，卻也成為各國最主要的競爭者。

　　大陸經濟快速發展和融入全球經濟帶來了兩方面的影響，一是對全球貿易條件的影響（也就是價格效應），二是加劇國際經濟不平衡，並導致對美元的需求上升（也就是流動性效應）。大陸憑藉低廉的要素成本，壓低了出口產品的價格，對國際價格形成明顯的下行壓力，進而導致國際市場價格面臨通縮效應。而在另一方面，大陸工業化對能源、農礦產品進口需求增加，在國際市場上形成強大競爭，進一步導致全球市場能源、農礦產品價格大幅提高，直到 2008 年全球金融危機爆發，才由高峰滑落。

　　關於國際經濟不平衡的問題，儘管造成的原因很多，譬如前述農礦產品價格高漲期間，出口國享有大量的貿易盈餘，進而累積了大量的美元外匯儲備，對美元的需求大增，造成美國流動性過剩；但大陸經濟崛起無法置身度外，因為低廉的大陸製品使得進口國享受較低的進口成本，價格效應促進了美國和西方世界的消費，助長自大陸進口，從而貿易順差和外匯儲備之累積餘額持續擴大，導致流動性過剩。

　　為改善外部失衡的問題，近年來大陸致力於擴大國內需求，降低

對出口的依賴，減少淨出口規模；同時，也積極鼓勵企業對外投資，緩和外匯儲備持續累積造成的流動性過剩問題。然而，擴大內需的成效遠不如預期，淨出口的規模仍保持成長。倒是自 2005 年左右開始，大陸對外投資出現了爆發性成長，其中不僅包括能源和農礦產品領域的國有企業對外投資，還包括民營企業進行的商業收購和併購投資，目前已成為資本淨輸出國家。

成為資本淨輸出國家，顯示大陸工業化已達到一定的水準，大陸企業已經有能力在國際市場上進行經營和競爭活動。大陸鼓勵對外投資，以及企業進行海外擴張布局的野心，反映了大陸跨國公司時代的來臨，對全球經貿版圖可能帶來更大的衝擊，近期美國對大陸發動經貿制裁，顯示美國已無法包容大陸經濟崛起造成的威脅，經濟強權之爭已進入白熱化。

無疑地，大陸在全球經濟的角色地位已越來越重要。惟自 2014 年以來，受到國際經濟不景氣，以及國內產能過剩、通貨緊縮、民間投資意願低落等因素影響，大陸經濟成長陷入持續衰退的困擾，昔日被稱為全球經成長引擎角色的美譽已失色不少。

其實，大陸經濟永續發展的最大制約因素在於資源約束。其中以能源（尤其是石油）供應最為嚴峻；長期以來，一直採取粗放型經濟成長模式應是罪魁禍首，而其本質乃在於缺乏完善的資源配置機制。大陸政府雖然早在多年前即開始重視「轉變經濟增長模式」，不過，其成效並不彰顯。習李政權走馬上任後，以「穩增長、調結構、促改革」為施政重點，特別是調結構，更致力於推動「大眾創業、萬眾創新」和產業轉型升級，能否帶領大陸經濟突破瓶頸，備受國際矚目。

問題與討論

一、中國大陸的「改革」為什麼首先從農村開始？農村家庭承包經營制度是怎樣形成的？該制度對大陸農村以及整個國民經濟有何影響？

二、1980 年代大陸實行「財政包干制」，有哪些積極效果和消極效果？1994 年大陸財政制度新推出「分稅制」改革的主要內容為何？財政制度改革對大陸的中央與地方關係造成何種衝擊？試評論之。

三、經過四十年改革開放，大陸經濟快速發展，不只發生量變，也發生質變，試分別列舉具體事證論述之。

四、習李政府將「促改革」列為施政重點，請評論中共「十八屆三中」全會推出的「全面深化改革」有哪些特點？

五、四十多年「改革開放」已使大陸經濟體質發生重大變化，並在國際政經舞臺上的影響力大增，試從貿易擴張趨勢評論之。

六、大陸經濟崛起對現行的國際經濟秩序造成衝擊，國際社會如何看待大陸經濟崛起的現象？美國川普政府在 2018 年 7 月間對大陸掀起貿易大戰，對美中貿易關係未來發展可能造成的影響為何？

參考文獻

于洋、呂煒、蕭興志等著，**中國經濟改革與發展：政策與績效**（大連：東北財經大學出版社，2005 年）。

中國社會科學院工業經濟研究所，**2016 中國工業發展報告：工業供給側結構性改革**（北京：經濟管理出版社，2016 年），

王彥喬，「中國經濟去產能、調結構，已去化鋼鐵 1 億、煤炭 4 億噸」，風傳媒，2017 年 10 月 21 日，http://www.storm.mg/article/347708。

世界銀行，**2001 年世界發展指標**（北京：中國財政經濟出版社，2002 年）。

北京大學中國國民經濟核算與經濟增長研究中心編，**中國經濟增長報告**（北京：中國經濟出版社，2006 年）。

吳敬璉，**當代中國經濟改革教程**（上海：上海遠東出版社，2010 年）。

吳敬璉，**中國增長模式抉擇**（上海：上海遠東出版社，2006 年）。

姜春力，「我國所有制結構變化與發展建議」，2018 年 11 月 29 日，http://www.cciee.org.cn/Detail.aspx?newsId=15866&TId=231。

馬洪、王夢奎，**2006 中國發展研究**（北京：中國發展出版社，2006 年）。

高　長，**大陸政策與兩岸經貿**（臺北：五南圖書出版公司，2012 年）。

高　長，「中國大陸紅色供應鏈之發展及其對臺灣的影響」，委託研究報告（未出版），2018 年。

郭克莎、賀俊，**走向世界的中國製造業：中國製造業發展與世界製造中心問題研究**（北京：經濟管理出版社，2007 年），

國務院發展研究中心 UNDP 項目組，**經濟發展改革與政策**（第一卷上）（北京：社會科學文獻出版社，1994 年）。

楊燕青、林純潔，「中國如何引領全球製造業競爭力變遷」，新浪財經，2018 年 4 月 8 日，http://finance.sina.com.cn/roll/2018-04-08/doc-ifyvtmxe1025807.shtml。

鄒東濤、歐陽日輝等著，**新中國經濟發展 60 年 (1949-2009)**（北京：
　　人民出版社，2009 年）。

樊　綱，**體制改革與宏觀穩定──中國體制轉軌新時期的宏觀經濟問
　　題研究**（杭州：浙江人民出版社，1997 年）

魯東旭譯，**中國的增長：中國經濟的前 30 年與後 30 年**（北京：中信
　　出版社，2015 年）。

簡新華、葉林，「改革開放前後中國經濟發展方式的轉變和優化趨勢」，
　　經濟學家（北京），2011 年第 1 期，頁 5-14。

Naughton, Barry, *The Chinese Economy: Transitions and Growth*,
　　(Cambridge, Massachusetts: The MIT Press, 2007)。

第六章
中國大陸社會結構與轉型

壹、前　言

　　社會發展是關於一切社會現象變化的過程與結果，其內容是總體性的，主要包括自然環境、人口、經濟、社會結構、價值觀念和生活方式、科學技術和文化等的發展與變遷。因此，向來是社會學領域中具關鍵地位的課題。而中國大陸始於 1970 年代末的改革開放，雖以經濟轉型為核心，但不論是市場體制、所有制、社會流動等都產生鉅變，也代表傳統社會結構面臨重大的變遷。

　　從現代化的各種指標看來，顯然中國大陸改革開放四十餘年來已有長足的進步，其中包括工業化、城市化與世俗化等。其中表現在社會層面，主要是社會結構的分化。以往具濃厚政治色彩的階級身分逐步改變，在所有制與產業結構變化下，以職業以及相關資源掌握程度為判準的分層體系逐漸產生。若將此現象置於政治發展的脈絡中，我們即可發現一種自由主義者的學術興趣，即經濟發展與政治民主間的關係，其多以西歐經驗為張本，認為經濟成長將會帶來社會結構的重組與社會價值的多元化，進而出現獨立而強大的中產階級，其對政治參與的提高將會帶來政治民主化。此即是所謂現代化理論 (modernization theory) 的論述，而將此邏輯套用在對中國大陸的研究上也成為學界關注的焦點。❶

---

❶　Gordon White, *Riding the Tiger: The Politics of Economic Reform in Post-Mao China* (Stanford: Stanford University Press, 1993)；吳玉山，「現代化理論 vs. 政權穩定理論：中國大陸民主發展的前景」，**政治科學論叢**，第九

　　但另一方面，我們卻又看到中共統治結構似乎未做相應的改變，不僅黨政不分，且黨國體制依然透過各種方式與經濟運作和社會生活緊密鑲嵌，而習近平上臺後一連串的「集權」舉措更加深此種態勢，對於社會的控制也一再強化，包括通過一連串的法律，如「國家安全法」、「網絡安全法」、「慈善法」、「境外非政府組織 (NGO) 境內活動管理法」等，打擊勞工組織與維權律師（710 大抓捕）等。近年來各種關於「維穩經費」超越國防預算的傳言不斷，再加上習掌權後黨國對公民社會的制約無所不在，社會言論空間也進一步緊縮。

　　此外，中國大陸由於長期過度強調各種經濟數據的成長 (growth)而忽略了社會整體的均衡發展 (development)，此種「成長中心」導向的經濟運作模式面臨一連串社會問題的挑戰，尤其是社會轉型過程中所蘊含的諸多問題與不公現象，其中最明顯且影響深遠的就是收入分配的急遽惡化。本章將在「國家－社會」關係 (state-society relationship) 架構下區分為三大部分，說明當前中國大陸的社會結構與轉型，以及黨國的回應。首先是社會結構轉型與面臨的問題，其中將探討人口與階級結構，以及其所面臨的重大社會問題，包括「三農」（農業、農村、農民）、農民工、「三難」（看病難、讀書難、就業難）、環保問題與食品安全與層出不窮的公共安全問題等；其次，近年來隨著社會轉型，中國大陸「社會力量」(social forces) 也快速崛起，本章將介紹包括社會組織、網際網路以及社會抗爭運動的發展，並說明中共如何強化科技能力以進行社會控制；最後則是將焦點集中在黨國的回應與應對政策，特別是近年來不斷強調的「社會管理」與「社會治理」。

貳、社會結構轉型與問題

　　本節將簡介當前中國大陸的人口結構以及轉型，並說明在整體社

期（1998 年 6 月），頁 443–464。

會轉型中所面臨的問題。

一、人口結構與發展趨勢

中國大陸人口政策分為三個階段：鼓勵生育（1950 年代）、放任生育（1960 年代）與計畫生育（1970 迄今）。從 1970 年代「晚、稀、少」政策，到 1980 年確認「一胎化政策」的執行至今，使得中國大陸人口生育率從 1970 年的 5.81% 下降到近年的 1.21%，進入低生育水準國家之列。根據 2010 年底進行調查的「第六次人口普查」，目前三十一個省市自治區總人口為 13 億 3,972 萬 4,852 人，而至 2018 年底，總人口數為 13 億 9,538 萬人。其具有以下特點：

㈠高齡化社會和小家庭趨勢

從這次普查數據宣告中國大陸已面臨「少子化」與「高齡化」社會，對比其他國家的經驗，其所帶來的將是社會保障支出的大幅提高；但中國大陸的高齡化又是伴隨低生育率以及整體經濟發展水準尚低的狀況發生，此即「未富先老」的問題。這將迫使大陸必須加快健全養老、醫療等社會保障制度和公共服務體系，否則人口結構迅速老化將嚴重影響未來經濟的發展。且另一個隱憂是，雖然高齡人口需要社會扶持，更需要家庭支持，而普查數據顯示，不與父母同住的小家庭趨勢愈來愈明顯，因此更凸顯完善社會保障和救助制度的重要性。

㈡「人口紅利」終結？

承前所述，「高齡化社會」的來臨是否代表大陸「人口紅利」的結束？所謂的「人口紅利」是指一個國家的勞動年齡人口占總人口比重較大，撫養率較低，充足的勞動力供給和高儲蓄率為經濟發展創造了有利的條件。根據研究，中國大陸近三十年高速的經濟發展與人均收入增長，大約四分之一可歸因於「人口紅利」。但按人口學家估算，近

年來人口撫養比呈不斷上升趨勢，「人口紅利」可能即將結束。面對來
自印度、俄羅斯與巴西等國的追趕，這也就是為何習近平上臺以來，
對此積極因應之故，繼 2013 年 11 月中共「十八屆三中全會」中提出
「單獨二孩」政策（夫妻一人為獨生子女即可申請生育第二胎）後，
又緊接著於 2015 年 10 月「十八屆五中全會」中正式宣布將實行「全
面二孩」政策，也就意味著實施三十餘年的「一胎化」政策走入歷史。
2018 年 3 月的國務院機構改革中，將「國家衛生和計劃生育委員」改
為「國家衛生健康委員會」，暗示計劃生育將走入歷史。

㈢性別比例問題

　　由於「一胎化」政策，中國大陸人口結構一直存在嚴重的性別比
例失衡問題，特別是在廣大的農村地區，其中各種溺棄女嬰、隱匿不
報女嬰、超生與基層幹部因計畫生育政策的貪腐情勢層出不窮。根據
統計，至 2018 年底，中國大陸新生兒男女性別比大約為 105:100。高
新生兒性別比顯示將來男女比例嚴重失衡，在可預期未來，男性找不
到配偶的人數增加，尤其是經濟或個人能力弱勢者，除了婚姻壓力外，
更可能造成犯罪、娼妓等社會不安定問題。

㈣「城鄉二元結構」一時還難以改變

　　目前大陸居住地與戶口登記地所在的鄉鎮街道不一致，且離開戶
口登記地半年以上的人口約 2.86 億人，扣除市轄區內人戶分離的流動
人口達 2.41 億人，比 2000 年增加了 1 億人。2.41 億流動人口意謂總
人口的 17.97%，必須為了工作或其他因素長期離鄉背井，而沿海發達
省份的常住人口比重增加，內陸欠發達地區的常住人口比重在下降，
也代表過去十年有更多的人從內陸往東部發達地區遷移。近年來大陸
官方雖致力於縮小區域差距但成果有限，且「戶籍制度」不論在實質
或心理層次依然還有作用的情況下，中國大陸「城鄉二元結構」一時
還難以終結。

(五)中產階級興起

　　市場經濟的引進，除了帶動經濟成長外，也加速社會結構的分化，因此，「社會分層」成為中國大陸社會研究的熱點。根據「中國社科院」的研究，將中國大陸居民劃分為十大社會階層，包括：國家與社會管理者、經理人員、私營企業主、專業技術人員、辦事人員、個體工商戶、商業服務業、產業工人、農業勞動者以及城鄉無業／失業／半失業者等。目前學界對中產階級的衡量標準包括職業、收入、消費與主觀認同等，按學者不同的研究指標，規模也不一。一般認為目前中國大陸中產階級約占總人口數的 25%（3 億 3 千萬人）左右，❷其消費型態、生活方式，甚至是政治意識與公共參與將會對中國大陸的未來發展產生影響。

二、社會問題

　　改革三十餘年來，中國大陸傳統社會穩定的基礎受到撼動，其中如人民公社與單位體制的崩解、戶籍制度的鬆動、國有企業改革等，當然也包括全球化的衝擊，不僅造成國家社會關係的轉變，在此種制度轉換過程中，各種社會問題也層出不窮。❸

(一)貧富差距

　　「貧富差距」可說是當前中國大陸社會問題的核心。改革初期「基

---

❷ 李路路、李升，「殊途異類：當代中國城鎮中產階級的類型化分析」，**社會學研究**，2007 年第 6 期，頁 15–37；李春玲，「尋求變革還是安於現狀：中產階級社會政治態度測量」，**社會**，2011 年第 2 期，頁 125–152；陸學藝主編，**當代中國社會結構變遷研究**（北京：社會科學文獻出版社，2010 年）。

❸ 王信賢，「傾斜的三角：當代中國社會問題與政策困境」，**中國大陸研究**，第 51 卷第 3 期（2008 年 9 月），頁 37–58。

尼係數」(Gini coefficient)❹約為 0.29 左右,仍在「分配平均」的範圍之中;而改革開放「讓一部分人與一部分地區先富起來」戰略的確立,居民收入分配差距急遽擴大,至 1994 年「基尼係數」已超過 0.4 的警戒線達到 0.434。根據世界銀行的統計,此數值於 2008 年為 0.474。中共「國家統計局」公布 2015 年的「基尼系數」為 0.462,宣稱基尼係數自 2009 年 0.491 的最高點連續下降 7 年,並且創下自 2003 年以來的最低值。但 2016 年起又稍微回升,至 2017 年為 0.467。然而官方數字總是讓人懷疑,大陸多數學者認為此一數值早已超過 0.5。就此看來,中國大陸貧富差距不僅愈來愈大,也出現「結構化」的現象。因此,有學者認為目前中國大陸社會已出現領先群與落後群間的「斷裂」,並陷入「轉型陷阱」(transition trap)。❺

(二)「三農」與農民工問題

「三農」問題一直是中國改革進程中最為棘手的環節,除了改革開放初期短暫的好轉外,之後中國農民的收入幾乎與驚人的經濟成長率脫鉤,而各種社會矛盾也讓中共開始將施政目標集中於農民、農村與農業等三農問題。中共除於 1982 年連發五年關於「三農」問題的「一號文件」外,從 2004 年起又連發了十四年,但目前看來成果依舊有限。從城鎮差距來看,由於 1979 至 1984 年間改革的主軸是在農村所進行的家庭聯產承包制,城鄉間的收入差距從 2.57:1 縮小為 1.86:1,但

---

❹ 基尼係數是指社會成員總收入分配狀況與絕對平均分配狀況的相對差距,此係數介於 0 與 1 之間,數值愈大表示社會貧富差距愈大,數值愈小則反之,而根據跨國調查的經驗顯示,「基尼係數」在 0.2 以下為絕對平均,0.2 至 0.3 之間為比較平均,0.3 至 0.4 為合理區間,0.4 至 0.5 為差距較大,超過 0.5 則代表貧富差距懸殊,而到達 0.6 則屬社會動亂隨時會發生的危險狀態。

❺ 孫立平,**轉型與斷裂**(北京:清華大學出版社,2004 年);清華大學凱風研究院社會進步研究所、清華大學社會學系社會發展研究課題組,「『中等收入陷阱』還是『轉型陷阱』?」,http://www.citygf.com/cul/nfjt/11/09/201205/W020120521624380174222.pdf。

至 2011 年城鄉收入差距擴大為 3.23:1。雖然根據「國家統計局」的資料顯示，2018 上半年城鄉收入差距下降縮小為 2.55:1，但此一比值往往是被低估的，因為城鎮居民比農村居民享有一些「非貨幣計算」的福利待遇，如住房、醫療與交通等，若將兩者調整到可比狀態，兩者的差距將擴增為 6:1 以上。此外，近年來在農村地區社會抗爭事件也層出不窮，其原因不外乎為：農民的稅費負擔與土地問題、房地產的無度開發所造成的拆遷問題、地方工業盲目建設引起的生態環境惡化等。

　　「農民工」問題可說是「三農」問題的重中之重。由於戶籍制度的鬆動，開啟了社會流動的機會，而區域差距所形成的「推一拉」力量，導致大量的中壯年勞動力從中西部往東部、從農村往城市聚集，因而形成了大規模的民工潮。農民進城雖一定程度為農民收入增長與城市勞動力的供給帶來正面的影響，但近幾年卻逐漸成為社會問題的根源，並且被視為最不穩定的因子之一。根據調查，1993 年進城就業的農民工為 6,200 萬人，之後每年平均以 600 至 800 萬的速度增加，至 2018 年農民工總量達 2.88 億人，比上一年增加 424 萬人。許多研究均指出農民工問題根源於戶口制的藩籬，進城的農民因為缺乏取得城市戶口的管道，不完整的公民身分 (citizenship) 讓他們的人性空間受到壓榨。因為戶籍的不平等，導致社會保障的不平等，如社會保險、醫療、子女教育機會、失業救濟等，由此再導致就業的不平等。而就業的不平等，又會導致競爭機會的失衡，並由此而衍生出其他種種福利的不平等，最終使得逐步消除城鄉差距變得遙遙無期。

　　而這也是為何近來中共不斷推動「城鎮化」的原因之一。2018 年「中央一號文件」提出全面實施「鄉村振興戰略」，將城鎮化列為重要手段與核心內容，隨後組建「農業農村部」加以統籌發展。中國大陸人口城鎮化比率從 1978 年的 17.9% 提高到 2018 年的 59.58%，平均每年以超過 1% 成長，此種由農民向市民身分的轉移不論是規模與速度都是世界之最。但部分學者卻認為這是「不完全城鎮化」或「偽城鎮化」，許多被官方認定已成為城鎮的區域是「被城鎮化」，官方公布的

「城鎮化率」至少灌水了 10%。其中，城鎮居民素質、生活質量、消費行為、思想觀念和管理方法等，都跟不上快速發展的城鎮硬體建設。

㈢「三難」問題

　　相對於每年幾乎都維持經濟上的高成長，但由於「分配不均」，一般人民最基本的需求並無隨經濟成長而獲得滿足，反而成為難以跨越的門檻。不少研究與媒體也不約而同指出，當前看病、讀書與就業等「三難」已成為壓在中國大陸民眾頭上的「新三座大山」。

1.看病難

　　「中國大陸醫療改革是否該市場化？」成為近來爭辯的議題，但在政策匍匐搖擺的同時，民眾已成為衛生醫療改革的直接受害者，近年來各種民生問題的調查，「看病難、看病貴」都位居首位，其有以下原因。首先是「以藥養醫」的問題，一直以來醫院盈利常有「從吃瓦片、吃鐵片到吃藥片」的說法，即醫院賺錢的來源。過去分別是醫院改建與要求病患多做非必要的儀器檢查，現在則是靠「藥品加成收入」，也就是藥廠和醫院、醫生之間的利益輸送關係，透過藥品回扣增加醫院與醫生的收入。其次則是醫療資源分配的「城鄉差距」，根據調查，中國大陸城鎮與農村民眾享受到的醫療資源幾乎與其所佔人口呈現相反的狀態，如兩者人口比例約為 7：3，而醫療資源分配卻是 3：7，再加上「戶口制度」，使得城鎮居民享有較高額的醫療保險，雖然近年來大陸政府致力推動農村合作醫療，但還是無法解決醫療資源的城鄉差距，亦即農民是現行醫療體制下最為弱勢的群體。再者，近期以來，中央政府雖一再重申改革的決心，但其效益往往都因各部委的本位主義而大打折扣，如在醫療保險中，包括衛生計生委、人力資源社會保障部、財政部、民政部與保監局等，出現「多龍治水」、「多龍搶珠」的現象，若再考量地方政府與「軍醫院」的利益，其間的博弈更加複雜。種種問題，都讓大陸醫改舉步維艱。2018 年，中國政府組

建「國家衛生健康委員會」不再保留計生委，同時新成立「國家醫療保障局」試圖解決上述的困境，成效猶待評估。

2.讀書難

中國大陸改革開放四十年來，經濟實力大幅增長，教育機會也大增，但卻出現了「上學難、上學貴」的問題，似乎是令人不可思議的；在大陸知名導演張藝謀的電影「一個都不能少」中，則可看出此問題的嚴重性。據「21世紀教育研究院」的報告調查，從2000年至2010年期間，中國大陸農村平均每一日消失六十三所小學、三十個教學點、三所初中，即平均每一小時消失四所農村學校；且農村小學在校生人數減少37.08%，而小學數量卻減少52.1%。2018年國務院雖頒布「關於全面加強鄉村小規模學校和鄉鎮寄宿制學校建設的指導意見」，但區縣政府仍希望透過「集中辦學」而撤掉許多鄉村小校。分配上的不均，對農村教育的投入嚴重不足，導致許多地區農村教育的發展必須依賴向農民收費集資辦學。然而，「讀書難」不僅出現於落後地區，也不僅是小學，連較富裕的城市、大學亦然。在高等教育方面，根據統計，從1989年至迄今大學學費成長超過三十倍，遠高出民眾收入的成長速度。此外，大學間資源的落差並不亞於社會間的「貧富差距」，特別是「211」❻與「985」❼工程的推動，更讓各大學間「貧者愈貧、富者愈富」。

---

❻ 始於1995年11月國務院批准原國家計委、原國家教委與財政部聯合下發的「『211工程』總體建設規劃」，其意涵乃「面向二十一世紀、重點建設一百所左右的高等學校和一批重點學科的建設工程」，且立基於「科教興國」的戰略，目前「211」工程共計一百一十二所各類型學校。

❼ 1998年5月4日時任中共中央總書記江澤民出席慶祝北京大學建校一百週年大會上提及：「為了實現現代化，我國要有若干所具有世界先進水平的一流大學。」據以該談話時間命名為「985工程」。之後1999年國務院批轉教育部「面向二十一世紀教育振興行動計畫」，象徵整體計畫正式啟動。目前「985」工程共計三十九所學校。

3.就業難

　　整體而言，中國大陸在就業方面是處於供需失衡的狀態。根據中國大陸人力資源和社會保障部的統計資料顯示，在城市方面，每年需要就業的人口都將超過 2,400 萬人，而新增的就業機會大約只有 1,100 萬個，供需落差 1,300 萬個以上，尤其是中西部地區、資源枯竭的城市，就業問題更突出。而在農村方面，目前約有將近五億的勞動力，其中兩億多人已進行轉移（包括進入城市以及在鄉鎮企業就業），和在農村需要務農的 1.8 億人，大約還有一億左右的剩餘勞動力。目前在就業問題表現較突出的主要為大學畢業生的失業問題。根據統計，中國大陸大學畢業生就業率已從 1997 年的 97.1%，逐年遞減，下降至這一兩年的 85% 左右，然受雇全職工作者僅達 82.1%。且根據「國家統計局」的資料顯示，只有 3% 的大學畢業生能找到月薪 5,000 人民幣以上的工作，其所反映在社會上的是「蝸居」與「蟻族」的大量增加。

㈣環保問題

　　改革開放以來，由於單方面注重 GDP 成長導向的經濟運作模式，導致生態環境受到極大的傷害，再加上政商利益勾結，以及治理能力的衰弱，使得各種監督機制形同虛設，相關政策也流於口號。各種數據告訴我們，環保問題可說是對當前中國大陸影響最為深遠的問題。世界銀行的報告指出，全世界空氣汙染最嚴重的二十個城市，中國大陸就占了其中的十六個。此外，中國大陸的江河水系 70% 受到汙染，流經城市的河流 90% 處於嚴重汙染狀態。中國大陸也是世界上肺病率最高的地區，在中國大陸有四億多城市居民呼吸不到新鮮空氣，有 20% 的兒童因為空氣汙染而鉛中毒。諸多國際機構也估計，大陸因各類汙染所造成的經濟損失至少是 GDP 的 10%。而近年各大城市不斷出現霾害，在農村出現「癌症村」等，都是中國大陸環境破壞的嚴重警訊。

　　除上述問題外，還包括公共衛生以及層出不窮的「黑心食品」問題，就前者而言，其中包括高死亡率的傳染病，如：AIDS、禽流感和SARS 等，但有些如肺結核等傳染病，致死率雖不高，但造成生活與心理上的折磨與不便，不只影響健康，對生活的威脅仍然存在；2016年起一系列的山東疫苗變質、江蘇疫苗過期、河北疫苗錯種事件；2018 年的非洲豬瘟，雖不會傳染給人類，但對豬的致死率高達 100%，嚴重影響豬肉品的產業。此外，由於廠商的投機行為，再加上政府監管不力，導致各種「黑心食品」充斥，幾乎能夠想得到的民生必需品，通通都包括在內。近年來所出現的「瘦肉精」、「三鹿毒奶粉」、頭髮醬油、化學假雞蛋、假酒、注水肉、毒桶裝水等，甚至學校供應過期變質的食物給學童，一系列關於食品安全的問題，皆掀起一波又一波的社會恐慌。2018 年 3 月，中國政府成立「國家市場監督管理總局」，實行質量強國策略，特別強調產品質量安全的監管，展現徹底整治的企圖。

㈤公安意外頻傳

　　重大公安事故向來是中國國家治理的「軟肋」，近年也不斷發生嚴重的傷亡意外，以 2015 年為例就發生如上海跨年踩踏意外（造成 35 人死亡 48 人輕重傷）、「東方之星」長江船難（400 多人遇難）、天津爆炸案（超過 150 人死亡、數十人失蹤、超過 700 人受傷，逾 1 萬 7 千間房屋損壞，波及 170 多家企業、3 萬多人受到影響）以及廣西柳城連環爆炸案（11 人死亡，51 人受傷），此外，包括海南、河南、江蘇和山東等地等都發生工廠起火甚至爆炸事件等，2019 年 3 月底甚至在 12 天內發生 12 起工廠爆炸與重大失火事件，造成至少 150 人死亡，其中江蘇響水縣陳家港化工園區在 2018 年就被查出有 13 條問題，並有反覆被罰的前科，工廠卻仍持續運作。各種公安事件都付出血淋淋的重大代價。

　　此些事件暴露出中國大陸公共安全的薄弱環節，從體制設計中權

責模糊不清、中央與地方關係、錯綜複雜的權錢交易、輿論管制，以及改革三十多年所奉行的「發展主義」沈澱成本等，無一不制約中國大陸往下一階段進化的可能。其中，中共「維穩至上」的思維也引發諸多爭議，其不僅要求媒體必須統一口徑報導，同時也管制網路輿論，以免事件擴大化。如在天津爆炸與廣西包裹事件中，事件發生後各大電視臺幾乎都在播放綜藝節目，然而與此同時，各式各樣的消息已在民眾的微信群中迅速傳開，這也無怪乎接下來會是「謠言滿天飛」了。如在天津事件中所出現的謠言包括：這是中央級權鬥的結果、瑞海公司與中央政治局常委國務院第一副總理張高麗間的關係、此爆炸不是化工物品而是小型核彈……等，這都是資訊不透明以及人民不相信政府所公布訊息的後果。2018 年，中國政府緊急成立「應急管理部」，統合 13 個災害管理權力和資源部門，希望降低公安事故，但公安事故仍頻繁發生，顯然力有未逮。就此而言，「維穩」思維暴露了中共體制的薄弱環節，既無法有效提升救災效率與能力，控制媒體來阻隔輿論也將蠶食國家與社會之間的信任關係。

參、社會力量崛起與國家回應

除各種社會問題不斷外，近年來中國大陸在社會轉型過程中，社會組織、社會抗爭與網際網路的蓬勃發展，應可說是代表社會力量崛起的主要特徵，以下將逐一介紹，並說明黨國對於社會轉型的回應。

一、社會組織

根據「民政部」的資料顯示，截至 2018 年 12 月，全大陸合法登記的社會組織共計已接近 80 萬個，其中包括社會團體 36.6 萬個，民辦非企業單位 44.3 萬個，基金會 7,027 個。然而這些組織多為與政府關係密切的 GONGO (government organized NGO)，目前在結構和數量

上並不能滿足社會的需求，而且多數政府組織僅是公部門的另一塊招牌，服務社會的能力遠遠不足。然而據估計，實際上社會組織遠比官方公布的多上十倍，❽ 許多是在政府的控制之外，這些組織包括環保、愛滋、扶貧、婦女、扶助農民工與慈善組織等，它們在地方（甚至某些領域的影響力已達全國）均極為活躍。❾

　　目前中共對社會組織的約束最主要是「雙重管理體制」，指的是社會團體須接受行政部門的雙重約束，即同時要有兩個「婆婆」，一是「登記管理機關」，另一是「業務主管單位」（民政部門）。在此種「雙保險」下，社團的發展完全在國家掌控之中。除了登記制度外，也分別針對不同組織採取「分類控制」或「底線控制」；即以社團「對政權的威脅程度」以及「協助政府經濟社會服務」等為考量，將社會組織進行分類與管理，如圖 6–1 所示，以統治利益為核心採取包括「納入體制」、「鼓勵成立並積極管理」、「有限放任」以及「嚴格禁止」等分而治之的策略。❿

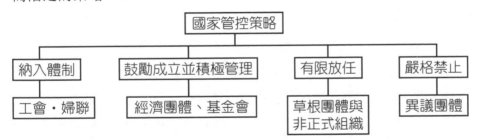

圖 6–1　國家對社會組織的管控策略
資料來源：王信賢、王占璽，「夾縫求生：中國大陸社會組織的發展與困境」，**中國大陸研究**，
　　　　第 49 卷第 1 期（2006 年 3 月），頁 27–51。

❽　王名，「改革民間組織雙重管理體制的分析和建議」，北京市社會組織網上
　　服務網，2012 年 5 月 25 日，http://210.73.89.225/cms/zxux/402.jhtml；王
　　紹光、何建宇，「中國的社團革命：中國人的結社版圖」，**浙江學刊**，2004
　　年第 6 期，頁 71–77。

❾　王信賢，**爭辯中的中國社會組織研究：「國家─社會」關係的視角**（臺北：
　　韋伯文化出版社，2006 年）。

❿　王占璽、王信賢，「中國社會組織的治理結構與場域分析：環保與愛滋 NGO
　　的比較」，**臺灣政治學刊**，第 15 卷第 2 期（2011 年 12 月），頁 115–175。

　　近年來中共對於管理社會組織主要有三個趨勢：放寬「雙重管理體制」、政府購買公共服務與建構樞紐型組織。在放寬「雙重管理體制」方面，近年來在多數省市的部分組織都僅需向民政部門登記即可，然而，所放寬的對象全是能協助政府經濟與社會治理的組織，包括行業協會商業類、科技類、公益慈善類、城鄉社區服務等四類。在政府購買公共服務方面，主要是由政府提供資金與資源，吸引民間社團申請參與社會服務，近年來各地都不斷配合中央政策，加速「政府購買服務」的推動。在「樞紐型組織」的建構方面，即透過原本即已存在的人民團體或新成立 GONGO 扮演「樞紐組織」，「分管」相關的草根組織，或進行資源分配，達到「以民管民」或「以社管社」。就此看來，其吸納社會組織參加公共服務的意圖極為明顯。

　　總之，面對蓬勃發展的社會組織，中共一方面透過「吸納」的方式，以強化其威權政體運作，❶另一方面則是透過最有把握的「壓制」手段迫其噤聲，近期發生於各地勞工 NGO 成員相繼遭到逮補與拘留即是一例。而在境外 NGO 的部分，「境外非政府組織 (INGO) 境內活動管理法」正式於 2017 年元月實施，其中最具爭議的制度安排，就是由公安部監管境外非政府組織，查核其資金來源、發展專案。而境外 NGO 必須有「業務主管單位」掛靠，且年度活動清單必須經過業務主管單位批准，否則可能會令境外 NGO 及其在中國大陸的合作方受到刑事處罰。在此之前與境外 NGO 合作最為密切的中央部委為民政部，而此一管理辦法由公安部擬定，也代表對境外 NGO 的進一步控制。

二、網際網路

　　隨著近年網際網路興起，新興公共領域於焉產生。根據「中國互

---

❶ Jessica Teets, Civil Society under Authoritarianism: the China Model(New York: Cambridge University Press, 2014).

聯網絡信息中心」(CNNIC) 第四十三次「中國互聯網絡發展狀況統計報告」，截至 2018 年 12 月，中國大陸總體網友規模達 8.29 億，網路普及度達 59.6%（如圖 6-2），較 2017 年底增加 3.8%。此外，運用手機上網的人越來越多，目前為 8.17 億，占中國大陸總上網人數的 98.6%，較前一年底增加 6,433 萬手機網民。再加上手機與微博帳戶的接通、手機網路購物等數字的攀升；顯見手機上網將能因其迅速、便利傳遞訊息、所需成本低等優勢持續成長，進而對中國大陸監控網路之能力造成挑戰。如 2016 年延燒一時的「魏則西事件」和「雷洋案」，網民不僅透過網路蒐集資訊，還原事實真相，追蹤事件後續發展，更在各個論壇、「網吧」上討論醫療體制的缺失和人身自由的保障。在一些重大公安事件的處理上，如天津爆炸案、「東方之星」船難等，中共本於「穩定壓倒一切」的思維而要求媒體必須統一口徑報導，甚至完全封鎖消息，民眾不得不透過互聯網獲取資訊，因此更容易導致「謠言滿天飛」的狀況。當前中國大陸網路輿情環境特徵包括：「微博影響力呈爆發式增長」、「網路意見領袖的出現」以及「手機上網用戶大增」等，使得網路成為輿論反映的重要平臺，呈現了網路民意對社會現實的強大影響力。

圖 6-2　中國大陸網民規模與網路普及率

資料來源：「中國互聯網絡發展狀況統計報告（2019 年 2 月）」，中國互聯網絡信息中心，http://www.cac.gov.cn/2019-02/28/c_1124175677.htm。

　　因此，近年大陸民眾透過網路「拷問」政府部門的頻率與深度日益增加，特別是微博的重大衝擊力所造成的「廣場效應」，使輿情的強度和社會政治壓力都大幅提高。網民透過微博所產生的「臨場感」使得相關事件的公共性、社會政治效果都被強化，並形成了所謂「圍觀改變中國」的輿情政治態勢。特別是「網路公共知識分子」的出現與爭辯，更讓議題的擴散更加快速。對此，中共一方面持續加強網路管制，如強化「防火長城」與「網警」，嚴密監控網路上的通訊，對不符合官方要求的內容，進行干擾、阻斷與遮蔽；另一方面則是加快回應網路上的言論，如在習近平上臺後所掀起的「微博反腐」風潮，遭「微博」舉報的各地貪腐高官，都以超乎尋常的速度遭到查處落馬，被查處的官員中多數與網路實名舉報有關，甚至包括副部級與正廳級的官員。此種「反腐要速度，更要力度」的舉措不僅可為黨中央的新領導立威，也可讓民怨找到宣洩口。

　　雖然目前官方網管部門的技術能力不斷強化，但網民「翻牆」能力亦不斷提升；近年來許多地方政府曾建議中央取締、關閉「微博」，但為黨中央反對。一方面，中共目前也無法逆此一潮流；另一方面，因為政務微博具有即時、便捷、開放、貼近群眾的特點，故在「微博」上開一口子讓民眾宣洩也有助於減輕民怨，且網民亦可成為中央獲知地方「民情」的重要管道。此外，為因應網路安全管理「九龍治水」的弊端，中共於 2014 年成立中共中央網路安全和信息化領導小組（「網信小組」），其下設置辦事機構中共中央網路安全和信息化領導小組辦公室（「網信辦」）。「網信小組」及「網信辦」成立後的作為，包括發布《即時通信工具公眾信息服務發展管理暫行規定》與各大入口網站簽署《跟帖評論自律管理承諾書》等。中共甚至在 2016 年 11 月正式通過《網路安全法》作為管理的最高準則，中央網路安全和信息化領導小組則於 2018 年 3 月改成中央網路安全和信息化委員會。

　　近年來，中國公共與論趨向緊縮，如透過「七不講」、「十六條」劃定輿論紅線與高校授課「綱領」、提出「黨媒姓黨」、「不得妄議中

央」，以及規劃審議網路安全法來防杜「重大突發事件」，近來甚至大規模約談抓捕維權律師與相關人士，2015 年 7 月 10 日，上百位律師、民間維權人士、上訪民眾及律師和維權人士之親屬，遭到公安部門大規模逮補，部份人士則下落不明，其中被刑拘、帶走、失聯、約談、傳喚、或短期限制人身自由，涉及省份多達二十三個，被稱為中國「710 維權律師」大抓捕事件。

三、社會抗爭

近十餘年來中國大陸社會抗爭急遽增加，這也成為我們觀察中國大陸社會穩定最重要的指標。根據公安部 2006 年 1 月公布，2005 年未經批准的群體遊行、示威、集會活動達九萬六千件，超過八百二十萬人次參加，平均一天發生高達二百六十三件集體抗爭事件。但耐人尋味的是，近年來未見中共當局公布相關數字。按照北京清華大學社會系孫立平教授估計，2010 年中國大陸共發生十八萬起社會抗議事件。❷ 幾乎包括各種議題，如抗議徵地不公、幹部貪腐、勞資糾紛、環境保護、消費者、社區權益、種族議題、民族主義或是突發事件等，不一而足，也含括各類人群，近年甚至包括多起大規模退伍軍人抗爭，2018 年還為此成立「退役軍人事務部」專職處理。且重要的是，規模與頻率皆不斷增加。就此而言，中國大陸儼然成為研究者筆下的「運動社會」(movement society)。❸

---

❷ 「中國大陸學者：2010 年 18 萬起抗議事件，中國社會動盪加劇」，多維新聞網，2011 年 9 月 26 日 http://china.dwnews.com/big5/news/2011-09-26/58160315.html。

❸ David Meyer and Sidney Tarrow, *The Social Movement Society: Contentious Politics for the New Century* (Lanham, MD: Rowman and Littlefield, 1998)；Sarah Soule and Jennifer Earl, "A Movement Society Evaluated Collective Protest in the United States, 1960–1986," *Mobilization: An International Journal*, Vol. 10, No. 3 (October 2005), pp. 345–364.

　　近年來我們也發現，在各類抗爭中，群眾的抗爭方式遠非採取「不合作」運動 (non-cooperation movement) 或透過敷衍了事、曠工與消極怠工等「弱者的武器」(weapons of the weak) 來宣洩。❶而是採取打砸燒抗議對象（政府機關或企業）、製造衝突、攻擊警察、癱瘓交通等暴力方式。最近幾年多次大規模抗爭中也凸顯出此種特質，如西藏「三一四事件」、貴州「瓮安事件」、雲南「孟連事件」、甘肅「會寧事件」、湖北「石首事件」、新疆「七五事件」、四川「什邡事件」、江蘇「啟東事件」、廣東「烏坎事件」、「退伍軍人抗爭事件」、「卡車司機罷工事件」，以及發生在各地大規模的「PX 抗爭事件」等，無一不是震驚國際的事件。就目前看來，中國大陸社會抗爭有以下特徵：抗爭規模有擴大趨勢、抗爭少有跨階級與跨區域、抗爭階層越加往上移動、抗爭性質越多「價值取向」、針對政府抗爭比例下降、缺少組織性反對，以及暴力抗爭比例下降，此皆顯示抗爭民眾逐漸通曉要如何和這個政權「打交道」。

　　而針對社會抗爭的頻發，中國大陸政府的回應則以「鎮壓」為主，從 2011 年以來，國際媒體不斷報導中國大陸「公共安全」預算超越「國防」經費（如圖 6-3 所示）即可看出端倪。雖然大陸官方一再強調「中國向來預算根本沒有『維穩』這一項，且強調美、法等國也是公共安全支出高於軍費」；但面對社會情勢的變化與政府的回應，仍可看出此議題的重要性。且近年來中國大陸地方政府的工作重心似乎發生了質的變化，主因是「維穩」成為一票否決指標的效應逐步擴大，各地也增加相關經費。在多數地區都超過教育與醫療經費，特別是在相對落後的區域，貧困地區投入在維穩方面的經費愈多，用於發展經濟改善民生的錢就可能愈少，蘊積的社會矛盾也就愈多，維穩的緊迫性也就愈強。

---

❶　James Scott, *Weapons of the Weak: Everyday Forms of Peasant Resistance* (New Haven: Yale University Press, 1985).

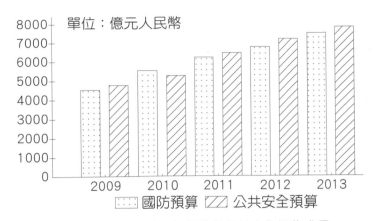

圖 6–3　中國大陸近年國防與公共安全經費成長

資料來源：林克倫，「大陸維穩預算　連 3 年高出軍費」，聯合報，2013 年 3 月 6 日，
http://udn.com/NEWS/MAINLAND/MAI1/7739426.shtml#ixzz2Mk4WA7oW。

　　除此之外，我們也發現中共近年來正強化科技能力以控制社會。
一直以來，學界對於資訊科技發展究竟是民主的助力，亦或是威權鞏
固的利器一直有所爭論，自由主義者認為資訊科技的發展可以創造更
好的政治參與環境，但反對者認為實際上可能反過來讓國家強化對資
訊的壟斷並加強對人民的控制。著名小說「1984」想像出一個政府監
控無處不在的世界，「老大哥正在監視你」 (Big brother is watching
you)， 成為描繪極權國家的名句。而英國電視劇 「黑鏡」 (Black
Mirror) 有一集描繪一個烏托邦世界 ： 人們由一個統一的系統進行評
分，這個評分將影響他們的社交、工作等可獲得的待遇。然而在現實
上，這樣的狀況正在中國發生。

　　2015 年 5 月中國國務院公布 「中國製造 2025」 (Made in China
2025) 計畫，其取材自德國的「工業 4.0」(Industry 4.0) 計畫，用以提升
製造業的電腦化、數位化和智能化。在 「中國製造 2025」 的催動，再
加上阿里巴巴、百度與騰訊等網際網路三大巨頭，使得物聯網、大數據
分析、人工智慧 (AI) 等相關產業進入「大爆發」時期，而此不僅是展現
在經濟層面，中共政權透過制度設計、對企業的掌控等，使得「數位經
濟」成為對民眾的直接控制，更可能實現一種新的超級控制。中共近年
來積極推動的網路管理、社會信用體系的建構以及天網 (skynet) 工程和

DNA 資料庫的建立等，特別是黨國對「大數據」的壟斷，中國國家社會關係也隨之變化，透過科技發展與制度創新，黨國體制名為替社會編織更完善的安全網絡，但實質上卻是對社會布下天羅地網，使得民眾在享受便利的同時，一個等級更高的「老大哥」無所不用其極地監控著。

　　因此在中國，資訊科技發展不是民主的助力，反而是讓國家強化對資訊的壟斷並加強對人民的控制，而中共對資源、技術的掌控，再加上具成熟監控制度設計的政權，可稱之為「科技威權主義」(technological authoritarianism)。❶❺

肆、「社會管理」政策與挑戰

　　政權對社會的回應與回饋機制不論從理論或實際出發，都是我們觀察一個國家政治、社會轉型的關鍵，以下將說明近年來中共對於社會議題的政策回應，以及其所面臨的挑戰。

一、政策回應

　　從 2002 年以來，中共就不斷提出「全面建設小康社會」、「科學發展觀」以及「建構和諧社會」等以緩解社會矛盾，特別是「十八大」政治報告所提及的「在改善民生和創新管理中加強社會建設」，其開宗明義即提到：「加強社會建設，是社會和諧穩定的重要保證」。關於此，大致可區分為「強化民生」與「社會管理」兩方面，這也是中共處理社會問題的基本框架。

㈠強化民生工程

　　根據大陸官方資料，社會保障的目標包括：1.制度建設：各項保

---

❶❺　王信賢，「科技威權主義：習近平『新時代』中國國家社會關係」，**展望與探索**，第 16 卷第 5 期，2018 年 5 月，頁 111–127。

障制度基本完備； 2.覆蓋範圍：基本養老保險與基本醫療保險，保障人群實現基本覆蓋； 3.保障水準：繼續提高各項社會保險待遇水平； 4.服務體系建設：基本形成覆蓋全社會的勞動就業與社會保障公共服務網絡。在具體政策方面，彙整「十二五規劃綱要」、「十八大」政治報告與近年之「政府工作報告」可歸納出以下的「民生」政策：

1.收入分配

強調初次分配和再分配都要兼顧效率和公平，再分配更加注重公平的作法包括：規範收入分配秩序、保護合法收入、增加低收入者收入、調節過高收入、取締非法收入等。在「城鎮居民人均可支配收入」與「農村居民人均純收入」上，人民生活指標均要求每年超過 7% 的成長率，特別是社會弱勢群體，其最低工資的標準要年均增長 13% 以上，幾乎是經濟成長率的一倍，致力於縮小全社會收入差距，習近平上臺後也更加強調「精準扶貧」。

2.就業問題

實施就業優先策略，把促進充分就業作為經濟社會發展優先目標，包括健全人力資源市場、完善就業服務體系、改善勞動標準體系和勞動關係協調機制、保障非正規就業勞動者權益、安置退役軍人就業。

3.住房問題

「安居樂業」成為新的施政目標，除了既有社會保險指標外，還包括新增城鄉保障性安居工程建設與住宅，租購並舉的住房制度，用意即在解決「買屋難」的社會問題。

4.社會保障

全面建成覆蓋城鄉居民的社會保障體系，健全社會保障經辦管理體制，建立更加便民快捷的服務體系。構建綜合救助工作機制，實現

社會救助「一門受理、協同辦理」。「民政部」做了「擴大社會保障基金籌資渠道，建立社會保險基金投資運營制度，確保基金安全和保值增值」等政策宣示。

5.健康醫療

健全全民醫保體系，建立重特大疾病保障和救助機制，完善突發公共衛生事件應急和重大疾病防控機制。「十二五」、「十三五」也推出許多具體舉措，包括基礎養老金、擴大基本醫療保險，並將醫療資源向農村傾斜，建立基層醫療衛生服務體系等。

6.教　育

大力促進教育公平，合理配置教育資源。規定「九年義務教育鞏固率」、「高中階段教育毛入學率」與「學前三年毛入園率」的指標，分別要求一定要達到 95%、90%、85% 的水準。

㈡加強與創新社會管（治）理

社會建設除了「民生工程」外，另一個主軸就是強調「加強和創新社會管理」，由黨國主導的「社會管理」被拉到與「民生建設」同等重要的位階；代表著社會矛盾光「緩解」是不夠的，仍須積極地對社會進行「管理」才行。關於「社會管理」早在 2004 年即已提出，2010 年底以來，中東北非的茉莉花革命與阿拉伯之春的民主浪潮，更令中共有「社會管理」的壓力，有別於胡錦濤提的「加強與創新社會管理」，習強調的是「創新社會治理」，其中包括「改進社會治理方式」、「激發社會組織活力」、「創新有效預防和化解社會矛盾體制」、「健全公共安全體系」。

在人事與組織的部分，2011 年 9 月，中共將「中央社會治安綜合治理委員會」更名為「中央社會管理綜合治理委員會」，由「治安」改為「管理」，然而，2014 年 7 月，又將之恢復為「中央社會治安綜合

治理委員會」，顯見「治安」依然是社會管理的關鍵。而「綜治委」、「維穩小組」以及「610 辦公室」等在 2018 年 3 月的機構改革中皆併入「政法委」。

　　過去在強化社會穩定過程中，明顯地，政法系統特別是公安部門在其中「擴權」與「獲利」，針對此中共也試圖直接從「組織」上進行調整。包括在各省市常委換屆中，多數原政法委書記未進常委，政法委書記由非政法系統的官員轉任；在「十八大」眾所矚目的新任政治局常委中，原本「十六大」、「十七大」政法委書記「入常」的狀況也有所改變，由此可見中央有意識地弱化政法委的職能。因此，從地方到中央，代表強制力量的「政法」系統權力受到約束，可能隱含著「社會管理」的內涵出現「質」的變化。而「十八大」以來，中國社會管理的特徵如下：

1.由黨和國家主導

　　形成由「加強黨委領導，發揮政府主導作用，鼓勵和支持社會各方面參與」，並「建立健全黨和政府主導的維護群眾權益機制，暢通和規範群眾訴求表達、利益協調、權益保障管道」。

2.強化公共服務體系

　　加快形成「政府主導、覆蓋城鄉、可持續的基本公共服務體系」。

3.加快形成政社分開、權責明確、依法自治的現代社會組織體制。

4.健全重大決策社會穩定風險評估機制，並強化公共安全體系和企業安全生產基礎建設，遏制重特大安全事故。

5.加快形成源頭治理、動態管理、應急處置相結合的社會管理機制。

6.強化基層維穩機制

十八屆三中全會報告提及「堅持源頭治理，標本兼治、重在治本」，此部分主要指「建立健全重大決策社會穩定風險評估機制」、建構社會監控的「網格化管理」以及社會矛盾排除的「大調解機制」，試圖透過最基層的管理機制以維護社會穩定。

就此而言，當前中共官方因應多元崛起與快速變遷社會形勢，所依恃的是由黨國所主導的民生政策以及社會管理，特別是這一兩年不斷提出的「加強與創新社會管理」。此外，民生政策一再地推動，代表中央明確朝向強化「基礎權力」(infrastructural power) 前進；❶但從一些跡象也看得出來，國家能力的不足導致政策大打折扣，而削弱國家能力最主要的不是來自社會，而是來自國家本身。

7.加強網路輿論管理

目前網路「謠言」被中共視為影響社會穩定、甚至是國家安全的重大因素，在十八屆三中全會報告不僅在社會部分提及「加大依法管理網路力度，加快完善互聯網管理領導體制，確保國家網路和資訊安全」，在文化部分也提到要「健全堅持正確輿論導向的體制機制」，其中包括健全網路突發事件處置機制、整合新聞媒體資源、推動新聞發布制度化等。而在 2015 年《刑法》第 9 次的修正案中，甚至將「造謠」入刑。以下將就當前中國大陸社會治理提出觀察與評論。

---

❶ Michael Mann, *The Sources of Social Power: The Rise of Classes and Nation-states, 1760–1914* (New York: Cambridge University Press, 1993), pp. 54–63; Michael Mann, "Infrastructural Power Revisited," *Studies in Comparative International Development (SCID)*, Vol. 43, No. 3–4 (2008), pp. 355–365.

二、困境與挑戰

整體而言，中國大陸社會建設的目標為強化黨國執政能力，其涉及兩方面的發展，一是原本以黨國為核心的「治安」，轉變成以「黨委領導、政府負責」為核心，加入「社會協同、公眾參與、法制保障」的「管理」。二是強化以社會保障為基礎的民生工程。對此，我們認為有幾個值得思考之處：

㈠社會管理涉及「政治改革」

一直以來，中共強調的是「社會管理」而非「社會治理」，就可看出其中「由上而下」的邏輯。既然社會管理由黨國主導，要改革的議題與對象也都涉及「政治」。近年來包括「報告」在內的官方文件不斷提及推動多種所有制經濟共同發展並打破壟斷、深化價格改革、深化收入分配制度改革、推進事業單位分類改革、加快推進政府改革與加強廉政建設，此些均是改善民生問題與創新社會管理的基礎，但無一不涉及政治改革。換言之，觀察「社會建設」絕無法迴避「黨建」和「政府職能轉變」。

㈡政策制定與執行的難題

在依然是不完全競爭市場的中國大陸，官僚部門是最大的利益團體，相關部門在鞏固自身的「勢力範圍」後，為獲得更多的利益，往往會將勢力延伸至其他部門，進而產生利益衝突，李侃如 (Kenneth Lieberthal) 稱之為「分裂式的威權主義」(fragmented authoritarianism)。❶❼我們也看到，中央意圖推動民生政策的願望，往往被垂直（條條）或水

---

❶❼ Kenneth Lieberthal, "Introduction: The 'Fragmented Authoritarianism' Model and Its Limitations," in Kenneth Lieberthal and Michel Oksengerg ed., *Policy Making in China: Leaders, Structures, and Processes* (N.J.: Princeton University Press, 1988), pp. 1–30.

平（塊塊）的政府組織輕易切割。以醫療衛生改革為例，雖說從管理主體上是衛生部門，但缺少其他部門的支持將會面臨巨大困難；按現行中國行政機構體系，與衛生相關的部門，少則有「衛計委」、「發改委」、「人力資源與社會保障部」、「藥監局」等，多則涉及十幾個部委。在食品安全問題亦然，涉及工商、衛生、藥監、質監、「農業農村部」與「商務部」等十多個部門；房地產問題也多牽涉住房與城鄉建設部等利益，環保議題亦然。若再涉及地方利益，將會使政策的執行更加碎裂與複雜。除此之外，在「社會管理」方面，試圖在「社區建設」與「放寬雙重管理體制」上有所作為的「民政部」，也與強調「慎防公民社會陷阱」與「網格化管理」的政法委間產生衝突。

㈢「維穩創新」對地方治理的影響

作為面對社會穩定第一線的中國大陸地方政府，向來介入各種經濟社會生活甚深，其為直接處理抗爭的公權力主體，也可能是誘發抗爭的主因、抗爭的對象。在此種「由下而上」的「維權」需求以及「由上而下」的「維穩」要求下，「社會管理」對地方政府的意義不言可喻。而各種「維穩創新」目前出現以下問題：1.為「維穩」疲於奔命：目前「維穩」成為「一票否決」的指標效應逐步擴大，地方幹部不得不疲於奔命於和「維穩」相關的事項，進而出現目標與手段的錯置，該負的職務反而忽略。2.「維穩」成為政策失誤的避風港：由於「維穩」定義太寬，愈來愈多地方政府把幾乎所有難辦的事項都納入其中，以此解決施政困境，「維穩」甚至成了一些地方的官方辯解。3.社會管理創新無法「一刀切」：中國大陸區域發展差異極大，各地社會發展程度也不一，政府能動用的資源也不同，且有可能因地方「一把手」的更迭而有不同結果。以「烏坎事件」為例，2011年廣東省委書記汪洋以「協調」方式處理，然而，在2016年的事件中，省委書記胡春華卻以「壓制」方式解決，因此能否用同樣一套維穩或創新的標準衡量不無疑問。

㈣缺乏真正社會參與的「社會管理」

按理說，「社會管理創新」就是政府、企業、NGO 和公眾各行動者透過跨界合作，用創新的方法系統性地解決社會問題；我們也看到「十八大」政治報告強調「社會協同」與「公眾參與」，提出「加快形成政社分開、權責明確、依法自治的現代社會組織體制」。「十九大」政治報告強調，「打造共建共治共享的社會治理格局」，提出「社會治理重心向基層移動」。如前所述，近年來包括廣東、上海與北京等地在社會組織管理上逐漸放寬，但在「黨委領導」與「政府負責」的主導下，公私協力與參與式治理都被限制在黨國體制的政治框架中，真正的「社會」注定將受到忽略。

伍、結　語

中國大陸改革開放雖獲得極大的經濟成就，但在市場轉型過程中亦出現許多「副產品」，其中最明顯表現在社會問題叢生。以往研究者多將關懷的焦點集中於經濟制度變遷，而目前各類社會問題所產生的種種效應，亦引發了諸多學者對中國大陸失衡的發展提出警語，包括前述之中國大陸各社會階層正發生「斷裂」、中國大陸已進入「改革危險期」、中國大陸正步入一個「高風險的社會」、「中等收入陷阱」、「社會轉型陷阱」或「低度發展」(underdevelopment) 的道路等，不一而足。更棘手的是，當前中國大陸各類社會問題均環環相扣，且具有「牽一髮而動全身」的問題特質。由前所述，中共在政策制訂與執行上向來所遭遇的最大困境就是條條塊塊等部門利益的衝突，習近平上臺以來除戮力「反腐」外，最大的亮點就是透過「集權」理順改革障礙，包括成立「全面深化改革領導小組」與「國家安全委員會」等「等層設計」機構以解決政出多門與多龍治水的困境。

整體而言，中國社會目前是「平穩但不平靜」，不平靜的因素也多

在黨國強力控制下受到抑制，然而，仍有諸多問題未解或無解，如近日嚴重的霧霾問題與少數民族問題，而包括此些在內的社會問題，恐非單單依恃「鎮壓權力」所能應對的，習近平所強調的「依法治國」是一個方向，但「制度化」的目的不是針對單一政黨的「打鐵還需自身硬」，而是廣大人民的利益。事實上，習近平的社會治理方向與政策與胡溫時期差異並不大，但在執行層面近兩三年來卻強化許多，從習上臺以來，不管是內政、反腐、外交，甚至是兩岸等諸多出人意表的政策看來，其決策風格與節奏是我們必須高度留意與深入研究的。然而，如前所述，中國社會有諸多問題不會因領導人的意志而轉移或解決，特別是在社會力量快速崛起且愈趨多元的狀況下，社會管理的難度將會愈來愈高。

問題與討論

一、請說明目前中國大陸的人口結構與發展趨勢，並論述其對大陸未來發展的影響。

二、請簡單說明目前中國大陸的「三農」與農民工問題，以及目前官方主要的解決之道。

三、何謂當前中國大陸社會所面臨的「三難」問題？請說明並論述其成因與現象。

四、你如何觀察目前中國大陸「社會力量」的崛起？中共官方有何對策？

五、面對社會問題不斷發生以及社會力量的興起，近來中共提出的「社會建設」包括哪兩方面？你如何評估之？

參考文獻

王占璽、王信賢，「中國社會組織的治理結構與場域分析：環保與愛滋 NGO 的比較」，**臺灣政治學刊**，第 15 卷第 2 期（2011 年），頁 115–175。

王名，「改革民間組織雙重管理體制的分析和建議」，北京市社會組織網上服務網 ，2012 年 5 月 25 日，http://210.73.89.225/cms/zxux/402.jhtml。

王信賢，**爭辯中的中國社會組織研究：「國家－社會」關係的視角**（臺北：韋伯文化出版社，2006 年）。

王信賢，「傾斜的三角：當代中國社會問題與政策困境」，**中國大陸研究**，第 51 卷第 3 期（2008 年），頁 37–58。

王信賢、王占璽，「夾縫求生：中國大陸社會組織的發展與困境」，**中國大陸研究**，第 49 卷第 1 期（2006 年），頁 27–51。

王信賢，「科技威權主義：習近平『新時代』中國國家社會關係」，**展望與探索**，第 16 卷第 5 期，2018 年 5 月，頁 111–127。

王紹光、何建宇，「中國的社團革命：中國人的結社版圖」，**浙江學刊**，第 6 期（2004 年），頁 71–77。

吳玉山，「現代化理論 vs. 政權穩定理論：中國大陸民主發展的前景」，**政治科學論叢**，第九期（1998 年），頁 443–464。

李春玲，「尋求變革還是安於現狀：中產階級社會政治態度測量」，**社會**，第 2 期（2011 年），頁 125–152。

李路路、李升，「殊途異類：當代中國城鎮中產階級的類型化分析」，**社會學研究**，第 6 期（2007 年），頁 15–37。

孫立平，**轉型與斷裂**（北京：清華大學出版社，2004 年）。

清華大學凱風研究院社會進步研究所、清華大學社會學系社會發展研究課題組，「『中等收入陷阱』還是『轉型陷阱』？」，2012 年，http://www.citygf.com/cul/nfjt/11/09/201205/W02012052162438017

4222.pdf。

陸學藝主編，**當代中國社會結構變遷研究**（北京：社會科學文獻出版社，2010 年）。

Lieberthal, Kenneth. "Introduction: The 'Fragmented Authoritarianism' Model and Its Limitations." in Kenneth Lieberthal and Michel Oksengerg, ed. *Policy Making in China: Leaders, Structures, and Processes*. N.J.: Princeton University Press, 1988, pp. 1–30.

Mann, Michael. *The Sources of Social Power: The Rise of Classes and Nation-states, 1760–1914*. New York: Cambridge University Press, 1993.

Mann, Michael. "Infrastructural Power Revisited." *Studies in Comparative International Development (SCID)*, Vol. 43, No. 3–4 (2008), pp. 355–365.

Meyer, David and Sidney Tarrow. *The Social Movement Society: Contentious Politics for the New Century*. Lanham, MD: Rowman and Littlefield, 1998.

Scott, James. *Weapons of the Weak: Everyday Forms of Peasant Resistance*. New Haven: Yale University Press, 1985.

Soule, Sarah and Jennifer Earl. "A Movement Society Evaluated Collective Protest in the United States, 1960–1986." *Mobilization: An International Journal*, Vol. 10, No. 3 (2005), pp. 345–364.

Teets, Jessica. Civil Society under Authoritarianism: the China Model. New York: Cambridge University Press, 2014.

White, Gordon. *Riding the Tiger: The Politics of Economic Reform in Post-Mao China*. Stanford: Stanford University Press, 1993.

第七章
兩岸兩會制度化協商可能轉折的探討

壹、前　言

自 1989 年兩岸開放交流以來，迄今已屆二十五年。不過雙方關係在接觸與協商層面，由於時斷時續，大部分時間維持在「不相往來」的局面。說起來，與兩岸交流熱絡的局面，確實無法產生對兩岸談判有正比的效果。但是，兩岸之間的談判與協商，是兩岸關係發展中非常重要的一環，它不僅可以作為水銀柱來測試兩岸關係的高低，而且也能視作是溫度計探詢兩岸當局對彼此互動的冷熱。

因此，探討兩岸的談判與協商，來分析兩岸關係當有其必要性，而本文正是從這樣的角度出發，試圖將兩岸展開接觸協商以後的過程，特別是 2008 年馬英九總統執政之後，在談判層面提供有關形式上與實質上變遷的分析。但 2016 年總統大選民進黨贏得了勝利，臺灣又面臨再一次的政黨輪替，蔡英文上臺執政，能否持續馬英九執政時期制度化的兩岸兩會協商機制？這又是探討這個主題的關鍵所在。

在 2008 年馬英九贏了臺灣大選之後到他卸任，的確在兩岸關係上，創造了前所未有的「和平發展時期」。如就只談「兩岸協商」此一層面而言：從 2008 年 6 月起，到 2016 年 5 月止，兩岸能夠進行十一次「兩岸兩會領導人會晤」，締造了二十三項協議的簽署，以及兩項共識聲明，這其中尚包括「兩岸經濟合作框架協議」簽訂、兩岸定期班機直航啟動、兩岸共同打擊犯罪合作。如再加上臺北同意承認大陸高校學歷，以及允許陸生來臺等等措施，委確是超越了兩岸過去任何一個時期的紀錄。

　　所以，馬英九執政八年時期，不但是兩岸關係平穩的發展、兩岸兩會協商的制度化推進，而且也創造了政治性接觸的紀錄。像「兩岸事務主管的會晤」，以及 2015 年 11 月 7 日，他在新加坡與中共國家主席習近平歷史性的會晤，都是 1949 年兩岸分治之後所僅見的突破。

　　本章主要的議題將聚焦在下列三個層面：

　　1.對兩岸兩會會談的過程描述，以及各方對這些會談結果的評價分析，希望藉此尋找出兩岸協商走向機制化的現象，並偏重兩岸兩會協商在「會商時程」、「人員會晤」以及「議題設定」的制度化。

　　2.本文會針對兩岸兩會協商「議題內容」的性質予以分類，並從「議題內容」裡分析出其中的特色。

　　3.雖然兩岸兩會協商已走向於制度化，不過顯然沒見到過程是完全的順利，像已經簽署的協議沒能生效；貨貿議題仍在持續協商，兩岸兩會互設辦事處議題沒見進度，足證兩岸協商的制度化結果，不能解決兩岸政治互信不足的問題。

　　4.再看兩岸政治層面的接觸，除了前面所說「兩岸事務主管的會晤」，以及 2015 年 11 月 7 日的「馬習會」外，尚有其他政治議題，包括臺北得以「中華臺北」名稱、以及「觀察員」名義在 2009 年與 2015 年間數度參與 WHA，加上前副總統連戰、與稍後的蕭萬長，均能得以突破禁忌，數度代表臺灣出席 APEC 領導人高峰會議，這是兩岸過去絕無僅有的現象。本章也從此一角度出發，探討兩岸政治議題是否得以後續談判的可能走向。

　　5.則是探討 2016 年蔡英文上臺之後，對於北京所提兩岸政治互信基礎的「九二共識」一直採取迴避態度，而北京反應又是特別強烈，那麼蔡英文時代兩岸兩會協商的情況到底會是什麼走向，希望作個情勢的預判。

貳、制度化協商的建立，以及議題內容的解讀 (2000–2016)

一、制度化協商的建立

㈠兩岸兩會各層級的負責人定期會晤商談的安排

　　第一次「江陳會」會談時，兩會已同意強化各層級人員的對話及交流，加強兩會各層級聯繫與往來；設立兩會董事長、副董事長層級聯繫機制及緊急聯絡人（副秘書長層級）之緊急聯繫；並共同推動兩會理監事與相關主管部門人員以顧問身分互訪等。❶

　　在第三次「江陳會」時，兩會已經漸次形成一套「建立機制、累積互信、解決問題、共創未來」協商模式，包括會談前透過兩岸密集的函電往來、協商聯繫，為兩岸業務主管部門官員安排業務溝通；俟各議題經多次溝通形成共識，臻於成熟而達可收成階段，則安排兩會副會長（副董事長）進行程序性商談，為預備性磋商及會談日程與協議最後歧見與爭點進行意見交換；進而再依照程序性商談結論，依照慣例交錯地在對方舉行正式且公開的預備性磋商，正式敲定兩會會談時地與日程，並完成文本整合工作。之後，則如期的舉行兩會半年度例行會談。未來本會將根據這套協商模式，在陸委會的指導與參與下，協助各部會完成授權之協商任務。❷

　　等到第六次「江陳會」談結束後，依兩會共識，會談採取「制度化、單純化」原則辦理。相關日程安排，包括「兩會副董事長層級預

---

❶　財團法人海峽交流基金會（以下稱海基會），「第一次江陳會談」，海基會網站，http://www.sef.org.tw/ct.asp?xItem=48212&ctNode=3809&mp=19。

❷　海基會，「第三次江陳會談」，海基會網站，http://www.sef.org.tw/ct.asp?xItem=50785&ctNode=3809&mp=19。

備性磋商」、「兩會領導人會談」、「簽署儀式」及「中外記者會」，排除不必要，與會談無關之拜會、餐敘活動。❸

㈡兩岸兩會對事先議題之因應，後續協商議題之安排的推動

首先，針對兩會對事先議題之因應，在第四次「江陳會」時，海基會就將會談前先期準備工作作好妥排。❹

1.成立決策及專案小組

第四次「江陳會談」議程包括兩會領導人的會談與對話、確認協議文本、簽署協議、會晤及參訪等主要內容，為兩岸協商中極具政策高度與策略的重要活動，因此由相關機關成立決策小組，海、陸兩會及相關部會則成立專案小組，就跨部會事項進行協調與分工；相關機關另成立維安小組，統籌維安布署工作並處理相關事件。海、陸兩會則在專案小組下設有工作小組。

2.海基會成立相關工作分組

該會依據上述工作指揮體系，另成立幕僚分組（含撰稿小組）、行政分組、新聞分組、活動分組及安全分組等各工作分組，各組同仁在前三次會談經驗及基礎上，分別進行幕僚議事、撰稿、行政後勤、新聞處理、活動安排及維安等相關幕僚規劃與前置作業。

3.進行兩會副董事長層級程序性商談

經兩會商定將「兩岸農產品檢疫檢驗」等四項列為第四次會談協

---

❸　行政院大陸委員會（以下稱陸委會），「立法院經濟委員會第六次『江陳會談』經過報告」，2010 年 12 月 27 日，陸委會網站，
http://www.mac.gov.tw/ct.asp?xItem=91496&ctNode=6839&mp=113。
❹　海基會，「第四次江陳會談」，海基會網站，
http://www.sef.org.tw/ct.asp?xItem=95038&ctNode=3809&mp=19。

商議題後，我方相關主管機關隨即成立專案小組，研商協商方案及談判策略。10 月 13 日兩會於大陸杭州進行副董事長層級第一次程序性商談，雙方即透過兩會平臺，由雙方主管機關官員多次往返兩岸展開業務溝通與技術磋商。11 月 3 日，兩會於宜蘭進行第二次程序性商談，持續就各議題重要部分進行磋商，並交換協議文本；雙方並就第四次「江陳會談」日程安排等相關事宜，繼續交換意見。

4.進行正式且公開之預備性磋商

為妥適安排第四次會談，本會高孔廉副董事長及海協會鄭立中常務副會長於 12 月 9 日、10 日在大陸福州香格里拉大飯店舉行正式預備性磋商，會談本身及正式預備性磋商分別在對方輪流交錯舉行，象徵兩岸兩會對等協商。

本次磋商主要任務是對第四次會談具體日程進行安排，並針對四項議題續行協商。經過二天的密集磋商，雙方已經如期的就相關日程與議題達成多項共識，獲致良好的成果，為第四次會談的舉行與四項協議的簽署，奠定堅實的基礎。

其次，針對兩會後續協商議題之安排，在第一次江陳會談時，海基會就確立兩岸兩會未來協商、交流及合作之方向，並在前一次會議時確定下一次會議的議題。❺

譬如說，江丙坤與陳雲林在第一次江陳會談時就各自立場陳述意見，以利兩會交流及為兩會後續協商作準備，相關情形如次：就兩會後續協商的議題達成共識，雙方將儘速處理兩岸貨運包機及週末包機增加班次、開放航點及建立新航路等議題，並透過後續協商落實執行。另外，我方也提出今年內希望談的議題，包括：海運直航、兩岸海域

---

❺ 陸委會，「『兩岸 612 江陳會談情形』專案報告」，陸委會網站，2008 年 6 月 18 日，
http://www.mac.gov.tw/ct.asp?xItem=48182&ctNode=6396&mp=1&xq_xCat=03。

油氣共同合作探勘、兩岸共同打擊犯罪、小三通擴大人貨往來事宜、推動兩岸氣候變遷和氣象研究之交流與合作等。雙方同意應儘速規劃近期協商的議題和進行步驟。

㈢兩會高層互動的安排，

1.每年二次，各在兩岸分別主辦

　　第二次江陳會後，陸委會曾說明：兩次「江陳會談」的順利完成，為制度化協商奠定基礎。兩岸亦確立制度化協商的常態運作機制，未來每半年將舉行一次兩會高層會談。這彰顯出兩岸已揚棄過去的對立衝突路線，而以協商代替對抗，以和解代替衝突，邁向和平發展、互利共榮的兩岸協商新時代。❻

2.兩會到對方參訪，應與正常會議區隔，另外安排

　　首次的參訪是 2011 年 2 月 23–28 日，陳雲林率領海協會經貿考察團赴臺參訪交流。這是兩岸兩會恢復制度化協商後，海協會會長首次率團赴臺進行交流活動，實現了兩會交流的正常化。此前，陳雲林曾三次率團赴臺，目的都是為了協商談判，而此次率團訪臺的主要任務，則是考察臺灣投資環境，推動大陸企業赴臺投資，推動兩岸產業合作和中小企業合作、農產品產銷合作等。陳雲林此行還首度深入臺灣中南部地區，前往高雄、嘉義、雲林等地參訪，受到了當地業界和民眾的熱烈歡迎，成果與意義得到了臺灣輿論的普遍肯定。❼

　　其實，北京也正視兩岸制度化協商的效用，2012 年 9 月，中共總

---

❻　陸委會，「兩岸會談政策相關說明」，陸委會網站，2009 年 4 月 7 日，頁 2，http://www.mac.gov.tw/public/Data/9641411871.pdf。

❼　國務院臺灣事務辦公室（以下稱國臺辦），「陳雲林率海協會經貿考察團赴臺參訪交流實現兩會交流正常化」，國臺辦網站，2011 年 2 月 28 日，http://www.gwytb.gov.cn/lhjl/la2008/201103/t20110308_1776054.htm。

書記胡錦濤在俄羅斯舉行的 APEC 高峰會上會見國民黨榮譽主席連戰時就指出：「要堅定不移走兩岸關係和平發展道路，同時必須要加強兩岸關係和平發展的制度化建設」。❽2012 年 11 月，兩岸需「加強制度建設」就寫入了中國共產黨的十八大報告。❾換言之，除了臺北持續推動兩岸制度化協商外，北京也在積極地建立兩岸制度化的協商管道。對此，大陸學者周志懷曾認為：「兩岸關係和平發展的制度化建設，已成為兩岸追求的共同目標，在施政的頂層設計上有重要交集」，周並提醒「制度化建設具有長期性、穩定性和全域性，建構制度正是為了共用制度化建設所帶來的紅利」，同時周也強調「推進制度化建設是兩岸關係和平發展的必須與客觀趨勢，其重要成果則是兩岸關係和平發展框架的構建」。❿

二、協商議題內容的解讀

㈠兩岸兩會協商「議題內容」的性質分類

1.「議題設定」的制度化：先經後政、先急後緩、先輕後重

　　馬英九總統在接受臺灣「蘋果日報」專訪時也曾表示：「ECFA 不可能完全沒政治涵義」。⓫然而弔詭的是，兩岸兩會現在所簽的十八項

---

❽　羅印沖，「胡錦濤：18 大後兩岸政策不變」，中時電子報，2012 年 9 月 8 日，
http://news.chinatimes.com/politics/11050202/112012090800198.html。

❾　「胡錦濤在中國共產黨第十八次全國代表大會上的報告」，新華網，2012 年 11 月 17 日，
http://news.xinhuanet.com/18cpcnc/2012–11/17/c_113711665.htm。

❿　「周志懷：兩岸關係制度化應宣導紅藍綠共同構建」，中國臺灣網，2013 年 3 月 5 日，
http://news.ifeng.com/taiwan/3/detail_2013_03/05/22759398_0.shtml。

⓫　黃敬平、王姵雯、陳明旺，「馬英九鬆口說 ECFA 有政治意涵」，蘋果日報

協議的共同點就是，兩岸均認為這些歷次江陳會所簽署的條約均屬事務性協商，再者兩岸也盡量不去碰觸「一個中國」定義，更不碰觸任何狹義的政治性議題。**⓬**

　　事務性協商及政治性協商的區別將如何梳理？本文認為兩岸共同的說法：「先經後政、先急後緩、先輕後重」，值得提出來說明，那就是凡事不涉及「一個中國」定義以及政治性的對話都可以稱做事務性的協商議題。

　　從廣泛的政治性協商意涵來看，八次江陳會所簽訂的十八項協議及兩個共識，哪一項不是兩岸相關政府部門先進行內部討論，然後推演再進行協商？因此正確來說協商議題便是整體的政治問題加上部分的經濟問題或環保、或其它範疇的問題。在加上部分議題內涵有互相有重疊之處，也因政經之間很難區分，因此便增加了議題區分的難度。但本文仍試圖從八次江陳會談十八項協議，劃分議題的屬性，並試圖梳理部分議題仍拖延或延宕至今尚未簽訂的原因。

2. 「議題內容」性質的分類

　　下面列表試圖藉由歷次江陳會談議題分類，並闡述議題議題的屬性。

2009 年 10 月 23 日，

http://tw.nextmedia.com/applenews/article/art_id/32037406/IssueID/20091023。

⓬ 政治議題講的是狹義的「政治議題」，此即主權問題、兩岸高層會晤以及「一個中國」的定義問題。然而，弔詭的是雖然兩岸兩會談已經儘量避談主權問題，其中包括兩岸和平協議進程、憲政體制以及敏感性的軍事問題，然而部分的會談議題，如「避免雙重課稅及加強稅務合作」、「投資保障」以及「人身自由與安全保障共識」內涵都明顯略多略少涉及了政治協商的意涵。

簽訂次數	簽訂時間	簽訂內容	議題層面	備　註
第一次江陳會談	2008 年 6 月 11 日至 14 日	「包機會談紀要」和「大陸居民來臺旅遊的協議」	非政治議題	
第二次江陳會談	2008 年 11 月 3 日至 7 日	兩岸空運、海運、郵政及食品安全四項議題及後續商談議題	非政治議題	
第三次江陳會談	2009 年 4 月 26 日至 29 日	協商兩岸共同打擊犯罪及司法互助、金融合作、定期航班及陸資來臺投資	其中兩岸共同打擊犯罪及司法互助涉及兩岸的法律層面（部分涉及政治議題）金融合作、定期航班及陸資來臺投資則涉及經濟議題（非政治議題）	
第四次江陳會談	2009 年 12 月 21 日至 25 日	兩岸「農產品檢疫檢驗」、「避免雙重課稅及加強稅務合作」、「漁船船員勞務合作」、「標準計量檢驗認證合作」四項議題	「農產品檢疫檢驗」涉及農產檢測。「漁船船員勞務合作」、「標準計量檢驗認證合作」（非政治議題）	「避免雙重課稅及加強稅務合作」也是本次會談的議題主軸，但至今這項議題尚未簽定成功。「避免雙重課稅及加強稅務合作」屬於稅賦問題
第五次江陳會談	2010 年 6 月 28 日至 30 日	簽署「海峽兩岸經濟合作架構協議」、「海峽兩岸智慧財產權保護合作協議」二項協議	非政治議題	
第六次江陳會談	99 年 12 月 20 日至 22 日	協商兩岸「醫藥衛生合作」、「投資保障」兩項議題	「醫藥衛生合作」涉及醫藥衛生層面屬於非政治議題	「投資保障」牽涉政治性及較複雜的政治性議題因此該議題在第六次江陳會談中流產

第七次 江陳會談	2011 年 10 月 19 日至 21 日	1.簽署「海峽兩岸核電安全合作協議」 2.就「兩岸投保協議階段性協商成果」及「加強兩岸產業合作」，達成共同意見 3.重點檢討兩會已簽署協議執行成效 4.對於兩會下階段優先協商議題達成共識 5.加強並深化兩會會務交流	涉及核能安全及經濟產業層面屬於非政治議題	「兩岸投保協議階段性協商」因尚未達成共識，該議題再次延宕
第八次 江陳會談	2012 年 8 月 8 日至 10 日	協商兩岸「投資保障」及「海關合作」兩項議題	1.「海峽兩岸投資保障和促進協議」不僅直接保障大陸臺商財產權、經營權及人身安全等相關權益，也間接保障與臺商及大陸臺資企業相關連的臺灣產業或人員的利益。該項協議涉及公權力的行使，因此應屬政治議題 2.「海關合作」，則是為了提高通關效率及進兩岸貿易便利與安全則屬非政治性議題	共同發表投保協議「人身自由與安全保障共識」已涉及政治性的議題

㈡涉及政治內容議題的案例分析

1.有些協議已具政治內容的學界看法

　　ECFA 及其他十七項協議，本來就有部分牽涉政治性的意涵。學者蘇起所述：「過去提出『先經後政』有其時空狀況，但兩岸經濟合作架構協議 (ECFA) 的簽署是一個重要里程碑，已經是低階政治的體現」，❸然而我們首先必須釐清低階政治的體現是什麼？麻省理工學院著名學者查爾斯‧金德伯格 (Charles Kindleberger) 認為將金融、貿易與跨國投資等「低階政治」(low politics) 議題同國際／國內政治權力結合，搭起政治與經濟之間互動關係的研究，扮演先行者角色則可稱呼為「低階政治」。❹

　　蘇起的說法事實上已說明兩岸的互動「政中有經，經中有政」，雖然兩岸同意將歷次協議當作是事務性的協商，但八次歷次江陳會談簽訂至今我們不乏看到這些議題之所以被延宕、擱置，其中的問題仍和「主權」問題及「法律」相關聯，既然與主權及法律的問題相關，那為何又說不是政治性的議題。

2.「海峽兩岸共同打擊犯罪及司法互助協議」的案例分析

　　江陳會第三次協商「海峽兩岸共同打擊犯罪及司法互助協議」已經涉及了兩岸公權力的使用。「海峽兩岸共同打擊犯罪及司法互助協議」內容涉及雙方同意在民事、刑事領域相互提供以下協助：共同打

---

❸　「蘇起：臺灣應適當認識兩岸政治對話」，中國評論新聞，2012 年 12 月 15 日，
http://www.chinareviewnews.com/doc/1023/4/7/7/102347761.html?coluid=7&kindid=0&docid=102347761&mdate=1215173621。

❹　Kindleberger, Charles P. 1973. The World in Depression, 1929–1939. Berkeley:University of California Press,pp181.

擊犯罪；送達文書；調查取證；認可及執行民事裁判與仲裁判斷（仲裁裁決）；接返（移管）受刑事裁判確定人（被判刑人）；雙方同意之其他合作事項。**⓯**

從仲裁裁決及接返（移管）受刑事裁判確定人的內容來看，這兩方面已非單純的事務性協商。法律面已說明：仲裁裁決及接返已經涉及一國的裁判公約，其次締約也間接承認對方的仲裁裁決。再者兩岸在簽署、批准或加入本公約的時候，都可以聲明：「海峽兩岸共同打擊犯罪及司法互助協議」更可證明該公約已擴延到另外一個區域。從上述來看，兩岸司法互助以及仲裁裁判的類型涵蓋了兩岸仲裁裁決的法律依據以及大陸關於認可與執行臺灣地區仲裁裁決的規定。

兩岸雖然已經簽署「海峽兩岸共同打擊犯罪及司法互助協議」，兩岸對協議的本質看法卻不同，國臺辦發言人楊毅曾表示，考慮到一些在大陸犯罪被判刑的臺灣居民希望回臺灣服刑的願望，兩岸共同打擊犯罪及司法互助協議對服刑人員移管的問題作出了規定。但在執行的過程中，臺灣方面遇到了一些困難，主要的問題是，臺灣方面至今不承認大陸的判決，臺灣的服刑人員回臺後有可能面臨第二次審判，這不符合協議的精神，是造成目前服刑人員移管問題執行起來有困難的症結所在。**⓰**

3.「兩岸投保協議」的案例分析

兩岸投保協議很難避免涉及主權意涵的問題，因為司法管轄權就是主權的象徵。根據行政院對於 ECFA 的協議開宗明義談到，兩岸投保協議係 ECFA 後續協議中第一個簽署之協議，主要參考一般國際投資協定體例，並考量兩岸關係特殊性。**⓱**投保協議文本共計 18 條及 1

⓯ 「海峽兩岸共同打擊犯罪及司法互助協議」，陸委會網站，http://www.mac.gov.tw/public/Data/04261055771.pdf。

⓰ 「國臺辦：臺灣在大陸服刑人員移管問題需妥善解決」，人民網，2011 年 6 月 15 日，http://tw.people.com.cn/BIG5/14810/14904970.html。

項附件。其中涉及政治意涵的為第 2 條「適用範圍和例外」說明指出：
⑴除了協議生效前已解決的爭端外，兩岸投保協議適用範圍涵蓋協議
生效前後之投資。針對協議生效前已進入司法程序的爭議，原則上仍
可循本協議規定的其他爭端解決管道。⑵協議適用於各級政府部門及
該部門授權行使公權力的機構，以確保協議的執行。❶

　　從上述所述司法程序的意涵來看，投保協議就不是單純的事務性
協商，更何況司法意味國家的主權及統治效力。另一方面「協議適用
於各級政府部門及該部門授權行使公權力的機構　，以確保協議的執
行」，這已經說明兩岸投保協議牽涉了公權力。

㈢兩岸兩會協商「議題內容」中「主權爭議」的特色分析

　　由於兩岸關係非國與國的關係，是特殊關係，故兩岸兩會所簽署
的二十三項協議既不能採取國際慣例，也不能定位成國內關係，因此，
兩會的協商內容才獨具有「兩岸特色」。兩岸兩會歷經十一次的協商共
達成二十三項的協議，雖然將兩岸定位在事務性質上，但細看每項內
容都離不開「經中有政」，每一次協商的議題都具有政治性質的背景。
雖然馬英九總統屢次強調兩岸在「九二共識」的基礎上，擱置主權的
爭議恢復「事務性協商」，兩岸的協商是「先經後政、循序漸進」，但
是兩岸兩會的協商內容不可能完全不具備政治意涵的事務，部分協議
甚至具有主權性質，雖然檯面上兩會都希望降低敏感度以利交流與合
作，但在「由易而難」的過程中，終將走向高階政治性事務的協商。
因此本文試圖分析二十三項協議的議題特色，對於日後走向「深水區」
的協商亦具有重要的意義。

　　再從「行政院兩岸交流主題網」上的協議分類來看，基本上分成

---

❶　「兩岸投保協議條文簡要說明」，ECFA 兩岸經濟協議網站 （以下簡稱
　　ECFA 網站），
　　http://www.ecfa.org.tw/investAgreement1.aspx?pid=6&cid=16。

❶　同❶。

經貿交流、社會交流與文化交流。經貿交流的分類包括了通商、通郵、通航、開放大陸地區人民來臺觀光、兩岸經濟合作架構協議 (ECFA)、兩岸金融監理合作瞭解備忘錄 (MOU)、兩岸證券投資；社會交流包括了大陸配偶權益、食品安全處理機制；文化交流開放陸生來臺及承認大陸學歷。❶若將上述的項目從二十三項協議中一一篩去，就剩下了「海峽兩岸共同打擊犯罪及司法互助協議」、「海峽兩岸農產品檢疫檢驗協議」、「海峽兩岸標準計量檢驗認證合作」、「海峽兩岸智慧財產權保護合作協議」、「海峽兩岸醫藥衛生合作協議」、「海峽兩岸核電安全合作協議」，沒有給予明確的分類定位。雖然第八次江陳會所簽署的「海峽兩岸投資保障和促進協議」及「海峽兩岸海關合作協議」是在 ECFA 範疇之下的內容，但這兩項議題均涉及到公權力的行使，亦具有政治性質。而且上述的八項中，又以「海峽兩岸共同打擊犯罪及司法互助協議」，和「海峽兩岸投資保障和促進協議」最具有主權的爭議。

1.主權爭議的案例一：「海峽兩岸共同打擊犯罪及司法互助協議」

主權爭議最明顯的是會否涉及到國際與外交性質層面的議題，早在第三次江陳會所簽署的「海峽兩岸共同打擊犯罪及司法互助協議」，司法互助協議就涉及到國際之間關於引渡的問題，涉及主權，這在兩岸雙方的看法就有些落差。對中國大陸的學者與官方代表來說，一致認為兩岸之間的司法互助屬於「區際司法互助」，屬於國家的內部事務。而部分臺灣學者與官方代表則認為兩岸之間的司法互助屬於「國際司法互助」，是刑事領域的國家對外事務。❷臺灣幾位與對岸司法交流過的檢察官也表示，中國大陸不願以國與國司法互助方式處理司法

---

❶ 請見行政院兩岸交流主題網，
http://www.ey.gov.tw/policy5/cp.aspx?n=C8DDDFC23B5106E8。

❷ 劉文斌，「兩岸司法互助協議的實踐與展望」，亞太和平月刊，第 5 卷第 1 期。

文書，是擔心造成「一邊一國」的疑慮，因此簽署此協議後若雙方透過管道查詢司法文書，都不會透過正式公函，證據力將減弱。❷❶

2. 主權爭議的案例二：「兩岸租稅協議」

第四次江陳會中原本預定簽署的兩岸租稅協議，時任財政部長李述德稱因「技術問題」而未依預定時程簽署，這也是兩岸恢復制度性協商後的首例。❷❷但財政部高層官員表示，讓租稅協議卡住的「技術性問題」部分來自主權爭議，主要是雙方的談判標準採取的是經濟合作發展組織 (OECD) 規範，屬於「國對國」談判，以致部分原本談妥的兩岸行使課稅權的分配條款，因觸及主權爭議且「一時找不到模糊的文字表達形式」下而延遲，至今亦尚未簽署。而第五次 ECFA 的簽定名稱也是在多方考量之下，摒除中國大陸所提議的 CEPA 與臺灣原本所屬意的 FTA 避免主權議題又再度使兩岸協商破局，ECFA 雖稱不具官方與政治性質，但實質的運作卻需要官方的允准。ECFA 簽訂後除了加強兩岸關係的穩定發展以外，間接的效果是，周邊各國政府也開始積極考慮和臺灣洽簽經濟合作的協議，與各國的協商顯然與國家主權問題相關，目前臺灣與新加坡和紐西蘭正在洽簽經濟夥伴協議 (EPA) 與經濟合作協議 (ECA)，而菲律賓、印尼、歐盟與印度等亦表示願與臺灣加強雙邊經濟合作。

3. 主權爭議的案例三：「兩岸投資保障和促進協議」

原本預計在第六次江陳會就簽署的「兩岸投資保障和促進協議」，延宕一年後在第八次江陳會才正式簽署，原因就在於主權問題的爭議，大陸要求以「中華人民共和國臺灣同胞投資保護法」為原則，臺灣則

---

❷❶　陳亦偉，「兩岸司法互助檔采認與主權爭議最棘手」，中央社，2008 年 11 月 8 日 http://www.dwnews.com/news/2008-11-08/4494893.html。

❷❷　陳美珍、林庭瑤、林則宏，「主權爭議兩岸租稅協議觸礁」，經濟日報，2009 年 12 月 22 日，頭版。

要求依照國際仲裁機制，包含了政府「代位求償」的權利，這挑戰了北京政府對於臺灣主權的底線，臺灣堅持「國際商務仲裁」。㉓雖然兩岸有關投保協議的協商曠日持久，過程一波三折，兩會經過數次正式溝通與多次小範圍溝通，時間跨越兩次「陳江會」，是兩會協商自2008年為止耗時最長的一次。投保協議的內容方面實際上也已超過一般雙邊投保協議的範疇，甚至涉及兩岸司法管轄權、國際仲裁等敏感議題，以致協議的簽署一再延遲。然而最後海基會仍爭取到了在兩岸投保協議的第3條投資待遇中，以專款明定對投資人及相關人員的人身自由與安全保障。內容提到：「大陸公安機關對臺灣投資者個人及其隨行家屬，和臺灣投資企業中的臺方員工及其隨行家屬，在依法採取強制措施限制其人身自由時，應在24小時內依法通知當事人在大陸的家屬；當事人家屬不在大陸的，公安機關可以通知其在大陸的投資企業。」㉔與一般國際上的投資協議相比，各國的簽署都沒有規範到投資者的人身安全保障。但在投資爭端上，關於投資人與在地政府間(P2G)爭端，我方海基會訴求援引國際仲裁機制遭大陸拒絕，而代以強制力較低的「調解」、「協處」等多元方式處理。㉕這又是另一次兩岸因主權問題而在交流上受到的阻礙。因此兩岸經濟事務的合作不應該只是單純的視為「政經分離」的交流，確實具有「經中有政」的特色。

4.主權爭議的案例四：「貨幣清算合作備忘錄」

未列入協議內容的「貨幣清算合作備忘錄」(MOU)，兩岸央行也

㉓ 李宇欣，「投保協議／國際仲裁牽動主權爭議」，聯合報，2010年12月13日，http://blog.udn.com/tpa285/4693455。

㉔ 「海基會與海協會有關『海峽兩岸投資保障和促進協議』人身自由與安全保障共識」，ECFA網站，
http://www.ecfa.org.tw/investDoc1.aspx?pid=6&cid=16。

㉕ 「兩岸投保協議爭端解決途徑運用篇」，ECFA網站，
http://www.ecfa.org.tw/investSettleDisputes.aspx?pid=6&cid=16。

在 2012 年 8 月 31 日宣布簽署，並在 2013 年 1 月 25 日生效。早在簽署的半年前，兩岸貨幣清算協議的討論上有臺灣銀行主管認為，如何解決兩岸主權爭議，是人民幣存款能否在國銀全面開辦的關鍵。銀行主管分析，貨幣是國家主權存在的象徵，但兩岸對於主權仍有爭議，而本國銀行開辦人民幣存款的大前提，就是中國大陸的銀行也能掛上「新臺幣」存款的牌告，即使臺灣比照香港模式，與大陸簽貨幣清算協議，臺灣應使用「國名」還是「地區」，仍可能成為簽訂協定時的爭議點。❷❻

三、「九二共識」的機制化及效益極大化 (2008–2016)

㈠背景說明

　　根據前陸委會主委蘇起在 2002 年 10 月為 「『一個中國，各自表述』共識的史實」這本書寫序時，曾說：「因為憂慮兩岸前景，希望能創造某個模糊概念，讓兩岸能在『一個中國』問題上解套，本人曾在 2000 年 4 月脫離公職前夕，創造『九二共識』這一個新名詞，企圖避開『一個中國』的四個字，並涵蓋兩岸各黨的主張」。蘇起的這段敘述，特別是強調「希望能創造某個模糊概念」，遂讓「九二共識」一詞，在過去二十年裡，布滿了「眾說紛云」的解讀。❷❼

　　最明顯的一點，就是北京和臺北對「九二共識」的解釋一直有不同的看法。北京看法是「各自以口頭上表達海峽兩岸均堅持一個中國的原則」，臺北的解讀則是「一個中國、各自表述」，並強調「一個中國就是中華民國」。說起來，兩岸對「一個中國」是同意的，但「一個中國是什麼」還是有歧見。

---

❷❻　「兩岸貨幣清算主權爭議是關鍵」，聯合報，2012 年 3 月 15 日。

❷❼　蘇起、鄭安國主編，「一個中國，各自表述」共識的史實（臺北：國家政策研究基金會，2002 年）。

　　蘇起也在上述書中作了如此類似的說明：臺北當時已由國統會於1992年8月1日通過「關於一個中國的涵義」決議，強調「海峽兩岸均堅持『一個中國』之原則，但雙方所賦予之涵義有所不同」。而北京則強調「堅持一個中國原則，不討論『一個中國』的政治涵義」。這兩者有異有同。異在我方認為「臺灣與大陸都是中國的一部分」，而北京認為「臺灣是中國的一部分」。❷❽換句話說，我方堅持「對等」，而北京要求「主從」。而同者則是兩岸均堅採一個中國原則。

　　但是1992年之後的兩岸關係發展，顯見雙方對「各自以口頭上表達海峽兩岸均堅持一個中國原則」的「九二共識」還是有不同看法，1999年李登輝的「特殊兩國論」，以及2000年臺灣遭遇「政黨輪替」，上臺執政的民進黨不接受一中原則，並否認兩岸曾在1992年達成共識，更導致兩岸互信破碎，以及兩岸關係形成僵局。

㈡「九二共識」的機制化：臺北措施

1.「九二共識」的機制化——同意以「九二共識」作為兩岸交流的基礎

　　馬英九在2008年贏得總統大選之後，同意以「九二共識」作為兩岸交流的基礎。至於「九二共識」中的「一個中國」如何解讀，馬英九仍拘泥於1992年臺北國統會「一中意涵」的框架，那就是所謂「憲法一中」的解釋：「一個中國是中華民國」。即使馬英九2005年12月接受「亞洲周刊」的訪問時也說，大陸方面要解釋一中成為「中華人民共和國」，按照「國統綱領」的處理方法，就是臺北不去否認它，但若依照中華民國憲法，那麼臺北就無法承認它。❷❾

　　就北京來說，「一個中國原則」的堅持是毋庸置疑的，但「九二共

---

❷❽　同❷❼。

❷❾　「馬英九接受『亞洲週刊』專訪談臺灣民主及兩岸關係」，亞洲週刊，2005年12月18日。

識」在 2008 年 6 月，胡錦濤與美國總統布希通電話時，表示可作為兩岸兩會復談的基礎，也是一種原則不變但策略調整的戰術。❸ 因此，當兩岸把「九二共識」形成是兩會恢復談判的共同基礎之後，雙方的協商就遵循這個機制在進行，自 2008 年 6 月以來，兩岸兩會到 2015 年 5 月為止，已經進行了十次會談，簽署了二十一項協議與兩項共識聲明，成果之豐碩，可說全拜兩岸兩會願意遵奉「九二共識」之賜。

2.「九二共識」的機制化：臺灣任何政黨不接受它，就無法延續兩岸兩會協商

可是面臨 2016 年大選，由於兩岸問題仍是選舉的主軸，因此「九二共識」仍成為朝野攻防的主題。其實早在上次選舉時，蔡英文所謂敗在「最後一哩路」，就是最終沒有接受「九二共識」。2011 年馬英九與國民黨都曾挑戰民進黨總統候選人蔡英文，數度詢問蔡「如何處理九二共識」，因為執政黨認為：它是兩岸關係的基石，是蔡英文必須面對的挑戰，但民進黨全盤否認有「九二共識」。針對這點否認，馬英九則質疑：「不認九二共識，蔡英文如何延續前朝（指國民黨）政策」。❸

民進黨則是避重就輕的回答：他們只延續（前朝）「對」的政策，而「九二共識」，對民進黨來說，卻是個「錯」的政策。民進黨對「九

---

❸ 「胡錦濤：在『九二共識』基礎上恢復兩岸協商談判」，新華網，2008 年 03 月 6 日，
http://big5.xinhuanet.com/gate/big5/news.xinhuanet.com/tw/2008–03/26/content_7865604.htm。
「布希致電胡錦濤籲兩岸對話」另外在臺灣可參考自由時報，2008 年 3 月 28 日，http://news.ltn.com.tw/news/focus/paper/199514。

❸ 「總統辯論／馬英九申論、答辯、詰問、結論發言全文」，NOWnews 今日新聞，2011 年 12 月 3 日，
https://www.nownews.com/news/20130817/452406。也可參考「九二共識總統單挑小英」，中央通訊社，2010 年 12 月 28 日，
http://www.cna.com.tw/news/firstnews/201012280055–1.aspx。

二共識」的立場，甚至比起在位時的陳水扁，還更強悍的表達拒絕承認。蔡英文一直不認為有所謂的「九二共識」的存在，在 2011 年發布民進黨十年政綱兩岸篇時，蔡英文強調，所有人都應該仔細想想「九二共識」真的存在嗎？蔡說：「你要去承認一個不存在的東西，那也總有個道理」。❸❷

3.「九二共識」的機制化 —— 臺灣任何政黨不接受它，將無法維持「兩岸現狀」

到了 2015 年，大選的前一年，看起來舊的話題仍然延燒。儘管國民黨的總統候選人尚未出爐，但是戰火已經聚焦在「九二共識」。蔡英文這次不再否認「九二共識」的存在，只強調「兩岸維持現狀」，所謂「維持現狀」就是臺海和平，維持兩岸的穩定發展。但是，「現狀」是什麼？要「臺海和平，維持兩岸的穩定發展」的現狀如何維持？不是馬英九要問，可能更是絕大多數的臺灣民眾都想問。畢竟，現狀當初是如何得以建立？談「現狀維持」必須當事的雙方都應有相同的意願才行，民進黨目前只是單向意願表達，如何尋求北京正面的回應？蔡英文顯然沒有辦法能提供完整的答覆。

在這個層面上馬英九則就可侃侃而談，因為「九二共識」的機制化讓兩岸兩會的協商更具規範。2015 年 4 月 29 日，剛好這天是「辜汪會談」二十二週年及「連胡會」十週年，他前往陸委會視導並發表談話。馬說：在「一個中國」議題上，兩岸達成難得的政治交集，「九二共識」是兩岸關係發展的關鍵。❸❸所謂「九二共識」，依馬英九的解

❸❷　「十年政綱「國家安全、兩岸經貿篇」媒體座談蔡英文：尋求戰略互利，和世界一起走向中國」，民主進步黨，2011 年 08 月 23 日，
http://www.dpp.org.tw/news_content.php?sn=5261。
　　「蔡英文：若要承認『九二共識』，總要有個道理！」，NOWnews 今日新聞，2011 年 8 月 16 日，
https://www.nownews.com/news/20110816/492372。

說，就是兩岸在 1992 年達成「一個中國、各自表述」的共識。對臺灣最大的意義，就是兩岸對最敏感的「一個中國」問題，終於找到了一個雙方都可以接受的政治基礎，而且是兩廂情願、不是一廂情願。所以，馬可以理直氣壯的問蔡英文，不接受「九二共識」，如何維持「兩岸現狀」。

㈢「九二共識」的機制化：北京立場

「九二共識」一詞首度搬上在中共黨內重要文件裡，是出現在 2012 年「中共十八大政治報告」上。時任總書記的胡錦濤當時曾說：「我們要始終堅持一個中國原則。兩岸雙方應恪守反對『臺獨』、堅持『九二共識』的共同立場，增進維護一個中國框架的共同認知，在此基礎上求同存異」。❸❹

1.「九二共識」的機制化 ── 兩岸兩會談判與協商，不會變動的基礎

這項立場的重申，是表示中共對此詞的正式認定，也說明今後兩岸之間，至少就兩會之間的談判與協商，「九二共識」將是不會變動的基礎，這有助於在推動兩岸交流以及和平發展的層面上的持續與穩定，因此筆者認為：中共當局已正式將「九二共識」，機制化地納入對臺政策與兩岸關係的運作。

同時，「九二共識」原本只是蘇起對兩岸兩會在 1992 年就「一個中國」問題形成共識所進行的概括，後來逐漸被兩岸廣泛接受，並成為兩岸堅持「一個中國」，反對「臺獨」的另外一個表述方式，更是兩岸兩會恢復談判後簽署二十一項協定的重要前提。

---

❸❸　「辜汪會談 22 週年馬總統發表談話」，蘋果日報，2015 年 4 月 29 日，http://www.appledaily.com.tw/realtimenews/article/new/20150429/601185/。

❸❹　「胡錦濤在中國共產黨第十八次全國代表大會上的報告」，人民網，2012 年 11 月 8 日，http://cpc.people.com.cn/n/2012/1118/c64094–19612151.html。

2.「九二共識」的機制化──北京與臺灣其他政黨交流的門檻條件

「九二共識」也在稍後取代「一個中國原則」，呈現在北京與臺灣其他政黨交流的條件裡。譬如說，國臺辦發言人馬曉光在 2015 年 1 日 28 日記者會上就提到：「2008 年以來，兩岸關係和平發展的一系列成果，是在堅持『九二共識』、反對『臺獨』的基礎上取得的。兩岸關係穩定發展之錨是『九二共識』，這是問題的關鍵所在。民進黨只有順應歷史潮流和民意，放棄 『臺獨』 主張，才能在兩岸關係上找到出路」。❸❺ 稍後，國臺辦另一發言人范麗青在 2015 年 3 月 11 日更再進一步強調：「2008 年以來，兩岸關係之所以走上和平發展道路並取得一系列重要成果，最重要的原因是兩岸雙方均堅持 『九二共識』、反對 『臺獨』 的共同政治基礎，這一基礎的核心是認同大陸和臺灣同屬一個中國。只要認同這一點，臺灣任何政黨和團體同大陸交往都不會存在障礙」。❸❻

3.「九二共識」的機制化──習近平定調：兩岸政治互信的基礎

實際上，習近平早為「九二共識」作為兩岸政治基礎定過調，甚至在某些方面尚強調「九二共識」的機制化作用。像他在 2015 年 3 月 4 日在兩會期間發表的談話，就是一個最典型的例子，他說：「九二共識」對兩岸建立政治互信、開展對話協商、改善和發展兩岸關係，發揮了不可替代的重要作用。「我們始終把堅持『九二共識』作為同臺灣當局和各政黨開展交往的基礎和條件，核心是認同大陸和臺灣同屬一個中國。只要做到這一點，臺灣任何政黨和團體同大陸交往都不會存在障礙。『臺獨』分裂勢力及其活動損害國家主權和領土完整，企圖挑

---

❸❺ 「國臺辦新聞發布會輯錄 (2015–1–28)」，國臺辦網站，2015 年 1 月 28 日，http://www.gwytb.gov.cn/xwfbh/201501/t20150128_8856502.htm。

❸❻ 「國臺辦新聞發布會輯錄 (2015–03–11)」，國臺辦網站，2015 年 3 月 11 日，http://www.gwytb.gov.cn/xwfbh/201503/t20150311_9251552.htm。

起兩岸民眾和社會對立、割斷兩岸同胞精神紐帶，是兩岸關係和平發展的最大障礙，是臺海和平穩定的最大威脅，必須堅決反對。兩岸同胞要對『臺獨』勢力保持高度警惕」。**㊲**

㈣「九二共識」的效益極大化

到了 2015 年，「九二共識」效益極大化的現象益發呈顯。在臺北，2016 年的大選，兩岸的話題仍將扮演國民兩黨競選政見的重點，其中「九二共識」維持是否，似乎是重中之重。民進黨總統候選人蔡英文受到 2012 年選舉失敗的警惕，當知這其中的關鍵，可是她企圖避用「九二共識」一詞，想改用「兩岸維持現狀」來替代，事後未見美國有所認同，而北京更見是拒絕接納。

1.沒有「九二共識」，兩岸就會「地動山搖」

2015 年 3 月 4 日，習近平在政協會見民革、臺盟、臺聯等成員時所發表的一段談話，已見戰火逐漸升起的初兆。習在會上脫稿而出的重話是說：「九二共識」是兩岸互信及接觸的基礎，一旦「基礎不牢」，就會「地動山搖」。即使稍後發布的新聞稿，字句作了修正，語氣仍然很重：「『九二共識』對兩岸建立政治互信、開展對話協商、改善和發展兩岸關係，發揮了不可替代的重要作用。如果兩岸雙方的共同政治基礎遭到破壞，兩岸互信將不復存在，兩岸關係就會重新回到動盪不安的老路上去」。**㊳**

筆者需要補充的是，突出「九二共識」，是特別說給民進黨聽的，也是直接對蔡英文曾經說過 「只要民進黨 2016 年執政，北京必然調整」 的反駁。特別是蔡英文在 3 月 7 日回應習近平的談話時仍然在迴

㊲　「習近平強調：堅持兩岸關係和平發展道路促進共同發展造福兩岸同胞」，新華網，2015 年 3 月 4 日，
http://news.xinhuanet.com/politics/2015–03/04/c_1114523248.htm。

㊳　同**㊲**。

避「九二共識」的認同，並說「名詞」或「標籤化」不是有效的處理方向，看來蔡英文至少在目前時刻仍然不會認同「九二共識」是民共交談或接觸的基礎，而且在 2016 年大選之前看來，也是很難有轉向的跡象。但是，「九二共識」經過習近平這次說出口之後，也將很難看到北京立場的退縮。

後面的「地動山搖」，則是說給包括民進黨、國民黨在內的臺灣民眾以及國際社會聽的，如果不維持這項共識基礎，後果將是不堪設想。正值「反分裂國家法」通過十週年之際，北京還是丟出來一句沒有「用武」用詞的「非和平方式」，後續發展令外界關切。這是「九二共識」效益極大化的最典型例子。

2.「九二共識」：給兩岸經濟合作創造基礎，擴大空間

另外，國務院總理李克強在 2015 年 3 月 15 日舉行第十二屆全國人大第三次會議記者會時，曾回答記者提問說：「兩岸是一家人，是骨肉同胞。堅持『一個中國』、『九二共識』、反對『臺獨』，維護兩岸關係和平發展，就會給兩岸經濟合作創造基礎，擴大空間」。[39]這裡的說法，似乎又發現「九二共識」另一個作用，可能是在未來的「兩岸經濟合作」領域裡強化「敲門磚」的功能，特別臺灣正在申請「亞投行」與區域經濟組織入會之際，更顯出「九二共識」的效益極大化。

---

[39]　「在十二屆全國人大三次會議記者會上李克強總理答中外記者問」，人民網，2015 年 03 月 15 日，
http://politics.people.com.cn/BIG5/n/2015/0316/c1024-26696273.html。
另外，「李克強總理談兩岸關係：兩岸是一家人骨肉同胞」，中國網，2015 年 3 月 15 日，
http://news.china.com.cn/2015lianghui/2015-03/15/content_35058299.htm。

參、兩岸兩會協商走向機制化後尚存在的問題

一、兩岸兩會協商後簽署的協議，在理論面，需否雙方立法機構逐條討論表決後批准？或在實際面，是否只需報備就可？

　　2013 年 6 月 25 日，立法院朝野黨團針對「服務貿易協議」協商決議：「海峽兩岸服務貿易協議本文應經立法院逐條審查，逐條表決；服務貿易協議特定承諾表應逐項審查、逐項表決，不得予以包裹表決，非經立法院實質審查通過，不得啟動生效條款」；❹到了 2014 年 3 月 17 日，國民黨立委張慶忠為了迅速議事過程，只用了 30 秒宣布會議決議：「出席人數 52 人，已達法定人數，開會，進行討論事項，海峽兩岸服貿協議已逾 3 個月期限，依法視為已經審查，送院會存查，散會」。兩者之間呈顯相當程度的差距，遂引發 2014 年 3 月反黑箱服貿之「三一八太陽花學運」。❹

　　「太陽花學運」曾提出四大訴求與兩大行動：「『反對黑箱服貿，拒絕再次闖關』、『嚴審自經區條例，刪除有害條文』、『兩岸協議監督法制化，堅持五大原則』、以及『召開公民憲政會議、拒絕經貿國是會

---

❹　「會議紀要」，立法院，2013 年 06 月 23 日，
http://www.ly.gov.tw/01_lyinfo/0110_memoir/memoirView.action?id=10536。

❹　原文請參考立法院第 8 屆第 5 會期內政委員會「海峽兩岸服務貿易協議調閱專案小組」資料，委員會紀錄，立法院，
http://lci.ly.gov.tw/LyLCEW/lcivComm4Portal.action?Year_Vol=10320&Book_Id=01#pageName_searchResult2=1。事發經過請參考「藍委聲東擊西趁亂送交存查服貿協議闖進院會」，經濟日報，2014 年 03 月 18 日，A1。

議」。兩大行動則是成立『服貿、貨貿、自經區社會衝擊調查團』，以及『推動公投法修法連署行動』」。❷

從這樣的訴求看來，學運本身並非反對「服貿」本身，而是將反對的焦點放在「黑箱作業」之上。其後，民進黨又主張兩岸要簽訂任何協議，必須要對等、公平、互惠，簽的必須是一個對臺灣有利的協議，而不是為簽而簽。鑑於此，民進黨堅持要實質審查，要重啟談判。❸

「兩岸協議監督條例」，最初由太陽花學運參與者提倡，目的在使海峽兩岸簽訂的各項協議能獲得國會與全民的監督與參與，為該學運的主要訴求之一。❹目前這項版本草案，仍擱置在立法院。不過在兩岸之間，它的焦點倒不在最後「會不會通過」，因為藍綠雙方都在很早之前，就把它規劃成在立法院最優先要討論的議案。

其實，兩岸之間更關注的，是最終通過的「兩岸協議監督條例」內容是什麼？如果說，版本是根據中華民國憲法及「兩岸人民關係條例」的規範，符合「九二共識」的精神與核心內容，北京比較能夠接受。可是如果換成民進黨原先版本，名稱則是擬具「臺灣與中國締結協議處理條例草案」，是直接定位兩岸就是兩個國家，北京斷然不會接受。

---

❷ 「『島嶼天光』環島昨高雄開場」，聯合報，2014 年 05 月 26 日，A11。

❸ 「重申服貿審查四原則，蘇貞昌：不公平、不對等項目應重啟談判」，民進黨新聞中心，2014 年 03 月 10 日，
http://www.dpp.org.tw/news_content.php?kw=%E9%A6%AC%E6%94%BF%E5%BA%9C%E5%9C%A8%E4%BA%8B%E5%85%88%E6%B2%92%E6%9C%89%E5%BD%B1%E9%9F%BF%E8%A9%95%E4%BC%B0&m1=03&y1=2016&menu_sn=&sub_menu=43&show_title=%E6%96%B0%E8%81%9E&one_page=10&page=1&start_p=1&act=&sn=7027&stat=&order_type=desc&order_col=add_date&data_type=%E6%96%B0%E8%81%9E。

❹ 「訴求搖擺黃國昌：落實兩岸協議監督才能逐條審查」，東森新聞雲，2014 年 3 月 23 日，http://www.ettoday.net/news/20140323/338016.htm。

二、兩岸兩會目前已經簽署但尚未生效的協議，存在兩會協商後續制度化的隱憂

㈠「服貿協議」在兩岸引發爭議的背景探討

全國政協主席俞正聲 2014 年 9 月 12 日出席由大陸全國同胞聯誼會在北京人民大會堂舉行的「第三屆臺胞社團論壇」，在致詞時指出：大陸和他國簽訂「自貿協定」的進程正在加快，希望臺灣抓往時機，如果錯過合作良機，最終受影響的是臺灣民眾的利益與福祉。俞正聲並且另有所指的強調：當前兩岸經濟合作的一件大事，就是推動「兩岸服貿協議」在臺灣通過生效。㊺

不止是俞作聲，國臺辦主任張志軍在稍早 9 月 1 日出席山東濰縣舉行的「魯臺經貿洽談會」時，也有類似的看法。張志軍說：擴大和深化兩岸經濟合作是臺灣經濟合作發展需求，是兩岸共同面對國際競爭的明智抉擇，兩岸經濟合作需要建立制度化來鞏固、促進與保護，所以制度化建設就是為兩岸經濟合作修路鋪橋。㊻這裡所謂 「制度化」，就是兩岸簽署的 ECFA 協議極待展開，但是「服貿協議」未在臺灣通過，「貨貿協議」尚在協商中。

臺灣當局不是不瞭解目前「服貿協議」卡關的因素在它這方，馬英九總統在 9 月 9 日「海基會臺商秋節聯誼座談」於臺中舉行時就強調：「服貿協議」在立法院不能再拖；「兩岸協議監督條例」的審查則是要快。馬英九並引述華爾日報在 2014 年 8 月刊出一篇以「臺灣自甘落後」為題的文章舉例，指出「兩岸服貿協議」遲遲未能在立法院過

㊺　「俞正聲出席第三屆臺胞社團論壇開幕式並致辭」，中共中央臺辦、國臺辦網站，2014 年 9 月 12 日，
http://www.gwytb.gov.cn/wyly/201409/t20140915_7328645.htm。

㊻　「張志軍在第二十屆魯臺經貿洽談會上的致辭」，國臺辦網站，2014 年 9 月 1 日，http://www.gwytb.gov.cn/wyly/201409/t20140902_7187599.htm。

關，將使臺灣在競爭中居於劣勢。❹

當時正值臺灣立法院新會期開議，「服貿協議」成為重要議案，加上兩岸貨貿談判也剛剛在 9 月中旬結束協商，到底這些可促成兩岸經濟合作的重大事件，在臺灣是什麼原因導致了民眾對它的反彈，下文作了詳細的分析。

㈡「服貿協議」停擺的背景說明

依據臺灣行政院主計總處統計，2012 年服務業占臺灣生產毛額 (GDP) 比重達 68.5%，勞動人口從事服務業之比例為 58.76%，逐漸往先進國家、高所得國家靠攏，因此，持續優化第三產業的發展，是臺灣未來經濟成長的主要動力。❽

海峽兩岸於 2010 年 6 月簽署 ECFA，當時即考慮到要使 ECFA 真正成為兩岸優勢互補之制度化經濟合作機制，兩岸必須洽簽投資保障、服務貿易、貨品貿易及爭端解決協議，以有效促進兩岸投資及貿易往來。經過兩岸密集的磋商，兩岸投保協議已於 2012 年 8 月簽署，2013 年 2 月 1 日生效；服務貿易協議已於 2013 年 6 月 21 日簽署，但至今尚未生效；貨品貿易協議原預計於 2013 年底簽署完成，但遲至今兩岸尚未能完成協商談判。

為什麼服務貿易協議簽署過後，至今卻還停留在立法院繼續審查的狀態，擱置停擺的起源主要在於：2013 年 6 月 25 日，立法院朝野黨團針對「服務貿易協議」協商決議：「海峽兩岸服務貿易協議本文應經立法院逐條審查，逐條表決；服務貿易協議特定承諾表應逐項審查、逐項表決，不得予以包裹表決，非經立法院實質審查通過，不得啟動生效條款」；到了 2014 年 3 月 17 日，國民黨立委張慶忠為了迅速議事過程，只用了 30

---

❹ 「總統與副總統出席『2014 年大陸臺臺商秋節聯誼晚會』」，中華民國總統府，2014 年 9 月 9 日，
http://www.president.gov.tw/Default.aspx?tabid=131&itemid=33168&rmid=514&sd=2014/09/06&ed=2014/09/11。

❽ 行政院主計總處，http://www.dgbas.gov.tw/np.asp?ctNode=2826。

秒宣布會議決議：「出席人數 52 人，已達法定人數，開會，進行討論事項，海峽兩岸服貿協議已逾 3 個月期限，依法視為已經審查，送院會存查，散會」。兩者之間呈顯相當程度的反差，遂引發 2014 年 3 月反黑箱服貿之「三一八太陽花學運」。這些過程的細節，已在上文中提及。

　　針對服務貿易協議之所以存在爭議，基於各界分析，筆者認為應有下列三個面向的解讀：

1. 有無違反程序正義問題

　　原本立法院朝野黨團協商，希望「服貿協議」本文應經立法院逐條審查與表決，非經立法院實質審查通過，不得啟動生效。然而立委張慶忠卻援引立法院職權行使法第 61 條之規定「各委員會審查行政命令，應於院會交付審查後 3 個月內完成之；逾期未完成者，視為已經審查」，強行通過。實質上，此案先是未經立法院監督，加上立法委員並未善盡最後的把關責任，程序正義問題導致民眾的反彈。

2. 服務貿易協議或是貨物貿易協議在順序問題上優先的爭議

　　國際上一般在談貿易自由化時，大都是先從關稅、貨品著手，隨著世界經濟的發展，服務貿易越來越重要，尤其跨境的移動、資金全球化，因此晚近的 FTA 通常都會包含貨物貿易和服務貿易，然而，因為服務貿易是涉及資本跟人流的移動，本來就會對內部的經濟跟社會體制造成廣且深的衝擊，所以貨品貿易協議通常應是優先於服務貿易協議，因為相對來說貨品貿易影響的層面較為單純、易行。

3. 國家安全與資訊安全

　　以特定承諾表中第二類電信特殊業務開放項目為例，表上只列了「存轉網路服務」、「存取網路服務」和「數據交換通信服務」三個大項，並未註明任何類似 WTO 分類代碼。從字面上並沒有清楚的規範與限制，對於網路普及的臺灣而言，此將攸關人民的切身利益與隱私安全，更何

況是商業機密檔案與國家機密文件，對於國家與資訊安全將是一大隱憂。

(三)民眾對「服務協議」的認知缺乏、加上議案一直擱置，將不利臺灣經濟發展

　　根據今周刊在 2014 年 3 月 26 日民調結果，問及對「服務協議」內容瞭解與否，竟有 80.9% 表示對服貿不十分瞭解或一知半解，只有 15.9% 的人自認瞭解，83.9% 人認為政府溝通不足。這說明了臺灣民眾缺乏對「服務協議」的基本認知。❹

　　再依據臺灣行政院主計總處統計，101 年服務業占臺灣生產毛額 (GDP) 比重達 68.5%，勞動人口從事服務業之比例為 58.76%，漸往先進國家、高所得國家靠攏，因此，持續優化第三產業的發展，是臺灣未來經濟成長的主要動力。❺

　　鑑於區域經濟日益重要，臺灣真的要加緊追上。服務貿易協議牽涉六十多個項目的開放，而貨物貿易協議則涉及雙邊五千多項目的開放，「時間」正是臺灣與國際賽跑的關鍵性因素。如果兩岸服務貿易協議無法及時過關，臺灣產業未來將會落後亞洲其他國家。因此，服務貿易協議以及貨物貿易協議能有效強化臺灣之國際競爭力。

　　當然，服務貿易協議可以協助業者進軍大陸市場。大陸已從「世界工廠」逐漸轉化為「世界市場」，服務貿易協議之簽署能更進一步協助臺灣服務業者利用服務貿易協議之各項優惠，以更好的條件進入大陸市場。

　　但是，「服務協議」的通過，不是僅對兩岸、而且特別對臺灣有利。如一直將其擱置，所帶來的影響，是存在著兩會協商後續制度化的隱憂。到了 2017 年 9 月，蔡英文總統上臺已經快一年六個月，「服務協議」因「兩岸協議監督條例」一直沒有進入審查程序，更顯得它的通過已經沒有任何日程可以期時，加上民進黨對「九二共識」的拒

---

❹　「今周刊／服貿認知落差大，獨家民調報告」，ETNews，2014 年 3 月 26 日，http://life.ettoday.net/article/339474.htm。

❺　同❹。

絕認同，已大致確定兩岸制度化的協商已走向終局。

肆、兩岸協商已經走向政治層面談判的探討 (2008–2016)

兩岸兩會的協商，固然是所謂的「事務性議題」的協商，不過很多協議的簽署，已涉及到兩岸當局公權力的參與及執行，很難再用「事務性」一詞來掩蓋。加上一些性質上就是政治性議題的協商結果已經出現，雖然協商過程並沒公開，但是的確不能再完全排除兩岸協商有政治層面談判的走向。因此，下列現象的舉例，就是用來支持筆者的假設，兩岸協商有可能走向政治層面的談判。

一、兩岸兩會的協商，雙方官員已經走上抬面

如果兩岸論及 ECFA 所凸顯出來的政治關係，時間點可以追溯到第五次「陳江會談」協商之前，從當時到協議快要簽訂之前，雙方派出的談判代表，幾乎全是彼此主管部門的官員，譬如說等到 ECFA 第三次工作會議協商之時，也就是 2010 年 6 月，臺北派出「經濟部」國貿局長黃志鵬到北京赴會，北京則由（大陸）商務部臺港澳司長唐煒主談。雖然大陸方面宣稱是以兩會「專家」身分與會，但是海基會則定位為「正式協商」，商談代表直接以政府官方職稱呈現，並未刻意冠上海基會專家身分，因此如論談判的性質而言，已具有準「政治關係」的實質。

再就回顧兩岸自 2008 年 6 月以來已經進行過的協商過程來看，透過兩會協商機制所達成的協議與共識，雖說是屬於臺北所謂「事務性協商」的產品，但是有些協議如直航在早期就曾經被兩岸視為是「政治議題」，而其他如「兩岸金融合作」、「食品安全」、「農產品檢疫檢驗」或是「共同打擊犯罪及司法互助」來說，都與公權力的運作有關，很難撇清說這完全不是「政治議題」，所以「政治性談判」在兩岸之間

應該是早已存在，只是欠缺對實質承認而已。

而且，從 ECFA 協議下成立的「兩岸經濟合作委員會」，曾被陸委會主委賴幸媛形容為就是臺美貿易暨投資架構協定 (TIFA) 的兩岸版，TIFA 是臺北與華府簽訂的官方協定，賴刻意定位未來的組織「兩岸經濟合作委員會」是它的兩岸版，其政治含意不言而喻。❺❶若再從「兩岸經濟合作委員會」的主要功能而言，處理這些後續問題，若非兩岸主管部門的官員來擔綱，恐怕很難解決，特別是進入爭端解決機制的事件，更需官方出面調解。當然，「陸委會」副主委劉德勳在 ECFA 簽訂之後一次例行記者會所提到：兩岸指派「兩岸經濟合作委員會」的成員，「基本上應該都還是原先在溝通的對手」，❺❷如對照在 ECFA 簽署之前兩岸確均派出官員在談判而言，「兩岸經濟合作委員會」是由「雙方指定的代表組成」這段說明，實在深具意義。

加上在陸委會 2008 年 11 月 9 日的民調結果顯示下，有高達七成五民眾支持在兩岸兩會架構下，由政府各主管部門實際參與並由兩岸官員直接對話的協商方式，另有七成五的民眾也支持這樣的模式能繼續下去。當然，今後兩岸官員直接會談的情況，會是越來越普遍的現象。❺❸

二、兩岸已經存在「過程未經公開，但確是政治議題談判」的例子

就回顧兩岸自 2008 年 6 月以來已經進行過的協商過程來看，透過

---

❺❶ 陸委會，「ECFA 的『兩岸經濟合作委員會』和 TIFA 的『貿易暨投資委員會』一樣，都是平等談判協商的平臺」，陸委會網站，2010 年 6 月 15 日，http://www.mac.gov.tw/ct.asp?xItem=63979&ctNode=6468&mp=101。

❺❷ 李志德，「陸委會：經合會代表官員身分」，聯合新聞網，2010 年 7 月 16 日，http://pro.udnjob.com/mag2/tool/storypage.jsp?f_ART_ID=58135。

❺❸ 陸委會，「陸委會民調：七成以上民眾滿意『江陳會談』協議成果」，陸委會網站，2008 年 11 月 9 日，http://www.mac.gov.tw/ct.asp?xItem=63979&ctNode=6468&mp=101。

兩會協商機制所達成的協議與共識，雖說是屬於臺北所謂「事務性協商」的產品，但是有些協議如直航在早期就曾經被兩岸視為是「政治議題」，而其他如「兩岸金融合作」、「食品安全」、「農產品檢疫檢驗」或是「共同打擊犯罪及司法互助」來說，都與公權力的運作有關，很難撇清說這完全不是「政治議題」，所以「政治性談判」在兩岸之間應該是早已存在，只是欠缺對實質承認而已。

如再提到連戰得以二度代表臺北出席亞太經濟合作組織 (APEC) 領袖高峰會，或是臺北最終以「中華臺北」名義及「觀察員」身分參與了 2009 年和 2010 年的世界衛生大會 (WHA)，這二案嚴格上來談，均具極度敏感的政治實質，加上又沒有完全公開兩岸協商的過程和內容，保留了相當「想像空間」，如果不與「兩岸早已存在政治議題談判」的假設作聯想，實在很難。

總的來說，在 ECFA 簽署之前，兩岸已經存在著某種政治關係往來的現象。所以，兩岸之後要展開政治關係的接觸，應該只是需要討論「什麼時間點最合適」，而不再是「可不可能進行」的問題。更何況，在臺灣如果「國統綱領」還沒有完全被中止的話，那麼在綱領的中程「互信合作階段」中所說：「兩岸應建立對等的官方溝通渠道」這件事，本是排在兩岸三通開放之前就要推動的，現在三通已經全面實施，當然兩岸已可走入政治關係的境界。而在大陸方面，2002 年中共十六大政治報告所提到三個兩岸可談的議題，其中一項「可以談臺灣地區在國際上與其身分相適應的經濟、文化、社會活動空間問題」，已經在 APEC 與 WHA 這兩塊領域上兌現，只不過雙方協商的過程與內容一直沒有公開而已。

三、大陸對兩岸事務性協商的參與有轉向對政治議題的探討

兩會協商邁向機制化，而且兩岸關係也逐漸趨向和諧與穩定，加

上有些臺北需要擴展國際的問題，也需兩岸當局共同理性來協商，的確讓北京在兩岸是否可進入政治性議題的談判有所思考。

胡錦濤於 2009 年 11 月 14 日在新加坡會見了中國國民黨榮譽主席連戰，就強調「希望國共兩黨和兩岸雙方加強交流對話，增強良性互動，增進政治互信，堅定信心，多做實事，積極推動兩岸關係取得新進展。要繼續按照先易後難、先經後政的步驟推進兩岸協商，爭取年內啟動兩岸經濟合作框架協定協商進程。同時，雙方也要為今後共同破解政治難題積極創造條件」。胡的重點是後面一句為「政治議題」鋪路上桌的談話，因為那提醒了「兩岸政治談判」必然面對。❺❹

不過，王毅 2009 年 6 月 18 日在三藩市僑界招待會上的講話也極具意義。他說：「兩岸關係要不斷鞏固和深化雙方的政治互信。兩岸關係要向前走，兩岸的互信也要隨之增強，這樣才能保持正確方向，才能行穩致遠。而增進互信的關鍵在於雙方堅持大陸和臺灣同屬一個中國的框架，並在這一原則問題上形成更為鮮明的共同認知和一致立場。」但是他特別強調，「先易後難、先經後政並不意味著刻意迴避複雜和敏感問題」，這充分坦露北京將不迴避政治談判的立場。特別是他在這場招待會上的講話，就是刻意要指出兩岸在面臨政治談判恰恰應存在的態度：「我們要未雨綢繆，前瞻性地思考如何把握和對待兩岸之間存在已久的矛盾和分歧，為最終破解這些難題開闢道路，創造條件」。❺❺這是國臺辦透露兩岸必然走向全面建立「兩岸政治談判」的徵兆。

當然，賈慶林於 2009 年 12 月 30 日在「胡六點」週年紀念發表「學習貫徹胡錦濤總書記重要講話座談會上的講話」，是終結中共歷年

---

❺❹ 黃興偉，「胡錦濤在新加坡會見連戰」，人民網，2009 年 11 月 14 日，http://politics.people.com.cn/GB/1024/10377799.html。

❺❺ 「國臺辦主任王毅在三藩市僑界招待會上的講話（全文）」，國臺辦網站，2009 年 6 月 18 日，
http://www.gwytb.gov.cn/newsb/201101/t20110124_1729705.htm。

來對「兩岸政治關係」推動進程中最具代表性的一次談話。賈再度強調「推動兩岸關係和平發展的六點意見，從政治、經濟、文化、社會、涉外事務、軍事安全等方面，全面系統地闡述了我們的政策主張，指明了構建兩岸關係和平發展框架的努力方向，為開創兩岸關係的未來提供了新的契機」。所以，賈慶林呼籲：「應當著眼未來，積極穩妥地探索如何破解制約兩岸關係發展的難題，為今後兩岸協商政治和軍事安全等問題預做準備、創造條件」。**56**

不過，在二個問題尚未解決之前，看不出來北京的「政治性議題談判」會在近期內順刊推動：一是「一中原則」臺北是否可以全盤接受，考驗了兩岸互信的基礎；另一是臺灣能夠接受的適當政治定位，是否能在兩岸「政治性議題談判」之前定案，也考驗了北京的政治智慧，沒有足夠的兩岸政治互信基礎，就不可能奠定兩岸「政治性議題談判」。

四、「兩岸事務主管的會晤」及「馬習會」的安排，說明政治議題的對話已成事實

㈠「兩岸事務主管的會晤」首場南京的「王張會」，對兩岸走向會有什麼影響？

臺北陸委會主委王郁琦於 2014 年 2 月 11 日前往中國大陸，在南京紫金山莊會晤他的對手窗口——國臺辦主任張志軍。我們先把這項歷史性的會晤取名為「兩岸事務部門首長會議」，雙方會談二個小時，除針對當前兩岸關係形勢交換意見之外，也就陸委會與國臺辦的聯繫溝通機制，及兩岸議題達成部分共識。接著 13 日王郁琦再轉往上海，

56　「賈慶林在學習貫徹胡錦濤總書記重要講話座談會上的講話（全文）」，國臺辦網站，2009 年 12 月 30 日，
http://www.gwytb.gov.cn/speech/speech/201101/t20110123_1724021.htm。

與張志軍在「1998 辜汪會晤」的老地點和平飯店有場茶敘，雙方都聊到「馬習會」：兩岸領導人會晤的議題。南京的「王張會」與上海的「王張會」展現什麼樣的意義，是本文探討的重點。

1.「王張會」舉行之前，臺北評估會產生的政治意義

王郁琦在登陸之前，也就是啟程前第十四天的 1 月 28 日，在陸委會的年終記者會上，特別說明此行不是要談高度政治敏感的議題，只是希望增進彼此瞭解，建立常態性互動，促進各自業務的推動。❺❼ 王主委這番說明，降低他此行的政治意義，企圖非常明顯。但是作為一位主管大陸事務的政務官，能夠在臺灣被核准可前往，在大陸被接受可進入，有沒有一股濃郁的政治味，其實早已不聞而知。筆者先以王郁琦此趟大陸之行可能呈顯的「政治意義」，作一個全面性的整理與分析。

首先是解讀王郁琦大陸之行所呈顯的「政治意義」：當他是以「行政院大陸委員會主任委員」的正式官銜前往大陸作官方訪問，這已經是兩岸關係發展以來，「官方訪問」最突破的一次，其意義可能尚超過曾經擔任過副總統職務，但訪問大陸時已是卸職之身的連戰或蕭萬長等人。不但如此，王尚能與對岸同樣是主管臺灣事務的國臺辦主任平起平坐地商談兩岸議題，應該說這還具有一點政治意涵的議題，其形式上與實質上的效果，也都將超越 1993 年的「辜汪會談」造成對國際社會的轟動，畢竟後者還只是白手套的角色，談的議題只是事務性的性質。

2.「王張會」舉行之前，從北京角度來解讀的可能政治走向

王郁琦的大陸之旅，以北京角度來看，都可以有政治意味的火花

❺❼ 「臺陸委會主委：王張會不觸及高度敏感政治議題」，美國之音，2014 年 1 月 28 日，https://www.voacantonese.com/a/wang–zhang–meeting–20140128/1839128.html。

點燃，特別是在南大的那場演講。雖然王主委事先已經說得很清楚，沒有對岸事先審查演講稿的問題，但是尺度分寸的拿捏，還是需要控制在王主委的心中。

　　還不僅是上述如此，張志軍願意對王郁琦的官銜公開稱呼，新華社的新聞稿也以「臺灣方面大陸委員會負責人」的用詞來做標題，更是證明北京這次是以較寬鬆的角度來稱呼這位臺灣來的貴賓。❺❽以筆者對中共當局的瞭解，給予王在大陸行程一路順暢應是毋庸置疑，畢竟等到張志軍回訪時，大陸也希望臺北能夠「對等回報」。

　　可是一路順暢也會遭遇到一些挑戰的難題。北京這次那麼期待王郁琦的來訪，一定存有一些政治考量，至少希望藉此能讓兩岸關係和平發展機制化。但這樣的「政治考量」，對北京來說，或許認為是順理成章，但對臺北而言，可能會變成是難以應對的挑戰。筆者試著列舉二個例子來說明：

　　首先，在北京期待政治議題能正式搬上檯面的前提下，臺北是否考慮要涉入「深水區」的挑戰？譬如說，北京最重的一段話，是 2013 年 10 月 6 日習近平在印尼 APEC 的場合，會見蕭萬長時所提醒的說辭，習說「著眼長遠，兩岸長期存在的政治分歧問題終歸要逐步解決，總不能將這些問題一代一代傳下去」。❺❾接著一星期後，國臺辦主任張志軍在 10 月 11 日上海「兩岸和平論壇」開幕式上再次提醒說「兩岸關係發展過程中，一些政治爭議儘管可以暫時擱置，但不可能完全及長期迴避，『只經不政』的作法，將無法持續」。❻⓪加上今年元旦，張

---

❺❽　「國臺辦主任張志軍與臺灣方面大陸委員會負責人王郁琦舉行正式會面」，新華網，2014 年 2 月 11 日，
http://www.gwytb.gov.cn/headlines/201402/t20140211_5653425.htm。

❺❾　「習近平：政治問題不一代一代傳下去」，中國新聞網，2013 年 10 月 7 日，http://www.chinanews.com/gn/2013/10-07/5346801.shtml。

❻⓪　「張志軍在首屆兩岸和平論壇開幕式上的致辭」，國臺辦網站，2013 年 10 月 11 日，
http://www.gwytb.gov.cn/headlines/201402/t20140221_5714118.htm。

志軍在人民日報上曾撰文強調：「『告臺灣同胞書』倡議通過商談結束兩岸軍事對峙狀態，現兩岸民間政治對話開啟，正為探索解決兩岸政治分岐問題創造條件」。**❻❶**這些「言辭匯集」在在說明北京對政治談判的急迫性，臺北能否一味迴避？

再來，是否雙方基於對等的原則，彼此應予互相尊重對方？譬如說，當陸委會提出議題，希望國臺辦能給予尊重與配合時，那麼陸委會是否也要以同樣心態回應國臺辦提出的議題？其實，這些都不是彼此從沙盤推演中能找出面對的方式，因為唯有相互尊重，才能建立互信。北京要看的絕不是臺北的「面面俱到」，而是彼此的誠意展現。

3. 2014 年的南京「王張會」，是否真的創造了「歷史的突破」？

當然，王郁琦能夠在對岸與對方「政治對話」，已是歷史的突破，但他尚與張志軍商談「政治議題」，談出一點結果，那才是所謂歷史的創造。

我們看到陸委會主動提及的議題，如兩岸兩會互設辦事機構的人道探視、兩岸共同參與區域經濟整合，雖然都充滿了政治意味，但北京同意進一步「積極研議可行方案」，則是凸顯了兩岸開始有政治互信擴大的基礎。

不過下面這項商議結果，可能才是王郁琦此行最具有歷史意義的一項，那就是「陸委會與國臺辦的聯繫溝通機制」終於建立。國臺辦主任張志軍就說，兩岸事務主管部門建立常態化聯繫溝通機制，是兩岸關係和平發展持續深化的務實措施。**❻❷**而對兩岸關係觀察者來說，

---

❻❶ 「張志軍撰文紀念『告臺灣同胞書』發表 35 周年」，人民日報，2013 年 12 月 31 日，
http://www.gwytb.gov.cn/wyly/201312/t20131231_5455993.htm。

❻❷ 「國臺辦：『張王會』是推動兩岸關係全面發展邁出的重要一步」，國臺辦網站，2014 年 2 月 17 日，
http://www.gwytb.gov.cn/wyly/201312/t20131231_5455993.htm。

一旦這二個部門的聯繫溝通機制得以運作，它所帶來的「政治影響」
將是非常巨大：

　　⑴如果參考「國統綱領」中程階段下一步驟作法，就是要進入「推
動兩岸高層人士互訪」的境界。這對「馬習會」有無啟動作用，筆者
不敢定論。不過，張志軍在開場白中曾提醒：「兩岸要破解難題需要有
想像力，未來不僅是像這樣的會見，對兩岸關係未來發展也應該有更
大的想像空間」。這是否暗示「王張會」在過去是無法想像的發展結
果，所以「馬習會」更需要有想像力。很可能王張二人在年內多次的
互訪與交換意見裡，會否使得「馬習會」就會看到一些進展，就值得
觀察。

　　⑵這個官方的「聯繫溝通機制」一旦運作，今後絕非只是互通訊
息功能而已，應該是一些官方能談的議題將搬上檯面，而且還會是陸
委會與國臺辦直接派員來洽商。儘管陸委會已聲明，海基海協兩會仍
得扮演協商與簽署協議的角色，但兩會將僅止於形式上簽署儀式，陸
委會的主導角色將更甚於過去，甚至於可說，如果兩岸政治定位問題
獲得解決，海基與海協的白手套階段性使命，都將告一段落，成為歷
史。

㈡「兩岸事務主管的會晤」次場上海的「王張會」，對兩岸走
　向的影響

1.促成「馬習會」，上海的「王張會」會是臺北期待最後的一哩
　路？

　　陸委會主委王郁琦 2014 年 2 月 13 日前往上海，在和平飯店九樓
再度與國臺辦主任張志軍會晤，不過這次雙方是不設定議題而作輕鬆
交談，其中的確聊到「馬習會」的事情。從「王張會」到「馬習會」，
這會不會是臺北期待的最後一哩路？值得推敲。

　　這次在南京「王張會」中，最令人注目的一項發展，應是 2 月 11

日來自南京報導的一項消息說：就在王郁琦將會談鎖定在兩岸交流事務，及建立常態機制等議題時，國臺辦主任張志軍突然表示，二人會談在過去是無法想像的發展，但兩岸要破解難題需要有（更強的）想像力。張志軍的原句是如此說：「不僅是像這樣的會見，對兩岸關係未來發展也應該有更大的想像空間」。❸這是否意味著：「馬習會」北京事實上並沒有完全講死，而且還給了外界「需要有想像力」的想像空間？

接著，在上海「王張會」上，雙方的確提及「馬習會」。王郁琦此較謹慎語氣說明：沒有專門展開談，只是簡單涉及一下。但能否實現，要看兩岸關係發展程度而定」，這是很制式的說法。不過張志軍則提醒：「走了第一步，就會有第二步、第三步」，是非常積極的語氣。重要的是，北京這次展現了善意。❹

2.促成「馬習會」，理論上，2014 年的北京 APEC 是否有望實現？

過去，外界對「馬習會」能否在 2014 年北京 APEC 中實現，絕大多數的看法是認為這次的「王張會」，應該會是它「開花結果」最後的一哩路。這句「最後的一哩路」的說法，源自於 2012 年臺灣大選，當時敗選的民進黨候選人蔡英文，認為勝負的差距很小，只要再努力一下，就是下次邁向勝選的最後一哩路。

其實，「馬習會」的舉行，如果不限任何場合與身分，都可在近期之內的任何時間裡實現。譬如說，馬英九可以國民黨主席身分，會見中國共產黨總書記習近平，其中，2005 年連戰會晤胡錦濤的模式就可以參考；或者說，馬英九也可以「兩岸共同市場」榮譽董事長的名義，採蕭萬長模式，在明年 4 月到海南「博鰲論壇」與習近平見面。不過，問題卻是卡在臺北：因為馬英九與習近平見面，如果在可以採用「總

---

❸　「馬習會暖身？張志軍提『更大想像空間』」，風傳媒，2014 年 2 月 11 日，http://about.storm.mg/article/27238。

❹　「王張談馬習會有第一步」，旺報，2014 年 2 月 14 日，http://www.chinatimes.com/newspapers/20140214000917-260301。

統」身分而捨棄不用，他就很難向臺灣內部民眾及在野黨派交代。

　　但是為什麼 APEC，特別是 2014 年在北京舉行的這一場，馬英九就可以前往？這個答案也不難答覆，以馬總統的話來說，APEC 是經濟體領袖會議，所以不用擔心身分問題。也就是說，如果馬出席，他是以中華臺北經濟體「領袖」身分參與，即使美國歐巴馬，中國大陸習近平，也都是以「經濟體領袖」身分與會，不會使用「總統」或「國家主席」的頭銜。所以對馬來說，他如與習近平在那場合見面，雙方壓力就會很小。更重要的是，馬就可以藉此向內部交待，他不是不以「總統」名義 APEC 出席，因為在 APEC，每個國家領導人都必須以經濟體領袖身分才能參與。其次，選擇北京 APEC，也是因為大陸是主人，較易控制程序，它可能比較有信心來處理臺北是由馬英九出席的這道難題，而臺北更可能覺得北京也因此會釋出善意。

　　如果說明了上述這樣的狀況，就會發現：臺北構想中的「馬習會」，實際上就是這次「王張會」的催生者。因為「王張會」事先的推動與實踐，就是要幫「馬習會」走完最後的一哩路。為什麼如此定論，有下列的證據可以用來支持：

　　⑴在 2013 年 8 月 26 日，因應印尼 APEC 的舉行，臺北對於是否爭取參與，反應相當低調。馬英九在接受電子媒體訪問時，表達「到目前為止，條件還不夠」。接著同年 10 月接受華盛頓郵報訪問時，也說：除非有迫切的需要和臺灣民眾的支持，且是在對等尊嚴的狀況下，否則他排除與習近平直接見面的可能性。這表示馬在 2013 年 APEC 舉行之前，顯示出來的，是沒有太大的意願。❻⑤

---

❻⑤　「馬總統接受『華盛頓郵報』專訪全文」，ETNEWS 新聞雲，2013 年 10 月
　　25 日，
　　http://www.ettoday.net/news/20131025/286805.htm?t=%E9%A6%AC%E
　　7%B8%BD%E7%B5%B1%E6%8E%A5%E5%8F%97%E3%80%8A%E8
　　%8F%AF%E7%9B%9B%E9%A0%93%E9%83%B5%E5%A0%B1%E3%
　　80%8B%E5%B0%88%E8%A8%AA%E5%85%A8%E6%96%87。

　　(2)可是等到 2013 年 12 月，當 2014 年 APEC 已確定在北京舉行，馬則在同月 19 日接受亞洲周刊訪問時，說出與之前完全不同看法的觀點。他說：「不管 APEC 在那裡，如果能去，我願意去」。**66**是什麼因素改變了馬英九的想法，很難評估，但地點改成在北京舉行，應該是重點。

　　(3)在這之前，因為兩岸媒體及學界都在鼓吹「馬習會」，可是北京官方均冷淡對待，甚至搬出「不需借助國際場合」的說法。可是在去年 11 月王郁琦突然奉命去了趟印尼參與 APEC 後，陸委會就開始根本不理會對岸的冷處理態度，一連串提出馬英九前去 APEC 是身分與場合最適合的說辭。這到底又是什麼動力在支撐，讓一向保守的陸委會充滿了活力？答案很難說，但唯一可定調的是：臺北顯然對「馬習會」的意願高於北京，而「王張會」應是前奏曲。

(二)「兩岸事務主管的會晤」臺北的「夏張會」：政治意義重於共識結論

　　專指由陸委會主委與國臺辦主任制度化協商的第三次兩岸事務首長會議「夏張會」，輪由臺北作東，2015 年 5 月 23 日移師到金門舉行，陸委會主委夏立言和大陸國臺辦主任張志軍在會中達成多項共識。不過，這次「夏張會」給外界觀察的意義，恐怕仍與前二次的會議一樣，大都聚焦在「雙方官員在談政治層面的內容」的想像，忽略了它可能尚有的政治意義。唯恐外面還有更多民眾有霧裡看花的結論，不妨摘錄其中幾項議題交換意見的內容，便可窺見其中端倪：

　　首先，列舉一項先有共識的「陸客來臺中轉」議題來說，自 2009 年兩岸正式定期航班啟動之後，兩岸航空業者即有興趣探尋續航載客的可行性，其中以臺灣方面表現最為熱烈，因為這涉及到載客量擴充，與臺北是否有望轉為亞洲轉運中心的關鍵。但過去幾年北京對此回應

66　「明年 APEC『馬習會』？馬：若能去我願意」，中國時報，2013 年 12 月
　　26 日，http://www.chinatimes.com/newspapers/20131226001912–260102。

的態度較為謹慎，這中間的主要原因，便是卡在「如允許臺籍客機可在中國大陸的航點載客並續航到其他國家」，會否導致外界覺得北京對臺灣主權有默認的困擾。因此這項議題曾沉澱一般時間，直到這次「金門會談」始有突破，而且議題從「兩岸旅客中轉」縮小成「陸客來臺中轉」，不難看到這其中因政治問題造成的困擾，但最後仍拜兩岸政治互信基礎的存在，才讓議題的討論終於達成共識。

其次，是臺灣參與亞投行的身分與名稱問題仍在雙方磋商的程序中，但張志軍的回應，一如先前大陸官員的態度，都是重申「歡迎臺灣的加入」。但是整個圖像的呈現：則是主人都已出來迎接，但大門卻未打開，而且客人到底以什麼名義與身分進入宴會也沒定案。是什麼原因呢？一是臺灣加入的身分，必須等到「亞投行」的章程在今年6月出爐後才能定奪，另一是臺灣加入的名義，臺北底線是「中華臺北」，北京迄今並沒有出現反對說法，看來也是要等身分問題解決後一併處理。如果北京最後釋出善意，願在會籍及名稱上有高度考慮到臺灣的感受，當可望會有較理想的結局。不過，這項議題在金門「夏張會」中提出來討論，且由臺北主動提出，不就印證了兩岸其實早就展開政治議題的談判，而且這次還是由雙方主管兩岸事務的官員在談判。如果這不叫「政治談判」，那麼什麼才叫「政治談判」？

最後，是「九二共識」刻意在「夏張會」中的再次強調，凸顯出在2016年大選之後兩岸關係是否得以順利延續發展的政治意義。這種說法可從三個層面來解釋：1.過去「九二共識」之所以重申，絕大部分僅用在兩岸兩會的復談，或是北京要求與臺灣政黨之往來必須具備的前提條件；2.稍後，這項要求也延伸到民進黨籍執政的縣市長，甚至也波及想與上海合作舉辦「雙城論壇」的臺北市長柯文哲；3.現在看來，連主管兩岸事務官員的會晤，都要在致歡迎詞及回應時重申下「九二共識」，這是否意味著：在2016年一旦政黨輪替之後，蔡英文如想延續馬英九時代的「主管兩岸事務官員的會晤」傳統，恐怕都得先闖過「九二共識」一關。

　　政治之外，就整個「夏張會」舉行而言，不到三個小時的討論，能達到如此多項議題的共識結論，委確相當不易。對金門來說，「夏張會」在這裡舉行，確是見證了兩岸結束軍事對抗，重建兩岸和平發展的新局。

㈢「馬習會」最終得以舉行，對兩岸走向會有什麼影響？

　　「馬習會」終於在 2015 年 11 月 7 日於新加坡舉行，根據新華社的報導，原文呈現是「中共中央總書記、國家主席習近平於 11 月 7 日下午同臺灣方面領導人馬英九在新加坡會面，就進一步推進兩岸關係和平發展交換意見。這是 1949 年以來兩岸領導人的首次會面」。❻❼這裡非常值得注意的是，習近平是以「中共中央總書記」、以及「國家主席」的雙重身分與馬英九會晤，這是北京對臺灣重要領導人的見面，首次以「國家主席」的身分出現。對於兩方會晤的定位，是放在「兩岸領導人見面」的說法上，並以「臺灣方面領導人」的稱呼定位對方。

　　對於這次會晤，習近平的評價是：「今天是一個很特別的日子。兩岸領導人見面，翻開了兩岸關係歷史性的一頁。歷史將會記住今天。曾幾何時，臺海烏雲密布，兩岸軍事對峙，同胞隔海相望，親人音訊斷絕，給無數家庭留下了刻骨銘心的傷痛，甚至是無法彌補的遺憾。然而，海峽隔不斷兄弟親情，擋不住同胞對家鄉故土的思念和對家人團聚的渴望。同胞親情的力量，終於在上世紀 80 年代衝開了兩岸封鎖的大門。2008 年以來，兩岸關係走上和平發展道路。過去七年，臺海局勢安定祥和，兩岸關係發展成果豐碩。兩岸雙方和廣大同胞為此付出了大量心血。正因為有了這七年的積累，兩岸雙方才能邁出今天這歷史性的一步」。❻❽

　　至於在臺灣，總統府網站發布的新聞稿上，馬英九在談話全文中，

---

❻❼　「習近平同馬英九會面」，新華網，2015 年 11 月 7 日，
　　http://news.xinhuanet.com/politics/2015-11/07/c_1117071846.htm。

❻❽　同❻❼。

是如此陳述他對這次會晤的看法:「我跟習先生分別以臺灣與大陸領導人的身分,穿越六十六年的時空,伸手相握,握著兩岸的過去與未來,也握著中華民族振興的希望,深具歷史意義」。**⓺** 在這裡,馬英九同樣用「臺灣與大陸領導人的身分」,來定位雙方會晤。

對於這次會晤,馬英九的評價是:「此刻,我跟習先生相對而坐,共聚一堂,在我們背後的,是兩岸分隔超過一甲子的歷史;在我們眼前的,是這幾年來,雙方致力以對話取代對立、以和解替代衝突的成果;在我們手上的,是永續和平與繁榮的目標。此時此刻,海峽兩岸正大聲向全世界宣示鞏固臺海和平的決心 , 以及促進區域和平的訊息」。**⓻**

這項會晤在兩岸關係上比較,具有政治意義的有下列幾項:

1.「馬習會」確立了兩岸之間已經正式進入高層的政治接觸

首先是雙方當局均擱置了過去多年對頭銜與場合的堅持,都同意以兩岸領導人的身分晤面。實際上,這不僅是凸顯了臺灣多年對「兩岸領導人會晤基於對等原則」的期待兌現。另方面,也提供了大陸始終要求「必須基於一個中國前提」的原則的落實。其次,馬英九與習近平見面的另一種政治意義,則是當彼此都同意以「兩岸領導人」的身分與頭銜晤面時,也說明了兩岸執政當局基本上都默認了目前「臺海現狀」的定位。

從「馬習會」的舉行,可以看出他們的思維非常的接近、非常的重疊,他們都是希望能夠維持兩岸的和平、區域的和平、全球的和平,都在遵循中華民族偉大復興的一個共同的夢想 。 其次就是 「九二共

⓺　「總統出席「兩岸領導人會面」後召開國際記者會」,中華民國總統府,2015 年 11 月 7 日,http://www.president.gov.tw/NEWS/19942。

⓻　「馬總統開場談話全文」, 行政院大陸委員會 , 2015 年 11 月 9 日,http://www.mac.gov.tw/News_Content.aspx?n=A0A73CF7630B1B26&sms=B69F3267D6C0F22D&s=3C3496076CF7AA2F。

識」，習近平特別再度強調了「九二共識」是兩岸政治互信的基礎，而馬英九也提到了「九二共識」，他對「九二共識」可能比習總書記提的更近一步，可能是講得最有深度的一次。**❼**這一點是讓外界覺得非常的欣慰，就表示兩岸在這方面共識的程度還是非常的緊密的。

不管如何，「馬習會」確立了兩岸之間，已經正式進入高層的政治接觸，而且也奠定了兩岸領導人正式晤面的政治基礎。

2. 「馬習會」對於兩岸和平發展的戰略意涵與未來影響為何？

臺北與北京的政治定位尚未呈顯，但馬英九所說的此行是「維持臺海現狀」已經出爐。這項會議不管臺北總統府方面再三強調，不會發表共合聲明，也不會簽署任何協議。**❼**其實，只要這兩位領導人在眾多國際媒體攝影機面前雙手緊握，就已經可以宣告兩岸自 1949 年以來敵對狀態在形式上及實質上已經結束，也應驗了馬英九在前往會晤習近平之前所宣稱的「鞏固兩岸和平」的承諾。

再者馬英九總統也傳達：意味著兩岸起碼在短期時間，若無太大的突發事件、維持臺海和平，兩岸會是朝向和平的方向前進。

伍、蔡英文時代兩岸兩會協商的可能走向

一、蔡英文兩岸政策的立場與態度 (2016–2017)

臺灣大選結果揭曉後，最受人注目的，就是「兩岸關係」會如何

---

❼ 邵宗海，「習馬會對臺政局與兩岸走向的影響」，鏡報月刊，2015 年 12 月，http://www.themirror.com.cn/article_x.asp?id=1040。

❼ 邵宗海，「『馬習會』的政治意義與歷史定位」，明報，2015 年 11 月 6 日，https://news.mingpao.com/pns/dailynews/web_tc/article/20151106/s000 12/1446745651595。

走。當然探討「兩岸關係」，固然一定要在總統當選人蔡英文的身上，尋找出她的兩岸政策未來走向，才能評估得出這個發展到底會走到那裡。但是，蔡英文雖是影響兩岸關係的主要因素，但卻不是唯一因素，其他至少還要觀察到北京對她內涵的反應，以及美國對她走向的觀察。因此，想探索 2016 年之後的兩岸關係，可能還是要看其他相關因素，看看它們會是如何影響到兩岸關係未來的發展。

㈠蔡英文 2016 年 1 月勝選，尋求一個對等尊嚴、彼此都能夠接受的互動之道

首先，當然是先看看蔡英文的兩岸政策未來走向到底是什麼內容。2016 年 1 月 16 日她宣布勝選之後，曾在國際記者會上，表達了她對未來兩岸關係的看法。蔡英文強調：在今年 5 月 20 日新政府執政之後，將以中華民國現行憲政體制、兩岸協商交流互動的成果、以及民主原則與普遍民意，作為推動兩岸關係的基礎。蔡英文也說：兩岸都有責任盡最大努力，尋求一個對等尊嚴、彼此都能夠接受的互動之道，確保沒有挑釁，也沒有意外。❼對於兩岸關係，她曾經多次承諾，將會建立具有「一致性、可預測性、可持續的兩岸關係」。❼

其實，早在 2015 年 12 月 22 日出席臺灣七大工商團體所舉辦的「臺灣經濟發展論壇」中，蔡英文發表演講時就曾經強調，她說：兩岸關係中，雖然北京態度很重要，但不要忘記臺灣是民主社會，臺灣民意跟北京的壓力之間要取得平衡。她說，一旦有執政機會，跟國際也好、跟對岸也好，期待有好的溝通，她提出「溝通，不挑釁、不會

---

❼　「總統當選人蔡英文國際記者會致詞中英譯全文」，民主進步黨，2016 年 1 月 16 日，http://www.dpp.org.tw/news_content.php?sn=8770。

❼　「蔡英文華府 CSIS 演說建立必具一致性、可預測的、可持續的兩岸關係」，請見「蔡英文於 CSIS 演說：臺灣迎向挑戰—打造亞洲新價值的典範」，民主進步黨，2015 年 6 月 4 日，
http://www.dpp.org.tw/news_content.php?sn=7911。

有意外」三原則,來持續維持兩岸關係的穩定。當然,蔡英文也重申:民進黨不會閃躲兩岸的議題,也不會逢中必反。**⑦**

㈡ 2016 年 5 月就任後的兩岸政策,蔡英文沒有表達會接受「九二共識」

1.解析蔡英文就職演說中的兩岸部分**⑯**

蔡英文的就職演說,與兩岸關係有關的部分,並沒有出現北京所期待她會說出的「九二共識」這四個字。但是綜觀演說全文,並仔細來研讀她的前後內容邏輯,加上再比較她在當選後與就職前的相關看法,作者還是會說,蔡英文雖然沒有說出「九二共識」,但表達的用字遣詞方面,確有其善意,而且也非常接近過去八年的馬英九主張,這可摘錄蔡的演說中一些片段來佐證:

⑴對南海及釣魚臺的立場,她與馬的主張非常接近。蔡英文說:「我依照中華民國憲法當選總統,我有責任捍衛中華民國的主權和領土;對於東海及南海問題,我們主張應擱置爭議,共同開發」。

⑵沒有「九二共識」說法,但已隱含「九二共識」內涵。蔡英文說:「1992 年兩岸兩會秉持相互諒解、求同存異的政治思維,進行溝通協商,達成若干的共同認知與諒解,我尊重這個歷史事實」。這段話的重點是蔡說出了「達成若干的共同認知與諒解」,已不像過去只單說「歷史事實」。不過對「歷史事實」,也只有「尊重」,而沒有說「接受」。

⑶兩岸今後的接觸與談判,新政府仍將秉持一個沒能說出口「一中原則」來推動。譬如蔡英文說:在這個既有的事實與政治基礎上,

---

⑦ 「蔡英文出席『臺灣經濟發展論壇』談話全文」,民主進步黨,2015 年 12 月 22 日,http://www.dpp.org.tw/news_content.php?sn=8605。

⑯ 「中華民國第 14 任總統蔡英文女士就職演說」,總統府,2016 年 5 月 20 日,http://www.president.gov.tw/Default.aspx?tabid=131&itemid=37408&rmid=514。

持續推動兩岸關係和平穩定發展；新政府會依據中華民國憲法、兩岸人民關係條例及其他相關法律，處理兩岸事務。這裡所提到的憲法與法律，兩岸之間不僅不是「國與國的關係」而且也只有一個國家，那就是中華民國，是典型的「一中原則臺灣版」。

　　不過，演講全文中，還是看到蔡英文雖然提到新政府對臺灣所面臨的挑戰，將「誠實以對、並解決問題」。但兩岸之間的問題已經到了她的任內期間，但蔡只用了「和平的積極溝通者」一詞就帶過。不像對「年金改革」，有承諾一年之內提出可行的改革方案；又如面對二二八歷史的傷痛，也說出在總統府成立真相與和解委員會，在三年之內，完成臺灣自己的轉型正義調查報告書；甚至針對「司法改革」，都喊出於今年十月要召開司法國是會議。

　　另外，蔡英文在演講全文中，也仍有部分自我矛盾的看法，以及藏有北京可能會有隱憂的「分離意識」。譬如說，她雖然一直強調尋求依循中華民國憲政體制，卻仍無意間提出自己是新國家的認知：「1996年臺灣第一次總統直選，到今天剛好二十年」，蔡並說「而過去二十年……我們成功渡過了許多新興民主國家必須面對的難關」。

2.蔡英文總統接受美國華盛頓郵報的採訪報導❼

　　可是，在就職之後的大約二個月，也就是在 2016 年 7 月 22 日，總統府公布了一段蔡英文總統接受美國華盛頓郵報的採訪報導，當時是立即被北京官方認為是對「九二共識」有負面的表態，甚至環球時報的官網有人直接點出蔡英文是首度正式拒絕「九二共識」。

　　這個指責相當嚴重，幾乎形同是「攤牌」的舉動。蔡英文在就職之時，雖然不能立即表示可以接受「九二共識」，但當時國臺辦的反

---

❼　總統接受美國「華盛頓郵報」(Washington Post) 專訪，中華民國總統府，105 年 7 月 22 日，
http://mobile.president.gov.tw/NewsDetail.aspx?id=37751&UnID=cd0af709–b0d3–487b–85c0–20bc536e341f&page=1。

應，還只是提出「這只是一份沒完成的考卷」的看法。現在竟然提升到「這已經是正式拒絕接受九二共識」的認知，可以說，兩岸很可能已經瀕臨到隨時會發生衝突的狀況。是否蔡英文真的決定要向北京攤牌，還是說這中間可能有存在外界誤讀的可能，筆者願意就訪問稿的全文再去重新點讀，希望來找出這其中的一些關鍵的說法，來還原事實的真相。

這篇「華盛頓郵報」訪問稿引發的爭議，是在問題的第二題，記者是問：「有些學者說，習近平設定了要您同意九二共識之期限，這個正確嗎？」問題的重點，應該是說：習近平有設定要蔡英文同意九二共識之期限，這個說辭是不是正確？

蔡英文回答這道問題的全文是下面的一段：「兩岸的問題很多人都很關注，很多人都有他們自己的觀察，不過我相信，習近平主席作為一個國家的領導人，他應該有能力能夠綜合所有的情勢，來做一個很好的決定，做一個正確的決定。尤其是臺灣已經是一個非常民主的地方，民意的走向其實非常重要，所以設定期限，要求臺灣政府違反民意去承受一些對方的條件，其實可能性是不大的，我也相信他們應該會有這樣的認知」。從上文顯見，蔡英文根本沒有正面回答這個「是不是正確」的是非題，而是刻意迴避跟模糊這個問題，在已有定見下，甚至未去反駁此問題。再延伸點來說，當記者引述有些學者說，但沒有說明那些學者曾經說過，已經埋下這個問題的答覆已有「雞同鴨講」的結果。

更重要的是，根據公開的官方文件，外界也從未讀到習近平曾要蔡英文同意九二共識來「設定期限」，而且即使有部分大陸學者說法，也未必能真正代表官方態度。

嚴格來說，蔡英文此次對九二共識的表態，是以民意當作擋箭牌，但尚未到達「拒絕」的程度。況且，蔡英文何以能斷定臺灣民意對九二共識都是反對？幾次民調結果，都顯示出支持接受「九二共識」的比例，超過反對的看法。如果蔡英文那麼重視民意，在臺灣民意多數願意接受「九二共識」時，蔡英文是否就會接受？就會是很多人無法回答的疑惑。

所以，蔡英文不願接受「九二共識」的心態已經明顯，甚至內心

已有定論，但是她仍在作模糊表態，應是在尋求她認為這仍是符合當前兩岸情勢最有利的做法。當然，蔡英文將是如何決策，會是取決於她在最後時刻已無法再模糊表態。

3. 2017 年 5 月 20 日執政就屆滿周年，另一種形式的發表談話

蔡英文在 2017 年 5 月 20 日執政就屆滿周年，原本有傳言說，5月 19 日總統府要舉行國內外記者茶敘，但就在執政周年的前三天，總統府發言人林鶴明突然表示，府方今年將不安排媒體茶敘、而蔡英文也不發表談話。所持的理由，則是自今年 4 月下旬起，蔡英文已透過一系列國內外主要媒體專訪，詳盡說明新政府的重要改革推展，以及下階段國家重要建設的方向與規畫。

蔡英文在執政周年不發表談話，她的前任雖有前例，但是在她就任屆滿周年之際，她的民調如此低迷之時，不藉助發表一篇「擲地有聲」的演說來提升民心士氣，反而以沉默無言來表達，的確是讓外界覺得有點意外。但是蔡英文真正的用意是什麼？臺北聯合晚報一篇報導分析有說，這是因為蔡英文 2017 年 5 月 2 日接受聯合報報專訪時，曾拋出「新情勢、新問卷、新模式」的「三新論」，應是在等待大陸的進一步回應，另外世界衛生大會 (WHA) 將於 5 月 22 日正式登場，臺北希望出席，也要觀察當下情況，才能研判後續因應作為，在此之前，不希望有任何其他變數，影響到整體布局的節奏。**❼❽**

其實，蔡英文並沒有完全傾向「政策沉默」，像在 5 月 19 日，她就藉著接見「2017 海外華文媒體人士回國參訪團」機會，並用了「就職將屆周年」的前提說法，發表了一段有關兩岸關係的看法。蔡英文說，在促進區域的和平穩定發展，和妥善處理兩岸關係方面，「維持現狀」就是我們的主張。我所做過的承諾，從來沒有任何改變。而且她盼望對岸的領導人，能夠正確解讀去年選舉的意義以及從去年開始，

---

❼❽ 管婺媛，「兩岸三新，學者：蔡政府維持現狀」，聯合晚報，2017 年 5 月 3日，https://money.udn.com/money/story/7307/244016。

臺灣不斷釋出的善意。❼這段說法，比起蔡英文接受聯合報的訪問上，說法相同，但用意上有了些新創，可否解讀為：即使不提「九二共識」這四個字，蔡英文還是以兩岸「維持現狀」的主張贏得了 2016 年的大選。所以她才說：「拋棄舊的問卷，因新的問卷上頭有新的題目。所以，兩岸領導人如何共同來維持兩岸的和平與繁榮，這才是新的課題」，其實這段話就是在強調臺灣民意只重視兩岸的「現狀維持」。

4.蔡英文的兩岸政策不能只是單向，必須基於雙向的溝通與理解

但是，蔡英文的「兩岸政策」，如何能夠與北京採取「溝通」方式，並且能保證「不挑釁」北京底線，達成兩岸「不會有意外」的結果？除此之外，蔡英文又如何能建立「具有一致性、可預測性、可持續的兩岸關係」？

這些說法，基本上是充滿理想色彩，而且只是「單向」的想法，沒有觸及到與北京有「雙向溝通後的交集」。所以，最關鍵、也是最重要的原因，就是蔡英文與民進黨在事先並沒有與北京進行過溝通，而且對於北京堅持必須要加入的政治互信基礎「九二共識」，她也一直尋求迴避的態度來回應。在這樣情況下，試想北京會是如何的思考？

二、蔡英文時代兩岸兩會協商的可能走向

㈠蔡英文當選之際，「兩岸談判」面臨美國與中國大陸這二塊重大變數

處在美國的「憂心」與大陸的「謹慎」情況下，蔡英文的勝選，

---

❼ 「總統發表執政周年談話，強調政府團隊絕對有能力將臺灣帶往更好的方向」，總統府，2017 年 5 月 19 日，
http://www.president.gov.tw/NEWS/21311/ 接見「2017 海外華文媒體人士回國參訪團」

將會為未來四年在她的任期之內，帶來怎樣發展的兩岸關係，就讓外界感到高度關切。答覆這個問題之前，實際上也真的必須先釐清「蔡英文將如何回應美國的關注」，以及「蔡英文將如何與中國大陸進行溝通」的疑惑後，才能評估。

1. 蔡英文將如何回應美國的關注

美國的「憂心」，實際上就是：形式上美國對兩岸都表示「不希望看到任何一方單方面改變現狀」，但實際上，就是前白宮資深中國事務主任葛林所說的：美國「希望臺北瞭解不要給北京有理由改變對臺政策」。❽依過去蔡英文在選前的兩岸政策談話來看，她已強烈暗示不會尋求臺灣法理獨立，但仍會借用「中華民國」外殼，以模糊的立場宣稱與大陸維持現狀，並和平對話，以契合美國的「一中政策」。所以在這一點，蔡英文是有通過美國的初步檢驗。

但是美國最後會不會給臺灣壓力，就要看中美之間的關係，美國在反恐、中東、北韓、金融以及經貿問題上，是否更需要中國的支持與配合。如果這個說法可以成立，蔡英文今後的兩岸政策，是可能會在美國壓力下，修正到更符合北京的期待。但這個說法如果難以成立，華府也不會使力，只能說：蔡的政策仍將原地踏步，兩岸關係將面臨挑戰。

2. 蔡英文將如何與中國大陸進行溝通

另方面，如果沒有美國因素作為前提，就只有兩岸之間的問題，蔡英文又將如何與北京進行「溝通」？其實北京目前的「謹慎」，就是在觀察、在等待，也是處在葛林口中的「大陸不要太早或不瞭解臺北新政府真正政策前挑起危機」的建議。❽北京其實已經聽到，蔡英文

---

❽　「若蔡英文勝選美國如何應對」，美國之音，2016 年 1 月 14 日，http://www.voacantonese.com/content/taiwan–election–us–china–20160114/3145439.html。

曾在選前有改口，像「九二共識變成選項之一」就是個例子。但在現今選舉得到高度支持後，是否會思考要調整她的兩岸政策，可能就會存在變數。實際上，蔡英文兩岸政策也不可能會「一夕全改」，就算調正，也需到 5 月 20 日就職演說時，才能清楚看到。

基本上，大概在 520 之前，兩岸互動應會告一段落。但是吳釗燮在美國提到，在新的立法會期裡，民進黨會提出「兩岸協議監督條例」作為優先，凸顯民進黨與對岸建立和平穩定關係的興趣。他並表示，民進黨政府不反對就「服貿協定」和「貨貿協定」繼續談判，但應以更透明的方式進行，因此制定兩岸協議監督條例絕對必要。㉒或許看到「兩岸協議監督條例」在民進黨主導之下通過後，有服貿或貨貿議題的進展，才能進一步談下一步的「兩岸關係」。

當然，北京是不會同意臺北是這樣的發展，至少在沒有聽到民進黨政府 520 上臺之後有提到「九二共識」或「兩岸同屬一中」的說法，那麼兩岸關係的今後進展，應該會進入「停滯」狀態。

㈡蔡英文政府對兩岸或兩岸兩會的協商是否維持持續的態度

雖然蔡英文 520 就職演說中，特別指出，1992 年之後，二十多年

㉑　同㉚。

㉒　「吳釗燮秘書長選後赴美演說，分析勝選因素並展望執政藍圖」，民主進步黨，2016 年 1 月 20 日，
http://www.dpp.org.tw/news_content.php?kw=&m1=03&y1=2016&menu_sn=&sub_menu=43&show_title=%E6%96%B0%E8%81%9E&one_page=10&page=7&start_p=1&act=&sn=8781&stat=&order_type=desc&order_col=add_date&data_type=%E6%96%B0%E8%81%9E。其中「民進黨政府不反對就『服貿協定』和『貨貿協定』繼續談判，但應以更透明的方式進行，因此制定兩岸協議監督條例絕對必要」，則請見「吳釗燮：臺選舉結果不能解讀為中國失敗」，中國評論新聞網，2016 年 1 月 20 日，
http://www.zhgpl.com/crn-webapp/touch/detail.jsp?coluid=92&kindid=0&docid=104093626。

來雙方交流、協商所累積形成的現狀與成果，兩岸都應該共同珍惜與
維護，並「在這個既有的事實與政治基礎上」，持續推動兩岸關係和平
穩定發展。在後續發展中，她認為這就是維護兩岸關係展現最大彈性
與善意。❽

　　但是，蔡英文政府的兩岸政策展現彈性在臺灣內部看來固有跡可
尋，但臺北傳達的訊息是否讓對岸感受到有「善意」，可能還有各自解
讀不同的結果。因此，在此處探討到「蔡英文政府對兩岸或兩岸兩會
的協商，是否仍抱著持續的態度」時，可能從當政者的角度來看時，
這答案是肯定的。但話傳到對岸時，所謂的「善意」卻並沒有讓對方
有所感受，因此這中間落差就值得來解析。我們先整理出蔡英文政府
對兩岸兩會協商能夠延續或推動的談話，再把北京負面的回應列出，
分析出這樣的互動是否能對臺北對兩岸或兩岸兩會的協商遠景充滿樂
觀。

1. 蔡英文個人對兩岸兩會協商能夠延續或推動的談話

　　蔡英文最早在就職演說中就提到：「兩岸之間的對話與溝通，我們
也將努力維持現有的機制。1992 年兩岸兩會秉持相互諒解、求同存異
的政治思維，進行溝通協商，達成若干的共同認知與諒解，我尊重這
個歷史事實」。❽

　　此後，蔡英文的看法就偏向去積極爭取兩岸兩會協商機制的延續。
2016 年 6 月 8 日在出席臺商端節聯誼致詞時，就向 300 多位臺商重
申，維繫兩岸各項制度化溝通和對話機制，並再次重申，我會致力維
持現狀，建立具一致性、可持續且可預測的兩岸關係，「這是我最大的
承諾，我會說到做到」。❽

---

❽　「中華民國第 14 任總統蔡英文女士就職演說」，總統府，2016 年 5 月 20 日，
　　http://www.president.gov.tw/Default.aspx?tabid=131&itemid=37408&rmi
　　d=514。

❽　同❽。

接著在同年 6 月 21 日接見 「美中經濟暨安全檢討委員會」(USCC) 訪問團時又提說 : 將致力於建立兩岸間的良性對話與溝通管道，並透過雙方的努力，維持兩岸關係的和平穩定與正向發展。❻

即使同年 6 月到中南美洲訪問期間，蔡英文也不忘在國外把兩岸兩會協商機制的延續問題訴求於國際社會。她於巴拉圭下榻旅館與隨團記者茶敘時，就指出兩岸恢復兩會的溝通機制確實是兩岸關係維持和平穩定的重要因素，維持兩岸的和平穩定是大家共同的責任，認為這不僅是臺灣與中國大陸要負起主要的責任，也希望區域內在兩岸關係和平上有利害關係的各方都可以一起來幫忙，她說:「各方都必須要盡他最大的努力」。❼甚至於稍早在巴拉圭接受路透等外媒聯合專訪時也聲稱,「我們將持續與中國對話，即使兩岸協商機制暫時中斷，仍存有其他溝通與對話的選擇」。❽

從蔡英文的談話裡，是可以看得出她對兩岸兩會協商機制延續的積極爭取，但是，話說得雖有感性或激昂，但未見她有理性去思考這中間的癥結所在，而且也沒提出過一些可行的建議，忽略了談判雙方的交鋒，除了考慮自身利益，也需要設想到對方的接受度。

❻ 「出席臺商端節聯誼活動，總統強調將持續推動兩岸交往，做臺商堅實後盾」，中華民國總統府，2017 年 6 月 8 日，
http://www.president.gov.tw/NEWS/20494。也可參考「維繫兩岸制度化溝通和對話機制蔡英文 : 我說到做到」， 中國時報 ， 2016 年 6 月 9 日，
http://www.chinatimes.com/newspapers/20160609001130–260108。

❻ 「總統接見『美中經濟暨安全檢討委員會』(USCC) 訪問團」，中華民國總統府，2016 年 6 月 21 日，
http://www.president.gov.tw/Default.aspx?tabid=131&itemid=37550&rmid=514。

❼ 「總統與隨團記者茶敘」， 中華民國總統府 ， 2016 年 6 月 30 日，
http://www.president.gov.tw/Default.aspx?tabid=131&itemid=37621&rmid=514。

❽ 「蔡英文：兩岸仍有其他對話的選擇」，自由時報，2016 年 6 月 30 日，
http://news.ltn.com.tw/news/politics/paper/1005866。

2.臺北政府部門對兩岸兩會協商能夠延續或推動的立場與觀點

行政院長林全 2016 年 6 月 14 日在立法院曾經表示，不排斥透過民間等第二軌道機制互動；兩岸在對等尊嚴情況下進行任何交流，都是好的、都樂見。他說：「不排除任何可能性，只要有助於促進兩岸的善意互動」。❽不過，他提到的是「民間二軌機制的互動」，已遠離兩岸或兩岸兩會協商機制延續的主題。

陸委會副主委兼發言人邱垂正也曾作同樣內容表示，未來全民參與、多軌並進的兩岸交流，可以體現在不同的交流面上，讓各個層面都可以發揮溝通對話的功能，以建構一種良性、和諧的兩岸關係，對兩岸關係的和平穩定帶來積極的作用。❾

至於與大陸接觸並運作雙方協商有多年經驗的陸委會，則只有希望能維持現有的協商機制的立場。該會曾在一篇新聞稿中指出：陸委會與國臺辦溝通聯繫機制與制度化協商機制，繼續秉持相互諒解、求同存異的政治思維，持續良性溝通與對話，共同努力維護現有機制。❿它在另外一個場合，仍在表示 520 以來政府對兩岸關係的立場與作為，均秉持 1992 年兩岸會談「求同存異、擱置爭議」的精神，積極尋求兩岸互動往來的共同性。臺灣協商與溝通的大門始終敞開。維護兩岸關係和平穩定發展是兩岸共同的目標與責任，雙方應共同發揮智慧與耐

❽　「林全談兩岸可第二軌互動」，聯合新聞網，2016 年 6 月 15 日，http://udn.com/news/story/9485/1762409-%E6%9E%97%E5%85%A8%E8%AB%87%E5%85%A9%E5%B2%B8-%E5%8F%AF%E3%80%8C%E7%AC%AC%E4%BA%8C%E8%BB%8C%E3%80%8D%E4%BA%92%E5%8B%95。

❾　「兩岸兩會協商機制配合整體互動情勢」，中評社，2016 年 6 月 16 日，http://hk.crntt.com/doc/1042/6/9/4/104269417_2.html?coluid=93&kindid=15870&docid=104269417&mdate=0616184317。

❿　「政府兩岸政策」，行政院大陸委員會，http://www.mac.gov.tw/ct.asp?xItem=84952&CtNode=6736&mp=1。

心、相互釋放善意，努力透過溝通對話化解分歧。❷

　　從行政院到陸委會，顯見他們所持的看法，仍然沒有觸及問題的核心。更重要的是，在北京表示只接受「九二共識」的前提下，他們也提不出一個具體可行的措施，因此，看到的只是形式上的天馬行空談話。

3.海基會對兩岸兩會協商能夠延續或推動的立場與觀點

　　當然作為政府唯一授權可與大陸海協會進行接觸及協商的海基會，在海協會完全不願配合或回應的情況下，也只能是非常尷尬的自我表示。海基會曾經表示，自 5 月 20 日過後，海基會與大陸海協會的常態化聯繫機制照常運作，有關兩岸人民交流往來所衍生的各類服務案件，兩會依然保持聯繫，即時為民眾解決問題。除此之外，海基會表示，關於家屬探視自肯亞遭遣送赴陸之國人，海基會仍持續聯繫海協會，協助家屬順利會見涉嫌人。另就兩岸人民身分協查、民眾查詢親屬訊息等個案，亦與海協會如常聯繫處理中。海基會並強調，維繫兩岸關係的和平穩定發展是海基會與大陸海協會的使命，共同為兩岸人民維繫權益、創造福祉也是當初兩會成立的初衷，海基會將持續為守護兩岸人民的權益而努力。❸

　　但是，海基會口中所謂與海協會之間的「常態化聯繫機制照常運作」，實際上可能是臺北仍做，但北京不予理會的狀況。兩會進一步的協商運作早已見渺茫，而實務上的聯繫工作已形同中斷。

---

❷　「陸委會：臺灣協商溝通大門始終敞開」，中央社，2016 年 6 月 29 日，
　　http://www.cna.com.tw/news/aipl/201606290293−1.aspx。

❸　「海基會：520 後兩會聯繫管道持續運作」，海基會網站，2016 年 5 月 27
　　日，http://www.sef.org.tw/ct.asp?xItem=976821&ctNode=4852&mp=11。

三、北京的回應、以及採取反制的措施

㈠北京在蔡英文 2016 年 1 月剛當選後的反應

1.北京：對臺大政方針是一貫的、明確的，不因臺灣地區的選舉結果而改變

　　雖然蔡英文在 2017 年 1 月 16 日總統大選勝選談話中提到「中華民國」一詞多次，可是整篇對兩岸關係的看法，仍在重彈她在選前到美國，以及在總統辯論中提過多次的立場：那就是維持兩岸現狀、尋求兩岸和平的局面。對她的支持者而言，這雖是可接受的遠景，但對北京來說，新的談話仍是包涵舊的內容，是「了無新意」。CNN 曾經以「高度的不確定性」，來形容蔡英文的兩岸政策。❷而北京中央臺辦則再重申立場，大力聲稱：「我們的對臺大政方針是一貫的、明確的，不因臺灣地區的選舉結果而改變。我們將繼續堅持九二共識，堅決反對任何形式的臺獨分裂活動」。❺

　　外界在解讀對岸立場時，是否感到北京沒能去體會蔡英文的談話內容或許沒有創意，但應注意到有「轉弦」的誠意，何以一直強調「九

---

❷　CNN 在文中表示：Taiwan has elected its first female president in a landmark election that could unsettle relations with Beijing. 請見，"Taiwan elects its first female president; China warns of'grave challenges'",CNN, 2016/01/16，
http://edition.cnn.com/2016/01/16/asia/taiwan–election/.「外媒：蔡英文將成為臺灣首任女總統兩岸關係充滿不確定性」，中時電子報，2016 年 1 月 16 日，
http://www.chinatimes.com/realtimenews/20160116004074–260401。

❺　「中共中央臺辦、國務院臺辦負責人就臺灣地區選舉結果發表談話」，新華網，2016 年 1 月 16 日，
http://news.xinhuanet.com/tw/2016–01/16/c_1117797532.htm。

二共識」，沒有彈性的思考？人民大學國際關係學院教授時殷弘曾非常適度的作了補充「旁注」，他說：北京當然不可能要蔡英文將國民黨有關九二共識的談話，原封不動的念出來。但在承認九二會談這個事實，與其在核心一中原則，她必須作出適當的表態，讓北京有臺階下。 ❾❻

2.北京在堅持「九二共識」的立場上，勢必不會有任何退讓的想像空間

本來，外界還一直認為：北京還是會等待、或觀察蔡英文一段時期，也就是說，對蔡英文仍將採取「聽其言、觀其行」的措施，至少短期之內，特別在 5 月 20 日蔡就職之前，中共對她以及民進黨的政策將不會有戲劇性的改變。

可以等到 2016 年 1 月 21 日，國臺辦主任張志軍在北京會見美國常務副國務卿布林肯 (Antony Blinken)，應詢介紹了當前臺海局勢和兩岸關係，並表達了中共對臺灣選舉結束之後官方層次最高的對臺政策之看法。張志軍表示：「我們的對臺大政方針是一貫的、明確的，不因臺灣地區的選舉結果而改變。我們將繼續堅持『九二共識』，堅決反對任何形式的『臺獨』分裂活動，堅定維護國家主權和領土完整」。張志軍同時強調，「當前島內局勢變化給兩岸關係發展帶來不確定性，臺海和平穩定面臨挑戰。美方應繼續恪守一個中國政策和中美三個聯合公報原則，切實尊重中方重大關切，妥善處理涉臺問題」。 ❾❼

當然最重要的，還是 2016 年 2 月 2 日中共中央政治局常委俞正聲出席「對臺工作會議」所發表的講話。由於時機正逢臺灣總統大選之後，民進黨重新獲得政權之際，蔡英文在當選後迄今，包括她的「勝

---

❾❻ 「大陸學者：承認九二共識是蔡英文最後 1 哩路」，中時電子報，2016 年 1 月 17 日，

http://www.chinatimes.com/newspapers/20160117000348–260102。

❾❼ 「張志軍會見美國常務副卿」，中共中央臺辦、國臺辦網站，2016 年 1 月 21 日，http://www.gwytb.gov.cn/wyly/201601/t20160121_11371090.htm。

選聲明」及「國際記者會中談話」，都沒有提及「九二共識」，或其中會與「一中原則」相關的內容，加上在臺灣已經有人斷言：北京對臺政策勢必因應蔡之態度而作彈性調正。因此，俞正聲本次的談話，就極具政策指標的意義。

俞正聲陳述北京的對臺政策，呈顯了非常清晰而且堅定的立場，甚至，面對臺灣的變局，表現非常的「淡定」。俞正聲說：儘管事實證明，兩岸關係和平發展是一條正確道路，兩岸關係向前發展的大趨勢誰也擋不住。但俞也強調，「我們要毫不動搖地堅持中央對臺工作大政方針，堅持一個中國原則，堅決反對和遏制任何形式的臺獨分裂活動，堅決維護國家主權和領土完整，維護兩岸關係和平發展和臺海和平穩定」。❾❽

實際上早在 1 月 30 日，國臺辦主任張志軍也刻意走訪在北京臺資企業，與部分在臺商臺胞進行座談時，就提早透露中央已定調的對臺政策基調。張說：在新的一年裡，兩岸要維護好「九二共識」的政治基礎，堅決反對任何形式的「臺獨」分裂活動，為兩岸關係和平發展作出努力。再早則是國臺辦發言人馬曉光 1 月 27 日在例行會上應詢表示：在維護國家主權和領土完整的重大原則問題上，我們的意志堅如磐石，態度始終如一。在新的一年裡，我們將繼續貫徹中央對臺大政方針，堅持「九二共識」，堅決反對任何形式的「臺獨」分裂活動。❾❾

這說明了北京在堅持「九二共識」，反對「臺獨」的立場上，勢必不會有任何退讓的想像空間。同時這也等於宣告了 520 之後，如果蔡英文不再接受此一政治互信基礎，目前兩岸兩會協商機制、主管兩岸

❾❽ 「俞正聲出席 2016 年對臺工作會議並作重要講話」，新華網、國臺辦網站，2016 年 2 月 2 日，
http://www.gwytb.gov.cn/wyly/201602/t20160202_11380942.htm。

❾❾ 「國臺辦主任張志軍走訪慰問在京臺資企業」，中國臺灣網、國臺辦網站，2016 年 2 月 1 日，
http://www.gwytb.gov.cn/wyly/201602/t20160201_11379891.htm。

業務主管的會晤、兩岸官方熱線的互通，都將停擺；甚至包括了蔡英文並不排斥的「蔡習會」，可能面臨遙遙無期。因為，自 2009 年以來，北京一直會提及的「兩岸兩會協商」說法，在這次俞正聲的談話裡，正式譜上了休止符。

3. 習近平：「對臺大政方針是明確的、一貫的，不會因臺灣政局變化而改變」

不過，等到 2016 年 3 月 5 日北京兩會期間，習近平曾到上海代表團參加審議政府工作報告的場合，就當前兩岸關係發展、特別是對臺政策的奠定，發表了重要看法後，所有認為北京官方可能還會觀望一段時間的說法，就開始有了重大的修正。

首先，這次談話的重要性，就是在接近臺灣 520 總統就職之前，中國大陸最重要的一次可以發表對臺政策的場合，習近平依然毫不讓步的提醒：說明北京「對臺大政方針是明確的、一貫的，不會因臺灣政局變化而改變」。而且習近平再度強調：北京「仍將堅持『九二共識』政治基礎，繼續推進兩岸關係和平發展」。⑩綜合來看他的「立場重申」與「原則堅持」，不僅是間接否定了前些日子中共外交部長王毅在美國反映「憲法一中」可能會被北京接受的暗示，⑩而且給予蔡英文企圖捨棄「九二共識」，希望在未走追求另一種模糊說法，來替代「九二共識」的戰略運作空間完全壓縮。

在全國政協的會場，準備出席政協小組討論的大陸海協會會長、也是全國政協委員陳德銘，3 月 6 日受訪時表示：現在是兩岸關係的重要關鍵時期，習近平把問題準確的、清晰的、明確的再闡述了一遍，

---

⑩　「『九二共識』的核心意涵不能回避」，人民網，2016 年 3 月 7 日，http://paper.people.com.cn/rmrb/html/2016-03/07/nw.D110000renmrb_20160307_3-04.htm。

⑩　「王毅破天荒提對岸憲法」，聯合早報，2016 年 2 月 26 日，http://www.zaobao.com.sg/realtime/china/story20160226-586034。

這還是必要的。❿如果再深入的來說，筆者認為：解讀北京對臺政策時的基本觀點，就是中共領導人在重要場合說過的話，都應是政策底線。所以，舉凡蔡英文曾經提說過的「維持現狀」，或是「採行中華民國現行憲政體制」的看法，應該在習近平本次清楚表達之後，將不會被北京在 520 之後獲得認可。

不過，談話中另一個需值得注意的是，對臺灣來說，習近平的談話應該是存在有想像的空間。習近平的講話特別提醒說:「『九二共識』明確界定了兩岸關係的性質，是確保兩岸關係和平發展行穩致遠的關鍵。承認『九二共識』的歷史事實，認同其核心意涵，兩岸雙方就有了共同政治基礎，就可以保持良性互動」。❿

在這裡，習近平說的「承認『九二共識』的歷史事實」這段話，與蔡英文所說的「在 1992 年，兩岸兩會秉持相互諒解、求同存異的政治思維進行溝通協商，達成了若干的共同認知與諒解，她理解和尊重這個歷史事實」，❿在意義上雖尚有相當的一段距離，但如果蔡英文此後仍然要堅持這種說法，她只要能再進一步的說明：依據中華民國憲法內涵，或目前兩岸現狀的架構下，她是認同確處於「兩岸同屬一中」

---

❿　「習近平談九二共識陳德銘：清晰闡述對臺政策底線」，中時電子報，2016 年 3 月 6 日，
http://www.chinatimes.com/realtimenews/20160306001509–260401。

❿　「『九二共識』 的核心意涵不能回避」，人民網， 2016 年 3 月 7 日，
http://paper.people.com.cn/rmrb/html/2016–03/07/nw.D110000renmrb_20160307_3–04.htm。

❿　「總統候選人蔡英文第三場電視政見會第二輪政見發表全文」，民主進步黨，2016 年 1 月 8 日，
http://www.dpp.org.tw/news_content.php?kw=%E6%94%BF%E8%A6%8B%E7%99%BC%E8%A1%A8&m1=03&y1=2016&menu_sn=&sub_menu=43&show_title=%E6%96%B0%E8%81%9E&one_page=10&page=1&start_p=1&act=&sn=8729&stat=&order_type=desc&order_col=add_date&data_type=%E6%96%B0%E8%81%9E。

說法，這樣，既能符合習近平說過「認同其核心意涵」的精神，而且，就算她不提「九二共識」一詞，北京應該進一步就會接受蔡英文的兩岸政策內涵。

㈡「九二共識」沒被接受，北京：兩岸兩會的接觸與協商，就面臨全面中斷

1.北京正式宣布，兩岸官方溝通機制的中斷，責任完全是在臺灣一方

2016 年 6 日 29 日，國臺辦明白標示「兩岸聯繫溝通機制」的定位，同時也正式表示這個溝通機制已經停擺，而這個導致停擺的責任，全在臺灣一方。

國務院臺辦發言人安峰山是在針對記者關於兩岸聯繫溝通機制停擺原因的問題上，做了說明。他說：「兩岸聯繫溝通機制是指國臺辦與臺灣方面陸委會建立的常態化聯繫溝通機制、海協會與臺灣海基會建立的協商談判機制」。安峰山同時補充說，由於臺灣新執政當局迄今未承認「九二共識」、認同其核心意涵，動搖了兩岸互動的政治基礎，導致了國臺辦與陸委會的聯繫溝通機制、海協會與海基會的協商談判機制的停擺，責任完全在臺灣一方。⑩⑤

為了加強這個說明的力道，國臺辦主任張志軍也作了強調。他在 7 日 6 日晚上在天津出席第九屆津臺投資合作洽談會開幕式後，接受了臺灣媒體提問時還特別強調，兩岸制度化聯繫溝通機制停擺，責任也在臺灣方面。⑩⑥

---

⑩⑤ 「國臺辦：導致兩岸聯繫溝通機制停擺的責任完全在臺灣一方」，中共中央臺辦、國務院臺辦，2016 年 10 月 14 日，
　　http://www.gwytb.gov.cn/wyly/201606/t20160629_11495074.htm。

⑩⑥ 「張志軍：我們維護兩岸關係和平發展共同政治基礎的立場從未改變」，新華網，2016 年 7 月 6 日，

這個「責任完全在臺灣一方」的宣示很重要，因為在雙十國慶談話前夕，蔡英文密集接受美、日媒體專訪，北京清華大學臺研院副院長巫永平 10 月 8 日受訪曾指出，蔡英文既傳達她不會再往前走，已表達最大善意，就是要告訴國際社會，「未來兩岸關係不好，責任不在我」。但北京連續的強調兩岸制度化聯繫溝通機制之所以停擺，責任就是在臺灣，明顯的訴求對象也是國際社會。**⓿⓻**

2.習近平對兩岸是否恢復協商的政策，在蔡英文就職之後的最終定調

2016 年 11 月 1 日，中共中央總書記習近平在北京人民大會堂會見洪秀柱主席率領的中國國民黨大陸訪問團。在發表他六點看法之前，習近平曾先說明，國共兩黨為了民族大義也幾度合作，為民族和國家發展發揮了重要作用。2005 年，兩黨開啟新的交往，兩黨領導人共同發布「兩岸和平發展共同願景」，揭示了兩岸關係和平發展新方向。而 2008 年之後，（由於國民黨上臺執政），開闢了兩岸關係和平發展道路，給兩岸同胞帶來了許多實實在在的利益。**⓿⓼**

所以習近平強調，兩岸堅持體現一個中國原則的「九二共識」政治基礎，維護臺海和平穩定，維護兩岸關係和平發展，是兩岸同胞的民意主流。習近平並就兩岸關係發展提出了六點意見，其中第一點意見看法，就表達了北京對臺改策的核心思想：「堅持體現一個中國原則的『九二共識』。承認不承認體現一個中國原則的『九二共識』，關係認定兩岸是一個國家還是兩個國家的根本問題。在這個大是大非問題上，我們的立場不可能有絲毫模糊和鬆動。在一個中國原則的基礎上，

---

　　http://www.gwytb.gov.cn/wyly/201607/t20160707_11501262.htm。

⓿⓻　陳君碩，「觀察期結束陸定調蔡親美遠中」，旺報，2016 年 10 月 8 日，http://www.chinatimes.com/newspapers/20161009000665–260301。

⓿⓼　「習近平總書記會見中國國民黨主席洪秀柱」，國臺辦網站，2016 年 11 月 1 日，http://www.gwytb.gov.cn/headlines/201611/t20161101_11610935.htm。

協商正式結束兩岸敵對狀態，達成和平協定，也是我們的一貫主張。國共兩黨可以就此進行探討」。⑩

㈢再強的杯葛與反制措施，北京仍然為蔡英文留了一條迴旋的空間

其實，北京在蔡英文就職演說發表之後，只評說這是一份「沒有完成的考卷」，但始終沒說過是一份「沒有及格的考卷」，多少讓人感覺「北京仍然為蔡英文留了一條迴旋的空間」。

這裡所說「北京仍然為蔡英文留了一條迴旋的空間」，最具代表性的一次談話，是中共中央政治局常委、全國政協主席俞正聲 2016 年 10 月 4 日在人民大會堂會見了蔡衍明率領的臺灣旺旺中時媒體集團訪問團一行。在致歡迎詞時，俞正聲特別指出，「維護兩岸關係和平發展，必須堅持體現一個中國原則的『九二共識』，明確大陸和臺灣同屬一個中國，兩岸不是國與國關係。堅持這個政治基礎，兩岸關係就能向著光明的前景邁進」。⑩這擺明了只要臺北回到「九二共識」，北京就可以完全不計以前的誤解。

其實，涉臺系統一直在為臺北保留這樣的迴旋的空間，中共中央臺辦、國務院臺辦主任張志軍 2016 年 7 月 17 日在北京出席第五屆世界和平論壇並發表演講時，也曾強調一個中國原則是兩岸關係的定海神針。並暗示臺北，「只有堅持這一原則，兩岸關係才能穩定發展、臺海才能保持和平安寧」。而且，張志軍尚說：「無論臺灣哪個政黨、團體，無論其過去主張過什麼，只要承認『九二共識』的歷史事實，認同其核心意涵，我們都願意同其交往，共同推進兩岸關係和平發展」。⑪

---

⑩　同註⑩。

⑩　「重申九二共識俞正聲會見蔡衍明所率旺旺中時媒體集團訪問團」，中國時報，2016 年 7 月 4 日，
　　http://www.chinatimes.com/realtimenews/20160704005592–260401。

這些談話、或暗示的方式，在陳水扁時代，北京也曾經做過，但最終到其任期結束之時，陳水扁始終沒有說出過他同意接受「一個中國原則」或「一個中國框架」，來作為兩岸復談的基礎。現在換了蔡英文，雖然北京有了更彈性的說法，可是仍然是舊的戰術再度應用，是對岸詞拙技窮？還是臺北仍可感化？看來只有一句話可形容，「行動之前，總得有一段柔軟相勸的過程」。

問題與討論

一、您認為馬英九總統執政後的兩岸協商機制化，是否有利於兩岸和平發展？

二、在第四次江陳會上原訂簽署的「兩岸租稅協議」兩會有哪些爭議？

三、您認為現階段的兩岸兩會的協商模式是否可以被授權來談判兩岸政治性的議題？兩岸官方的態度如何？

四、日後若是民進黨取得執政，您認為兩岸兩會是否能夠依循馬英九時期的制度化協商機制進行談判？

五、在兩岸協議的主權爭議中，您認為應該依何種模式解決？「九二共識」或「一中憲法」是不是好的模式？

---

⑪　「張志軍主任在第五屆世界和平論壇上的午餐演講」，國臺辦網站，2016 年 7 月 17 日，

http://www.gwytb.gov.cn/wyly/201607/t20160717_11510845.htm。

參考文獻

包宗和、吳玉山主編，**爭辯中的兩岸關係理論**（臺北：五南圖書出版
　　公司，2011 年）。

邵宗海，**大陸政策與兩岸關係**（臺北：華泰書局，1997 年）。

邵宗海，**兩岸協商與談判**（新北市：新文京開發出版社，2004 年）。

張執中，「兩岸對政治談判的評估及因應策略分析」，**問題與研究**，第
　　41 卷第 1 期（2002 年）。

劉文斌，「兩岸司法互助協議的實踐與展望」，**亞太和平月刊**，第 5 卷
　　第 1 期（2013 年 1 月 17 日），
　　http://www.faps.org.tw/issues/subject.aspx?pk=318。

「『兩岸 612 江陳會談情形』專案報告」，行政院大陸委員會網站，
　　2008 年 6 月 18 日，
　　http://www.mac.gov.tw/ct.asp?xItem=48182&ctNode=6396&mp=1
　　&xq_xCat=03。

「ECFA 的『兩岸經濟合作委員會』和 TIFA 的『貿易暨投資委員會』
　　一樣，都是平等談判協商的平臺」，行政院大陸委員會網站，2010
　　年 6 月 15 日，
　　http://www.mac.gov.tw/ct.asp?xItem=63979&ctNode=6468&mp=101。

「立法院經濟委員會第六次『江陳會談』經過報告」，行政院大陸委員
　　會網站，2010 年 12 月 27 日，
　　http://www.mac.gov.tw/ct.asp?xItem=91496&ctNode=6839&mp=113。

「兩岸投保協議爭端解決途徑運用篇」，ECFA 兩岸經濟架構協議網站，
　　http://www.ecfa.org.tw/investSettleDisputes.aspx?pid=6&cid=16。

「兩岸投保協議條文簡要說明」，ECFA 兩岸經濟架構協議網站，
　　http://www.ecfa.org.tw/investAgreement1.aspx?pid=6&cid=16。

「兩岸會談政策相關說明」，行政院大陸委員會網站，2009 年 4 月 7
　　日，http://www.mac.gov.tw/public/Data/9641411871.pdf。

「周志懷：兩岸關係制度化應宣導紅藍綠共同構建」，中國臺灣網，
　　2013 年 3 月 5 日，
　　http://news.ifeng.com/taiwan/3/detail_2013_03/05/22759398_0.shtml。

「胡錦濤在中國共產黨第十八次全國代表大會上的報告」，新華網，
　　2012 年 11 月 17 日，
　　http://news.xinhuanet.com/18cpcnc/2012-11/17/c_113711665.htm。

「海峽兩岸共同打擊犯罪及司法互助協議」，行政院大陸委員會網站，
　　http://www.mac.gov.tw/public/Data/04261055771.pdf。

「海基會與海協會有關『海峽兩岸投資保障和促進協議』人身自由與
　　安全保障共識」，ECFA 兩岸經濟架構協議網站，
　　http://www.ecfa.org.tw/investDoc1.aspx?pid=6&cid=16。

「國臺辦：臺灣在大陸服刑人員移管問題需妥善解決」，人民網，2011
　　年 6 月 15 日，http://tw.people.com.cn/BIG5/14810/14904970.html。

「國臺辦主任王毅在三藩市僑界招待會上的講話（全文）」，中共國務
　　院臺灣事務辦公室網站，2009 年 6 月 18 日，
　　http://www.gwytb.gov.cn/newsb/201101/t20110124_1729705.htm。

「第一次江陳會談」，財團法人海峽交流基金會網站，
　　http://www.sef.org.tw/ct.asp?xItem=48212&ctNode=3809&mp=19。

「第三次江陳會談」，財團法人海峽交流基金會網站，
　　http://www.sef.org.tw/ct.asp?xItem=50785&ctNode=3809&mp=19。

「第四次江陳會談」，財團法人海峽交流基金會網站，
　　http://www.sef.org.tw/ct.asp?xItem=95038&ctNode=3809&mp=19。

「陳雲林率海協會經貿考察團赴臺參訪交流　實現兩會交流正常化」，
　　中共國務院臺灣事務辦公室網站，2011 年 2 月 28 日，
　　http://www.gwytb.gov.cn/lhjl/la2008/201103/t20110308_1776054.htm。

「陸委會民調：七成以上民眾滿意『江陳會談』協議成果」，行政院大
　　陸委員會網站，2008 年 11 月 9 日，
　　http://www.mac.gov.tw/ct.asp?xItem=63979&ctNode=6468&mp=101。

「賈慶林在學習貫徹胡錦濤總書記重要講話座談會上的講話（全文）」，
　　中共國務院臺灣事務辦公室網站，2009 年 12 月 30 日，
　　http://www.gwytb.gov.cn/speech/speech/201101/t20110123_172402
　　1.htm。

「蘇起：臺灣應適當認識兩岸政治對話」，中國評論新聞網，2012 年
　　12 月 15 日，
　　http://www.chinareviewnews.com/doc/1023/4/7/7/102347761.html?c
　　oluid=7&kindid=0&docid=102347761&mdate=1215173621。

李宇欣，「投保協議／國際仲裁　牽動主權爭議」，聯合新聞網，2010
　　年 12 月 13 日，http://blog.udn.com/tpa285/4693455。

李志德，「陸委會：經合會代表　官員身分」，聯合新聞網，2010 年 7
　　月 16 日，
　　http://pro.udnjob.com/mag2/tool/storypage.jsp?f_ART_ID=58135。

汪莉絹、李春，「兩岸貨幣清算　主權爭議是關鍵」，**聯合報**，2012 年
　　3 月 15 日，轉載自聯合早報網，
　　http://www.zaobao.com.sg/wencui/2012/03/taiwan120315a.shtml。

陳美珍、林庭瑤、林則宏，「主權爭議　兩岸租稅協議觸礁」，**經濟日
　　報**，2009 年 12 月 22 日，http://www.haixiainfo.com.tw/84215.html。

陳亦偉，「兩岸司法互助　文件採認與主權爭議最棘手」，中央社，
　　2008 年 11 月 8 日，
　　http://www.dwnews.com/news/2008-11-08/4494893.html。

黃敬平、王姵雯、陳明旺，「馬英九鬆口說 ECFA 有政治意涵」，**蘋果
　　日報**，2009 年 10 月 23 日，
　　http://tw.nextmedia.com/applenews/article/art_id/32037406/IssueID/
　　20091023。

黃興偉，「胡錦濤在新加坡會見連戰」，人民網，2009 年 11 月 14 日，
　　http://politics.people.com.cn/GB/1024/10377799.html。

羅印沖，「胡錦濤：18 大後兩岸政策不變」，中時電子報，2012 年 9 月

8 日，http://news.chinatimes.com/politics/11050202/1120120908001 98.html。

Kindleberger, Charles P. *The World in Depression, 1929–1939.* Berkeley: University of California Press, 1973, p. 181.

第八章
兩岸經貿關係回顧與前瞻

壹、前　言

　　自從 1979 年大陸採行改革開放政策以來，兩岸的經貿關係開始有了進展。當時，臺灣的人均國民所得在 2,000 美元左右，而中國大陸只有 260 美元，在經濟發展程度差異很大的情況下，雙方具有比較利益的產品大不相同，因此雙邊貿易的機會很多，於是兩岸貿易很快地就成長起來。

　　另一方面，1987 年左右，臺灣出現兩個造成臺商赴大陸投資的主要原因，一是在 1986 到 1988 年之間，新臺幣對美元匯率由 38：1 上升到 26：1 ， 由於匯率大幅上升 ， 造成臺商出國投資的動力。 二是 1987 年 11 月，臺灣取消「戒嚴法」，開放人民赴大陸探親。臺灣的企業在赴大陸之後，發現大陸薪資便宜，同時又可以幾乎無限制的供應勞動，這對於以勞力密集產業為主的臺灣企業來說，是一個非常好的機會，再加上沒有任何語言上的限制，於是吸引臺商開始大量地赴大陸投資。

　　臺商赴大陸投資之後，兩岸經貿關係上造成幾個重要的現象：第一，臺灣本身的產業結構出現大幅的變化。由於赴大陸投資的產業主要是以製造業為主，因此當臺商赴大陸投資之後，臺灣製造業占 GDP 的比重快速減少，而服務業的比重則快速上升。第二，同時，由於早先赴大陸投資以中小企業及勞力密集型產業為主，而留在臺灣的則是以技術密集及重化工業為主，因此，臺灣出口產品迅速轉向技術密集及資本密集產品，也就是說，臺灣產業出現快速的升級現象。第三，

當大量臺商在大陸生產的同時，他們從臺灣進口許多的原物料，因此加速了臺灣對大陸的出口，我們稱之為投資的貿易創造效果。也因此，中國大陸很快地成為臺灣最大的出口地區，而且也成為臺灣最大的順差來源。第四，到目前為止，由於臺灣出口至大陸的產品中超過七成是以原物料為主，然後其中有一大部分在大陸加工以後，再回銷臺灣或是出口至第三國，我們稱之為產業內貿易 (intra-industry trade)。第五，由於兩岸之間的貿易是由臺商投資與生產上組成的上下游關係，因此兩岸的經貿關係不只是單純的貿易關係而已，而且兩岸之間還有很緊密的生產鏈 (production chain) 的關係。

臺灣對大陸出口的持續增加，一方面帶動臺灣的經濟成長，一方面對於大陸的出口及產出也同樣有著重要的貢獻。近年來，由於大陸經濟持續地快速成長，加上其龐大的人口數量，使得大陸 GDP 總量超過日本，目前大陸已經是全球第二大的經濟體。另一方面，由於 2008 年的國際金融海嘯之後，美歐國家的經濟動能大幅下滑，中國大陸的內需市場成為國際經濟所矚目的焦點，換句話說，現在中國大陸的經濟已經由全球「製造工廠」轉變成為全球的「消費市場」。現在中國大陸的內需市場已經成為全球企業所競相追逐的戰場，未來臺商在這一個市場上當然也不能缺席。

此外，近年來東亞國家之間的經濟整合非常快速，在 2000 年之前，東亞國家之間的「自由貿易協議」(Free Trade Agreement, FTA) 只有五個，到了 2012 年時，已經增加到四十五個。其中以東協十國的動作最為積極。2002 年東協十國與中國大陸簽署了 FTA 架構協議，2003 年與印度簽署，2005 年與韓國簽署，2008 年與日本簽署，2009 年與紐澳簽署，我們稱之為「東協十加六」。目前這十六個國家正在進行下一步的整合，預計在 2016–2017 年之間成立「區域全面經濟夥伴協定」(Regional Comprehensive Economic Partnership, RCEP)。此外，以日本為首的亞太地區十一個國家已經在 2018 年 12 月 30 日正式成立 「跨太平洋夥伴全面進步協定」 (Comprehensive and Progressive

Trans-Pacific Partnership, CPTPP)。這些自由經貿協議簽署之後，這些國家之間都會逐漸地降稅，臺灣身處在亞太地區的中心，我們的經濟與這些國家之間有著非常緊密的關係，未來如果這些國家之間的商品往來零關稅，而臺灣的商品需要課關稅，則臺灣產品的競爭力將會受到重大的打擊，這對於臺灣的經濟發展會產生極為不利的影響。

因此，為了因應東亞國家快速經濟整合的情勢，臺灣當然也應該快速地走出去。由於大陸是我們最重要的經貿夥伴，2012 年臺灣對大陸出口占總出口近 40%，因此 2008 年 5 月馬總統上任之後，就立即展開與大陸簽署 FTA 的協商，2010 年 6 月，兩岸簽署了「兩岸經濟合作架構協議」(Economic Cooperation Framework Agreement, ECFA)，此一協議可以說是兩岸經貿關係正常化中最重要的一步。

2013 年 7 月臺灣已經與紐西蘭簽署「臺紐經濟合作協定」(ANZTEC)，同年 11 月與新加坡簽署了「臺星經濟夥伴協定」(ASTEP)，而且菲律賓、印尼、印度、香港及歐盟等國家和地區，都表示出有意與臺灣洽簽 FTA，畢竟臺灣經濟實力在國際經濟地位上仍占有一席之地，因此這些國家都有興趣與臺灣洽簽 FTA。未來我們不但要努力地與這些國家協商簽署 FTA，而且我們也應該積極地參與現在已簽署或正在進行中的多邊經貿協議，包括 CPTPP 與 RCEP 等。

貳、兩岸貿易趨勢分析

1979 年中國大陸採取改革開放以後，兩岸的雙邊貿易開始啟動，剛開始大陸出口到臺灣的商品是以農產品（中藥材）為最大宗，而臺灣則以工業產品為主，這是所謂比較利益的充分表現。由於臺灣經濟發展領先大陸許多，臺灣的產品品質也比大陸產品要好，所以臺灣產品出口到大陸的成長很快；相反的，大陸商品並不容易賣到臺灣，一方面是由於大陸產品品質不佳，另一方面則是臺灣對於大陸產品進口仍有諸多的限制，也是一個很重要的原因。

表 8-1　兩岸貿易趨勢　　　　單位：億美元、%

年	臺灣對中國大陸（含香港）出口		臺灣自中國大陸（含香港）進口		兩岸貿易總額		臺灣對中國大陸貿易順差額	臺灣對全球貿易順差額
	金額	比重	金額	比重	金額	比重		
1980	25.9	8.0	4.5	2.3	30.4	5.1	21.5	1.2
1985	26.8	8.7	5.5	2.8	32.3	6.3	21.3	106.8
1990	85.6	12.7	17.9	3.3	103.4	8.5	67.7	124.9
1995	264.8	23.7	49.3	4.8	314.2	14.6	215.5	81.1
2000	355.5	24.4	84.1	6.1	439.6	15.6	271.4	83.1
2005	776.8	39.2	222.0	12.2	998.8	26.2	554.8	158.1
2010	1,147.4	41.8	375.7	14.9	1,523.1	29.0	771.7	233.6
2011	1,240.4	40.2	452.7	16.1	1,693.1	28.7	787.7	268.2
2012	1,186.5	39.4	435.7	16.1	1,622.1	28.4	750.8	307.1
2013	1,212.2	39.7	442.5	16.4	1,654.7	28.8	769.7	355.4
2014	1,246.5	39.7	497.2	18.2	1,743.8	29.7	749.3	396.7
2015	1,092.5	39.0	456.2	20.0	1,548.7	30.4	636.3	481.2
2016	1,122.8	40.1	453.2	19.7	1,576.0	30.8	669.6	497.5
2017	1,302.1	41.0	515.5	19.9	1,817.7	31.5	786.6	579.8
2018	1,383.5	41.2	551.9	19.3	1,935.4	31.1	831.5	494.1

資料來源：經濟部國貿局。

　　在表 8-1 中，我們看到 1980 年兩岸經貿開始的時候，臺灣對大陸與香港出口只有 25.9 億美元，占臺灣總出口的 8.0%，其中以對香港出口為主。其後兩岸貿易開始快速成長，到了 2018 年時，臺灣對大陸及香港出口總值已經到 1,383.5 億美元，占臺灣總出口的 41.2%。進口方面也同樣成長得很快，1980 年臺灣自大陸與香港進口總值只有 4.5 億美元，占臺灣總進口的 2.3%；但是到了 2018 年，臺灣自大陸及香港進口總值已經到 551.9 億美元，占臺灣總進口的 19.3%。現在大陸與香港不但已經是臺灣最大的貿易夥伴，而且也是臺灣最大的順差來源。

表 8-2　兩岸貿易依存度：中國大陸　　　　　單位：%

年	對臺灣出口占總出口比重	自臺灣進口占總進口比重	兩岸貿易總額占中國大陸對全球貿易比重
1980	0.4	1.2	0.8
1985	0.4	2.3	1.6
1990	1.2	8.2	4.5
1995	2.1	14.7	8.0
2000	2.0	11.3	6.4
2005	2.2	11.3	6.4
2010	1.9	8.3	4.9
2011	1.8	7.2	4.4
2012	1.8	7.3	4.4
2013	1.8	8.0	4.7
2014	2.0	7.8	4.6
2015	2.0	8.5	4.8
2016	1.9	8.7	4.9
2017	1.9	8.4	4.9

資料來源：中國大陸「國家統計局」。

　　另一方面，當臺灣對大陸出口快速成長也就等於是大陸自臺灣進口大幅增加，在表 8-2 中，我們看到大陸自臺灣進口的比重由 1980 年的 1.2% 逐漸上升到 1995 年的 15%，這代表大陸對臺灣進口依賴是愈來愈高的。但是從 1995 年開始，大陸自臺灣進口的比重開始逐年下降，到 2017 年時，大陸自臺灣進口比重只剩下 8.4%，此一趨勢代表臺灣產品在大陸的市場競爭力在逐漸下降，值得吾人注意。

　　再從兩岸貿易產品的結構來看，表 8-3 顯示早期臺灣對大陸出口商品中是以紡織品為主，1990 年時紡織品占 30.3%，電子產品只有 11.0%。但是，之後紡織品出口比重就日益下降，而電子產品的出口則日益增加，到 2018 年時電子產品的比重已達到 47.2%；而紡織品比重則只剩下 1.8%。另外，精密儀器 (8.0%) 及塑化產品 (14.9%) 也都是臺灣出口到大陸的大宗項目。

表 8–3　臺灣對大陸出口結構：依產業分　　　單位：億美元、%

年	臺灣對中國大陸出口金額	比 重									
		電子產品	精密儀器、鐘錶、樂器	化學品	塑膠、橡膠及其製品	基本金屬及其製品	機械產品	紡織品	電機產品	其他機械及電機設備	其他產業
1980	25.9	–	–	–	–	–	–	–	–	–	–
1985	26.8	–	–	–	–	–	–	–	–	–	–
1990	85.6	10.6	–	2.9	11.0	5.0	6.2	30.3	3.7	2.3	28.0
1995	264.8	11.1	–	4.7	11.8	8.1	9.1	24.5	4.2	5.1	21.4
2000	355.5	23.0	–	5.1	11.7	11.1	9.0	14.4	3.9	6.6	15.3
2005	776.8	29.7	13.5	7.1	10.0	10.2	6.6	5.9	5.7	3.5	7.8
2010	1,147.4	33.4	17.3	9.4	9.8	6.3	5.2	3.5	3.7	2.9	8.5
2011	1,240.4	33.8	15.2	10.3	9.3	6.2	5.7	3.4	3.3	2.1	10.7
2012	1,186.5	35.1	15.3	9.6	9.1	5.5	5.7	3.1	3.8	1.8	11.0
2013	1,212.2	36.7	14.5	9.6	9.0	5.1	5.2	2.9	4.3	2.6	10.1
2014	1,246.5	41.4	12.7	8.9	8.1	4.9	5.1	2.6	3.6	2.7	10.0
2015	1,092.5	44.8	10.8	8.0	7.6	4.9	5.0	2.7	3.4	2.4	10.4
2016	1,122.8	46.2	9.4	7.3	6.9	4.6	5.2	2.3	2.4	8.7	7.0
2017	1,302.1	46.6	8.9	7.1	7.1	5.0	6.4	2.0	2.3	8.4	6.2
2018	1,383.5	47.2	8.0	7.7	7.2	4.9	6.3	1.8	2.2	8.7	6.0

資料來源：財政部「進出口貿易統計月報」。

　　在進口商品方面，也是以電子產品的比例最高，2018 年時達到 25.9%，見表 8–4；另外，資訊通訊產品 (18.9%) 也是大陸出口到臺灣的重要產品項目。

　　從兩岸貿易產品結構可以看出來，兩岸貿易之間有很高的「產業內貿易」性質，即臺灣賣到大陸的主要產品與大陸賣到臺灣的主要產品都集中在電子與資通訊產品，這是上下游產業的貿易，故我們稱之為產業內貿易。此種貿易形式與傳統的「產業間貿易」(inter industry trade) 有所不同，傳統的產業間貿易指的是不同產業間的貿易，比方說，美國賣飛機給臺灣，臺灣賣電腦給美國，這是屬於兩個不同產業

表 8–4　臺灣自大陸進口結構：依產業分　　單位：億美元、%

年	臺灣自中國大陸進口金額	比　　重								
		電子產品	資訊與通訊產品	電機產品	化學品	鋼鐵及其製品	精密儀器、鐘錶及樂器	珍珠、寶石、貴金屬等	機械產品	其他機械及電機設備
1980	4.5	–	–	–	–	–	–	–	–	–
1985	5.5	–	–	–	–	–	–	–	–	–
1990	17.9	19.5	–	6.2	–	7.5	–	–	2.3	7.5
1995	49.3	12.2	–	8.8	–	16.7	–	–	2.4	4.5
2000	84.1	16.9	–	13.7	–	8.8	–	–	3.7	6.0
2005	222.0	20.5	7.6	8.8	3.7	8.6	5.7	2.4	5.6	6.3
2010	375.7	23.6	10.4	7.8	7.6	4.7	6.1	4.3	5.7	4.4
2011	452.7	21.1	11.0	8.0	7.4	6.8	5.8	5.5	5.4	4.1
2012	435.7	22.3	11.1	8.1	6.6	5.7	5.1	6.0	5.4	3.9
2013	442.5	22.3	11.9	6.8	10.0	6.4	4.7	3.9	5.8	0.9
2014	497.3	22.7	11.3	5.5	10.0	7.8	5.6	3.2	5.9	0.9
2015	456.2	22.7	13.1	5.9	10.0	5.9	4.2	2.4	6.0	0.9
2016	453.2	20.5	19.2	6.8	9.7	5.9	3.7	2.3	7.4	1.1
2017	515.5	23.5	20.8	6.5	8.5	5.1	3.1	2.1	6.5	1.1
2018	551.9	25.9	18.9	6.9	8.1	4.2	3.2	1.8	7.0	1.1

資料來源：同表 8–3。

的貿易。而造成兩岸貿易出現產業內貿易的主要理由，就是兩岸的貿易大都是由臺商所主導。也就是說，由於有許多的臺商在大陸投資設廠，而他們所需要的原物料或零組件很多都從臺灣進口，然後他們再把生產出來的最終產業賣回臺灣。造成臺灣賣上游產品給大陸，大陸再把下游產品賣給臺灣，形成產業內貿易。事實上，到目前為止，臺灣出口到大陸的產品仍然有七成是原物料與半成品，主要都是臺商在兩岸之間採購的結果。

也因此，現在兩岸之間除了重要的貿易關係以外，臺灣與大陸的生產也形成了重要的生產鏈 (production chain) 關係。其中大部分的時

候，是由臺灣生產上游的零組件，再交由大陸工廠生產下游的最終產品，也就是所謂的垂直整合 (vertical integration)。當然，有些時候也會有臺商在兩岸工廠生產類似的產品，即所謂的水平整合 (horizontal integration)，但是由於大陸的生產成本比臺灣低，因此長期下對於進行水平整合的臺灣廠商是比較不利的。

參、臺商赴大陸投資趨勢

在改革開放政策下，大陸在 1980 年 2 月開放了四個經濟特區，包括深圳、珠海、汕頭與廈門，希望吸引外資的資金與技術，來帶動大陸經濟成長。另外，1990 年 6 月，上海浦東開發區成立，這是另外一個重要的經濟開發區。由於兩岸敏感的政治因素，使得 1980 年代大陸改革開放初期，兩岸經貿關係始終只維持在貿易的部分，臺商赴大陸投資一直很少，直到 1987 年，臺商赴大陸投資才出現戲劇性的轉變。

首先，臺灣在外匯存底快速累積之下，新臺幣對美元匯率開始攀升，由 1986 年的 38：1 上升到 1988 年的 26：1。在新臺幣匯率大幅升值的情況下，許多傳統中小企業的出口受到很大的影響，因此它們會想要在海外尋找投資契機，但是由於規模不夠，再加上語言的限制，所以不容易赴海外投資。

另外一個重要因素是在 1987 年的 11 月，蔣經國總統宣布解嚴，並開放人民赴大陸探親。當臺灣的商人赴大陸探親以後，他們發現大陸的工人非常多，而且當時大陸工人的薪資大約只有臺灣的十分之一，再加上又沒有語言上的限制，因此他們發現大陸是一個絕佳的投資地區。於是臺灣的企業開始進入大陸投資，其後就帶動一股臺商赴大陸投資的熱潮，一直持續到今天。

由於我國政府對於臺商赴大陸投資的限制較多，使得許多臺商以個人名義赴大陸投資，而且也不曾在投審會登記，因此國內與大陸投資相關的統計數據也呈現相當失真的狀況。依投審會統計資料顯示，

到 2018 年時，臺灣赴大陸投資的總件數為 43,315 件，累計的投資總額為 1,823.4 億美元。但是如果再依大陸官方統計資料顯示，到 2018 年為止，臺商赴大陸投資的總件數為 107,190 件，實際到位的投資總金額為 680 億美元。造成臺商赴大陸投資件數在兩岸登記差異很大的另外一個因素，是有很多臺商先到第三地註冊，比方說香港或是維京群島，然後再赴大陸投資，同時在大陸再登記為臺商。

從臺商赴大陸投資的地區來看，見表 8-5，以投資件數統計顯示，累計至 2018 年為止，前四大地區為廣東省 (30.5%)、江蘇省 (16.7%)、上海市 (14.3%) 及福建省 (13.3%)，臺商在這四個地區的投資件數占全體的 74.8%，是臺商最集中的地區。

另外，以投資金額來看，累計至 2018 年為止，前四大地區為江蘇省 (30.6%)、廣東省 (18.2%)、上海市 (14.6%) 及福建省 (8.3%)，這四個地區占臺商投資的比重為 71.7%，與投資件數的比重相當。

值得一提的是，臺商在江蘇省的投資件數占 16.7%，但是投資金額卻高達 30.6%，此一現象表示赴江蘇省投資的規模較大，也就是以資本和技術密集的產業為主。至於赴廣東省投資的臺商情況則正好相反，因為廣東省的投資件數占比為 30.5%，但是投資金額的比重卻只有 18.2%，也就是說，赴廣東省投資的臺商投資規模較小，而且是以勞力密集型產業為主。

在投資產業方面，表 8-6 顯示臺灣赴大陸投資的廠商家數是以電子產業最多，累計至 2018 年共占 13.6%；另外，金屬工業、塑化工業及其他工業都占有相當大的比重。也就是說，臺商赴大陸投資幾乎分布在各種產業都有，而不是如同一般外國企業在進行國際投資時，會只針對少數有特別利基的產業進行投資，例如，很多外資到臺灣投資都是以電子產業為主。造成臺商赴大陸投資分散在每一個產業的最主要因素是在於大陸本身有很大的內需市場，因此臺灣各種產業的廠商都想去大陸投資，因為有內需市場可以支持臺灣生產的產品。

在投資金額方面，則以電子產業的投資金額比重最高 (32.0%)，其

表 8–5　臺灣對大陸投資趨勢：地區別（累計）

單位：件、億美元、%

年度	總計 件數	總計 金額	江蘇 占總件數比重	江蘇 占總金額比重	廣東 占總件數比重	廣東 占總金額比重	上海市 占總件數比重	上海市 占總金額比重	福建 占總件數比重	福建 占總金額比重	浙江 占總件數比重	浙江 占總金額比重	天津市 占總件數比重	天津市 占總金額比重	其他 占總件數比重	其他 占總金額比重
1991	237	1.7	-	-	-	-	-	-	-	-	-	-	-	-	-	-
1995	11,254	56.4	22.3	29.7	32.3	30.0	11.7	14.7	15.9	13.8	5.2	4.6	2.2	2.9	10.4	4.3
2000	22,974	171.0	11.3	20.3	35.7	35.9	11.9	14.2	13.5	9.8	5.1	4.2	3.1	2.8	19.4	12.8
2005	34,452	472.6	28.3	34.9	32.9	27.8	13.7	14.9	14.3	8.2	5.2	6.8	2.4	2.0	3.2	5.4
2010	38,685	973.2	15.9	34.3	31.8	22.6	13.8	14.5	13.9	6.9	5.2	6.6	2.3	1.9	16.9	13.1
2011	39,572	1,117.0	16.1	33.8	31.6	21.7	13.8	14.6	13.8	6.9	5.2	6.4	2.3	1.8	17.1	14.7
2012	40,273	1,244.9	16.2	33.1	31.4	20.6	14.0	14.8	13.7	7.1	5.2	6.5	2.3	1.9	17.2	15.9
2013	40,762	1,336.8	16.3	32.6	31.3	20.3	14.0	15.6	13.6	7.0	5.3	6.4	2.3	1.9	17.2	16.2
2014	41,259	1,439.6	16.4	32.0	31.1	19.7	14.0	15.4	13.6	7.8	5.3	6.3	2.3	1.8	17.3	17.0
2015	41,686	1,549.2	16.5	31.2	31.0	19.2	14.0	15.2	13.5	7.8	5.3	6.3	2.2	1.8	17.5	18.5
2016	42,009	1,645.9	16.5	31.1	30.9	18.7	14.1	15.0	13.5	7.9	5.3	6.1	2.3	1.7	17.4	19.5
2017	42,589	1,738.4	16.6	30.8	30.7	18.3	14.2	14.8	13.4	8.1	5.3	6.2	2.3	1.7	17.5	20.1
2018	43,315	1,823.4	16.7	30.6	30.5	18.2	14.3	14.6	13.3	8.3	5.4	6.5	2.2	1.6	17.6	20.2

資料來源：經濟部投資審議委員會。

表8-6　臺灣對大陸投資趨勢：產業別（累計）

單位：件、億美元、%

年度	總計 件數	總計 金額	電子 占總件數比重	電子 占總金額比重	金屬 占總件數比重	金屬 占總金額比重	化學 占總件數比重	化學 占總金額比重	塑膠 占總件數比重	塑膠 占總金額比重	食品 占總件數比重	食品 占總金額比重	紡織 占總件數比重	紡織 占總金額比重	其他產業 占總件數比重	其他產業 占總金額比重
1991	237	1.7	—	—	—	—	—	—	—	—	—	—	—	—	—	—
1995	11,254	56.4	13.3	15.6	8.3	8.6	6.7	6.8	10.7	10.2	8.4	11.6	4.9	5.6	47.8	41.8
2000	22,974	171.0	15.7	28.0	8.6	8.3	6.5	6.5	9.0	7.8	9.6	7.5	4.4	4.8	46.2	37.0
2005	34,452	472.6	18.3	34.8	8.6	9.2	6.0	6.7	8.0	6.0	7.2	4.2	3.5	3.4	48.4	35.8
2010	38,685	973.2	13.4	34.1	8.2	8.0	2.0	3.7	6.0	4.8	5.9	2.6	2.8	2.1	61.5	44.7
2011	39,572	1,117.0	13.6	34.2	8.2	7.6	2.1	4.0	5.9	4.5	5.9	2.4	2.8	1.9	61.5	45.4
2012	40,273	1,244.9	13.6	33.4	8.2	7.2	2.1	4.5	5.9	4.2	5.8	2.3	2.8	1.8	61.6	46.7
2013	40,762	1,336.8	13.6	32.8	8.1	7.0	2.1	4.5	5.8	4.0	5.8	2.2	2.7	1.7	61.9	47.8
2014	41,259	1,439.6	13.6	32.5	8.1	6.9	2.1	4.6	5.8	3.8	5.7	2.1	2.7	1.6	62.0	48.5
2015	41,686	1,549.2	13.7	31.7	8.0	6.9	2.1	4.4	5.8	3.7	5.7	2.0	2.7	1.6	62.0	49.7
2016	42,009	1,645.9	13.7	32.1	8.0	6.8	2.1	4.6	5.7	3.5	5.7	2.0	2.7	1.5	62.1	49.5
2017	42,589	1,738.4	13.7	32.1	7.9	6.7	2.1	4.6	5.7	3.4	5.6	1.9	2.6	1.5	62.4	48.8
2018	43,315	1,823.4	13.6	32.0	7.9	6.8	2.1	4.9	5.6	3.4	5.5	1.8	2.6	1.4	62.7	49.7

資料來源：同表8-5。

他產業的投資金額則相對的分散很多。主要理由與上一段所敘述的很相近，因為一方面，電子產業是臺灣的強項，因此電子產業赴大陸投資的家數與規模都較大，而其他產業的投資件數與規模則相當的分散。

　　大致上來說，臺商赴大陸投資有幾個主要的趨勢：第一，臺商大陸投資廠商由 1992 年以前的傳統中小型企業，逐漸變到 1995 年以後的傳統中大型企業。第二，由傳統的勞力密集型產業轉向資本密集及技術密集型產業，現在再轉向服務業。第三，投資地區由早期的珠江三角洲，逐漸轉向長江三角洲，最後再遍及大陸所有的地區。

　　臺商由珠江三角洲轉向長江三角洲投資的原因有三：第一，臺商剛去大陸時是以出口為導向，因此工廠設在沿海城市方便出口，然而後來的投資廠商則是以大陸內陸市場為主，而長三角接近大陸中心，因此是更好的選擇。第二，1995 年以後赴大陸投資的臺商是以高科技電子產業為主，而長三角可提供的高科技人才較好也較多。第三，長三角的法制環境與投資環境要比珠三角好很多，所以規模較大、投資金額較多的臺商會偏好選擇在長三角投資設廠。

肆、兩岸經貿對臺灣經濟發展的影響

　　臺灣是一個標準的小型開放經濟體，出口一向就是帶動經濟成長的引擎，因為 2018 年臺灣進出口占 GDP 的比重高達 123.1%，所以當出口成長率很高的時候，臺灣的 GDP 成長率也就隨之攀高。兩岸貿易隨著兩岸關係改善而增加時，兩岸貿易對於臺灣經濟成長的貢獻也就愈為明顯。尤其是近幾年來由於臺灣對大陸出口成長率，遠遠高於臺灣對其他地區的出口成長率，因此對大陸出口的成長也成為帶動臺灣經濟成長最重要的來源。依筆者 (2006) 的估計，2000 年以來，臺灣的經濟成長率中至少有超過三成是來自於對大陸及香港出口所帶動的。

　　由於臺商赴大陸投資是以製造業為主，因此當大量臺商赴大陸投資以後，臺灣製造業的比重自然就會下降，同時服務業的比重就會上

表 8-7　臺灣產業結構變化趨勢　　　　　　　單位：%

年	農　業	工　業	製造業	服務業
1981	7.3	43.9	32.6	48.8
1985	5.7	44.6	34.9	49.7
1990	4.0	38.9	30.7	57.0
1995	3.3	33.1	24.9	63.5
2000	2.0	30.5	24.6	67.5
2005	1.7	31.3	26.5	67.1
2010	1.6	34.0	29.3	64.4
2011	1.7	33.7	28.7	65.3
2012	1.7	32.8	28.4	65.6
2013	1.7	33.2	28.4	65.1
2014	1.9	34.1	29.1	64.0
2015	1.7	35.3	30.2	63.0
2016	1.8	35.5	30.7	62.7
2017	1.8	35.5	31.0	62.7
2018	1.6	35.2	30.8	63.2

資料來源：行政院主計總處。

升。在表 8-7 中，我們看到在 1985 年以前，臺灣的工業（二級產業）產值占 GDP 的比重約在 44.6% 左右，到了 1988 年臺商赴大陸投資以後開始下降，到了 2018 年時工業產值占 GDP 的比重只剩下 35.2%。同樣的，工業中最重要的製造業部分的比重也同樣在下降，表 8-7 顯示製造業占 GDP 比重由 1985 年的 34.9%，下降到 2018 年的 30.8%。另一方面，在 1985 年以後，臺灣的服務業（三級產業）占 GDP 的比重大約維持在 50% 左右，但是到了 1988 年服務業產值占 GDP 比重快速上升，到 2018 年時服務業的比重已經達到 63.2%。

　　由於製造業是一個國家生產的基石，因此有很多人擔心當製造業紛紛出走到大陸以後，臺灣的製造業與工業不斷萎縮，可能因此面臨產業空洞化 (hollowing out) 的問題。不過，我們要強調的是，雖然臺灣工業與製造業的比重在下降，但其實大約到了 2000 年左右這兩者的

比重就穩定地維持在 30-35% 左右，並沒有出現一直下降的趨勢。事實上，臺灣現在產業結構的比重大約為農業 2%、工業 34% 與服務業 65%，此結構比例與美國及日本是很相近的。也就是說，在經過 1980 年代末期的產業結構調整之後，臺灣現在的產業結構與先進國家的產業結構是相似的。

另外，大家擔心的是，當製造業都外移之後，留在臺灣的產品還會有競爭力嗎？要回答這個問題，最好的方法就是去看臺灣出口結構的變化，因為出口產品代表臺灣在國際市場具有競爭力的產品，見表 8-8。先從勞力密集度來看，1985 年以前，臺灣出口產品中有 45% 左右是高勞力密集型產品，但是臺商赴大陸投資之後，留在臺灣生產的產品其勞力密集度就明顯降低，到 2014 年時，高勞力密集的產品出口比重只剩下 31.8%。再從資本密集度來看，1985 年時，臺灣出口產品中，高資本密集度的產品出口比重只有 24.5%，但是當勞力密集型產品大都移到大陸生產之後，留在臺灣的產品屬於高資本密集度的比重就逐漸上升，到 2018 年時，高資本密集產品的出口比重已經達到 61.0%。

最明顯的是以技術密集來區分的出口變化，1985 年時，高技術密集度產品的出口比重只有 18.8%，但是當勞力密集型產品大都移到大陸去生產之後，留在臺灣生產的產品其技術密集度就大幅增加。到了 2018 年時，臺灣出口產品中高技術密集度產品的比重已經達到 62.5%。相反的，低技術密集度產品的比重則由 1985 年的 47.6%，下降到 2018 年只剩下 7.0%。

造成 1985 到 2000 年之間臺灣產業結構大幅調整的主要原因，一方面是因為臺商開始赴大陸投資是以勞力密集型為主，因此使得臺灣的勞力密集型產業逐漸萎縮；另一方面，臺商赴大陸投資之後，在大陸的工廠以生產最終產品為主，但是其生產所需的上游關鍵零組件則交由臺灣母公司來研發及生產，而這些關鍵零組件產品是資本密集度較大，同時技術密集度也較高。所以雖然最終臺灣製造業與工業的比

表 8-8　臺灣出口結構變化趨勢　　　　　　　單位：%

年	勞力密集度			資本密集度			技術密集度		
	高	中	低	高	中	低	高	中	低
1982	47.2	30.8	21.9	26.9	45.4	27.6	18.3	32.6	49.1
1985	45.9	35.6	18.5	24.5	48.7	26.8	18.8	33.6	47.6
1990	41.0	38.3	20.7	28.9	50.5	20.5	26.7	38.6	34.7
1995	36.4	40.6	23.0	31.9	56.5	11.6	36.5	41.4	22.0
2000	31.6	43.0	25.3	33.0	60.9	6.2	48.1	37.3	14.6
2005	34.5	43.0	22.5	52.0	44.1	3.9	50.0	41.0	9.1
2010	33.6	43.4	23.0	58.9	38.2	3.0	52.9	40.6	6.5
2011	32.1	43.7	24.3	57.2	39.7	3.1	51.2	42.4	6.4
2013	32.0	42.9	25.0	59.9	36.9	3.2	50.6	43.3	6.1
2014	31.8	42.9	23.3	59.9	36.8	3.3	52.2	41.8	6.1
2015	31.8	49.0	19.2	58.8	36.9	4.3	60.4	31.9	7.7
2016	30.3	51.9	17.8	59.5	36.5	4.0	62.2	30.5	7.3
2017	28.3	53.7	18.0	60.8	35.5	3.7	63.0	30.0	7.0
2018	27.6	53.0	19.4	61.0	35.3	3.7	62.5	30.5	7.0

註：本統計資料自 1982 年開始。

資料來源：同表 8-7。

重降低了，但是留在臺灣生產的產品卻是明顯的升級 (upgrading) 了，這可以說是再一次證實了比較利益理論。

伍、經貿全球化與區域化的挑戰

從上述的分析我們可以知道，兩岸經貿關係的發展其實最重要的引領因素是經濟利益本身，因為早期兩岸經貿關係雖然開放，但是政治關係卻一直處於很敏感的狀態，因此兩岸經貿關係在開放的過程中其實一直都是受到許多的限制。例如，在 1990 年代後期，李登輝總統主政時代，兩岸關係政策的主軸是「戒急用忍」。到了 2000 年，陳水扁總統上任以後，兩岸關係的主軸改成「積極開放，有效管理」，後來

又改成「積極管理，有效開放」。

當時兩岸的政治關係可以說是相當敏感而不太友善的，因此在兩岸經貿政策上也相當的謹慎，各種形式的限制也非常多。譬如，當時臺商與臺灣的觀光客赴大陸人數非常多，但是兩岸之間是沒有直航的班機，大多數的旅客必須由臺北（或高雄）出發到香港，再轉機至大陸（以北京為例，全程至少需 8 小時），飛行航程及轉機時間冗長；直到 2008 年兩岸簽署直航協議後，往返兩岸航程時間大幅縮短（以北京為例，航程約 3 小時）。再比方說，當時有很多的大陸觀光客想要到臺灣旅遊觀光，但是申請非常不易，因為政府把大陸人士分成三類，第三類是到國外拿到當地永久居留的大陸人士，第二類是赴其他國家旅遊的大陸人士，第一類是由大陸直接到臺灣的大陸人士。在 2007 年以前，政府只准許第三類及第二類的大陸人士來臺觀光，因此大陸人士來臺觀光人次累計僅有二十餘萬人。

2008 年 5 月，馬英九總統上任以後，認為兩岸的經貿往來非常頻繁且重要，而且兩岸人員往來人次逐漸增加，因此兩岸關係勢必要穩定化及正常化，才足以維持這些重要的經貿關係。2008 年 6 月後，兩岸陸續簽署「海峽兩岸空運協議」與「海峽兩岸關於大陸居民赴臺灣旅遊協議」，前者實現了兩岸班機直航，後者讓大陸人士可以來臺旅遊觀光。根據觀光局統計，2015 年大陸人士來臺觀光人次最高峰達到每年 414 萬人次；同時，兩岸直航班機達到每週八百九十班次（雙方每週四百四十五班次），可以由臺灣十個城市直飛到大陸六十一個城市。

更重要的是，2010 年 6 月，兩岸簽署了「兩岸經濟合作架構協議」(ECFA)，因為兩岸貿易進出口往來密切，且臺灣對大陸出口金額占臺灣總出口的 40%，因此兩岸必須簽署雙邊經貿協議，以降低雙方關稅，甚至零關稅，以提高臺灣產品在大陸的競爭力。

由於 ECFA 是一個架構協議，後續還需要簽署「投資保障和促進協議」、「服務貿易協議」、「貨品貿易協議」及「爭端解決機制協議」四個協議才算完成一個完整的雙邊經貿協議，而且降稅時程很長。為

了讓國內一些重要的商品可以先行降稅，以實現一部分的降稅效果，於是在兩岸簽署 ECFA 的同時，就先選擇一些商品清單先執行降稅時程，我們稱這些商品為「早收清單」(early harvest plan)。在「早收清單」中，大陸給臺灣五百三十九項商品先降稅，臺灣則給大陸二百六十九項商品先降稅；同時，這些商品從 2011 年元月開始，分三年降稅完畢。

　　「早收清單」對出口至大陸的成果，可參見表 8-9。從出口統計來看，「早收清單」實施的第一年 (2011)，臺灣對大陸出口「早收清單」項目成長率為 17.3%，超過對大陸出口的成長率 (9.1%)；過去八年，早收清單項目對大陸出口平均年成長率為 6.01%，明顯高於全體對大陸出口成長率 3.16%。另一方面，2011 年臺灣自大陸進口「早收清單」項目成長率為 27.9%，超過所有商品進口成長率 (21.3%)；不過，過去八年，早收清單項目自大陸進口年平均成長率為 5.41%，略高於全體自大陸進口產品成長率的 5.29%，見表 8-10。也就是說，早收清單對於擴大臺灣對大陸出口有顯著的效果，但是對於擴大自大陸進口的成效則十分有限。

　　事實上，臺灣有意與中國大陸洽簽 ECFA 的另外一個重要因素是，因為這些年來東亞經濟快速整合，造成對我國國際貿易潛在的競爭壓力。1990 年代末期到 2000 年代初期，「世界貿易組織」(World Trade Organization, WTO) 多次談判的結果都沒有達到預期的成效，於是許多國家就紛紛開始與其他國家洽簽雙邊（或多邊）FTA 的方式，達到降低關稅及增加商品競爭力，來打開國際貿易的市場。我們與中國大陸簽署 ECFA 的一個重要戰略意義，就是希望與大陸洽簽 FTA 後，許多國家會比較有意願與我國簽署 FTA，順利打開我國對外經貿市場。

　　2010 年 8 月臺灣與新加坡正式宣布進行雙方 FTA 的可行性研究，並於當年 12 月啟動「臺星經濟夥伴協定」(ASTEP) 正式談判，經過多次協商談判，於 2013 年 11 月完成簽署 FTA，2014 年 4 月正式生

表 8-9　ECFA 貨品早收清單效益（出口）

單位：億美元、%

項　目	全部國家		中國大陸（不含香港）		陸方早收清單（2014 年版陸方稅則 621 項）	
	金　額	成長率	金　額	成長率	金　額	成長率
2010	2,746.0	–	796.4	–	150.1	–
2011	3,082.6	12.3	839.6	9.1	176.1	17.3
2012	3,011.8	−2.3	807.1	−3.9	182.3	3.5
2013	3,054.4	1.4	817.9	1.3	201.6	10.6
2014	3,138.0	2.7	821.4	0.4	205.8	1.8
2015	2,803.9	−10.6	712.1	−13.3	190.1	−7.6
2016	2,803.9	−1.7	739.0	0.7	191.3	0.6
2017	3,173.8	13.2	890.0	20.5	227.4	18.9
2018	3,360.2	5.9	968.0	8.8	236.3	3.9

資料來源：海關進出口貿易統計

表 8-10　ECFA 貨品早收清單效益（進口）

單位：億美元、%

項　目	全部國家		中國大陸（不含香港）		我方早收清單（2014 年版我方稅則 283 項）	
	金　額	成長率	金　額	成長率	金　額	成長率
2010	2,512.4	–	359.5	–	39.0	–
2011	2,814.4	12.0	436.0	21.3	49.9	27.9
2012	2,704.7	−3.9	409.1	−6.2	48.8	−2.2
2013	2,699.0	−0.2	425.9	4.1	49.0	0.4
2014	2,742.2	1.6	480.4	12.8	54.3	9.3
2015	2,286.2	−16.6	441.8	−8.0	52.9	−2.6
2016	2,308.9	−2.7	440.0	−2.8	47.5	−10.2
2017	2,595.0	12.5	500.5	13.8	53.9	13.5
2018	2,866.1	10.5	538.0	7.5	59.1	9.6

資料來源：海關進出口貿易統計。

效；另外，2011 年 10 月臺灣與紐西蘭也啟動 FTA 協商，名稱為「臺紐經濟合作協定」 (Agreement between New Zealand and the Separate Customs Territory of Taiwan, Penghu, Kinmen, and Matsu on Economic Cooperation, ANZTEC)， 並於 2013 年 7 月 10 日完成簽署 。 另外 ， 2011 年 9 月臺灣與日本簽署「雙邊投資協議」(BIA)；2013 年 4 月，臺灣與美國重新啟動「貿易與投資架構協議」(TIFA)，未來臺美希望能走向簽署 FTA ， 以上這些協議均是在 2010 年 6 月兩岸簽署 ECFA 之後開始啟動談判協商。

此外，菲律賓、印度、印尼、香港及澳洲等國家和地區都曾表示有興趣與臺灣洽簽 FTA；2011 年 5 月，歐洲議會甚至主動通過一個建議案，要求歐盟執委會與臺灣協商簽署 FTA 的事宜。

依 2010 年的資料顯示，東協十加六的人口占全球人口的 46%，GDP 總量占全球 23%，貿易總量占全球貿易總量的 19%。其實東協十加六不但經濟規模很大，而且更重要的是這些國家的經濟成長非常快速，可以說現今全球經濟成長的主力都集中在此一區域。而臺灣貿易總量中有 60% 集中在此一地區 ， 同時對外投資中有 82% 亦集中在此一地區，因此我們當然需要積極努力加入此一重要的經貿組織。

另一方面，2009 年美國國務卿希拉蕊柯林頓曾說：「美國將重返亞洲……，而且美國要帶領亞洲。」其中一個重要的政策就是要帶頭形成另外一個亞太經濟組織，於是美國宣布要加入原來只有四個小國（紐西蘭、新加坡、汶萊與智利） 所組成的 「跨太平洋夥伴協議」(TPP)。在美國宣布加入之後，澳洲、祕魯、馬來西亞、越南、日本與加拿大等國也紛紛宣布有意加入協商。這十一個國家的 GDP 總量占全球 GDP 的 36%，也就是說，2015 年 TPP 完成簽署之後，將會是全球最大的區域性經貿組織。雖然，美國總統川普在 2016 年初就任後，立即簽署美國退出 TPP，但是後來由日本出面整合剩下的十一國，改名為「跨太平洋夥伴全面進步協定」(CPTPP)，並且已經在 2018 年 12 月 30 日正式生效。由於這是一個規模很大的經貿組織，而且在地理位置

上臺灣也身處其中，因此臺灣當然需要積極表達希望加入的意願。

陸、結語：兩岸經貿關係展望

2008 年 5 月，馬總統上任以來就致力於兩岸關係的全面改善，過去五年之間兩岸共簽署了十八項協議及兩項共識，其中包括了觀光協議、直航協議、農產品檢驗檢疫協議、投資保障協議、貨幣清算協議及 ECFA 等等，這其中的每一項協議對於臺灣的經濟發展及民生生活可以說都是非常重要的。

兩岸簽署觀光協議（2008 年 6 月）之後，大陸來臺觀光人數從 2007 年的每年 10 萬人次，增加到 2014 年每年 3 百多萬人次，而且觀光人次還在持續成長當中。另外，兩岸簽署直航協議（2008 年 11 月）之後，現在每週往來兩岸的直航班機達到八百九十班次，可由臺灣十個城市直飛大陸的六十一個城市，讓兩岸人員往來更加便利。

此外，過去以來我們只開放臺商赴大陸投資，而禁止陸資企業來臺灣投資，造成兩岸投資行為的極度不平衡。經過兩岸協商後，於 2009 年 6 月施行「大陸地區人民來臺投資許可辦法」，開放陸資來臺投資，希望藉著陸資來臺投資，可以創造臺灣好的投資環境，實現優勢互補的產業競爭力，增加國內的就業機會。到 2018 年底為止，陸資來臺投資的件數為 1,228 件，投資總額為 21.8 億美元，創造臺灣就業人數達到 19,634 人。

另外，教育部在「三限六不」的原則下，於 2010 年開始正式招收大陸學生來臺修習學士與研究生學位，最多時每年約有 2,000 位的大陸學生來臺就學攻讀學位，增加兩岸學生交流。

從過去經驗來看，在馬英九政府時代在「九二共識」的原則下，秉持著開放與平等的原則，促進兩岸經貿、文教、社會及各項交流，成果豐碩且有利於兩岸人民福祉，因此持續穩定擴大與深化兩岸各項交流是政府目前在兩岸關係上最重要的政策項目之一，包括 ECFA 的

後續協議（服務貿易協議及貨品貿易協議等）、擴大陸生來臺就讀、增加陸客來臺觀光與陸資來臺投資等。

　　不幸的是，2016 年 5 月，蔡英文總統上任後，因為不願意接受「九二共識」的原則，使得兩岸關係迅速惡化，導致陸客觀光人數大幅下跌，2018 年陸客來臺人數只剩下 266 萬人；同時，陸生來臺人數也減少許多。另一方面，也造成臺灣參與國際空間受到限制，包括無法再參加國際衛生大會 (WHA) 和國際民航組織 (ICAO)。更嚴重的是，過去三年臺灣的邦交國掉了五個，由 2015 年的二十二個減少到現在的十七個，使得臺灣的外交空間也受到很大的打壓。

　　由於大陸是臺灣的最大市場，占臺灣出口的 40% 左右，因此我們認為兩岸還是應該要維持一個和平穩定的關係，這不但對臺灣的經濟有幫助，而且當兩岸關係維持的好，我們的外交事務就得以「事半功倍」；反過來說，如果兩岸關係不好，我們的外交事務就會「事倍功半」。所以，無論如何，兩岸都應該維持一個和平穩定的關係，這對臺灣的發展而言是非常關鍵的。

問題與討論

一、請略述兩岸貿易發展的過程，其中請說明造成兩岸貿易快速成長的主要因素有哪些？同時，請討論兩岸之間的貿易型態為什麼主要是「產業內貿易」，而不是「產業間貿易」？

二、請詳細說明臺商赴大陸投資的主要原因為何？同時請說明臺商赴大陸投資在產業與區位的選擇過程。

三、請問兩岸經貿發展對於臺灣的經濟成長與產業結構的調整造成何種影響？

四、請說明兩岸簽署 ECFA 的主要原因為何？又為何要有早期收穫清單？早收清單的效果又如何？

五、請說明東亞經濟整合的現況為何？此一整合的現象對於臺灣經濟發展會產生何種影響？為什麼？

參考文獻

中華經濟研究院，「亞太經濟整合對我國產業發展之影響評估」，**工業局委託研究計畫**，2004 年。

周添城、吳惠林，「臺灣產業結構轉變與產業空洞化」，**自由中國之工業**，第 74 卷第 4 期（1990 年）。

林祖嘉，「1986 年以來兩岸貿易與投資的互動與發展」，高希均、李誠，林祖嘉主編，**兩岸經驗 20 年：1986 年以來兩岸的經貿合作與發展**（臺北：天下文化出版公司，2006 年），頁 98–127 頁。

林祖嘉，**兩岸經貿與大陸經濟**（臺北：天下文化出版公司，2005 年）。

林祖嘉，**前進東亞，經貿全球：ECFA 與臺灣產業前景**（臺北：天下文化出版公司，2013 年）。

林祖嘉，**重回經濟高點：兩岸經貿與臺灣未來**（臺北：高寶文化出版公司，2008 年）。

林祖嘉主編，**ECFA 與東亞經濟整合及產業合作**（臺北：國家政策研究基金會出版，2012 年）。

馬英九，**八年執政回憶錄**（臺北：天下文化出版公司，2018 年）。

高孔廉，**兩岸第一步：我的協商談判經驗**（臺北：聯經出版社，2016 年）

高希均，李誠，林祖嘉，**臺灣突破：兩岸經貿追蹤**（臺北：天下文化出版公司，1992 年）。

高希均、林祖嘉、林文玲、許彩雪，**臺商經驗：投資大陸的現場報導**（臺北：天下文化出版公司，1995 年）。

高　長，「製造業赴大陸投資經營當地化及其對臺灣經濟之影響」，**大陸經濟發展研討會論文集**（臺北：中華經濟研究院，2001 年）。

臺灣區電機電子公會，**內銷內貿領商機：2005 年中國大陸地區投資環境與風險調查**（臺北：商業周刊出版社，2005 年）。

蘇　起，**兩岸波濤二十年紀實**（臺北：天下文化出版公司，2014 年）。

顧瑩華、陳添枝，「進口替代與出口擴張：相容與相斥」，**經濟論文叢刊**，第 26 卷第 3 期（1998 年），頁 293–317。

Lin, C. C., eds. *ECFA and East Asia Economic Integration*. Taipei,: National Policy Foundation, 2011.

Lin, C.C., *Thirty Years of the Economic Relation across the Taiwan Strait: Retrospect and Prospect*. Manuscript, 2018.

第九章
兩岸社會文化交流

壹、前　言

　　1987 年 11 月 2 日，蔣經國故總統的開放戰後隨國民政府來臺「老兵」返鄉探親的決策，重新串起中斷了三十八年的兩岸人民往來，臺海民間交流的序幕也自此揭開。渠後，隨我政府陸續於 1992 年正式批准大陸配偶來臺居留或定居、2008 年開放大陸觀光客來臺和 2011 年啟動大陸學生來臺就讀等舉措，兩岸間的社會文化交流除在數量上年有成長外，在交流的層面上也不斷深化，由所謂的外省老兵返鄉、兩岸聯姻、庶民間的旅遊往返擴展到學術交流；由早期以臺灣人赴大陸為主的單向來回，日益延伸至臺海間的雙邊往返；由有血緣關係者間的互訪，擴及尋常百姓間的接觸，尤其 2008 年馬英九總統主政後，隨兩岸的大三通，大陸地區和臺灣地區近乎全方位的互動已然成為愈來愈難以阻擋的趨勢；若由廣義的社會交流言，於 2010 年簽定的「兩岸經濟合作架構協議」(ECFA) 暨全球和區域一體化的走勢下，我政府更逐步地開放陸資來臺，並積極推動兩岸金融等服務業的合作等；然馬政府執政後期，太陽花學運打亂了服貿、貨貿等原可再深化兩岸經貿往來協議之簽署進程；而隨民進黨之執政，社會文化交流更因兩岸間的緊張關係而起了不小的變化；不囿觀光客大幅減少，來臺就讀陸生人數亦顯著下降，就連兩岸聯姻也因彼此社經條件的轉變，出現了變化。

貳、老兵「想家」敲開兩岸社會文化交流大門

　　無論是否相信當年蔣經國故總統開啟老兵返鄉探親是在以臺灣的經濟繁榮、政治民主、文化進步向大陸展開政治反攻，目的在促進大陸的政治民主、新聞自由、經濟開放，成為民主自由的現代化國家之說法，由退伍老兵何文德、李秉誠和江詩長等人所發起的「外省人返鄉探親促進會」，在 1980 年代臺灣社會正彌漫著一股本土草根型社會運動浪潮下，「想家」的訴求無疑地顯得格外的「獨樹一幟」。1987 年10 月 14 日，我政府終於在解嚴後的三個月通過了開放探親決議案，允許除現役軍人及擔任公職人員❶外之在大陸地區有血親、姻親、三親等以內親屬之國人，每年可有一次，每次可待三個月，得透過紅十字會登記赴大陸探親。值得一提的是，在當時我方堅持「三不」政策原則下，1979 年元旦鄧小平發表「告臺灣同胞書」後的數載，除「兩個寄希望」❷外，時任中共全國人大常委會委員長的葉劍英也發表了著名的「葉九條」，❸或許正因如此，臺灣首波與大陸的民間接觸方得以於對岸「保證來去自由，盡力提供方便」的友善大環境下運行。或許出於同樣的「統戰」考量，為數不菲的早期返鄉探親老兵也大多能獲得家鄉縣長、黨委書記甚或省長暨更高層級領導的熱忱接待。而在開放初期絡繹不絕於途的返鄉老兵暨外省人群中，人手攜帶著所謂的

---

❶　除涉及國家安全機密人員外，簡任十一職等及警監三階以下公職人員依現行規定經申請是被允許前往中國大陸的。

❷　即指「寄希望於臺灣人民，也寄希望於臺灣當局」。

❸　「葉九條」的要旨包括了：1.建議舉行國共談判、實行第三次國共合作、完成祖國統一大業；2.建議雙方共同為通郵、通商、通航、探親、旅遊以及開展學術、文化、體育交流提供方便，達成有關協議；3.國家實現統一後，臺灣可以作為「特別行政區」，享有高度的自治權，並可保留軍隊；4.臺灣現行的社會、經濟制度不變；5.臺灣各族人民、各界人士願回祖國大陸定居者，保證妥善安排，不受歧視，來去自由等。

「三大件、五小件」，❹ 背後所反映的恰是那份亟欲重拾與彌補失聯數十載難以割捨親情的牽掛。統計資料顯示，1987 至 2000 年間，臺灣民眾前往大陸探親、旅遊或從事商務活動者即逾 1 千 7 百萬人次。

參、大陸配偶構築臺灣社會中「新住民」的大宗

內政部移民署的資料顯示，1987 至 2015 年 12 月底止，來臺大陸配偶高達 330,069 人，占全體 51 萬新住民中的 64.69%，若納入港澳地區與臺灣人士聯姻之 14,279 人，則兩地（大陸 + 港澳）來臺配偶占全體新住民之比率更高達 67.49%（表 9–1），可謂臺灣新住民中人數最多者。然資料顯示，來臺陸配人數自 2012 年起呈逐年明顯減少態勢。❺ 另，與同具婚姻移民身分的外籍配偶相比，我政府早期對陸配的政策似非全然公允。如配額政策的實施（由最早的每年 240 名、300 名、600 名、1,080 名、2,400 名以至 3,600 名），讓不少結婚已八年、十載的大陸配偶仍無法取得臺灣身分證。又如結婚後除非育有子女，否則無法立即來臺，且於早期施行探親→居留→定居三步曲政策時，處「探親」階段之大陸配偶每半年必需出境一次，造成多半嫁與臺灣弱勢和劣勢家庭的大陸配偶經濟上極重的負荷，復以每回出境僅能停留一個月即須返臺之規定，致許多居住大陸偏鄉地區的大陸配偶，在奔波兩岸、近似遙遙無期的等待過程中被迫放棄了婚姻。此外，在未取得長期居留權之前不被允許工作之規定，平添生活本就不寬裕家庭之經濟負擔。後雖經有心人士的奔走呼籲，在「生活從寬、身分從嚴」原則下，將兩岸聯姻制度調整為團聚→依親居留→長期居留→定居之

---

❹ 開放初期，老兵咸認當時大陸民眾生活普遍困苦，故多半不會空手返鄉；而所謂的「三大件、五小件」係指小自時鐘、吹風機，大至電冰箱、電視機、摩托車等登陸所攜帶給親友的見面禮。

❺ 詳請參閱內政部戶政司，「臺灣結婚人數按雙方原屬國籍分──87 年 –108 年 3 月」，2019 年 4 月 3 日。

四階段設計，❻然除特殊境遇（如在臺配偶已屆六十五歲、失業、中度以上身心障礙、家暴等）外，在 2009 年之前來臺的大陸配偶仍不被允許在取得身分證前在臺工作。然而，或許因大陸配偶人數至 2014 年前一直不斷增加，或因臺灣社會愈來愈能以「人道」角度處理新住民課題，目前來臺大陸配偶取得臺灣身分證的年限不但已由早期平均八至十一年降為六年，更可於入臺後無須申請即可工作。此外，在考量部分大陸配偶於大陸地區尚有退休金福利暨財產待處分等事實，我政府還允許大陸配偶在取得臺灣「身分證」和僅獲取「長期居留證」間作出選擇。

回首 1992 年我政府正式開放大陸配偶來臺迄今，政府不僅廢除了探親期每半年需出境一次的規定，允許甫結婚陸配可即刻來臺與臺灣配偶「團聚」，更取消了「配額」的限制。陸委會 2015 年 5 月並已放寬陸配前次婚姻中二十歲以下子女申請來臺長期居留之數額，由每年 180 名增加至 300 名；另並早自 2012 年起即將擬妥之比照其他外籍配偶，由六年方能取得身分證的規定下修為四年之法案送交立法院審議。❼2014 年 1 月中旬起，大陸配偶更已納入勞退強制提繳對象，使渠等工作、養老更具保障。故總體而言，除身分證取得時間、高學歷的認證和取得身分證後十年方得任公職規定外，開放大陸配偶來臺迄今的各項政策爭議可謂皆已先後獲得解決。下一階段，政府需特別著墨的，應屬第二代的教育暨社會融合及大陸配偶的父母或兄弟姊妹等親屬來臺探親，甚或入籍之衍生性移民議題。蓋據統計，2015 年，新

---

❻ 綜合而言，我政府開放大陸配偶來臺政策可區分為以下四個階段： 1.李登輝總統執政時期——1992–1999，主要循探親→居留→定居三步驟運行； 2.陳水扁總統首任任期——2000–2003，採取探親→團聚→居留→定居四階段之作法； 3.陳水扁第二任任期——2004–2008，調整為團聚→依親居留→長期居留→定居四個階段； 4.馬英九總統時期——2008 迄今，邁入依親居留→長期居留→定居的新紀元。

❼ 陸配們努力多年，盼取得臺灣身分證的年限可比照東南亞等外籍配偶縮短為四年，然立法院迄今尚未予以通過。

表 9–1 臺灣各縣市之大陸（含港澳）配偶人數 (1987–2015)

單位：人、%

區域別	總　計（含大陸及港澳外其他外籍配偶）	大陸、港澳地區配偶					
		合　計		大陸地區		港澳地區	
		人　數	%	人　數	%	人　數	%
總　計	510,250	344,348	67.49	330,069	64.69	14,279	2.80
新北市	98,912	70,176	70.95	65,125	65.84	5,051	5.11
臺北市	57,498	44,195	76.86	40,675	70.74	3,520	6.12
桃園市	55,676	35,770	64.25	34,483	61.94	1,287	2.31
臺中市	53,264	36,820	69.13	35,612	66.86	1,208	2.27
臺南市	32,200	21,616	67.13	21,092	65.50	524	1.63
高雄市	59,189	42,474	71.76	41,477	70.08	997	1.68
宜蘭縣	8,003	4,866	60.80	4,761	59.49	105	1.31
新竹縣	12,728	6,755	53.07	6,613	51.96	142	1.12
苗栗縣	13,401	7,969	59.47	7,873	58.75	96	0.72
彰化縣	21,650	11,921	55.06	11,718	54.12	203	0.94
南投縣	10,221	5,553	54.33	5,463	53.45	90	0.88
雲林縣	15,337	8,707	56.77	8,621	56.21	86	0.56
嘉義縣	12,489	7,261	58.14	7,188	57.55	73	0.58
屏東縣	18,516	10,701	57.79	10,513	56.78	188	1.02
臺東縣	4,101	2,637	64.30	2,601	63.42	36	0.88
花蓮縣	8,005	6,002	74.98	5,886	73.53	116	1.45
澎湖縣	1,805	872	48.31	852	47.20	20	1.11
基隆市	9,979	7,543	75.59	7,319	73.34	224	2.24
新竹市	8,831	5,796	65.63	5,592	63.32	204	2.31
嘉義市	4,780	3,415	71.44	3,349	70.06	66	1.38
金門縣	2,470	2,156	87.29	2,116	85.67	40	1.62
連江縣	570	518	90.88	515	90.35	3	0.53
未　詳	625	625	100.00	625	100.00	—	—

註：大陸、港澳地區配偶人數係指向內政部移民署申請證件之人數，而非核准人數。

資料來源：內政部移民署與戶政司。

移民子女占我國國小學生的比例已高達 11.72%；國中學生占全臺國中就學人數也已達 8.04%。單從教育部 2018 學年度統計資料觀之，在總

計 166,801 名正就讀國中小學的新住民子女中，陸配所育子女即高達 69,957 名，居所有外配家庭之冠。另外，由筆者數項與大陸配偶相關之訪談研究中發現，不少屬獨生子女的來臺大陸配偶在取得臺灣身分證後，思及大陸年邁父母乏人照料，而漸萌生將彼等接來臺灣共同生活，以實現恪盡孝道的念頭。2012 年內政部業已修正「大陸地區人民進入臺灣地區許可辦法」第 20 條規定，即為便捷化大陸配偶的大陸地區父母來臺探親，由每次停留期間三個月，不得辦理延期，每年得申請兩次，更改放寬停留期間為每次一至三個月，並得辦理延期，每次不得逾三個月，亦即放寬陸配父母每年來臺探親期間為一至六個月。

肆、開放政策中最不具爭議之「陸客來臺觀光和『自由行』」

2008 年 6 月 13 日海基會與海協會簽署的「海峽兩岸關於大陸居民赴臺灣旅遊協議」開啟了同年 7 月大陸居民來臺從事團體旅遊❽活動的序幕。據觀光局統計，自開放（2008 年 7 月）至 2015 年底止，大陸來臺觀光客已逾 1,800 萬餘人次，業已為臺灣創造了一兆元的外匯收益。內政部移民署 2017 年統計亦透露，在非移民類的來臺大陸人士中，73% 屬觀光客，其他依次為往來金、馬、澎之小三通 (10%)、其他目的 (9%)、專業交流 (4%)、商務交流 (3%) 和健檢醫美者 (1%)。

表 9–2　中國大陸來臺觀光客人數 (2010–2019/1)

年　份	2010	2011	2012	2013	2014
觀光客人數	1,228,086	1,290,933	2,019,757	2,263,635	3,393,346
年　份	2015	2016	2017	2018	2019/1
觀光客人數	3,437,425	2,845,547	2,093,548	2,045,644	185,398

資料來源：交通部觀光局。

---

❽　事實上，陸委會業已修法以准予已取得我國身分證之陸配擔任公家機構中類似工友、技工、臨時人員等不涉及機密科技和國家安全之庶務工作的可行性。

　　開放之初，僅十三個大陸省市居民可來臺從事「團進團出」式的旅遊活動，後逐步擴大開放至二十五個省市，而自 2010 年 7 月 18 日起，更已全面開放，允許大陸地區三十一個省市居民皆可來臺旅遊。來臺旅客數額也由原先每天平均的三千人逐步提高至現行之五千人。

　　為深化來臺陸客之觀光旅遊體驗，2011 年 6 月 28 日起，我政府更正式開放北京、上海和廈門居民來臺「自由行」，初期每日開放配額為五百人，每次限定停留時間不超過十五天。2012 年 8 月 28 日起，「自由行」城市擴及天津、重慶、南京、廣州、杭州、成都、濟南、西安、福州和深圳等十處。且自 2012 年 4 月 20 日起，每日配額由原先之五百人增加為一千人。截至 2012 年底，來臺「自由行」之陸客人數已達二萬七千萬人，每天平均約九百人。為因應持續成長之「自由行」旅客，2013 年 4 月 1 日起，我政府再放寬每日配額，由一千人至二千人。同年 12 月 1 日，為落實來臺旅客 800 萬人次目標，陸客「自由行」每日配額再調整至 3,000 人。2014 年 4 月 16 日起，「自由行」人數持續日增至 4,000 人。開放「自由行」城市由 2014 年 8 月 18 日起，已擴及哈爾濱、太原、南昌、貴陽、大連、無錫、溫州、中山、煙台和漳州等在內的三十六個城市。2015 年 4 月 15 日起，又續增第五批計十一處自由行城市：海口、呼和浩特、蘭州、銀川、常州、舟山、惠州、威海、龍岩、桂林和徐州。同年 9 月 21 日再次調升每日自由行人數至 5,000 人。繼之，復於 2016 年 12 月 15 日調升每日自由行人數至 6,000 人。總之，目前共計開放四十七個陸客自由行城市；❾而自 2011 年 6 月 22 日起至 2015 年 11 月底止，申請來臺自由行陸客累計達 339 萬人，實際入境人數逾 315 萬人。

---

❾　這四十七個城市為北京、上海、廈門、天津、重慶、南京、廣州、杭州、成都、濟南、西安、福州、深圳、瀋陽、鄭州、武漢、蘇州、寧波、青島、石家莊、長春、合肥、長沙、南寧、昆明、泉州、哈爾濱、太原、南昌、貴陽、大連、無錫、溫州、中山、煙臺、漳州、海口、呼和浩特、蘭州、銀川、常州、舟山、惠州、威海、桂林、徐州及龍岩。

　　另一方面，為匡正旅行業者低價搶客、惡質競爭、強迫購物、積欠團費等陋習，並確保旅遊品質，觀光局自 2013 年 4 月中旬起亦試辦「優質團優先來臺措施」，也即凡符合「優質團」標準之旅行團不受每日最高人數限制，可獲觀光局優先發證。而所謂「優質團」之標準，指的是符合下述條件者：1.每日每人午、晚餐費合計平均達新臺幣五百元；2.全程至少三分之一的旅遊天數投宿在星級以上旅館；3.每日旅遊行程不逾十二小時；4.每天行車往返公里數不超過二百五十公里；5.除購買農特產品及旅客自行購物外，最多僅安排兩家高價的購物店（如珠寶、首飾等）；6.導遊、遊覽車司機之待遇合理等。

　　另根據中國旅遊研究院 2013 年 4 月 24 日所發布之「中國 2013 出境旅遊發展年度報告」，2012 年中國大陸出境旅遊總人數高達八千三百萬餘人次，較前一年成長了 18.41%，正式超過德、美，成為世界第一大出境旅遊國。2014 年中國出境旅遊人數更高達一億七百萬人次，同比增長了 19.5%，蟬聯世界客源地冠軍，且出境旅遊者中，高達四成屬非首次出境者。此外，88.1% 的出境遊客將購物作為最主要的消費標的，單次出境旅遊花費 1 萬 5,000 美元以上者逾四成。中國遊客出境旅遊花費從 2008 年的 409 億 8,700 萬美元上升至 2014 年的 1,648 億美元，六年內翻了兩番。2017、2018 兩個年度統計指出，單是春節期間大陸出境旅遊者即分別高達 600 萬和 700 萬人次，熱門旅遊地區依序為泰國、日本、印尼、新加坡等國，而越南、埃及、義大利、西班牙亦漸成新的熱點。人均 900 美元的花費更被形容為全球帶來「黃金周」。❿個人的一項研究⓫也發現，開放陸客來臺觀光不過十

---

❿　詳請參閱 「600 萬人次出國過年大陸春節帶動全球黃金周」，中國時報，2017 年 1 月 29 日，及「大陸春節預計 700 萬人次出境泰國為首選」，青年日報，2019 年 2 月 4 日。

⓫　請參閱林佳瑩、陳小紅、陳信木，「臺灣形象的建構——大陸來臺觀光與研修人士對臺意象之調查研究」，臺北：財團法人海峽交流基金會委託研究，2010 年 10 月。

年，2015 年時，其人數和消費金額雙雙超越先前一直名列來臺旅客和消費金額前茅的日本；或許正基於此，開放陸客來臺迄今固然發生過多起重大車禍傷亡事故，然該政策堪稱為至今開放政策中最不具爭議色彩者。惟 2016 年 1 月 16 日我總統大選前一個月即已開始發酵的陸客「限額令」，導致申辦入臺證之陸客團空額數每日平均高達 7,500名，旅行業者初估因此減少之日均收入即約 3.1 億元，❷業者們自不免憂心陸客團人數若因政黨再次輪替，兩岸關係生變而可能持續下滑，則遊覽車、住宿等相關行業生意恐將驟減而影響不少人之生計。

事實上，交通部 2017 年 3 月的統計即顯示，自蔡英文總統上任以來，陸客團業已衰退 67.37%，相較於 2 月時的 60.84%，衰退比例似持續擴大中。若以陸客較常造訪的景點觀之，2016 年相對於 2015 年，新北野柳陸客數衰退了 9%，桃園慈湖衰退了 31%，南投日月潭和嘉義阿里山各衰退了 17%，而屏東墾丁更衰退了 27%。蔡政府雖辯稱陸客固然減少，惟來自其他國家旅客（尤其是新南向國家旅客）卻有增加，然業者一致認為，他國旅客之增加遠遠不及陸客數暨渠等所創造的經濟效益。

總之，來臺陸客在馬英九總統第一任期間即逐漸增加，於其第二任的 2014–2015 年間更達到高峰，但 2016 年後，由於兩岸關係的急凍，明顯下降。2019 年 1–2 月的統計固然顯示來臺旅客中仍以中國大陸的 522,376 人（占比 29%）居首，較第二名的日本（291,107 人，占比 16%）足足多出約 13%，而儘管政府大力鼓吹並祭出各種優惠，新南向國家來臺旅客約 388,986 人與來自歐美港澳地區之 381,926 人相當，各占 21%，其他地區則有 239,518 人，占比 13%。

另一方面，2017 年的資料顯示，臺灣觀光外匯較 2016 年短少。依來臺目的分，業務目的旅客之消費力最強，其次為參與國際會議或展覽旅客，觀光目的旅客只占第四位，平均每人每日約消費 185.44 美元，較業務目的來臺旅客花費的 215.92 美元及開會旅客花費的 201.88

---

❷　詳請參閱旺報，2016 年 2 月 16 日，A10 話題報導。

美元要少。總體而言，日本、韓國旅客之消費支出高於排名第三的中國大陸，依序分別為每人每日平均 214.05、194.58、184.38 美元。但若單以購物費分析，則大陸排第一（83.08 美元／日／人），日本則列名第五（40.68 美元／日／人），比港澳（51.30 美元／日／人）、韓國（46.29 美元／日／人）、新南向 18 國（42.43 美元／日／人）均高。

伍、意識型態爭議聲中通過的「陸生三法」

　　儘管兩岸間學者、各種形式的學術團體間的互訪、交流和學術論壇、研討會的舉辦已行之有年，惟兩岸青年學子前往對方學術機構的學位研習，卻是近七、八年的事。具體而言，我政府開放大陸學生來臺攻讀學士和碩、博士學位的決定始於馬英九總統執政時期。所謂「陸生三法」，是指「專科學校法」、「大學法」和「兩岸人民關係條例」於立法院三讀通過後，首批大陸學生終可於 2011 年秋季來臺大學就讀學士班和研究所。另一方面，教育部亦由 2013 年 8 月起，試辦招收 955 名大陸專科畢業生進入臺灣二技就讀。基於後者屬試辦性質，2013 學年度招生初期僅限福建和廣東兩省。近年來，每年核定招收名額固為 1,000 人，實際來臺就讀者卻分別僅有 75、67 和 105 名。2015 年 11 月 7 日馬習會後，兩岸協議自 2017 年起，除原已開放的福建和廣東兩省外，江蘇、北京、湖北、浙江、遼寧和上海等六個省市的專科畢業生也可來臺就讀二技，致招生對象由原來的 17 校增加至 81 校，且總招生名額亦將增為 1,500 名。故單是 2015 年，來臺就讀學位之陸生人數即達 7,813 人，短期交換性質之研修生則高達 34,114 人，合計 41,927 人，占所有來臺境外生 110,182 人中之近四成。❸

　　具體言，首批大陸學生正式來臺就學始於 2011 年 9 月。教育部原核定名額為 2,124 名，經申請錄取者計 1,200 餘名，惟實際註冊者僅 928 人。易言之，臺灣方面原擬招收 1,613 名大陸學生來臺就讀大學部，

❸　詳請參閱旺報，2016 年 2 月 15 日，A10 專題報導。

最後錄取了 1,016 名，缺額高達 37%。而原預計招收 653 名研究生，獲錄取者 228 名，未報到者即高達 100 餘人，致出現了 62% 的缺額。

　　據教育部統計，2012 學年度臺灣地區共有 28 校、146 系、所表達了招收大陸博士生意願，81 校、862 系、所擬招收大陸碩士生，相較於前一年度，大陸學生幾乎多了近一倍的系所選擇。然由報到數看來，第二年原擬招收的 67 名博士生中，僅 28 人報到，缺額率高達 58%；原預計招收的 508 名碩士生中，實際報到者為 282 人，缺額率也高達 44%。總缺額率固然較 2011 年下降了一成多，惟報到數仍不甚理想。

表 9–3　臺灣各大學招收大陸學生人數一覽（2011–2016 學年度）

單位：人

學年度	班別		招收人數
2011 | 2012	研究生	博士班	23
		碩士班	181
	大學生	學士班	724
		二技	–
	短期研修生（非學位生）		11,227
2012 | 2013	研究生	博士班	48
		碩士班	439
	大學生	學士班	1,377
		二技	–
	短期研修生（非學位生）		15,590
2013 | 2014	研究生	博士班	118
		碩士班	794
	大學生	學士班	2,567
		二技	75
	短期研修生（非學位生）		21,233
2014 | 2015	研究生	博士班	258
		碩士班	1,180
	大學生	學士班	4,302
		二技	141
	短期研修生（非學位生）		27,030

2015	研究生	博士班	–
｜		碩士班	–
2016	大學生	學士班	–
		二技	–
	短期研修生（非學位生）		34,114

說明：短期研修生係各大專院校依據內政部移民署「大陸地區專業人士來臺從事專業活動許可辦法」第十二條第五項規定，招收就讀期間未滿一年之短期專業人士或學生。

資料來源：大學校院招收大陸地區學生聯合招生委員會網站，大專校院科系別正式修讀學位之大陸學生數、教育部統計簡訊。

　　開放大陸學生來臺就讀雖為國民黨的既定政策，惟於立法審議過程即紛擾不斷。最後在與前在野的民進黨妥協前提下達成的「三限六不」原則、僅承認大陸九八五❶❹下的四十一所大學學歷、初期限定沿海六省市❶❺學生和每年核配相當於國內招生總名額 1% 的招生數額等成為招收來臺求學大陸學生的政策依循。所謂「三限」指的是限校、限量和限領域；「六不」則指不加分、不影響本地招生名額、不能領教育部獎助學金、不能在校外打工（甚至不能擔任研究助理工作）、不能考證照和不能在臺就業等規定。至於限領域係指不允許來臺大陸學生攻讀與國家安全及高科技相關領域系所，如臺灣研究、核能等。另或為保障國內醫療水準，或不鼓勵國人前赴對岸攻讀醫事相關學位，在學歷認證上，對大陸地區包括西醫、中醫、牙醫、護理、助產、藥事、醫檢、醫事放射、物理治療、營養、心理、呼吸治療和語言治療等醫事類科的學歷一概不予採認。

---

❶❹　1998 年 5 月 4 日，北京大學百年校慶時，中共前國家主席江澤民於慶祝大會上宣布，為實現現代化，中國大陸必須要有若干所具世界先進水準的一流大學；其後，中共教育部決定重點支持部分大學，創建成世界一流大學和高水準大學，中共每年提撥中央財政收入的 1% 作為建設「世界一流大學」資金，迄今共有三十九所大學列入簡稱為「985 工程」中。之後，擬在二十一世紀扶持一百所重點大學發展的企圖下，中共又再提出了「211 工程」的規劃。

❶❺　即指福建、廣東、上海、浙江、江蘇和北京六省市。

學者們咸認「三限六不」政策不啻是造成大陸學生來臺人數不符理想的最主要原因，重重限制尤其難以吸引大陸優秀學子來臺就學。何況在「全球化」態勢下，「人才」已成為各國國家競爭力的要務。放眼周邊地區和國家，即不難發現，「人才爭奪戰」不僅早已悄然開打且日益白熱化。以香港為例，自 1998 年以來，赴港就學的大陸學生已逾萬人，香港大學不僅提供優渥的獎學金以吸引大陸名校畢業生甚至狀元，更做出畢業後可留港工作的承諾，且留港七年即可取得香港的永久居留身分，而在全英語教學環境暨中西名師的薰陶下，畢業生更已具備遊刃於國際化工作環境的能力。這兩年，港大、科技大、中文大和城市大學等高校更提供每年高達近八十萬的獎學金吸引臺灣學測成績名列前茅的高中畢業生。新加坡亦盼赴該國的留學生畢業後能續留當地服務五至六年，一方面吸引人才，另一方面也等於儲備國力。

「遠見雜誌」2019 年 4 月號報導即指出，2018 年，臺灣各明星高中的確出現申請港、陸大學就讀人數倍增現象。建中近 80 人、北一女 50 人；桃園武陵高中從不到 10 人，暴增六倍至近 60 人；臺中一中和臺中女中，也都從不到 10 人跳升至 30 人；臺南一中和臺南女中，更由原僅 1 至 2 人躍升至 12 人；高雄中學和高雄女中也由原本僅 10 人增加到 30 人。事實上，去年香港七所公立大學光是臺灣的「頂標生」就收了 200 多人。

同一資料亦顯示，2011–2017 的七年中，前往中國大陸就讀的臺生即增加了 1.8 倍，由 1,433 人（2011 年） 成長至 2,567 人（2017 年）；同一期間，赴港求學臺生則由 141 人（2011 年）增加為 643 人（2017 年），七年間成長了 4.5 倍。

愈來愈多臺灣優秀學生選擇前往香港及大陸就學，即當臺生變成陸生和港生後，國內有識之士不免擔心臺灣高教將何去何從；惟諷刺的是，當臺灣仍瀰漫著不歡迎陸生來臺就讀的氣氛時，對岸卻已先後對臺生釋出多項利多。諸如 2010 年 4 月中，中國大陸宣布開放臺灣學測達頂標前 12% 的學生可申請進入大陸 123 所大學就讀，爭取臺灣優

秀學生的意圖昭然若揭。而在 2012 年 6 月中召開的福建海峽論壇中，時任中共國臺辦主任、現任大陸外交部長的王毅更一口氣發布了包括放寬臺生、臺灣居民赴大陸就業條件的八項惠臺利多政策。❶臺生與臺灣居民此後除福建、江蘇等原有試點外，尚可前往天津、上海、浙江和湖北四省就業。事實上，即使我政府並未公開鼓勵，加上學歷認證學校之限制，然據大陸教育部統計，截至 2014 年中，已有近三萬多名臺生取得大陸學歷，其中三分之一係學醫。且近年來不論是政府部門抑或民間的民意調查均顯示，臺灣地區愈來愈多的年輕人 (70%) 不排斥登陸工作，首選地點為上海。

　　針對開放近八載，來臺大陸學生人數不如預期的事實，不少學者專家直指「三限六不」本身即屬「歧視性」立法。而歸納反對大陸學生來臺就讀者的心理，不外認為渠等來臺將分食掉臺灣日益稀缺的教育資源，基於同樣的顧慮，不但反對賦予來臺大陸學生參加健保權利，❶甚至各校為渠等募集免學費等獎學金的舉措都會遭到扭曲。部分反對者更擔心來臺陸生將排擠臺灣年輕人的就業機會，而無視於全球競爭時代，臺生愈早面對屬同文同種大陸學生之挑戰，對參與全球競爭的準備和體會或將愈形深刻。

---

❶　除放寬臺生、臺灣居民赴大陸就業條件外，其他六項利臺政策分別為：進口臺灣稻米，促進陸客來臺觀光，臺胞證一年簽注延長為兩年，新增南京、無錫與長春三城市可辦理臺胞證落地簽和對臺企業再發放人民幣六千億元（相當新臺幣 2.9 兆元）的貸款。

❶　現階段我政府已提供外籍生免費之健保權利，然受制於部分國人仇中、反中心理和若干人士主張如允許陸生加保將加劇健保財務之危機，故儘管由理性和專業角度言，由於絕大多數來臺外籍生（含陸生）因年紀輕，一般使用到醫療資源的機會不大，且因有部分負擔，對總體醫療資源之挹注反倒有利。陸生納保案，前執政的國民黨雖已呼籲多時，然遲至 2017 年 3 月 21 日方擬於立法院進行朝野協商，除引發了「反人道」之爭議外，由於若通過陸生納保後，僑外生將比照陸生全額收費（每月繳 1,249 元），被陸生譏為「充滿政治算計」的版本。

其實，不少教育工作者和機構，尤其是地處偏遠地區的私校，早已深深感受到少子化趨勢下的招生壓力；惟登陸進行優秀學生招徠之限制和困難暨兩岸所存在之學制、招生時間等技術性差異，確實有賴教育主政當局深思如何發揮吸引優秀陸生來臺就讀之綜效。我教育部的統計即指出，2009 學年技職校院就已有 45,000 個缺額，估計到 2016 年時，缺額將倍增至 90,000 個；若無法儘速解決，許多私校勢必關門。❸ 誠然，陸生來臺絕非解決私校可能關門的萬靈丹，惟衡酌大陸每年有一千萬名高中畢業生，其中僅半數可通過高考進入大學，若可吸收所剩五百萬中的部分學子來臺就學，必有助於緩解私校困境。若能延攬到優秀人才來臺就讀尤佳。遺憾的是，誠如中國時報 2009 年 9 月 5 日「政策開放別弄到自縛手腳」社論中所言：

> 臺灣什麼都不怕，就是怕中國。……臺灣向來以美國為師，為何不能學學美國的留學生政策呢？向世界敞開雙臂，就學後留下來的是為美國服務，很好；要回祖國者則成為親美的力量，更好。人才本來就是國界與國力的延伸，臺灣根本不必阻擋自己的子弟赴大陸念書，就像沒有人會認為留美、留英、留日是不對的；臺灣同樣也不必阻擋大陸的年輕人來臺灣讀書，只要他們有興趣，

---

❸ 據統計，目前臺灣的高中職共 524 所，受少子化影響，預估 2019 年國中畢業生僅剩 20.9 萬名，每校平均至多分配到 399 名，預估 2024 學年將進一步降至 17.5 萬。一般咸認高中職即將迎來大量倒閉潮。而在大學方面，全國 161 所大專校院中，私校占 111 所，2019 學年度有 172 個系所停招，預計 2022 學年度時將僅剩 18.8 萬名高中畢業生。至於原本來源穩定的陸生卻因緊張的兩岸關係而驟減。「遠見雜誌」2019 年 3 月號資料便揭露，全國陸生已由 2015 年時的 3,019 名降至 2018 年的 2,140 名，學士班陸生更從 1,867 人滑落至 707 人。為回應上述招生困境，近年來不少大學配合政府新南向政策，經由申請教育部「產學專班」及僑務委員會的「僑生專班」補助引進東南亞學生和僑生，卻因不肖仲介引發學工風波與買賣學生疑雲，衝擊我國高教形象，並再次凸顯高教退場課題之迫切性。

應該歡迎，從年輕人開始，讓兩岸透過學習交流更瞭解彼此，對彼此更有善意。人才不是農產品，農產品需要保護，人才需要的是競爭，恐懼大陸學歷，封鎖不了兩岸交流的大趨勢，只會牽絆臺灣的競爭力。

　遺憾的是，這些年來，臺灣若干人士的鎖國心態未曾改變（或停歇），2013 年 4 月初立法院在審查「跨國企業內部調動之大陸地區人民申請來臺服務許可辦法」時，儘管資料顯示自 2003 年至 2012 年間，來臺服務之大陸籍員工累計約 6 千人次，其中停留逾一年以上者僅 290 人次，平均每年約 29 人次，且移民署擬將未來臺資跨國企業調度陸籍人士來臺停留期間一年以上之上限設為 10 人，未滿一年者為 20 人，❶然單是來臺「服務」和「工作」之定義，若干反對（民進）黨立委即已砲聲隆隆，予人不免心生「逢中必反」的感慨！同樣的心態亦反映於 2014 年 7 月政府擬鬆綁在臺就學港澳生和外籍生畢業後可留臺工作的評點制度❷上；致我國一方面受困於因少子化和老齡化已然浮現的勞動力短缺漩渦，另一方面似又冥頑地眛於全球人才流動潮流之現實！

　2018 年 2 月 28 日中國大陸國臺辦發言人安峰山於例行性記者會中宣布「關於促進兩岸經濟文化交流合作的若干措施」，簡稱「惠臺三十一項措施」（表 9-4），其中十二項措施企圖進一步加速給予臺資企業與大陸企業同等待遇，十九項措施則涉及為臺灣同胞在大陸學習、

---

❶ 詳請參閱行政院大陸委員會、內政部、經濟部、行政院經濟建設委員會、行政院勞工委員會，**開放中國大陸白領員工來臺提供服務之需求評估、對本地就業市場之衝擊研究報告**，2013 年 3 月 29 日。

❷ 此係指 2014 年 7 月勞動部所公布之「僑外生留臺工作評點新制」；即以學歷、薪資、工作經驗、職務資格、我國語言、多國語言、他國成長經驗和配合政策等八項進行評分，凡達七十點之僑外生即可留臺工作。首年共計開放 2,000 個名額，惟僅 770 人通過門檻。一般咸認除宣傳不足外，評點關卡多，致留才效果有限。

創業、就業、生活等提供與大陸同胞同等待遇。除涉及經濟層面的十二項措施外，觀諸後者（十九項措施）之詳細內容不難發現，其涵括了針對專業人才、影視、學術和醫師、教師等四大面向。具體而言，除提供臺灣人報考五十三項專業技術人員職業資格考試、八十一項技能人員職業資格考試外，並提供專業人才可申請參與「千人計畫」、「萬人計畫」機會，臺灣人同時尚可申報大陸國家「自然科學基金」、「社會科學基金」、「傑出青年科學基金」和「藝術基金」等各類基金項目。另如放寬大陸醫師資格考試規定暨註冊行醫條件；鼓勵臺灣教師赴大陸大學任教且可納入臺灣學研成果於工作評價體系；此外，亦放寬臺灣人於大陸從事證券、期貨、基金行業資格；其他如簡化對臺圖書進口、參與大陸廣播、電視、電影節目製作、發行、合作等。「惠臺三十一項措施」提出後，我方即刻以「名為惠臺、實則利中」回應，行政院並提出四大方向❷和「強臺八大策略❷和三十九項措施」。民進黨高層人士雖將「惠臺三十一項措施」定位為「他出醬油、你出雞」，❷然國內不少俊彥卻指「人才、資金會自由流動、硬擋是沒有用的。……政府若過於民粹，臺灣經濟會活不下去。」、❷「與『巨人』（中國大陸）為鄰，鎖國無法阻擋人才、資金磁吸，政府能做的就是改善臺灣投資環境和提高競爭力。」❷

---

❷　四大方向包括優化就學、就業，強化留才攬才；維持臺灣在全球供應鏈的優勢；深化資本市場和強化文化影視產業。

❷　八大策略涵蓋提升學研人才獎勵、強化新創發展動能、強化員工獎酬工具、優化醫事人員工作環境、加強保護營業祕密、強化產業創新升級、擴大股市動能及國際能見度、加強發展影視產業。

❷　採自臺灣民主基金會顏建發副執行長之發言。

❷　係工商協進會林伯豐理事會之發言。

❷　係臺北市商業會王應傑理事長之發言。

表 9–4　中國大陸惠臺三十一條措施內容摘要

給予臺企與陸企同等待遇	
1.參與「中國製造 2025」行動計畫 2.享受稅收優惠，設在大陸的研發中心採購大陸設備全額退還增值稅 3.臺灣的科研機構、學校、企業在大陸註冊的獨立法人，可參與國家重點研發計畫項目申報 4.用特許方式參與能源、交通、水利、環保、市政公用工程等基礎建設；參與大陸政府採購、國有企業混合所有制改革 5.臺資農企享農機購置補貼優惠；臺灣金融、商家可與中國銀聯及大陸非銀行支付機構合作；臺灣徵信機構可與大陸徵信機構合作；臺資銀行可與大陸同業協作，以銀行團貸款提供金融服務	
提供臺灣人在大陸學習、創業、就業、生活同等待遇	
專業人才方面	1.臺灣人可報名參加五十三項專業技術人員職業資格考試、八十一項技能人員執業資格考試 2.專業人才可申請參與「千人計畫」；在大陸工作專才可申請參與「萬人計畫」 3.臺灣人可申報大陸國家自然科學基金、社會科學基金、傑出青年科學基金、藝術基金等各類基金項目
影視方面	1.參與大陸廣播電視節目和電影、電視劇製作沒有數量限制 2.大陸電影發行機構、廣播電視臺、視聽網站和有線電視網引進臺灣生產的電影、電視劇不做數量限制 3.放寬兩岸合拍電影、電視劇在主創人員比例、大陸元素、投資比例等方面的限制；取消收取兩岸電影合拍立項申報費用；縮短兩岸電視劇內容的審批時限
學術方面	1.對臺圖書進口建立綠色通道，簡化進口審批流程 2.從事兩岸民間交流機構可申請兩岸交流基金項目
醫師、教師資格方面	1.放寬大陸醫師資格考試規定。只要取得大陸醫師資格，就可申請執業註冊。符合條件的臺灣醫師，可通過認定方式獲得大陸醫師資格。符合條件的臺灣醫師，可申請註冊短期行醫，期滿後可重新辦理註冊 2.放寬臺灣人在大陸申請證券、期貨、基金從業資格，只需通過大陸法律法規考試即可 3.鼓勵臺灣教師前往大陸高校任教，在臺灣取得的學術成果可納入工作評價體系

資料來源：聯合新聞網。

陸、兩岸社會文化交流回顧

　　回首 1987 年迄今，兩岸經濟社會的變化，不得不令人興起「物換星移、今非昔比」的感慨！首先，以 1992 年開放大陸配偶來臺居留和定居初期為例，是時大陸的人均所得為人民幣 602.5 元，陳水扁總統首屆任期時，已升至人民幣 1,075 元，至其第二屆任期時，又上升至人民幣 2,172 元，到馬英九總統上任時，又再上揚至人民幣 3,590 元；同一時期，中國大陸的 GDP 增幅分別為 10.14%、9.38%、10.66% 和 9.20%。近幾年，其經濟表現雖略微下降，然經濟總量已逾日本而成為世界第二大經濟體且已有至少五個省的 GDP 超過臺灣 [26] 卻是不爭的事實。即使中美貿易戰開打已逾年餘，2019 年 4 月 21 日方公布的中國 2018 年經濟成長率也還高居 6.6%，而人均 GDP 已逾 9,769 美元。基本已達發達經濟體標準，覆蓋約 1.5 億人口。[27] 專家們預估，若無意外，2020 年前後，中國的經濟總量很可能逾越美國而成為世界第一大經濟體；或正因此，其經濟動向已然成為牽動全球經濟走勢難以忽視的一股力量。反觀臺灣，近年來經濟成長多次停滯不前，2002 年時，還一度出現負成長，2015 年的經濟成長亦未能保一。近二、三年，經濟成長率更徘徊於 2.5% 上下，始終未突破 3%。難怪有政治人物批評「臺灣『鬼混』了過去的二十年！」[28]

　　廣義而言，兩岸社會文化交流尚包括探親、探病、奔喪、就醫、民俗技藝、宗教、社會福利等活動層面，惟限於篇幅，本文僅聚焦於

[26]　目前中國大陸 GDP 超過臺灣的五個省分分別為廣東、江蘇、山東、浙江和河南；臺灣經濟發展若持續低迷，則年均增長 6%–9% 的四川、河北、湖北、湖南、福建等省分的 GDP 很快亦將逼近臺灣。

[27]　詳請參閱「中國大陸 15 城人均 GDP 超 2 萬美元，達發達經濟體標準，覆蓋 1.5 億人口」，
https://www.mobile01.com/topicdetail/php?f=780&t=5730632&p=1

[28]　引自高雄市長韓國瑜的談話。

人數較多及影響較深遠的老兵返鄉、來臺大陸配偶、大陸來臺觀光客和來臺大陸學生四部分；觀察兩岸間上述群體的社會文化交流，大體可歸納出以下幾方面的心得：

一、以「老兵」為主的返鄉探親潮已日益式微

戰後隨國民政府來臺的老兵不論在數量上是五十萬、八十萬或一百萬人，在 1987 年開放渠等返鄉時，大多已屆花甲之年，兩岸交流三十餘載以來，被允許登陸的老兵若還健在，也大多年近古稀，他們當中固有部分人士返鄉後決定「落葉歸根」長居大陸者，但在「老鄉見老鄉、兩眼淚汪汪」的激情過後，更多選擇了以「臺灣」作為永久的第二故鄉。隨著歲月的流轉，他們和他們所代表的那個世代終究漸漸沒入了歷史。

二、來臺居留和定居之「大陸配偶」增添臺灣多元文化色彩

「大陸配偶」可能是迄今兩岸社會文化交流過程中對臺灣影響最大的族群，此不僅係因屬此區塊的人數最多，自 1992 年開放迄今已逾三十三萬人，且因渠等來自中國大陸各個省份，來臺後多數又長居此地，且遍及臺灣各個角落，復因係為組成家庭而來，繁衍子女的結果，更為臺灣原已具強烈移民色彩的社會增添更多元素。若計入大陸配偶所育子女，保守估計，人數應已接近臺灣第四大城市的規模（六十至七十萬人）。

三、由開放「團進團出」、「自由行」到「優質團」規劃：陸客來臺觀光的明顯減量

2008 年起，兩岸在海基與海協兩會協商下，首先開放了「團進團出」的陸客來臺觀光計畫，開放至今不過數年，來臺觀光客逐漸增加，

已超越日本客成為臺灣最主要的觀光客源。2015 年來臺的觀光客總數已逾一千多萬；尤其自 2011 年起，政府更開放了陸客來臺「自由行」計畫，由初期僅開放三個城市，至目前「自由行」城市已多達四十七處。而不論是「團進團出」或「自由行」，若每位來臺陸客每日以消費約二百五十美元計，已然為臺灣注入了近兆臺幣的外匯收入。而為改善旅遊體驗及品質，政府近日還推出了「優質團」相關政策，期望吸引高端觀光客，真正落實「高品質」的旅遊。

然無可諱言地，大陸來臺觀光客人數仍不免受到兩岸政治氛圍的影響，2016 年蔡政府執政後，冰凍的兩岸關係導致來臺陸客數量明顯滑落，復加大陸打奢，即便出外旅遊，出手亦不如以往旅客闊綽。所幸 2018 年底高雄韓流帶動南臺灣的政治新局，致近月來臺陸客有逐漸回溫跡象，惟專家們亦指今秋後，隨 2020 年臺灣總統大選腳步的接近，來臺陸客可能會因中共的管制而再度減少。

四、「鎖國」心態導致大陸學生來臺人數不如預期

我政府 2011 年始開放陸生來臺就讀；直至 2016 年初承認大陸 119 所大學學歷前，初期招生則僅限 41 所大陸高校；實際運作上，國立大學以招收研究生為主，而私立大學則以招收大學部學生為主。由於名額有限，復加「三限六不」政策，真正優秀的大陸學生顯然不會以來臺就學作為優先志願。更何況彼等在臺所獲學位之含金量於返國後似又不如歐、美，往往還會招到質疑。[29] 加以臺灣周邊的華人社會，如香港和新加坡近年來紛紛祭出各種吸引大陸學生前往就讀的優惠條件，在全球均面臨人才競爭的態勢下，更不利於我國對大陸優秀學生的吸納。具體而言，目前我政府在政策上不提供陸生獎學金、不准渠等在臺工作及兼任研究助理、畢業後不得留臺工作、甚至規定不得在

---

[29] 詳請參考政治大學教育學系周祝瑛教授，2016，「陸生來臺滿意度調查」；旺報，2015 年 10 月 15 日，A14 文教報導。

臺交朋友、結婚、2017 年 3 月前也不開放他們加入健保，致使招生名額未如預期，在全球人才競逐下，臺灣此一「鎖國」心態固然滿足和關照到國內部分政治人物和團體的利益，但長遠看也可能使臺灣失去了全球或至少亞太地區的競才機會，殊為可惜。

表 9–5 即前述各類來臺大陸人士從事社會文化交流所依循之法令暨人數等規定。

表 9–5　大陸配偶、大陸觀光客及大陸學生來臺相關法規依據

大陸地區來臺者身分別	法律依據	人　數	備　註
大陸配偶	1.臺灣地區與大陸地區人民關係條例 2.臺灣地區與大陸地區人民關係條例施行細則 3.大陸地區人民進入臺灣地區許可辦法 4.大陸地區人民進入臺灣地區許可辦法實施細則 5.大陸地區人民在臺灣地區依親居留、長期居留或定居許可辦法 6.大陸地區人民申請進入臺灣地區面談管理辦法 7.大陸地區人民按捺指紋及建檔管理辦法	每年配額： 依親居留（不限） 長期居留（15,000名） 定居（不限）	現行制度分為：依親居留（四年）、長期居留（二年）和定居三階段
大陸觀光客	1.海峽兩岸關於大陸居民赴臺灣旅遊協議 2.海峽兩岸關於大陸居民赴臺灣旅遊協議修正文件一 3.大陸地區人士來臺從事觀光活動許可辦法	1. 2012 年 8 月 28 日始開放福建、廣東、浙江、江西四省 20 城市赴金馬澎地區「小三通」自由行 2. 2013 年 4 月 1 日起，「團進團	

		出」旅客每日增加至 5,000 名 3. 2013 年 4 月中旬起亦試辦「優質團優先來臺措施」 4. 2015 年 9 月 21 日，「自由行」旅客每日配額由 4,000 名放寬至 5,000 名 5. 2015 年 12 月 15 日，「自由行」旅客每日配額 5,000 名放寬至 6,000 名	
大陸學生	1. 大陸地區人民來臺就讀專科以上學校辦法 2. 大陸地區學生來臺就學及停留辦法 3. 大陸地區學歷採認辦法 4. 大陸地區學歷檢覈及採認辦法修正草案 5. 大陸地區專業人士來臺從事專業活動許可辦法 6. 大陸地區文教專業人士及學生來臺從事文教活動專業活動審查要點 7. 大陸地區來臺從事文教交流辦法	臺灣各大學招收大陸地區學生之名額，採外加方式辦理，全國各校外加招生總名額，不得超過教育部當學年度核定招生總名額的 1%	

資料來源：本文整理。

柒、結語：兩岸社會文化交流之展望

如前述，開放兩岸社會文化交流之初，當年攜帶「三大件、五小

件」絡繹不絕其途的返鄉盛況，隨老兵的日益凋零已漸沒入歷史。另一方面，儘管國人中仍有不少對為數眾多的來臺大陸配偶心存芥蒂甚或歧視，「假結婚、真賣淫」和「假結婚、真打工」的案例隨大陸總體經濟條件的改善暨兩岸尋常婚姻對數之增加，不僅已明顯減少，在兩岸聯姻者中，尤其是高教育者之婚配，婚後選擇長居大陸者似亦年有增加；且選擇僅申請臺灣「長期居留」而非「國民身分證」的大陸來臺配偶亦所在多有。

　　此外，曾伴隨「臺灣錢、淹腳目」而生之「臺灣人的自信和優越感」在大陸近年來一線、二線甚至三線城市建設日益超越臺灣後，不免也有了動搖。無可諱言地，臺灣不少景區的小生意人引領期盼陸客的到訪，就連公部門也不敢輕忽彼等高消費能力所帶來之觀光相關效益。而隨來臺陸客人數的不斷擴增暨旅遊深度之增強，陸客對臺的瞭解勢將不再侷限於「阿里山和日月潭」的浮光掠影，而必將觸角延伸至社會的各個深層構面。筆者 2011 年的一項調查研究❸⓿即發現，陸客之所以來臺，不外出於「浪漫的歷史記憶」、「時空錯置的鄉愁」、「相對文化優勢的吸引力」，以及「傳統中華文化之尋根」等動機。事實上，曾造訪過臺灣的陸客對本地「濃郁的人情味」、「質優的服務業」、「民眾的親切有禮及友善熱情」、「義工犧牲奉獻精神」和「良好的社會秩序」印象尤其深刻。惟隨著大陸的經濟起飛和迥異於本地的政治制度／生活，來臺大陸人士對臺灣的政治和經濟面向則是觀感分歧；有欽羨臺灣的民主政治發展和均富生活者，也有不少難以認同／接受臺灣獨特的議會民主運作方式者，陸客特別無法苟同的是包括臺灣年輕人對於政治的冷漠，媒體經常負面、封閉、有限地報導大陸的新聞事件和國際視野的不足等。是以，未來兩岸的社會文化交流，若擬由捕捉歷史情懷昇華到淬礪雙方公民社會的建構，誠然還有很長的路要走。其實，當陸客荷包愈來愈鼓後，全球各地莫不張開雙臂歡迎。如前述，單是 2018 年春節期間，中國就有七百萬人出國旅遊，而據大陸

---

❸⓿　同❿。

商務部的統計，2015 年大陸遊客境外消費即高達約 1.2 兆人民幣。**㉛**
遺憾的是，臺灣卻非大陸遊客的首選。亞洲鄰國泰國、日本、南韓等
似乎更具吸引力。事實上，為吸引中國觀光客，即便如法國知名的拉
法葉 (Lafayette) 百貨公司不但取了個中國味十足的名字──「老佛
爺」，還聘請了不少熟稔華語的店員。同理，為吸引更多陸客來臺觀
光，我們似乎不宜「只想賺人民幣，而罔顧來臺陸客的心理感受」。

　　另一方面，在全球人才競爭日熾的今天，臺灣已面臨「高出低
進」**㉜**的危機。對吸引「同文同種」最具來臺潛力的大陸人士（陸生）
一節，卻往往因部分國人存在有年的「鎖國」意識型態，開放步伐顯
得蹣跚、遲緩。基於國內政治氛圍，政府不考慮開放大陸勞工來臺工
作的政策立場迄今固然未曾鬆動，惟面對少子化、老齡化的挑戰暨國
際競爭的日趨激烈，為平衡我國高階人才西進問題暨因應國內陸續推
動的「臺商回臺投資」及「經濟自由化」需要，在考量提供臺資企業
跨國人力運用彈性，以推升臺資企業的國際競爭力，並確保國人就業
權益的前提下，近來政府有朝適度鬆綁大陸人才來臺入出境、居留及
留臺服務等相關限制的規劃。開放大陸學生來臺就學實則可視為廣義
攬才政策的一環。然基於我政府現行對大陸人士來臺交流或活動之繁
瑣法規，即便是大陸來臺的專業人士亦咸感生活不便；具體言，依專
業領域之不同，現共分二十五種專業人士；而以「停留」方式來臺之
大陸人士僅能取得入出境許可證，無居留證，以致無法投保勞健保、
開戶、申請駕照、購車和從事網購等。又臺灣雖已開放大陸高階白領
人士來臺服務，**㉝**然基於我國薪資不高、大環境不盡友善、真正能發

㉛　詳請參閱旺報，2016 年 2 月 14 日，話題報導。

㉜　「高出低進」指的是臺灣不少高教育、高技術人才外流，而迄今移入或移
　　居臺灣者多半屬中、低勞動力或多數為弱勢／劣勢的外配之現象。

㉝　詳請分別參閱「跨國企業內部調動之大陸地區人民申請來臺服務許可辦
　　法」、「大陸地區專業人士來臺從事專業活動許可辦法」及「大陸地區人民
　　來臺從事商務活動許可辦法」。

展的機會又不多等事實，迄今提出來臺申請的大陸高階白領人士寥寥
無幾。

總之，陸委會截至 2015 年 11 月底的統計透露，自開放以來，臺
灣累計已有 8,725 千人次前往大陸；大陸來臺人數也業已高達 1,967.9
萬人次；可謂真正服膺了「兩岸猿聲啼不住、輕舟已過萬重山」的寫
照。展望未來，除非兩岸關係發生重大變化，否則兩岸社會文化交流
勢將愈趨頻仍、緊密，兩岸民眾可於過去幾年好不容易建立起來的互
信基礎上，與時俱進地調整彼此更為寬廣和深入的交流步伐，持續增
進並拉近雙方的瞭解、距離，在尊重既存的差異下，相互截長補短，
共創雙贏！畢竟，兩岸的和平最終仍需回到「人本」的層次和建立在
「血濃於水」的社會文化聯帶上！

問題與討論

一、蔣經國故總統於哪一年開放我國國民赴大陸探親？當時提出「開
　　放」政策的背景為何？對其後的兩岸關係產生了何種影響？

二、1992 年我政府允許大陸配偶來臺居留和定居的政策迄今歷經了
　　哪幾個階段的變化？目前在臺大陸配偶的處遇和其他外籍配偶有
　　何區別？又兩岸婚配的未來走勢如何？試述己見。

三、臺灣各界對開放大陸學生來臺就學有何看法？您個人對「三限六
　　不」持何態度？為什麼？

四、我政府開放大陸「第一類人士」來臺觀光和「自由行」各始於何
　　時？開放以來對兩岸關係帶來哪些影響？試述己見。

五、2018 年 2 月 28 日，中共提出「惠臺三十一項措施」的具體內涵
　　為何？其對臺灣社會可能帶來的衝擊又有哪些？我政府應如何因
　　應？試述己見。

六、綜合而言，您對兩岸社會和文化交流的未來走勢臆測為何？認為
　　可能出現變化和尚待加強的層面有哪些？為什麼？試述己見。

參考文獻

行政院大陸委員會，「陸客來臺觀光政策成果回顧與未來展望新聞參考資料」（臺北，2013年2月14日）。

行政院大陸委員會，「**海峽兩岸關係紀要**」，2013年2月，http://www.mac.gov.tw/ct.asp?xItem=104110&ctNode=5611&mp=1

行政院大陸委員會，「兩岸社會交流統計摘要／比較摘要」（臺北，1996–2013）。

行政院大陸委員會編印，「臺灣地區與大陸地區人民關係條例暨兩岸歷次協議」（臺北，2012年8月）。

行政院大陸委員會編印，**大陸地區人民來臺（社會交流類）相關法規彙編**，修訂6版（臺北，2010年11月）。

行政院大陸委員會編印，「臺灣地區與大陸地區人民關係條例暨施行細則」（臺北，2010年9月）。

交通部觀光局，「中華民國來臺旅客消費及動向調查」（臺北，2000-2019年）。

林佳瑩、陳小紅、陳信木，**臺灣形象的建構——大陸來臺觀光與研修人士對臺意象之調查研究**（臺北：財團法人海峽交流基金會委託研究，2010年10月）。

車懿恬，「中國惠臺31項政策導致人才荒？外媒：癥結點是臺灣經濟困境」，台灣英文新聞，2018年3月8日。

姜齡媖，「大陸地區交換學生來臺現況暨開放大陸學生來臺政策評析」（臺北：國立政治大學社會科學學院社會學系碩士論文，2011年8月）。

馬菀萱、邱杜威、蕭豔柔，「國立大學學生對開放大陸學生來臺就讀之態度研究——以國立政治大學為例」（臺北，2011年）（未發表）。

蔡漢勳、黃能揚，「【臺灣歷史隧道】1987/11/2開放大陸探親」，2011年11月2日，

http://pnn.pts.org.tw/main/2011/11/02/%e3%80%90%e5%8f%b0%e
7%81%a3%e6%ad%b7%e5%8f%b2…

陳小紅，「**兩岸條例新制**」對來臺大陸配偶社經地位影響之研究（臺
　　北：行政院大陸委員會委託研究，2012 年 11 月）。

陳小紅，**大陸配偶在臺生計現況訪視調查計畫**（臺北：行政院大陸委
　　員會委託研究，2007 年 11 月）。

陳小紅，「跨界移民：臺灣的外籍與大陸新娘」，**亞洲研究**，第 52 期
　　（2006 年 1 月 31 日），頁 61–92。

陳小紅，「跨國婚姻中人權問題之探討——來臺生活『大陸配偶』案例
　　之檢視」，**國家政策季刊**，第 4 卷第 1 期（2005 年 4 月），頁 141–
　　164。

陳小紅，「『大陸配偶』部分」，收入蔡青龍、曾嬿芬主持之**移民政策白
　　皮書**（臺北：內政部戶政司委託研究，2004 年 7 月）。

陳小紅，「婚配移民：臺灣海峽兩岸聯姻之研究」，**亞洲研究**，第 34 期
　　（2000 年 3 月），頁 35–68。

陳小紅，**大陸配偶來臺生活狀況案例訪視**（臺北：行政院大陸委員會
　　委託研究，1999 年 7 月）。

陳小紅，**大陸地區配偶來臺居留、定居問題調查研究——兼論如何訂
　　定其居留數額**（臺北：行政院大陸委員會委託研究，1997 年 10
　　月）。

陳小紅，**大陸地區來臺定居及居留之問題探討**（臺北：行政院大陸委
　　員會委託研究，1994 年）。

陳志柔、于德林，「臺灣民眾對外來配偶移民政策的態度」，**臺灣社會
　　學**，第 10 期（2005 年 12 月），頁 95–148。

陳淳斌，「大陸推動 31 項惠臺措施成效及臺灣的回應策略分析」，中國
　　評論通訊社，2018 年 11 月 1 日。

曹晏郡、謝其文，「中國惠臺吸人才？ 教部：留才措施陸續上路」，
　　2018 年 3 月 12 日。

陸委會主委賴幸媛慨談大陸配偶的待遇演變，

　　http://www2.mac.gov.tw/mac/NewsView.aspx?NewsID=50。

魏艾，「大陸 31 項惠臺措施的政策意涵及其影響」，海峽評論，第 334
　　期。

趙彥寧，「公民身分、現代國家與親密生活：以老單身榮民與『大陸新
　　娘』的婚姻為研究案例」，**臺灣社會學**，第 8 期（2004 年 12 月），
　　頁 1–41。

趙彥寧，「現代性想像與國境管理的衝突：以中國婚姻移民女性為研究
　　案例」，**臺灣社會學刊**，第 32 期（2004 年 6 月），頁 59–102。

鄭恩寵，「六四和蔣經國政治反攻」，

　　http://www.epochtimes.com/b5/8/6/17/n2158094.htm。

蕭萬長，「對兩岸關係與臺灣發展的看法」，

　　http://www.e-tock.com.tw/asp/board/v_subject.asp?BoardID=97&ID
　　=3565533。

賴幸媛，「兩岸關係的回顧與展望：99 年——承擔與耕耘的一年」（新
　　春記者會賴主委講話全文）（臺北：行政院大陸委員會，2011 年
　　1 月 18 日）。

韓嘉玲，「全球化下的亞洲婦女遷移：『大陸新娘』在臺灣研究」（臺
　　北：世新大學社會發展研究所，「全球化時代移民／工與社會文化
　　變遷學術研討會」論文，2004 年）。

「辜汪會談後的兩岸關係」，中國時報，2004 年 5 月 1 日，社論，

　　http://forums.chinatimes.com/report/CHINA/01-8.HTM。

「蔣經國執政時遭遇國民黨老兵大陸探親熱」，中華網，2007 年 12 月
　　27 日，

　　http://big5.chinataiwan.org/gate/big5/www.taiwan.cn/wh/dswh/lsyw/
　　200712/t20071227_508316.htm。

謝明瑞，「中國大陸 31 項惠臺（對臺）措施對臺灣的影響」，國政研究
　　報告，財團法人國家政策研究基金會，2018 年 7 月 12 日。

Bos, Constance, Stephane Masson and Landry Vedrenne. *"The Effects of Chinese Tourism on Taiwan's Economy since 2008"* (Taipei: 2011) (unpublished).

Chen, Hsiao-hung Nancy, "Marriage migrants: Reflections from Taiwan's Immigration Policies toward Mainland Chinese Brides", Paper Presented at 2017 Taiwan-Austria Workshop, February 25–26, Vienna, Austria.

2011 年為兩岸關係特殊時間點，
http://news.sina.com.hk/news/9/1/1/1972222/1.html。

第十章
兩岸關係與我國對外關係的發展

壹、前　言

　　自 1950 年以來，中華民國的對外關係即與兩岸關係息息相關。兩者互動大致可以分作五個時期。1950 年至 1971 年退出聯合國之前的兩岸關係為對峙僵持，並曾多次爆發軍事衝突；我國對外關係為與對岸高度競爭的零和外交，呈現「漢賊不兩立」的態勢。1971 年退出聯合國之後至 1988 年蔣經國總統去世為止，兩岸關係從以軍事對峙為主明顯轉變為以政治對峙為主，我國對外關係則從零和外交邁入彈性外交（蔣經國主政後又稱實質外交）。其間 1979 年與美國斷交之後，兩岸關係呈現大陸試圖打破僵局，臺灣固守立場的局面，但後者的大陸政策也有舒緩跡象。1988 年李登輝總統主政後至 2000 年民進黨上臺之前，兩岸關係時有起落，但基本上為制度化協商階段，我國對外則推動務實外交。2000 年民進黨執政至 2008 年政黨二次輪替前，兩岸關係雖未回到冷戰時期的軍政對峙，但卻呈現僵持的局面，對外則展開「烽火外交」。2008 年國民黨重新執政，兩岸恢復制度性協商，至 2016 年為止，雙方關係大幅改善，我國對外關係也進入「活路外交」時代。2016 年 5 月民進黨再度執政，兩岸關係再陷僵持，對外則推動「踏實外交」。

貳、兩岸僵持，零和外交 (1950–1971)

　　1949 年中共占據中國大陸，國府退守臺灣之後，兩岸即進入軍事

對峙局面。中華民國的國策是反攻大陸，中共的政策為解放臺灣，雙方在 1950 年代不斷爆發軍事衝突，如 1952 年，臺灣閩海游擊隊對福建南澎、中澎及南日島發動攻擊；1953 年，美國艾森豪 (Dwight D. Eisenhower) 總統宣布解除臺灣中立化政策，不再限制中華民國反攻大陸。我駐聯合國代表蔣廷黻表示，中華民國如獲較多飛機、軍艦，可獨立封鎖大陸。是年國軍發動「東山島戰役」；1954 年，我海軍砲艦突襲銅山港，空軍機群出擊閩海，金門、一江山及大陳島均有戰事；1955 年，國軍撤守一江山及大陳島，蔣廷黻則否決與中共停戰的可能性。是年在金門也爆發激烈砲戰；1956 年，中共砲擊金門，馬祖也爆發砲戰及海空軍事衝突，我空軍炸射東山島海域中共砲艇，雙方並在閩海發生海戰；1958 年，大陸人民解放軍福建前線部隊對金門等島嶼發動砲擊，臺海上空及金、馬上空均爆發空戰；1959 年，金、廈上空續有砲擊；1960 年，臺海上空發生空戰；1961 年，中共砲擊金門。自 1962 年後，臺海兩岸軍事衝突逐漸止息，惟自 1960 年至 1974 年間，我國 U2 偵察機持續對中國大陸地區出任務，雙方對峙僵持的局面依舊持續。❶

　　兩岸軍事對立延伸至對外關係即成為「漢賊不兩立」的零和賽局，對臺灣地區而言，所推動的不啻為一種零和外交，這又可分從雙邊與多邊兩個面向來觀察。在雙邊外交方面，舉凡與中共建交的國家，均會與我斷交，兩岸都沒有「雙重承認」的空間。自 1950 年至 1971 年止，先後有英國、挪威、瑞士、芬蘭、瑞典、丹麥、古巴、法國、義大利、加拿大、智利、比利時、奧地利、土耳其、伊朗、科威特、黎巴嫩、祕魯等國與我國斷交。中非則與我斷交又復交。❷1950 年有 37

---

❶　朱文原等編撰，**中華民國建國百年大事記（上）（下）**（臺北：國史館，2012 年）；又見維基百科，「臺灣海峽兩岸大事年表」，
http://zh.wikipedia.org/zh-tw/%E5%8F%B0%E7%81%A3%E6%B5%B7%E5%B3%BD%E5%85%A9%E5%B2%B8%E5%A4%A7%E4%BA%8B%E5%B9%B4%E8%A1%A8。

國與我有邦交，占世界 87 國中的 43%，與中國大陸有邦交的有 18
國，占 21%，與雙方均無邦交的有 30 個，占 34%。至 1970 年，世界
143 國中有 66 國與我有邦交，占 46%，有 47 國與中國大陸有邦交，
占 33%，與雙方均無邦交的有 28 國，占 20%。至 1971 年，世界 147
國中有 55 國與我有邦交，占 37%，有 65 國與中國大陸有邦交，占
44%，有 26 國與雙方均無邦交，占 18%。❸二十年間的變化在於國際
體系新成員激增，其中不少承認中國大陸，對我國造成相當大的壓力。
1971 年我被迫退出聯合國前後，整個國際外交氛圍對我十分不利，與
我斷交而改承認中國大陸者快速增加，零和外交的態勢相當明顯。

　　在多邊外交方面，我國面臨的最大挑戰即捍衛聯合國的中國代表
權。自 1950 至 1960 年間，美國以延期緩議中國代表權問題的拖延戰
術確保我國在聯合國的地位，惟反對「緩議」的國家逐年上升，迫使
美國自 1961 年起改以「重要問題案」模式來維護我國在聯合國的地
位，直到 1971 年失敗為止。「緩議」與「重要問題案」均為一種零和
思維，即阻擋中國大陸在聯合國取代中華民國之席位。雖然 1971 年美
國總統尼克森曾提出「兩個中國」的構想，其特使墨菲 (Robert D.
Murphy) 在與蔣中正總統會商聯合國代表權問題時，也提出以「雙重
代表」方式替代重要問題案，美國並進而主張由中國大陸取得安理會
席位，中華民國則保留聯合國會員的身分。❹惟中國大陸外交部則明
白表示反對製造「兩個中國」、「一中一臺」之主張，也反對臺灣地位
未定論及臺灣獨立。❺故「雙重代表」的構想姑且不論我國能否同意，
中共方面已關閉了此種可能。1971 年聯合國決議以中國大陸取代中華

❷　同❶；又見維基百科，「中華民國外交」，
　　http://zh.wikipedia.org/zh-tw/%E4%B8%AD%E8%8F%AF%E6%B0%91
　　%E5%9C%8B%E5%A4%96%E4%BA%A4。
❸　高朗，**中華民國外交關係之演變 (1950–1972)**（臺北：五南圖書出版公司，
　　1993 年），頁 52–53。
❹　朱文原等編撰，**中華民國建國百年大事記（下）**，頁 799–800、804。
❺　同❹，頁 803。

民國之中國代表席位，不啻為兩岸零和賽局發揮到極致的結果。

參、僵持稍緩，彈性外交 (1972–1987)

　　兩岸軍事對抗緊張情勢在 1960 年代即逐漸下降，但政治對峙卻未曾稍解。1971 年我退出聯合國後，在蔣經國主政時代下，兩岸繼續維持政治僵持達七年之久。1979 年初美國與中國大陸建交，與我斷交之後，兩岸情勢產生若干變化。首先，鄧小平提出臺灣在統一後成為特區的構想，中共「人大常委會」亦要求中華民國政府開放「三通」（即通郵、通航、通商）與「四流」（即學術、文化、科學與體育交流）。1980 年我方提出「不接觸、不談判、不妥協」之「三不政策」，明白拒絕「三通」、「四流」要求。1981 年，中國國民黨發起「三民主義統一中國」的運動。同年中共「人大常委會」委員長葉劍英提出「葉九條」，展現兩岸和平交流姿態，呼應三通、四流及臺灣在統一後成為高度自治特區的主張。但這些政治呼籲均遭臺灣方面的拒絕。1983 年鄧小平提出充滿「一國兩制」精神的「六點方案」，並在 1984 年接見季辛吉時表示臺灣可以在「一國兩制」模式下繼續實行資本主義。臺灣則明白拒絕接受「一國兩制」。

　　雖然臺灣對大陸地區的和平攻勢均持否定態度，但其大陸政策卻開始產生微妙變化。1984 至 1985 年間，我方對經由香港進行的兩岸間接貿易均予容忍。1987 年，我政府決定結束人民前往港澳旅遊的限制，並允許非公務員之民眾前往大陸探親。

　　在對外關係方面，針對我退出聯合國變局，外交部長周書楷於1972 年宣布，今後將採取「彈性外交」，並以經貿配合外交擴展，同時運用外交技術，與無敵意國家交往。❻ 事實上，彈性外交的目的在突破我外交困境，致力與無邦交國家發展經濟、貿易、文化、科技等實質關係。此外，我國也盡力維持在國際組織中的會籍和權利，同時

---

❻　同❹，頁 810。

鞏固既有的邦交國，並促進各種民間國際交流。❼此種重視與無邦交國實質關係的作法亦稱「實質外交」，成為蔣經國主政後的對外關係主軸。

我國自退出聯合國之後，邦交國數逐年遞減。1972 年，世界 147 國中有 42 國與我有邦交，占 29%，有 85 國與中國大陸有邦交，占 58%，與雙方均無邦交者有 19 國，占 13%。到 1987 年時，世界 171 國中與我有邦交者有 23 國，占 13%，與中國大陸有邦交者 133 國，占 78%，與雙方均無邦交者有 13 國，占 8%。❽故我對外關係雖進入彈性外交時期，但並未擺脫零和外交的陰影。此一期間諸多與我斷交國家當中，除西德、澳大利亞、紐西蘭、墨西哥、阿根廷、日本、西班牙、巴西、葡萄牙、泰國、菲律賓、約旦等主要國家之外，影響最為深遠者厥為與美國斷交。❾至此彈性外交不僅是勢所必然，也是不得不然的結果。

在多邊外交方面，自退出聯合國之後，一些聯合國專門機構，如教科文組織等，採取了排我納中的作法，不過截至 1980 年為止，我國仍維持了主要政府間國際組織的會籍，但被國際組織除名已成為不可避免的趨勢。❿

肆、制度協商，務實外交 (1988–1999)

---

❼　「外交關係的展開 - 中華民國在臺灣」，

http://webcache.googleusercontent.com/search?q=cache:MNExQC1TD
fQJ:contest.ks.edu.tw/~taiwan/chap7/index731.htm+%E5%A4%96%E4
%BA%A4%E9%97%9C%E4%BF%82%E7%9A%84%E5%B1%95%E9%
96%8B-%E4%B8%AD%E8%8F%AF%E6%B0%91%E5%9C%8B%E5%9
C%A8%E8%87%BA%E7%81%A3&cd=1&hl=zh-TW&ct=clnk&gl=tw。

❽　同❸，頁 58–59。

❾　維基百科，「中華民國外交」，同❷。

❿　同❸，頁 23–25。

　　1988 年李登輝總統主政之後，即積極尋求建立兩岸制度化協商管道。首先於 1990 年成立國家統一委員會，復成立行政院大陸事務委員會（以下簡稱陸委會），再成立海峽交流基金會（以下簡稱海基會）。1991 年宣布結束動員戡亂時期，使兩岸關係步向正常化。同年，大陸亦成立「海峽兩岸關係協會」（以下簡稱海協會），作為海基會對口單位。1992 年，兩岸兩會就「文書驗證」及「掛號函件」舉行了兩次會談。同年兩會舉行「香港會談」，達成各自以口頭方式表述「一個中國」原則的共識，大陸對臺灣「一個中國，各自表述」的主張並未公開表示異議，此即後來所通稱的「九二共識」。❶

　　1993 年除舉行第三次有關「文書驗證」及「掛號函件」的會談外，還進行了兩次辜汪會談的預備性磋商。同年 4 月 27 至 29 日，海基會董事長辜振甫與海協會會長汪道涵在新加坡舉行辜汪會談，簽署「兩岸公證書使用查證協議」、「兩岸掛號函件查詢補償事宜協議」、「兩會聯繫與會談制度協議」及「辜汪會談共同協議」等四項協議。辜汪會談之後至 1998 年間，兩岸又舉行了多次後續性商談、祕書長級會談及辜汪會晤預備性磋商。1998 年 10 月 14 至 18 日，辜振甫與汪道涵在上海會晤，辜先生並赴北京參訪。辜汪會達成「雙方同意加強對話，以促進制度化協商的恢復」、「雙方同意加強推動兩會各層級人員交流活動」、「雙方同意就涉及人民權益之個案，積極相互協助解決」及「我方邀請汪道涵先生回訪，汪道涵先生同意在適當時機來臺訪問」等四項共識。1999 年兩岸並就汪道涵回訪舉行過兩次預備性磋商，❷後因李登輝總統提出「特殊國與國」理論而中止。

　　兩岸關係自 1992 年起進入制度性協商階段，其間 1995 年中至

---

❶　包宗和，「『九二共識』與兩岸政治互信的建構」，林中森、丁樹範主編，「九二共識」20 週年學術研討會實錄（臺北：財團法人海峽交流基金會，2012 年），頁 22–26。

❷　「兩岸歷次會談總覽」，陸委會網站，
　　http://www.mac.gov.tw/ct.asp?xItem=56819&CtNode=5703&mp=101。

1996 年曾因李登輝總統訪問美國康乃爾大學爆發臺海飛彈危機，制度性協商中斷了一段時間，直至 1997 年中才恢復。1999 年 7 月李總統提出兩岸特殊國與國關係之主張後，雙方制度性協商因而中止。

此一時期李登輝總統在對外關係方面推動的是「務實外交」。務實外交的內涵強調中華民國是一個主權獨立的國家，希望國際能面對兩岸分裂、分治的事實，而分裂雙方為兩個政治實體，雙方互不否認。對外則放棄「漢賊不兩立」的零和思維，強調平等互惠、和平共存。❸換言之，不再堅持中華民國是中國唯一合法政府，除努力維持與邦交國的外交關係外，並主動發展與無邦交國的實質關係，借重經貿實力、金元外交，爭取與無邦交國建立正式關係，且不要求建交國與中國大陸斷交。在國際組織中則重參與，輕名分，不因名稱問題而自我設限，舉凡「一國兩隊」的「奧運模式」與「一國兩席」的「亞銀模式」，均可為代表。李總統並數度透過友邦提案，積極尋求參與聯合國。

面對我國推動務實外交，中國大陸在外交上並未鬆手。1988 至 1999 年間，兩岸在雙邊外交上因中國大陸之堅持，依然呈現零和的態勢。十年期間，我與他國斷交、復交次數相當頻繁，充分展現兩岸在爭取邦交國上的激烈競爭。聯合國方面也因中國大陸的極力封殺，我幾度叩關均未成功。

伍、復歸僵持，烽火外交 (2000–2008)

2000 年民進黨執政之後，兩岸制度性協商因陳水扁總統不接受「九二共識」、「一個中國」，而始終無法恢復。陳總統在 2000 年就職時曾宣稱只要中共無意對臺動武，臺灣就不會宣布獨立，不更改國號，

---

❸ 參見鄭端耀，「務實外交的發展與抉擇」，**問題與研究**，37 卷 4 期（1998 年 4 月），頁 3、5；張麟徵，「務實外交——政策與理論之解析」，**問題與研究**，29 卷 12 期（1990 年 9 月），頁 64–65；包宗和，「務實外交的理論意涵」，**政治科學論叢**，第 4 期（1992 年 12 月），頁 35。

不推動兩國論入憲，不推動改變現狀的統獨公投，也沒有廢除國統綱領與國統會的問題，此即「四不一沒有」主張。此一善意終因民進黨政府不接受「九二共識」而無法換取大陸方面積極正面的回應。兩岸此一時期較友善的互動包括 2001 年金門、馬祖首航廈門及福州馬尾之「小三通」的啟動；2003 年及 2005 年臺商春節包機的成行。但雙方關係也因陳水扁總統的臺獨和去中國化意識型態 （如一邊一國論及 2006 年終止國統會運作及國統綱領適用） 而陷入僵局。 大陸甚至在 2005 年 3 月通過「反分裂國家法」，其中第 8 條宣稱北京採非和平方式的前提是： 1.有臺灣分裂出去的事實； 2.發生將導致臺灣分裂之重大事變； 3.和平統一的可能性完全喪失。兩岸關係在此一時期重陷僵局，惟與兩蔣時代有明顯的不同，過去是因爭正統而陷入僵持對峙，如今則是因臺灣想從中國分離出去而使然。

在民進黨執政八年期間，在野的中國國民黨意外地在兩岸關係發揮了緩和作用。最具代表性的就是 2005 年 4 月 29 日國民黨主席連戰與中共總書記胡錦濤的會面，並達成五項共識，即 1.促進儘速恢復兩岸談判，共謀兩岸人民福祉； 2.促進終止敵對狀態，達成和平協定； 3.促進兩岸經濟全面交流，建立兩岸經濟合作機制； 4.促進協商臺灣民眾關心的參與國際活動的問題； 5.建立黨對黨定期溝通平臺。

隨著兩岸關係的僵持，我對外關係也遭遇更大的挑戰。陳水扁主政後對外展開「烽火外交」，即為拓展臺灣國際空間，不惜與美國為首的一些國家利益衝撞，比較不講求外交慣例與常軌，以強烈突破現狀的訴求，引起國際上對臺灣的注意。惟「烽火外交」也造成美國及周邊國家的高度關注以及對我政府的不滿。此一期間延續了前一時期斷交、復交往復出現的狀況，但在斷交多於復交的情況下，邦交國數至 2008 年降至二十三國，參與聯合國也仍然無法獲致進展。

陸、兩岸和解，活路外交 (2008-2016)

　　2008 年國民黨重新執政後，兩岸迅速恢復協商。針對當年 4 月之博鰲論壇，總統當選人馬英九提議「正視現實，開創未來；擱置爭議，追求雙贏」。在就職演說中馬總統提出任內「不統、不獨、不武」以及「一中各表、九二共識」，兩岸八年多的僵局再度打開。同年 5 月 28 日國民黨主席吳伯雄與中共總書記胡錦濤會面，胡強調反對臺獨，堅持「九二共識」；制度化協商與國共平臺同時發揮作用，以及兩岸恢復協商後，可就臺灣參與國際活動，優先討論「世界衛生組織」(World Health Organization, WHO) 問題。同年 12 月底，胡錦濤提出「胡六點」，即 1.恪守一個中國，增進政治互信；2.兩岸簽定綜合性經濟合作協議；3.協商兩岸文化教育交流協議；4.加強善意溝通，增進相互瞭解。只要民進黨改變臺獨立場，大陸願正面回應；5.維護國家主權，協商對外事務；兩岸在涉外事務中避免不必要的內耗。臺灣參與國際組織活動的問題，在不造成兩個中國、一中一臺的前提下，可通過兩岸務實協商，做出合情合理之安排；6.兩岸可以在國家尚未統一的特殊情況下就政治關係展開務實探討，建立軍事安全互信機制；在「一中」基礎上，協商正式結束兩岸敵對狀態，達成和平協議。

　　馬總統主政後賡續提出兩岸政策主張，包括在「互不承認主權，互不否認治權」的兩岸互動下，堅持「對等、尊嚴、互惠」的原則，建構長期、穩定、制度化的兩岸關係。馬總統並表示將秉持「以臺灣為主，對人民有利」及「國家需要，民意支持、國會監督」的原則下凝聚國內共識，與對岸推動制度化協商。面對大陸的政治攻勢，馬總統提出「先急後緩、先易後難、先經後政」的原則以為因應，並推動有利國家發展，可提升民生福祉之兩岸協商議題，建構兩岸良性互動模式。馬總統也支持兩岸兩會互設辦事處，並全面檢討修正「兩岸人民關係條例」及擴大深化兩岸交流。

　　「胡六點」曾提及建立軍事互信機制及完成和平協議。馬政府認為軍事互信機制是個堆積木的過程，須先有政治互信，時機未成熟前宜採保守態度。❶❹至於「兩岸和平協議」，馬總統在 2011 年表示，不

排除十年內簽署的可能，但須符合「十大保證」，即「一個架構」、「二個前提」、「三個原則」、「四個確保」。「一個架構」是指「在中華民國憲法的架構」下，維持臺海「不統、不獨、不武」的現狀，並且在「九二共識」的基礎上，推動兩岸交流。「二個前提」即國內民意有高度共識及兩岸累積足夠互信。「三個原則」是指國家需要、民意支持及國會監督。「四個確保」是指確保中華民國主權獨立與完整、確保臺灣的安全與繁榮，確保族群和諧與兩岸和平以及確保永續環境與公義社會。❺

2008 年 6 月至 2012 年 8 月，兩岸兩會共進行了八次江陳會，海基會董事長江丙坤與海協會會長陳雲林除了透過制度化協商簽署了十八項協議外，也達成了「陸資來臺投資」事宜及有關「海峽兩岸投資保障和促進協議」 人身自由與安全保障等兩項共識 。 2013 年 6 月至 2015 年 8 月，兩岸高層又進行了三次會談，簽署了五項協議。 ❻此外，兩岸於 2008 年 12 月 15 日啟動海空運直航及直接通郵之 「大三通」，並於 2011 年 6 月 28 日啟動陸客來臺「自由行」。 ❼

2015 年 11 月 7 日，馬英九總統與中國大陸國家主席習近平以兩岸最高領導人的名義在新加坡會面 ， 這是自 1949 年兩岸政治分立以來，雙方最高領導人首次會晤，也是兩岸關係的最大突破。會中主要就推進兩岸關係和平發展交換意見，雙方並未簽署任何協議或發布共同聲明。馬習會的主要結果在建立兩岸熱線，繼續協商貨貿及海基會與海協會互設辦事機構，肯定七年來兩岸關係和平發展的豐碩成果，繼續堅持與鞏固「九二共識」的政治基礎，以及只要不造成「兩個中

---

❹ 根據國防部楊念祖副部長及國防部戰規司成雲鵬司長的談話，2013 年 3 月 13 日軍聞社報導。

❺ 依據馬總統於 2011 年 10 月 24 日在彰化咸安宮的談話，http://www.nownews.com/2011/10/25/91-2751988.htm。

❻ 「兩岸協議」，陸委會網站，http://www.mac.gov.tw/ct.asp?xItem=56589&CtNode=5702&mp=101。

❼ 「兩岸關係二十年大事記」，香港文匯報，http://paper.wenweipo.com/2012/10/30/TW1210300005.htm。

國」、「一中一臺」臺灣可參與國際事務。⓲

　　配合兩岸制度化協商的恢復，馬英九總統在對外關係方面也開始推動「活路外交」，其精神在以「尊嚴、自主、務實、靈活」為原則，兩岸以「對話」代替「對抗」，在雙邊互信基礎下外交休兵，避免惡性競爭式的「支票簿外交」，提倡「經貿外交」、「文化外交」與「形象外交」，使國家資源做最有效的運用。⓳此與胡六點中第五點「兩岸在涉外事務中避免不必要的內耗」的精神若合符節，這也成就了 2008 年後八年來的兩岸外交休兵。

　　「活路外交」的主要內涵在： 1.擴大參與； 2.人道援助； 3.文化交流； 4.觀光升級。其中擴大參與的目標在確保中華民國主權與安全，開創有利國家發展的國際環境；逐步爭取參與聯合國專門機構及功能性機制；積極參與區域經濟整合，營造有利我國經濟發展之國際環境；持續爭取給予我國免簽證／落地簽證待遇；強化邦交國關係，提升與無邦交國之實質關係以及在兩岸「互不承認主權、互不否認治權」之下，推動兩岸在國際社會上良性互動與和平共存。外交策略則包括 1.深化與美、日、歐盟及周邊國家關係，確保我國主權與安全； 2.加強拓展國際空間； 3.積極參與區域經濟整合，協助企業拓展海外商機； 4.爭取免簽證／落地簽證，便利國人出國； 5.善用各項軟實力，提升國家形象。 ⓴政府外交政策在使中華民國能成為 「和平的締造者」、「人道援助的提供者」、「文化交流的推動者」、「新科技與商機的創造者」以及 「中華文化的領航者」。馬總統 2012 年所提出的「東海和平

⓲　「馬習會」，維基百科，

　　https://zh.wikipedia.org/wiki/%E4%B8%A4%E5%B2%B8%E9%A2%86%
　　E5%AF%BC%E4%BA%BA%E4%BC%9A%E9%9D%A2。

⓳　「活路外交」，中華民國總統府網站，

　　http://www.president.gov.tw/Default.aspx?tabid=1077。

⓴　見 2011 年 9 月 29 日馬總統主持「黃金十年」記者會內容，中華民國總統府網站，

　　http://www.president.gov.tw/Default.aspx?tabid=131&itemid=25555。

倡議」及 2015 年所提出的「南海和平倡議」，即在落實中華民國為「和平締造者」的角色。

　　「活路外交」自 2008 年啟動以來，具體成果包含幾個層面。在國際交流方面，政府推動了科技外交、生技醫材產業、臺北松山－首爾金浦航線，提升與國際暨大陸間災害防治合作。在簽證方面，我國迄至 2015 年底止，已在包含美國、英國、歐盟申根等 161 個國家或地區享有落地簽證或免簽待遇。此外，我國也有效增進了與歐盟的關係，參與亞太地區經濟整合，對發生急難國家提供人道救援，重建臺美互信，鞏固既有邦誼，提升我國參與「亞太經濟合作」(Asia-Pacific Economic Cooperation, APEC) 經濟領袖會議出席人員層級，獲邀參加「世界衛生大會」(World Health Assembly, WHA) 及其他國際組織，提升臺日雙邊關係，拓展與東協國家關係及發行晶片護照與國際接軌等。[21]

　　自馬英九總統 2008 年推動活路外交及兩岸外交休兵以來，過去互挖牆腳的情況已不復見。迄 2013 年為止，我國邦交國數在甘比亞未與中國大陸建交，卻無預警與我斷交之前，一直維持在二十三，對外政策以「和中、友日、親美」為主軸，不直接訴求參與聯合國，而是以爭取參與「世界衛生組織」、「聯合國氣候變化綱要公約」(United Nations Framework Convention on Climate Change, UNFCCC) 及「國際民航組織」(International Civil Aviation Organization, ICAO) 為目標，並協助我國非政府組織 (NGO) 加入重要國際非政府組織 (INGO)。此外，與他國商簽「自由貿易協定」(Free Trade Agreement, FTA) 及爭取加入「跨太平洋夥伴關係」(Trans-Pacific Partnership, TPP) 機制，均在使我國於區域經濟整合過程中免於被邊緣化。元首出訪亦較過去低調，凡此均著眼於與無邦交國發展可長可久的實質關係。

---

[21] http://www.mofa.gov.tw/theme.aspx?n=8C1DA031EC4E0261&s=DB170 8E9D8084B23&sms=30258915F57EB2DC。

柒、再陷僵持，踏實外交 (2016–2019)

　　2016 年 5 月 20 日民進黨再度執政，由於蔡英文總統認為兩岸的既有政治基礎之一是 1992 年兩岸兩會會談的歷史事實，也就是俗稱的「九二事實」，而非「九二共識」，兩岸關係乃再度陷入僵持的局面。大陸國臺辦曾指出我方沒有明確承認「九二共識」和認同其核心意涵，並認為只有承認「九二共識」的歷史事實，認同兩岸同屬一個中國，兩岸關係才能峰迴路轉，走出僵局，❷而恢復兩岸聯繫溝通機制的關鍵是回到「九二共識」基礎上來，❸只有在「九二共識」基礎上，兩岸制度化交往機制才能恢復運作。❹

　　在政治僵持下，兩岸互動往往呈現負面發展的狀況，譬如大陸遊客赴臺旅遊的人數大幅減少，臺灣居民李明哲被大陸以「顛覆國家政權罪」逮捕並判刑，大陸將我國在他國涉案之電信詐欺犯強押帶往中國大陸，大陸在未經兩岸協商溝通的情況下逕自啟用 M503 向北航路，中共轟炸機、戰機、偵察機繞飛臺島巡航，大陸以政治因素取消臺中市主辦 2019 年東亞青年運動會，以及要求外國航空公司更改網站對臺灣的稱呼等。❺

　　此一時期兩岸關係仍有一些正向的發展，唯多屬民間層次的交流，交流層面包含兩岸、科技、企業、教育、文化、青年、法學、體育及災難救助等方面。此外，地方政府及民代也有一些互動，如金門通水。而以論壇名義交流較具代表性者則有博鰲亞洲論壇、海峽論壇及上海

❷ http://www.mac.gov.tw/News_Content.aspx?n=FF87AB3AC4507DE3&sms=4A22C...

❸ 「恢復兩岸聯繫溝通機制的關鍵是回到『九二共識』基礎上來」，國臺辦，http://big5.gwytb.gov.cn/wyly/201704/t20170426 11754535.htm。

❹ 「只有在『九二共識』基礎上兩岸制度化交往機制才能恢復運作」，國臺辦，http://big5.gwytb.gov.cn/wyly/201709/t20170913 11842530.htm。

❺ 同❷。

一臺北城市論壇。

在官冷的情況下，大陸也採取了一些所謂惠臺的措施，以形塑民熱的現象。譬如在律師業務、赴大陸學習、就業、創業、生活便利等方面對臺採取更為開放的政策。具代表性者如「關於促進兩岸經濟文化交流合作的若干措施」，或稱「引導惠及臺胞措施」，以及發放臺灣居民居住證等。

在外交政策方面，蔡總統上任後即推動 「踏實外交」 (Steadfast Diplomacy)，其具體意涵包括： 1.穩健地朝正確的方向往前邁進，以腳踏實地，一步一腳印的精神，克服臺灣的各項外交挑戰，開拓我國的國際空間； 2.對自由民主價值的堅持，與理念一致的國家在互惠互利的基礎上密切合作，對國際社會做出實際的貢獻，以堅固中華民國的國際地位。故其新外交思維即「踏實外交，互惠互利」。❷⑥至於具體作法，則包括 1.鞏固與友邦的合作關係； 2.強化臺美關係，積極開創新局； 3.深化與日本、歐盟等理念相近國家之交流與合作； 4.增進與「新南向政策」重要夥伴國家間整體關係； 5.持續推動實質、有意義參與國際組織，回饋國際社會； 6.持續捍衛南海主權，維護區域安全與穩定； 7.透過雙邊及多邊經貿架構，擴大經貿合作； 8.結合地方政府、NGO 及企業資源與力量，展現民間能量及軟實力。❷⑦其中「新南向政策」為「踏實外交」的重要一環，目標在積極推動與東協、南亞及紐澳等十八個國家間之經貿合作，人才交流，資源共享及區域鏈結等四大面向的互利共贏關係，進一步建立「經濟共同體意識」。 ❷⑧

---

❷⑥　總統府，http://www.president.gov.tw/Page/240

❷⑦　依據外交部長李大維 2017 年 3 月 6 日在立法院第 9 屆第 3 會期之業務報告，
https://www.mofa.gov.tw/News_Content.aspx?n=052449DD01A26E24&sms=DF52F83A5B7D2A47&s=7F9BFBAA5B85CA6B。

❷⑧　依據外交部長李大維 2016 年 10 月 27 日在立法院第 9 屆第 2 會期之業務報告，
https://www.mofa.gov.tw/News_Content.aspx?n=052449DD01A26E24&

　　蔡總統上任迄 2019 年 4 月止，共計出訪邦交國六次，其中有五次過境美國。惟因兩岸關係呈現僵持局面，北京改變馬英九總統時期與我外交休兵狀況，對與我邦交國建交不再自我克制，故自 2016 年 5 月至 2019 年 4 月，與我斷交的國家分別有聖多美和普林西比、巴拿馬、多明尼加、布吉納法索及薩爾瓦多等五國，邦交國數目由二十二國減為十七國。此外，2017 年我國未收到世界衛生大會 (WHA) 邀請函，這是自 2009 年以來首度失去以觀察員身分每年與會的機會。2016 年，我未獲國際民航組織 (ICAO) 依照 2013 年「特邀貴賓」身分方式邀請出席當年度大會。在聯合國氣候變化綱要公約 (UNFCCC) 方面，我國曾於 2015 年派團出席第二十一屆締約方大會 (COP21)，但 2017 年的第二十三屆締約方大會，我國代表團卻因中國大陸的壓力，而遭拒於會場門外，無法進入。國際刑警組織 (INTERPOL) 也屢次拒絕我國參加其大會。凡此均顯見我國 2016 至 2018 這三年參與重要國際組織遇到更大程度的困難。

　　其他涉外事務負面發展尚有斐濟撤銷駐臺代表處，我國際電信詐騙犯屢遭當地國引渡至中國大陸，國際航空公司更改臺灣的名稱，東亞奧林匹克委員會 (EAOC) 取消我國臺中市主辦 2019 東亞青年運動會等，背後均有北京施壓的影子。

　　在外交正面發展方面，則有美國出售兩艘二手「派里級」巡防艦予我國，美國參、眾兩院通過「臺灣旅行法案」，美國參議院通過「與臺灣交往法案」，美國務院教育文化事務助卿羅伊斯出席美國在臺協會新館落成儀式，「亞東關係協會」更名為「臺灣日本關係協會」，以及美國川普總統簽署支持強化臺灣軍力的「2019 財年國防授權法」等。蔡總統任期內也一如以往，與邦交國和若干無邦交國簽署或更新一些條約協定。

sms=DF52F83A5B7D2A47&s=7EA439861FD8682A。

捌、結語：兩岸關係與對外關係的相關性

綜觀 1950 年至 2019 年的兩岸關係與對外關係，可以看出兩者間的關聯。1950 至 1971 年，兩岸處於以軍事對峙為主的僵持狀態，對外即呈現為「漢賊不兩立」的零和外交態勢，當時雙邊與多邊外交我國均居優勢。但隨著新興國家日漸增多，我在聯合國「中國代表權」保衛戰遭受日漸增加的壓力，至 1971 年被迫退出聯合國，席位乃由中國大陸取而代之。1972 年後，我為因應邦交國日減的趨勢，改採「彈性外交」，或稱「實質外交」，開始強調與無邦交國家的實質關係，惟在國際上仍堅守一個中國政策。基本上，1972 年至 1987 年這段期間，兩岸僵持雖因大陸自 1979 年後對臺展開和平攻勢及 1987 年我政府基於人道考量開放非公務人員赴大陸探親而稍稍緩解，但政治對立的情勢依然存在，國際上零和外交的本質也未改變。只不過迫於政治現實及國家生存的考量，我國對無邦交國由過去消極不作為改為積極作為的政策。1988 年後，我政府結束動員戡亂，從某個角度而言，是開始面對大陸為政治實體的事實，為兩岸關係正常化鋪路。1988 至 1999 年，兩岸雖因臺海飛彈危機及兩國論而時有波折，但為制度化協商階段仍相當明顯。這反映在對外關係上即為「務實外交」的推動。「務實外交」仍為一種彈性外交，不同的是對外不再強調漢賊不兩立，在不排斥「雙重承認」的情況下，積極與無邦交國發展正式關係，憑藉的是我經貿實力及金元外交。與他國建交不再以對方和中國大陸斷交為前提，但因中共方面的堅持，仍呈現零和外交的態勢。參與聯合國的訴求也未能成功。

2000 年民進黨執政，兩岸僵局重現，與冷戰時期不同的是過去為中國正統之爭，如今卻是統獨之爭。兩岸制度化協商之中止使陳水扁總統對外改採激進的「烽火外交」，即以對無邦交國及聯合國衝撞的方式，希望強使他國接納我國，此反而激化了兩岸在國際社會零和競爭

的局面。民進黨的執政在一定程度上促使北京當局對兩岸關係做出反思，這包括將過去一中舊三段論改為一中新三段論。一中舊三段論是「世界上只有一個中國，臺灣是中國的一部分，中華人民共和國是中國的唯一合法政府」。一中新三段論是「世界上只有一個中國，大陸和臺灣同屬於一個中國，中國的主權和領土不容分裂」。很顯然兩岸地位在新三段論中較為對等。此外，大陸也開始思考在一個中國架構下，如何面對中華民國存在的事實。

2008 年國民黨重新執政後，我政府兩岸政策雖未回到正統之爭，但擺脫了統獨之爭，接受「九二共識」。兩岸有了基本的政治互信，制度化協商乃得以恢復，馬總統的活路外交也相當程度被中國大陸所接納，因而有了外交休兵的結果。我國與無邦交國開展實質關係也因不再以重建正式外交關係為目的，使中國大陸打壓排擠的情形有緩解的跡象，我國以觀察員身分參與政府間國際組織的可能性也較大，與邦交國間之互動也能放下支票簿外交而回歸正常。惟兩岸零和外交的本質仍未脫離，只不過因外交休兵而不若過去那樣凸顯。

2016 年民進黨再度執政，由於蔡英文總統不接受「九二共識」，兩岸關係再度陷入僵持狀態，雙方時常相互指責，影響所及，北京在外交上不若馬總統時那樣自我克制，不再迴避和我邦交國建交，甚至有主動挖我牆角的趨勢，外交休兵因而不復存在。所不同的是我政府並未以金錢外交方式爭取和中國大陸的邦交國建交，因而迄 2018 年止，未出現互挖邦交國的現象，而是北京單方面挖我邦交國。不容否認，兩岸僵持使得我國在維繫與邦交國關係及參與重要國際組織方面遭遇更大的壓力和困難。

歷史告訴我們，我國外交關係的開展與兩岸關係息息相關，這取決於兩岸間的基本政治互信（如九二共識）能否維持以及雙方互動交流氛圍的友好程度。事實上，中華民國在許多無邦交國設有辦事處，在一些政府間國際組織中得以正式會員 (full member)、觀察員 (observer)、準會員 (corresponding member)、合作非會員 (cooperating non-member) 或仲會員 (associate member) 身分參與,而中國大陸也與我國在一些政府間國際組織中並存,只不過我參與組織的名稱絕大多數是用「中華臺北」(Chinese Taipei)(見附錄),這些均顯示在一個中國架構下兩岸共同參與國際社會不是不可能。但兩岸若缺乏基本政治互信,將使我國際空間的拓展更加困難。

展望未來,我對外關係能否有進一步突破,徹底擺脫零和外交的陰影,仍有賴於兩岸關係的發展而定。但可以肯定的是維持雙方最基本的政治互信,是穩定彼此對外關係,避免回到從前惡性競爭老路的關鍵。

問題與討論

一、自 1950 年迄今,我國外交即與兩岸關係息息相關,其間大致可分為哪幾個時期?

二、試述我國在 1972–1987 年推動彈性外交的環境背景。

三、試從兩岸關係與國際關係的角度分析 1988–1999 年我國推動務實外交的背景。務實外交的理念為何?其與前一階段彈性外交之內涵有何異同?

四、試述烽火外交的推動背景及其對我國對外關係的影響。

五、何謂活路外交?其與兩岸關係進展有何關聯?並試述活路外交的策略及其具體成果。

六、試述「踏實外交」的內涵、具體作法與成果,及因兩岸僵持所受到的壓力與挑戰。

七、兩岸關係與我國對外關係之關聯性為何?我國未來與中國大陸共同參與國際社會的展望如何?

附　錄

表 10–1　我為正式會員 (full member) 之政府間國際組織

	組織名稱	原文簡稱	我加入時間	我加入名稱	中國大陸參與情形
1	北太平洋漁業委員會 North Pacific Fisheries Commission	NPFC	2015	Chinese Taipei	會員
2	亞太區追討犯罪所得機構網絡 Asset Recovery Inter-Agency Network of Asia/Pacific	ARIN-AP	2014	Chinese Taipei	合作 非會員
3	世界選舉機關協會 Association of World Election Bodies	A-WEB	2013	Taiwan	未參與
4	南太平洋區域漁業管理組織 South Pacific Regional Fisheries Management Organization	SPRFMO	2012	Chinese Taipei	會員
5	國際政府資訊科技理事會 International Council for Information Technology in Government Administration	ICA	2010	Taiwan	未參與
6	美洲熱帶鮪魚委員會 Inter-American Tropical Tuna Commission	IATTC	2010	Chinese Taipei	會　員
7	標準與貿易發展機構 Standards and Trade Development Facility	STDF	2010	Separate Customs Territory of	未參與

	組織名稱	原文簡稱	我加入時間	我加入名稱	中國大陸參與情形
				Taiwan, Penghu, Kinmen and Matsu (Chinese Taipei)	
8	審計監理機關國際論壇 International Forum of Independent Audit Regulators	IFIAR	2008	Chinese Taipei	未參與
9	世界貿易組織法律諮詢中心 Advisory Centre on WTO Law	ACWL	2004	Separate Customs Territory of Taiwan, Penghu, Kinmen and Matsu (Chinese Taipei)	未參與
10	中西太平洋漁業委員會 Western and Central Pacific Fisheries Commission	WCPFC	2004	Chinese Taipei	會　員
11	南方黑鮪保育委員會 (CCSBT) 延伸委員會 Extended Commission for the Conservation of Southern Bluefin Tuna	CCSBT	2002	Fishing Entity of Taiwan	未參與
12	北太平洋鮪類及似鮪類國際科學委員會 The International Scientific Committee for Tuna and Tuna-like Species in the North Pacific Ocean	ISC	2002	Chinese Taipei	會　員

	組織名稱	原文簡稱	我加入時間	我加入名稱	中國大陸參與情形
13	世界關務組織 (WCO) 下屬之「關稅估價技術委員會」World Customs Organization (Technical Committee on Customs Valuation)	TCCV	2002	Separate Customs Territory of Taiwan, Penghu, Kinmen and Matsu (Chinese Taipei)	會　員
14	世界關務組織 (WCO) 下屬之「原產地規則技術委員會」World Customs Organization (Technical Committee on Rules of Origin)	TCRO	2002	Separate Customs Territory of Taiwan, Penghu, Kinmen and Matsu (Chinese Taipei)	會　員
15	世界貿易組織 World Trade Organization	WTO	2002	Separate Customs Territory of Taiwan, Penghu, Kinmen and Matsu (Chinese Taipei)	會　員
16	國際競爭網絡 The International Competition Network	ICN	2002	Taiwan	未參與
17	亞洲醫療器材法規調和會 Asian Harmonization Working Party	AHWP	1999	Chinese Taipei	會員
18	亞太農業研究機構聯盟 Asia-Pacific Association of Agricultural Research Institutions	APAARI	1999	Separate Customs Territory of Taiwan, Penghu, Kinmen and Matsu (Chinese Taipei)	未參與

	組織名稱	原文簡稱	我加入時間	我加入名稱	中國大陸參與情形
19	艾格蒙聯盟國際防制洗錢組織 Egmont Group	EG	1999	AMLD, Taiwan	未參與
20	亞洲選舉官署協會 Association of Asian Election Authorities	AAEA	1998	Taiwan, Republic of China	未參與
21	亞太防制洗錢組織 Asia/Pacific Group on Money Laundering	APG	1997	Chinese Taipei	會　員
22	亞洲稅務行政暨研究組織 Study Group on Asian Tax Administration and Research	SGATAR	1996	Chinese Taipei	會　員
23	亞太法定計量論壇 Asia-Pacific Legal Metrology Forum	APLMF	1994	Chinese Taipei	會　員
24	國際保險監理官協會 International Association of Insurance Supervisors	IAIS	1994	Chinese Taipei	會　員
25	中美洲銀行 Central American Bank for Economic Integration	CABEI	1992	Republic of China (Taiwan)	未參與
26	國際衛星輔助搜救組織 International Satellite System for Search and Rescue	Cospas-Sarsat	1992	International Telecommunication Development Company (ITDC)	會　員
27	東南亞國家中央銀行總裁聯合會 Conference of Governors of South East Asian Central	SEACEN	1992	Central Bank, Chinese Taipei	會　員

	組織名稱	原文簡稱	我加入時間	我加入名稱	中國大陸參與情形
	Banks				
28	亞太經濟合作 Asia-Pacific Economic Cooperation	APEC	1991	Chinese Taipei	會　員
29	國際證券管理機構組織 International Organization of Securities Commissions	IOSCO	1987	Chinese Taipei	會　員
30	亞蔬——世界蔬菜中心 AVRDC－The World Vegetable Center	AVRDC	1971	Republic of China	未參與
31	亞太糧食肥料技術中心 Food and Fertilizer Technology Center for the Asian and Pacific Region	FFTC/ ASPAC	1970	Republic of China	未參與
32	亞非農村發展組織 Afro-Asian Rural Development Organization	AARDO	1968	Republic of China	未參與
33	亞洲開發銀行 Asian Development Bank	ADB	1966	Taipei, China (under protest)	會　員
34	國際棉業諮詢委員會 International Cotton Advisory Committee	ICAC	1963	China (Taiwan)	未參與
35	國際種子檢查協會 International Seed Testing Association	ISTA	1962	Separate Customs Territory of Taiwan, Penghu, Kinmen and	會　員

	組織名稱	原文簡稱	我加入時間	我加入名稱	中國大陸參與情形
				Matsu	
36	亞洲生產力組織 Asian Productivity Organization	APO	1961	Republic of China	未參與
37	世界動物衛生組織 World Organization for Animal Health	OIE	1954	Chinese Taipei	會　員
38	國際監察組織 International Ombudsman Institute	IOI	1994	Republic of China (Taiwan)	未參與

資料來源：作者整理。

表 10-2　我為觀察員 (observer) 之政府間國際組織

	組織名稱	原文簡稱	我加入時間	我加入名稱	中國大陸參與情形
1	國際再生能源組織 International Renewable Energy Agency	IRENA	2011	ITRI	觀察員
2	世界衛生大會 World Health Assembly of the World Health Organization	WHA	2009	Chinese Taipei	會　員
3	經濟合作暨發展組織 (OECD) 下屬之「漁業委員會」 Organization for Economic Cooperation and Development (Fisheries Committee)	OECD	2006	Chinese Taipei	未參與
4	世界關務組織 (WCO) 下屬之「修正版京都公約管理委員會」 World Customs	WCO	2006	Separate Customs Territory of Taiwan, Penghu,	會　員

	組織名稱	原文簡稱	我加入時間	我加入名稱	中國大陸參與情形
	Organization (Revised Kyoto Convention Management Committee)			Kinmen and Matsu	
5	中美洲軍事會議 Conferencia de las Fuerzas Armadas Centroamericanas	CFAC	2005	Republic of China(Taiwan)	未參與
6	經濟合作暨發展組織 (OECD) 下屬之「鋼鐵委員會」 Organization for Economic Cooperation and Development (Steel Committee)	OECD	2005	Chinese Taipei	未參與
7	國際間鑽石原石進出口認證標準機制 Kimberley Process	KP	2003	Chinese Taipei	會　員
8	經濟合作暨發展組織 (OECD) 下屬之「競爭委員會」 Organization for Economic Cooperation and Development (Competition Committee)	OECD	2002	Chinese Taipei	未參與
9	中美洲統合體 Sistema de la Integración Centroamericana	SICA	2000	Republic of China(Taiwan)	未參與
10	中美洲議會 Parlamento Centroamericano	PARLACEN	1999	Republic of China(Taiwan)	未參與

	組織名稱	原文簡稱	我加入時間	我加入名稱	中國大陸參與情形
11	糧食援助委員會 Food Aid Committee	FAC	1995	Chinese Taipei Separate Customs Territory	未參與
12	國際穀物理事會 International Grains Council	IGC	1995	Chinese Taipei Separate Customs Territory	觀察員
13	歐洲復興開發銀行 European Bank for Reconstruction and Development	EBRD	1991	Taipei China	會員
14	中美洲暨加勒比海盆地國會議長論壇 Foro de Presidentes de Poderes Legislativos de Centroamerica y la Cuenca del Caribe	FOPREL	1991	Republic of China (Taiwan)	未參與
15	美洲開發銀行 Inter-American Development Bank	IDB	1991	Taipei China	會員

資料來源：作者整理。

表 10–3　我為準會員 (corresponding member) 之政府間國際組織

	組織名稱	原文簡稱	我加入時間	我加入名稱	中國大陸參與情形
1	國際法定計量組織 International Organization of Legal Metrology	OIML	1997	Chinese Taipei	會員

資料來源：作者整理。

表 10-4　我為合作非會員 (cooperating non-member) 之政府間國際組織

	組織名稱	原文簡稱	我加入時間	我加入名稱	中國大陸參與情形
1	國際大西洋鮪類資源保育委員會 International Commission for the Conservation of Atlantic Tunas	ICCAT	1972	Chinese Taipei	會　員

資料來源：作者整理。

表 10-5　我為仲會員 (associate member) 之政府間國際組織

	組織名稱	原文簡稱	我加入時間	我加入名稱	中國大陸參與情形
1	全球生物多樣性資訊機構 Global Biodiversity Information Facility	GBIF	2001	Chinese Taipei	未參與
2	國際度量衡大會 Conférence Générale des Poids et Mesures	CGPM	2002	Chinese Taipei	會　員

資料來源：作者整理。

表 10-6　我以其他身分參與之政府間國際組織及會議

	組織名稱	原文簡稱	我加入時間	我加入名稱	中國大陸參與情形
1	國際民航組織大會 Assembly of the International Civil Aviation Organization	Assembly of ICAO	2013	Chinese Taipei Civil Aeronautics Administration 【以 ICAO 理事會主席貴賓身分受邀與會 (invited as guests of the President of the Council)】	會員
2	太平洋島國論壇 Pacific Islands Forum	PIF	1993	Taiwan/Republic of China 【為「發展夥伴」(Development Partner) 身分】	「對話夥伴」身分

資料來源：作者整理。

參考文獻

包宗和，「務實外交的理論意涵」，**政治科學論叢**，第 4 期（1992 年 12
　　月）。

包宗和，**臺海兩岸互動的理論政策面向**，1950-1989，三版（臺北：
　　三民，1993 年）。

朱文原等編撰，**中華民國建國百年大事記（上）（下）**（臺北：國史館，
　　2012 年）。

林中森、丁樹範主編，**「九二共識」20 週年學術研討會實錄**（臺北：
　　財團法人海峽交流基金會，2012 年）。

林碧炤主編，**兩岸外交休兵新思維**（臺北：財團法人兩岸交流遠景基
　　金會，2008 年）。

吳得源，**「一中各表」的國際構成與作用：制度與建構論觀點**（臺北：
　　國立政治大學國際關係研究中心，2009 年）。

高　朗，**中華民國外交關係之演變 (1950－1972)**（臺北：五南圖書出
　　版公司，1993 年）。

高　朗，**中華民國外交關係之演變 (1972－1992)**（臺北：五南圖書出
　　版公司，1993 年）。

張麟徵，「務實外交──政策與理論之解析」，**問題與研究**，29 卷 12
　　期。

陳錫藩、鄭安國主編，**「一個中國，各自表述」共識的史實**（修訂版）
　　（臺北：財團法人國家政策基金會，2011 年）。

楊開煌，**新局：對胡六點之解讀**（臺北：海峽學術出版社，2009 年）。

鄭端耀，「務實外交的發展與抉擇」，**問題與研究**，37 卷 4 期（1998 年
　　4 月）。

趙建民主編，**大陸研究與兩岸關係**（臺北：晶典文化事業出版社，
　　2008 年）。

蔡朝明主編，**馬總統執政後的兩岸新局：論兩岸關係的新路向**（臺北：

財團法人兩岸交流遠景基金會，2009 年）。

「中華民國外交」，維基百科，

　　http://zh.wikipedia.org/zh-tw/%E4%B8%AD%E8%8F%AF%E6%B
　　0%91%E5%9C%8B%E5%A4%96%E4%BA%A4。

「只有在『九二共識』基礎上兩岸制度化交往機制才能恢復運作」，國
臺辦，

　　http://big5.gwytb.gov.cn/wyly/201709/t20170913 11842530.htm

「兩岸協議」，陸委會網站，

　　http://www.mac.gov.tw/ct.asp?xItem=56589&CtNode=5702&mp=101。

「兩岸關係二十年大事記」，香港文匯報，

　　http://paper.wenweipo.com/2012/10/30/TW1210300005.htm。

「外交」，中華民國總統府網站，

　　https://www.president.gov.tw/Page/240。

「外交部長李大維 2016 年 10 月 27 日在立法院第 9 屆第 2 會期之業務
報告」

　　https://www.mofa.gov.tw/News_Content.aspx?n=052449DD01A26E
　　24&sms=DF52F83A5B7D2A47&s=7EA439861FD8682A。

「外交部長李大維 2017 年 3 月 6 日在立法院第 9 屆第 3 會期之業務報
告」

　　https://www.mofa.gov.tw/News_Content.aspx?n=052449DD01A26E
　　24&sms=DF52F83A5B7D2A47&s=7F9BFBAA5B85CA6B。

「活路外交」，中華民國總統府網站，

　　http://www.president.gov.tw/Default.aspx?tabid=1077。

「恢復兩岸聯繫溝通機制的關鍵是回到『九二共識』基礎上來」，國臺
辦，

　　http://big5.gwytb.gov.cn/wyly/201704/t20170426 11754535.htm。

「黃金十年」記者會內容，中華民國總統府網站，

　　http://www.president.gov.tw/Default.aspx?tabid=131&itemid=25555。

「臺灣海峽兩岸大事年表」，維基百科，
　　　http://zh.wikipedia.org/zh-tw/%E5%8F%B0%E7%81%A3%E6%B5
　　　%B7%E5%B3%BD%E5%85%A9%E5%B2%B8%E5%A4%A7%E4
　　　%BA%8B%E5%B9%B4%E8%A1%A8。

第十一章
兩岸關係與區域經濟整合

壹、前　言

　　與世界連結、積極參與全球區域經濟整合，為政府對外經貿政策的主軸。而這其中兩岸關係扮演著重要的角色。本章擬由區域經濟整合的背景、類型出發，介紹全球區域經濟整合概況，並進一步分析兩岸區域經濟整合的發展，以及未來兩岸關係對臺灣參與區域經濟整合之影響。

貳、區域經濟整合之意涵

一、區域經濟整合之背景

　　在第二次大戰結束之後，貿易自由化逐漸成為世界的潮流，多邊機制及「區域經濟整合」則是貿易自由化的主要推手。多邊機制是以「關稅暨貿易總協定」(General Agreement on Tariffs and Trade, GATT) 為主，GATT 是在 1948 年正式生效，共經歷了八回合談判，對於推動自由化有很大貢獻。而在 1995 年 「世界貿易組織」 (World Trade Organization, WTO) 正式成立，進一步深化 GATT 所形成的協議及建立的貿易規則，並繼續推動經貿自由化。

　　除了在多邊的機制之下，幾個國家基於經濟、政治、文化等因素的考量下，也會相互整合簽署貿易協定，參與會員彼此降低關稅消除

貿易障礙，促進會員之間的貿易成長。一般而言，由於參與經濟整合的國家多數都是地理位置相近的國家，所以通常也會將此種整合方式稱為「區域經濟整合」(Regional Economic Integration)；所簽署的協定則稱為「區域貿易協定」(Regional Trade Agreement, RTA)，與 GATT/WTO 會員涵蓋全世界推動自由化的方式有所區別。

二、區域經濟整合之類型

依據整合程度的深淺可分為「優惠性貿易協定」、「自由貿易協定」、「關稅同盟」、「共同市場」以及「經濟同盟」等五種類型，以下則分別加以介紹。

㈠優惠性貿易協定 (Preferential Trading Arrangement)

是指一個國家單方面給予其他國家較低的關稅或其他優惠待遇，通常是指已開發國家給予開發中國家優惠。因為若依 GATT 一視同仁的自由化，將會使開發中國家的產品難以在國際上與先進國家競爭，所以才有此種單邊自由化機制的設計。例如歐盟對非洲、加勒比海以及太平洋等國家提供優惠關稅的「洛梅協定」(Lome Convention)，或是美國及日本採用的「普遍化優惠關稅體制」(Generalized System of Preferences, GSP) 等。

臺灣早期也曾受惠於此機制，美國在 1976 年開始採用 GSP，當時亞洲四小龍（臺灣、韓國、新加坡及香港）均在受惠名單中；而後美國基於亞洲四小龍經濟快速成長，產品已具有一定之國際競爭力，因此在 1989 年取消了對亞洲四小龍的 GSP 優惠。

㈡自由貿易協定 (Free Trade Agreement, FTA)

指兩個或數個國家結合在一起，互相免除全部或大部分的貿易障礙，但每一個會員國對非會員國仍保有獨立自主的貿易政策。FTA 為

目前最為普遍的「區域貿易協定」，其中較具代表性的為 1960 年由英國、葡萄牙、挪威、瑞士、瑞典、奧地利及丹麥所成立之「歐洲自由貿易聯盟」(European Free Trade Association, EFTA)❶、美國、加拿大及墨西哥在 1994 年成立之「北美自由貿易協定」(North American Free Trade Agreement, NAFTA)，以及 1992 年由東協 (ASEAN) 十國所成立之「東協自由貿易區」(ASEAN Free Trade Area, AFTA)。

㈢關稅同盟 (Customs Union)

指數個國家結合，不僅會員國之間的商品免除關稅，而且對非會員國採取相同一致的對外關稅，形成共同關稅區，其中以 1957 年所成立之「歐洲經濟共同體」(European Economic Community, EEC) 最具代表❷。

㈣共同市場 (Common Market)

會員國相互免除商品關稅並採取共同一致的對外關稅外，同時允許生產要素，例如人員、資金、勞務等，在會員國間自由移動，不僅商品和服務整合為單一市場，生產要素也進一步整合。此以「南方共同市場」 (MERCOSUR)❸和 「中美洲共同市場」 (Central American Common Market, CACM)❹為代表。

㈤經濟同盟 (Economic Union)

是指會員國間除了符合共同市場之全面開放商品、服務與生產要素在會員國之間自由移動外；進一步制定共同的貿易、貨幣、財稅等

---

❶ 目前歐洲自由貿易聯盟之成員包括挪威、瑞士、列支敦斯登及冰島等四國。

❷ 當時共有西德、法國、義大利、荷蘭、比利時及盧森堡等六國。

❸ 南方共同市場目前包括巴西、阿根廷、巴拉圭、烏拉圭及委內瑞拉等五國。

❹ 中美洲共同市場包括哥斯大黎加、薩爾瓦多、瓜地馬拉、宏都拉斯及尼加拉瓜等五國。

政策，使各國的差異幾乎消失，形成完全整合的經濟體。歐盟在 1999 年正式發行歐元而形成單一貨幣區❺，逐漸統合各國的貨幣政策，成為經濟同盟的代表。

三、區域經濟整合之效果

「區域經濟整合」由於會員國與非會員國適用不同的關稅水準，會產生貿易創造效果 (trade creation effect) 以及貿易轉向效果 (trade diversion effect)。貿易創造效果是指在經濟整合相互免除關稅後，成本較高會員國的國內生產被成本較低的其他會員國的進口品所取代。若從效率觀點而言，貿易創造的效果對於進口國有所助益。貿易轉向效果是指在經濟整合相互免除關稅後，生產成本較低的非會員國的進口品會被成本較高的其他會員國的進口品所取代。若從效率觀點而言，貿易創造的效果對於進口國並非有利。

在貿易轉向效果下，因為非會員國的出口部分被會員國所取代，對於非會員國衝擊更大。例如韓國與歐盟及與美國之 FTA 分別在 2011 年及 2012 年生效，由於韓國與臺灣在歐盟及美國市場競爭程度高，所以政府非常擔心貿易轉向效果對臺灣之衝擊。

除了關稅所產生之效果外，「區域經濟整合」也會產生其他效果。當經濟整合消除貿易障礙後，企業可以自由銷售其產品至所有會員國；若生產存在規模經濟，市場範圍擴大有助於生產成本進一步下降，可以使會員國朝更有效率及專業化分工的方式生產。

其次，因為市場規模擴大，企業會增加其在國內的投資，以進一步獲取更大的規模經濟利益；此外企業也可能透過海外設廠、併購或是企業聯盟等方式降低生產成本，增加對其他會員國的投資。當然由於市場的整合與規模擴大，更有助於吸引來自區域外的投資。

除此之外，藉由「區域貿易協定」，會員國間可以加強其他議題的

❺ 目前歐盟二十八個會員中，有十八國加入了歐元體系。

合作，例如在產業、技術、相互認證機構等方面的合作，深化成員國之間的連結與互動，增強效率的提升。

綜合而言，「區域經濟整合」會加強會員之間的經貿互動，相對地必然會對非會員產生排擠效果；近年來臺灣一直憂心「區域經濟整合」使得臺灣被邊緣化，即是肇因於此。

參、全球區域經濟整合概況

一、區域經濟整合趨勢

多邊機制與全球「區域經濟整合」是推動全球經貿自由化的兩主軸。如果以 1995 年 WTO 成立為分水嶺，在 WTO 成立之前，全球貿易自由化主要是依賴 GATT 所啟動，「區域經濟整合」著力有限，所形成 FTA 的數目不多。不過在 WTO 成立之後開始轉變，因為 WTO 推動自由化進展不順；特別是在 2001 年 WTO 啟動 「杜哈回合」(Doha Round) 多邊談判，雖然無論就自由化的深度與廣度均為 WTO (GATT) 歷次談判之最，但談判困難度也更高，迄今仍無重大突破。

在 WTO 推動貿易自由化停滯之際，「區域經濟整合」則有取而代之的趨勢。根據 WTO 祕書處之統計，由 1955 年至 2019 年 4 月 15 日，全世界一共生效了 464 個 FTA❻，其中有 413 個是在 1995 年以後所形成；特別是由 2005 年迄今已有 303 個 FTA 生效，約占所有 FTA 之六成五。由此可見近年來「區域經濟整合」進展之快速，此與 WTO 的談判延宕，形成了強烈的對比。

目前全球區域整合趨勢已逐漸形成歐洲、美洲與亞洲三大板塊，以下分別介紹歐洲、美洲與亞洲的整合概況。

---

❻　將貨品與服務貿易分開計算。

㈠歐　洲

　　歐盟過去以參與 WTO 推動多邊貿易自由化為主，並未積極參與「區域經濟整合」。歐盟認為 FTA 談判過程冗長，且議題較廣泛，對歐盟而言，並非優先的經貿政策。歐盟過去雖然也有簽署一些 FTA，但主要是和鄰國簽署，主要是環地中海之中東、北非及東南歐國家；目的是在協助這些開發中國家的經濟成長，並促進區域內之政治穩定，經濟效益則並非歐盟考量的主要因素。

　　不過近年來歐盟的態度轉變，開始推動區域結盟。主要是因為 WTO「杜哈回合」談判停滯不前，使得歐盟認為利用多邊經貿體系推動自由化的方式已不可行。此外，因為全球「區域貿易協定」的數目大幅增加，對歐盟產生了排擠效果，使得歐盟必須調整其對外貿易政策，開始積極地推動「區域經濟整合」。

　　歐盟於 2006 年所制定的「全球化的歐洲」(Global Europe) 策略中提出「新世代 FTA」(New Generation FTA) 的構想，強調主要以經濟為動機挑選洽簽 FTA 的對象。選擇條件為對方的市場潛力及市場保護程度，潛力愈大、保護程度愈高者即為歐盟的目標。另外，在 2010 年公布之「歐盟 2020 策略」("Europe 2020" Strategy) 亦再次重申積極對外建構 FTA，強調推行東進政策，積極與亞洲國家結盟。目前歐盟與韓國、新加坡及日本之雙邊 FTA 已分別在 2011 年、2014 年和 2019 年生效，與越南則已簽署待生效。參與「區域經濟整合」，已成為歐盟對外經貿政策之主軸。

　　對內方面，英國因長久的政治爭議，已在 2016 年 6 月公投決定脫歐，相關進展亦是近期歐盟整合的關注重點。英國與歐盟雖然在「里斯本條約」(Treaty of Lisbon) 第 50 條的基礎下，於 2018 年 11 月完成英國脫歐草案，但英國下議院因反對延長脫歐過渡期仍須支付歐盟費用、愛爾蘭議題處理上過於模糊、未納入捕魚權內容等，在 2019 年 1 月以壓倒性的反對票數，否決首相梅伊耗時兩年之脫歐草案。目前雙

方雖然正持續進行協商，但由目前的談判態勢來看，未來充滿不確定性。

　　為緩解相關影響，英國與歐盟已各自為英國無協議脫歐進行相關準備工作。英國正積極與歐盟之貿易夥伴簽署「連續性協議」(continuity agreement)，希望能夠藉由複製近四十個貿易協議以延續英國與這些國家在關稅面的優惠待遇，降低未來無協議脫歐之可能衝擊；歐盟則在 2019 年 2 月通過鐵路安全連續性提案，並表示將持續推動相關連續性法案，以穩定未來英國無協議脫歐後之雙邊經貿關係。

(二)美　洲

　　美洲地區主要是以美國為主要推手。美國一向支持多邊主義，主張在 GATT 架構下推動貿易自由化，在 1995 年 WTO 成立之前，美國僅與加拿大簽署美加 FTA 及由美加墨所形成之「北美自由貿易協定」。不過隨著 WTO 的進展不如預期，使得美國開始投入「區域經濟整合」，目前美國共有十四個 FTA 已經生效，對象涵蓋世界各主要地區。

　　美國也將觸角伸進東亞，在 2003 年與新加坡簽定美星 FTA，為美國第一個與東亞國家簽署的 FTA；2007 年又與韓國簽署 FTA。另外，美國也開始與馬來西亞、泰國尋求建構 FTA，但由於美國對於 FTA 標準很高，通常所要求涵蓋範圍廣泛，超過 WTO 標準甚多；使得許多東亞國家無法承受，進展均有限，這也是美國無法與更多東亞國家結盟的主要原因。

　　此外，由於東亞國家競相結盟，再加上以東協 (ASEAN) 為軸心的對外整合模式，亦使美國擔憂其在亞洲地區的影響力衰減。所以美國在歐巴馬 (Barack Obama) 總統任內開始推動「重返亞洲」，在 2006 年亞洲太平洋經濟合作組織 (Asia-Pacific Economic Cooperation, APEC) 年會中，倡議 APEC 成員共同打造「亞太自由貿易區」(Free Trade Area of the Asia-Pacific, FTAAP)，但進展非常有限。美國因此轉而積極參加「跨太平洋經濟夥伴關係協定」(Trans-Pacific Economic

Partnership Agreement, TPP) 談判，利用 TPP 作為切入亞洲整合的途徑。TPP 已有美國、加拿大、墨西哥、汶萊、智利、紐西蘭、新加坡、澳洲、馬來西亞、祕魯、越南等十一國，而日本也在 2013 年 7 月正式加入。在舉行十九回合談判，及多次首席談判與部長級會議後，TPP 終於在 2015 年 10 月宣布完成、於 2016 年 2 月簽署。

　　TPP 在美國大力推動下原本應可以順利生效，但由於強調公平貿易、反自由化，以及堅守美國利益優先的川普 (Trump) 當選美國總統後，其除了簽署行政命令宣布退出 TPP、暫緩與歐盟之「跨太平洋貿易及投資夥伴」 (Transatlantic Trade and Investment Partnership, TTIP) 外，也就美國已生效之十四個 FTA 展開研究，並以各種強硬貿易手段來抑制貿易夥伴的不公平貿易行為，對美國經貿政策已造成深遠影響。

　　由近期美國已完成美韓 FTA 與北美自由貿易協定 (North American Free Trade Agreement, NAFTA) 之修訂協議，並和中國大陸、日本、英國、印度及泰國等國展開雙邊貿易談判的結果來看，可以發現透過雙邊模式推動公平貿易已是美國經貿政策之主軸，未來美國追求其所謂之「公平」的力道將遠高於其對「自由化」之要求幅度。預期在行事多變、難以預測的川普主政下，不排除美國會有其他新的整合想法，尤其 TPP 雖然在日本的積極推動下，已更名重申為跨太平洋夥伴全面進步協定 (Comprehensive and Progressive Agreement for Trans-Pacific Partnership, CPTPP)，並順利在 2018 年 12 月 30 日生效，但不可諱言，CPTPP 十一國仍為美國重新加入預留空間，而川普也曾經表示若願意給予美國更優惠的條件，不排除重新加入之立場，美國區域整合未來發展仍有待觀察。

㈢亞　洲

　　亞洲方面，除了「東協自由貿易區」 (ASEAN Free Trade Area, AFTA) 為歷史較久的 FTA 外，過去在區域整合進展較有限，但近年來各國開始投入區域整合，整合時間雖然短，但進展卻最為快速。

　　表 11-1 列出東亞主要國家 FTA 之進展，在 2000 年之後，中國大陸、日本、韓國及新加坡分別已簽署了十六、十八、十六及二十七個 FTA。臺灣 FTA 卻只有八個，且多集中在中美洲地區，無法切入東亞「區域經濟整合」，FTA 進展遠不及其他東亞國家。

　　東亞國家除了簽署雙邊 FTA 外，近年來 FTA 參與國家增加，有由雙邊轉為多邊的趨勢，其中以 RCEP 為代表。RCEP 的形成與 TPP 有相當程度的關係，由於美國推動重返亞洲，拉攏東協成員加入 TPP；中國大陸因美國積極介入亞洲而深感威脅，因此中國大陸藉由深化與東協國家的合作以為因應。RCEP 在 2012 年 11 月宣布啟動談判，在 2013 年 5 月已於汶萊舉行首回合談判，目前共已完成十七回合談判，預計將在 2019 年 11 月完成談判。

　　此外，中韓 FTA 以及中日韓 FTA 的談判進展也受到關注。中韓 FTA 在舉行十四回合談判後，已於 2015 年 6 月 1 日完成簽署，並在 12 月 20 日生效，而為提高協定效益，雙方目前正就投資與服務貿易之進一步開放進行第二階段談判。中日韓三國雖然因領土及歷史問題爭議不斷，但三方仍同意暫時擱置爭議，優先考量經貿議題，自 2013 年 3 月舉行首輪談判後，目前共已完成十四回合談判，將有機會在 2019 年有所突破。

表 11-1　東亞主要國家已簽署之 FTA

年　度	中國大陸	日　本	韓　國	新加坡	臺　灣
2000				紐西蘭	
2001					
2002		新加坡		歐洲自由貿易聯盟、日本	
2003	香港		智利	澳大利亞、美國	巴拿馬
2004	中國大陸—東協、澳門	墨西哥		中國大陸—東協、約旦	
2005	智利	馬來西亞	歐洲自由貿易聯盟、新加坡	印度、韓國、TPP、泛太平洋夥伴協定[1]	瓜地馬拉

2006	巴基斯坦	菲律賓	韓國—東協	韓國—東協、巴拿馬	尼加拉瓜
2007		智利、泰國、汶萊、印尼	美國		薩爾瓦多、宏都拉斯
2008	新加坡、紐西蘭	東協、越南		日本—東協、中國大陸、祕魯、海灣合作聯盟[2]	
2009	祕魯	瑞士	印度、歐盟	澳紐—東協、印度—東協	
2010	哥斯大黎加、ECFA		祕魯	哥斯大黎加	ECFA
2011		印度、祕魯			
2012			哥倫比亞、土耳其		
2013	冰島、瑞士			歐盟、臺灣	紐西蘭、新加坡
2014		澳大利亞	澳大利亞、加拿大		
2015	韓國、澳大利亞	蒙古	中國大陸、越南、紐西蘭	土耳其	
2016	中國—東協FTA升級版	TPP		TPP、中國—東協FTA升級版	
2017	格魯吉亞（喬治亞）、馬爾地夫			香港－東協FTA	史瓦帝尼王國、巴拉圭
2018		CPTPP3、歐盟	中美洲5國4	斯里蘭卡、CPTPP	

註：1.泛太平洋經濟夥伴協定 (Trans-Pacific Strategic Economic Partnership Agreement, TPSEP) 成員包括新加坡、汶萊、智利與紐西蘭等四國。

2.海灣合作聯盟 (Gulf Cooperation Council, GCC) 包括沙烏地阿拉伯、科威特、巴林、阿拉伯聯合大公國、葉門以及卡達等六國。

3.自美國退出 TPP 後，其餘 11 國已將 TPP 更名為跨太平洋夥伴全面進步協定 (Comprehensive and Progressive Agreement for Trans-Pacific Partnership, CPTPP)。

4.即薩爾瓦多、宏都拉斯、尼加拉瓜、哥斯大黎加和巴拿馬，另瓜地馬拉則因國內反彈而尚未與韓國完成協商，故並未簽署協定，仍持續進行討論。

資料來源：作者整理。

二、全球區域整合對於臺灣的影響

　　臺灣過去經濟成長的關鍵在於「對外開放、掌握市場、面對競爭」，由早期的出口擴張政策，到近年來臺灣積極調整經貿制度加入WTO，使得臺灣在世界經濟舞臺上占有一席之地。臺灣由於內部資源有限，必需以出口維持其經濟動能。加入WTO之後本來以為藉由多邊市場的開放，可以使臺灣在國際競爭上確保平等的競爭地位。但由於WTO談判延宕，繼之而起的則是區域主義的潮流，各國紛紛建構「區域貿易協定」，使得被排除在外的臺灣反而居於更不利的地位。

　　亞洲為近年全球洽簽FTA最有成效的地區，除了東協整合程度不斷廣化與深化外；中國大陸、日本、韓國與印度等主要國家，以及東協個別國家也積極地投入「區域經濟整合」。亞洲國家的加速整合，進一步加深彼此之間經濟網絡連結，對臺灣產生了極大的威脅。

　　綜合而言，目前全球經濟整合集中在亞太地區，其中又以RCEP、中韓FTA、中日韓FTA和CPTPP等四個FTA最值得關注。前述FTA除了中韓FTA已經生效，其餘三個目前仍在推動，對臺灣的衝擊將非常重大，政府必須預做因應。

三、區域經濟整合特點

　　參與「區域經濟整合」已成為多數國家貿易政策的主軸，可以歸納為以下五項特點：

㈠同步多軌

　　同時與多國進行FTA談判，而非採取逐一進行的方式。此種多軌方式的優點除了可以加速「區域經濟整合」的進展外；同時進行多個「區域貿易協定」談判，可以針對不同「區域貿易協定」的重點，由

多方面來配合國內產業的需求，以減緩國內產業的壓力，而有助於談判進行。不過採取此種方式必須搭配國內足夠的談判能量，否則反而會無法兼顧所有 FTA 談判。

㈡議題的廣化與深化

近年來「區域貿易協定」的範圍不斷擴大，除了貿易議題之外，也涵蓋許多其他議題。以美國與歐盟為例，美國通常要求對方全面性的自由化，不容許有太多的例外。特別是對於農產品、智慧財產權及服務業自由化，美國的立場更是堅定；而且近來美國政府在國內團體的壓力下，對於勞工及環保議題的要求標準也相當高。至於歐盟，基本上與美國的態度相類似，也會納入較多的議題。

其次，近年能源價格高漲，許多國家在洽簽「區域貿易協定」時，便將能源安全與合作列入內容中；另外許多開發中國家在與先進國家洽簽「區域貿易協定」時，也會納入技術移轉專章。以上均顯示目前「區域貿易協定」的範疇已不再侷限在傳統的框架。而且除了經貿利益考量之外，「區域貿易協定」也具有鞏固外交關係、維繫區域安定等多重目的。

㈢已開發與開發中國家結盟

1990 年代的「區域貿易協定」，絕大多數是屬於已開發國家之間的相互結盟，以及開發中國家之間的「區域貿易協定」。但是在近年來，已開發國家與開發中國家「區域貿易協定」的數目大幅成長，許多先進國家例如美國、日本、歐盟開始與其他開發中國家建構「區域貿易協定」，目前已成為區域結盟的主流方式。

㈣跨區域結盟

過去「區域貿易協定」主要是以地理位置相近的國家為結盟對象，不過近年來已有跨區域結盟的情形。以東亞為例，過去主要是以區域

內結盟為主,但而後各國均將觸角延伸至包括歐洲、美洲,甚至非洲的國家,範圍已遍及全球。

(五)貿易區塊的形成

以往 FTA 主要是以雙邊為主,但近年來 FTA 的成員愈來愈多,形成多個「貿易區塊」(trading block) 互相制衡,彼此競相邀請更多國家加入,以擴大影響範圍,其中以 TPP 及 RCEP 最具代表性。

肆、兩岸之區域經濟整合

一、ECFA 之必要性

「與世界連結,參與全球經濟整合活動」為臺灣對外經貿政策主軸,重要的策略則是與各國建構 FTA,其中與中國大陸洽簽 ECFA 則最具關鍵性。ECFA 的角色以及其對臺灣未來在「區域經濟整合」的重要性,可以分為以下四點說明:

(一)防止臺灣被邊緣化

當世界其他國家紛紛投入區域整合,而臺灣卻被排除在外;再加上 WTO 多邊談判停滯,使得臺灣必須先承受「區域經濟整合」之負面影響,所以積極地參與「區域經濟整合」,有其必要性。

貿易創造效果為「區域貿易協定」最重要的效果,所以在選擇建構區域貿易的對象時,會優先考量主要出口國家,而對臺灣而言,最重要的出口市場中國大陸自然為首選。

兩岸貿易與產業分工關係密切,但臺灣出口到中國大陸普遍面臨較高關稅。2008 年中國大陸平均關稅為 10.19%,其中農業部門高達 14.27%,工業部門也有 9.60%。在中國大陸與東協、韓國、澳大利亞

等國之雙邊 FTA 生效後，再加上其仍持續與更多國家建構 FTA，臺灣產品在中國大陸市場已面臨非常嚴酷的考驗。目前不但臺灣出口會受到影響，對於仰賴由臺灣進口半成品的臺商企業而言，若是中國大陸關稅不調降，勢必會迫使臺商向其他地區採購，不但會降低其與臺灣的連結，連帶也會影響到臺灣企業擴展中國大陸市場的能量。

兩岸若能簽署 ECFA，除了有助於臺灣出口並對總體經濟創造正面效益外；在兩岸關係進一步改善下，有利於臺灣整體投資環境的營造，有助於臺灣未來吸引外資企業，進一步強化臺灣在國際的競爭優勢。

㈡因應 WTO 談判僵局

WTO 貿易自由化談判迄今仍無突破，使得加入 WTO 對於臺灣所創造的經貿效果相對有限。而且未來 WTO 自由化時程遙遙無期，「杜哈回合」談判似乎已陷入瓶頸，預估短期內在自由化方面也不太可能有重大進展。為了要因應此一變局，臺灣必須在「區域經濟整合」中尋求突破，以因應 WTO 多邊談判陷入僵局的策略。

㈢拓展國際經貿空間

近年來臺灣雖然積極參與區域整合，並透過許多管道尋求與重要國家建構 FTA，但由於敏感的國際政治環境，在兩岸關係停滯下，各國在與臺灣洽簽 FTA 時會顧慮到中國大陸的反應，因此不願意與臺灣洽簽 FTA。這些國家只有在兩岸關係改善下，才可能考慮與臺灣洽簽 FTA，所以兩岸關係若能持續和緩，可以順利建構 ECFA，將有利於臺灣擴展 FTA 版圖。

㈣開拓中國大陸內需市場

在中國大陸經濟持續成長下，臺灣必須把握中國大陸由「世界工廠」轉變為「世界市場」，由「出口導向」轉為「內需推動」的契機，積極開拓中國大陸內需市場，ECFA 則是落實此一機會的主要措施。

ECFA 除了關稅減讓外，也可以將服務業、投資議題、貿易便捷化、產業交流與技術合作等納入 ECFA 範圍，藉由 ECFA 可以強化兩岸產業合作、技術交流，有助於臺灣掌握中國大陸市場變化趨勢。

特別是在 ECFA 架構下，除了利用貿易的機會外，臺灣也應利用 ECFA 的機會改變臺灣企業營運的模式，將代工的方式轉變為自有品牌的創造。除了技術的提升外，更重要的應該是觀念的革新，特別是由代工轉為品牌時，如何由模仿走入創新、製造轉為行銷，以及由成本的下降進一步追求價值的提升，均是必須正視的課題。

二、ECFA 之意涵

若由「區域經濟整合」的類型，ECFA 是屬於「自由貿易協定」(FTA)，此可進一步加以說明。

近年來 FTA 在數目上不但大幅成長，而且在內容上也有很大的變化。一般 FTA 是以關稅減讓的貨品市場開放為主，但由於若干議題（例如勞工議題、環保議題）在 WTO 架構下推動遇到阻礙，所以有時也會納入雙邊 FTA。除此之外，FTA 也觸及服務業開放、投資、貿易便捷化、智慧財產權與技術合作等多個項目，並特別強調建立成員之間密切經貿合作關係，與傳統 FTA 明顯不同。

在 FTA 內容不斷廣化與深化下，所以有些國家開始以其他名詞取代 FTA，以彰顯其為具有特色的 FTA。目前較常見的名詞，大部分出現在亞太地區的 FTA。「全面經濟合作協定」(Comprehensive Economic Cooperation Agreement，CECA) 主要見於東協對外之「區域貿易協定」，例如東協與中國大陸，東協與韓國之 FTA 均是用 CECA 的名稱。日本對外之 FTA 則統以「經濟夥伴協定」(Economic Partnership Agreement, EPA) 稱之。❼另外，有些協定也會使用「更緊

---

❼　日本用 EPA 的另一主要動機是日本國內普遍認為 FTA 就是要開放市場，對國內弱勢產業不利。為了要紓緩市場開放的壓力，日本採用 EPA，主張強

密經濟關係貿易協定」(Closer Economic Relations Trade Agreement)，例如澳紐之協定即屬於此。不過目前仍有許多國家，例如美國仍然沿用 FTA。所以包括 ECFA 在內的各項協定，無論採用何種名稱，本質上均屬於 FTA。

至於建構 FTA 的模式，大致分為兩種，第一種是採取一次到位，也就是雙方就所有議題達成協議後才正式簽署 FTA，例如美國、歐盟及日本的 FTA 均是採取此種模式。第二種方式則是採取逐步到位的方式，先簽署「架構協定」(framework agreement)，確定未來 FTA 的內容，再分別簽定各項議題。❸ECFA 在本質上屬於「架構協定」，即先訂立架構後再談具體項目，所以也可視為 FTA 的前置協定。

雖然 ECFA 為一架構協定，但為了要加速自由化，雙方又同意先選取部分產品及項目，先行開放市場以提前實施自由化，稱為「早期收穫計畫」(early harvest plan)，早期收穫可以視為 FTA 的「紅利」，不但可以減緩衝擊，更可以創造自由化的效益，此為 ECFA 之一大特色。

「早收清單」協定雖然具備上述優點，不過在 FTA 實際談判中，由於必須在短期內達成共識，困難度很高，所以在 FTA 中並不常見。在過去世界各國 FTA 中，有納入「早收清單」計畫的只有中國大陸 - 東協、中國大陸 - 巴基斯坦、泰國 - 印度以及馬來西亞 - 巴基斯坦等四個 FTA，涵蓋範圍則以農工產品為主。

ECFA「早期收穫計畫」範圍涵蓋貨品及服務業，在貨品貿易部分，我方給予中國大陸 267 項產品，而中國大陸則給予我方 539 項產品提前自由化。自 2011 年起共分三年降稅，目前已完成降稅。

2009 年臺灣 539 項「早收清單」項目，對中國大陸出口金額為 138.4 億美元，占臺灣對大陸出口之 16.14%，平均面對的關稅為 9.5%。中國大陸「早收清單」項目則共計有 267 項，在 2009 年對臺

化雙邊全面性的經貿合作與交流，而非單純地開放市場。

❸ 例如中國大陸－東協 FTA 即是採取此種模式，2002 年先簽署了架構協定，陸續在 2004 年簽定商品貿易協定，2007 年簽定服務業貿易協定。

灣出口的金額為 28.6 億美元，占臺灣自大陸進口之 10.53%，平均面對的關稅則為 4.2%。

　　總體而言，臺灣「早收清單」項目以傳統產業為主，高科技產業不多，主要是因為大多數高科技產品已是零關稅。臺灣「早收清單」項目基本上可以分成兩種類型，一類是相對資本密集的傳統產業，如石化、機械、紡織中上游產品等，這些產業因為競爭力不弱，對中國大陸的出口金額不小，但因遭受到其他 FTA 的威脅，因此列入「早收清單」可以幫助這些產品保持在中國大陸市場的占有率。

　　另一類是相對勞力密集的傳統產業，這些產業在中國大陸高關稅障礙下，出口中國大陸不易，因此目前出口金額均不高，如自行車及其零組件、汽車零組件、馬達、高爾夫球用具、鞋材、輪胎、檢測儀器、復健器械、小家電、玻璃纖維、視聽設備零件、電線電纜等。臺灣在這些產品具有一定的技術優勢，但中國大陸關稅大都在 10% 以上，且中國大陸具有龐大的市場商機。因此利用 ECFA「早收清單」降稅優勢，可以幫助廠商進軍大陸市場，開創新的契機。

　　在服務業方面，我方開放中國大陸包括研發服務、資訊服務、空運服務、會議服務及電影等九項，而中國大陸則對臺灣開放會計、研發服務、空運服務、會議服務及電影等十一項。

　　綜合而言，在 ECFA 啟動之初，雙方均考量到基於兩岸經貿互動之密切及特殊性，有必要實施「早收清單計畫」。目前 ECFA 的「早收清單」除包括農工業外，亦涵蓋服務業，此為全世界 FTA 所首創。我方所提項目及占出口比重，均高於對岸；而且「早收清單」項目對中國大陸出口占我對大陸總出口 16% 以上，更遠高於其他實施「早收清單」的 FTA。所以 ECFA 不但是具備兩岸特色的 FTA，ECFA 下的「早收清單計畫」更是考量兩岸經濟發展現況，兼具廣度與深度的措施。

三、ECFA 之進展概況

臺灣自 2009 年 2 月開始推動 ECFA,在與中國大陸進行多次協商後,於 2010 年 6 月 29 日簽署 ECFA,在同年 9 月 12 日生效,並陸續開始實施「早期收穫計畫」。2011 年 1 月 6 日,兩岸成立「經濟合作委員會」(簡稱「經合會」),目的在於落實 ECFA 目標所必需的磋商、監督,以及評估 ECFA 的執行、解釋 ECFA 的規定、通報重要經貿資訊、在爭端解決協議未生效前,解決任何關於 ECFA 的解釋、實施和適用的爭端等。並設立貨品貿易、服務貿易、投資、爭端解決等四個工作小組,負責 ECFA 後續相關議題之協商;同時設置產業合作和海關合作等二個工作小組,負責推動相關之合作。此外,雙方更同意以「經合會」為平臺,持續推動兩岸經貿團體互設辦事機構。

雙方在合作架構協議生效後,於 2012 年 8 月 9 日簽署「海峽兩岸投資保障和促進協議」 和 「海峽兩岸海關合作協議」,兩協議已於 2013 年 2 月 1 日生效。另外在 2013 年 6 月及 2015 年 8 月,分別簽署了「海峽兩岸服務貿易協議」與「海峽兩岸避免雙重課稅及加強稅務合作協議」,目前皆尚未生效;倍受關注的「海峽兩岸貨品貿易協議」則仍在談判過程當中。有關 ECFA 進展可以彙整為表 11–2。

表 11–2　ECFA 進展概況

時　　間	進　　展
2009.02.27	馬英九總統接受媒體專訪,指出將推動與中國大陸洽簽 ECFA
2010.06.29	正式簽署 ECFA
2010.09.12	ECFA 正式生效
2010.10.28	ECFA 服務貿易早期收穫計畫中國大陸方面對臺灣開放項目生效
2010.11.01	ECFA 服務貿易早期收穫計畫臺灣對中國大陸開放項目生效
2011.01.01	ECFA 早期收穫計畫貨品貿易開始第一次降稅
2011.01.06	「兩岸經濟合作委員會」成立,簡稱經合會

2012.01.01	ECFA 早期收穫完成第二次降稅
2012.08.09	簽署「海峽兩岸投資保障和促進協議」和「海峽兩岸海關合作協議」
2013.01.01	ECFA 早期收穫完成最後一次（第三次）降稅
2013.02.01	「海峽兩岸投資保障和促進協議」和「海峽兩岸海關合作協議」生效實施
2013.06.21	簽署「海峽兩岸服務貿易協議」
2015.08.25	簽署「海峽兩岸避免雙重課稅及加強稅務合作協議」

資料來源：作者整理。

四、區域經濟整合下之兩岸關係

　　兩岸關係的經驗可說是世界上一獨特的個案，雖然在政治及外交上為對抗與制衡，但民間經貿互動熱絡達二十餘年，而且仍在持續加溫。根據 2016 年的統計，臺灣對中國大陸之出口達 1,123 億美元❾，占臺灣總出口 2,803 億美元之 40.05%。而由 1991 年至 2016 年臺灣對中國大陸累計投資金額為 1,433 億美元，占臺灣海外投資 2,530 億美元之 56.64%。中國大陸對臺灣所產生的磁吸效應是無庸置疑的。

　　在此情形之下，如何透過合理的安排將兩岸經貿制度化，對於雙方均非常重要。兩岸雖然均已加入 WTO，但在 WTO 平臺下鮮少互動，所以必須依賴 ECFA。ECFA 除了涉及到市場開放外，也包括海關合作、投資保障、產業合作及其他經貿相關規定，透過 ECFA 可以使未來兩岸經貿更加確定且透明化。雖然 ECFA 由開始談判、簽署、「早收清單」項目執行效果，以及後續談判等，在臺灣均引發很大的爭論；但 ECFA 具有將兩岸經貿制度化的功能是無庸置疑的，ECFA 成果得來不易，必須善加利用，而非濫加否定。

　　特別是在過去二十多年中，兩岸經貿在制度不完整、法律保障不健全的情形下仍持續發展與成長；未來如何在 ECFA 機制下，進一步

---

❾　不含補辦。

推展兩岸關係，應是雙方共同的目標。

ECFA 固然是兩岸「區域經濟整合」下的成果，但也並非萬靈丹；ECFA 不可能把與兩岸關係相關的事務全部加以制度化，ECFA 只是提供兩岸經貿往來一基本的規範。未來如何利用 ECFA 此平臺將兩岸經貿制度做更完整的設計，才是重要的關鍵。❿

另外，臺灣也應該積極參與全球「區域經濟整合」，臺灣在全球「區域經濟整合」中已面臨被邊緣化的危機，特別是在美國將傾向走回貿易保護主義，而中國大陸藉此持續推進「區域經濟整合」以擴大其於亞太地區經貿影響力的情況下，預期亞太地區未來整合的速度將會更快，未來幾年可能亞太地區形成 RCEP，但卻無 TPP；有中國大陸之一帶一路，而無美國之亞洲再平衡戰略。對臺灣並非有利。

在 ECFA 下可持續改善兩岸經貿關係，雖然不能確保臺灣可以加入全球「區域經濟整合」，但至少阻力可以縮小，在 ECFA 之後臺灣相繼展開與新加坡及紐西蘭建構 FTA 即是一例證。目前雖然無法確認 ECFA 對臺灣參與「區域經濟整合」的助力有多大，但不簽 ECFA，對臺灣參與「區域經濟整合」是絕對不利的。

伍、結　語

展望未來，由於全球「區域經濟整合」已有走向貿易區塊互相制衡的情勢，FTA 涵蓋的成員愈來愈多，對臺灣的影響也愈來愈明顯；無論從經濟及政治層面來看，臺灣加入的困難度也相對提高。對內除了扭轉我產業對於開放之態度及加強與國內利益團體的溝通外，也應做好法規與國際接軌的準備工作，以降低未來自由化的阻力，對外更應考慮加速 ECFA 談判，維持兩岸關係的和平與穩定，臺灣才有可能在「區域經濟整合」有所突破。

❿ ECFA 協議第 14 條規定「本協議修正應經雙方同意並經書面形式確認」，可作為未來持續推動 ECFA 之基礎。

問題與討論

一、何謂「區域經濟整合」？其類型為何？並請列舉出各種類之重要組織之名稱。

二、韓國－美國 FTA 已在 2012 年 3 月生效，據國內經濟部官員指出對臺灣紡織業、塑化業、機械和金屬製品業衝擊很大，衝擊出口金額恐高達新臺幣 1,500 億元。請解釋為什麼會有這個情形發生？

三、簡單敘述「區域經濟整合」的特點。

四、何謂「早期收穫計畫」？並請說明 ECFA 目前進展的情形。

五、請由臺灣被邊緣化的角度說明 ECFA 之重要性。

參考文獻

朱敬一主編，**開創兩岸互利雙贏新局面**（臺北：財團法人兩岸交流遠景基金會，2009 年）。

陳添枝主編，**自由貿易區與國際政治經濟**（臺北：財團法人兩岸交流遠景基金會，2007 年）。

陳添枝主編，**不能沒有 ECFA：東亞區域經濟整合對臺灣的挑戰**（臺北：財團法人兩岸交流遠景基金會，2010 年）。

葉長城，「從『跨太平洋夥伴協定 (TPP)』擴大談判論美國亞太地區安全與經濟戰略布局的轉變與影響」，全球臺商 e 焦點電子報，第210 期（2012 年 8 月 17 日）。

劉大年，「兩岸建構 ECFA 的實證與前景」，**展望與探索**，第 7 卷第 4 期（2009 年 4 月），頁 15–19。

劉大年等，**亞洲區域整合的影響及我國因應之道**，97 年經濟部工業局委託研究計畫（臺北：中華經濟研究院，2008 年）。

蔡朝明主編，**馬總統執政後的兩岸新局：論兩岸關係新路向**（臺北：財團法人兩岸交流遠景基金會，2009 年）。

Clinton, Hilliary. "America's Pacific Century: The Future of Politics Will Be Decided in Asia, Not Afghanistan or Iraq, and the United States Will Be Right at the Center of the Action." *Foreign Policy*, November 2011.

Commission of the European Communities. *Global Europe: Competing in the World: A Contribution to the EU's Growth and Jobs Strategy*, 2006,
http://trade.ec.europa.eu/doclib/docs/2006/october/tradoc_130376.pdf

Crawford, J. and R. V. Fiorentino. "The Changing Landscape of Regional Trade Agreements." *WTO Discussion Paper*, 2005, p. 8.

European Commission. *EUROPE 2020: A Strategy for Smart, Sustainable and Inclusive Growth*. Brussels: March 3, 2010.

Jacob, Viner. *The Custom Union Issue*. New York: Carnegie Endowment for International Peace, 1950.

Katada, Saori N. and Solis, Mireya, eds. *Cross Regional Trade Agreements: Understanding Permeated Regionalism in East Asia*. Berlin: Springer, 2008.

Leon E., Trakman. "The Proliferation of Free Trade Agreements: Bane or Beauty?" *Journal of World Trade*, Vol. 42, No. 2, 2008, pp. 367–388.

Manyin, Mark E., Stephen Daggett, Ben Dolven, Susan V. Lawrence, Michael F. Martin, Ronald O'Rourke, and Bruce Vaughn. 'Pivot to the Pacific? The Obama Administration's 'Rebalancing' Toward Asia." *Congressional Research Service,* March 28, 2012.

Razeen, Sally. *Looking East*: *The European Union's New FTA Negotiations in Asia*. Brussels: European Centre for International Political Economy, 2007.

Searight, Amy. "The United States and Asian Economic Regionalism: On the Outside Looking in?" in Mark Borthwick and Tadashi Yamamoto, eds. *A Pacific Nation: Perspectives on the US Role in an East Asia Community*. Japan: Japan Center for International Exchange, 2010.

第十二章
兩岸關係與區域安全

壹、前　言

　　受到美蘇兩強在第二次世界大戰後隨即啟動「冷戰」時期，以致產生分裂分治局面以來，在迄今為止的半個多世紀中，隔著臺灣海峽對峙之兩個政治實體，一方面在國際舞臺上長期維持著一定程度之競爭關係，事實上，由於身處關鍵之地緣位置，兩岸亦始終是各方在理解並觀察區域乃至於全球安全環境時，不可或缺的一組變數來源。本章試圖從全球體系結構內涵變遷入手，首先由宏觀角度說明兩岸關係的「國際性」面向，然後再從微觀層次，進一步敘述兩組戰略三角關係的發展趨勢與政策暗示，希望讓有興趣於此一視角者，能獲得一個更清楚的觀察輪廓。

貳、全球體系結構下的兩岸關係進程

　　從字義上來看，所謂兩岸關係指的似乎是「一對雙邊關係」，亦即僅涉及臺灣與中國大陸兩個政權之間長期的歷史與政治糾葛，實則此一特殊互動關係，從一開始就無法擺脫國際因素的影響，後者不僅是影響其各個階段特徵的外部環境要素，相對地，兩岸關係也經常是在觀察自冷戰時期以來，亞太區域甚或全球安全環境時，始終不可或缺的一組變數來源。在此，本章首先便從全球結構角度切入，說明其間的互動重點所在。

一、美國霸權特徵及其對兩岸關係之影響

眾所周知，由於一定程度的文化聯繫性、工業化發展程度、緊密地理鄰接性、自獨立後逐漸形成的社會特徵，以及未受到兩次大戰直接波及等原因，美國逐漸在二十世紀初期崛起，不僅成為可與主要歐洲國家並駕齊驅的國家，❶甚至在第二次世界大戰後，還繼續躍升成為被稱為「超強」(superpower) 的霸權國家。進一步來說，身為英國之後第二個影響力幾乎擴及全球的強權，美國不但透過「布萊頓森林體系」(Bretton Woods System) 來掌控國際經濟發展，❷更將盤據「世界島」（歐亞大陸）的「邪惡共產主義國家」蘇聯視為美國國家安全與世界秩序最主要挑戰來源。❸相較於十九世紀崇尚商業性現實主義，並直接訴諸國家利益的歐洲國家，美國由於加入政治意識型態的「正當性」主張，也讓它更具道貌岸然的政策外表。

可以這麼說，自第二次世界大戰末期以來，美國的中國政策不僅受到其霸權地位的影響，亦是前述「現實面」（國家利益）與「理想面」（意識型態）交相激盪下的複雜結果。從前者來看，為繼續圍堵最大之陸權國家（俄國或蘇聯），中國大陸勢必成為美國全球戰略中的緩衝區 (buffer zone) 或制衡工具，由此，儘早結束中國大陸內戰並保持其「非共產化」，便成為美國霸權政策運作下的必然走向；❹儘管如

---

❶ Robert D. Schulzinger, *U.S. Diplomacy since 1900* (New York: Oxford University Press, 2002), pp. 19–37.

❷ Michael Hudson, *Super Imperialism: The Origin and Fundamentals of U.S. World Dominance* (London: Pluto Press, 2003), pp. 179–180.

❸ Robert D. Schulzinger, op. cit., pp. 207–210; Nancy B. Tucker, *Strait Talk: United States-Taiwan Relations and the Crisis with China* (Cambridge, Mass.: Harvard University Press, 2011), p. 1.

❹ Ernest R. May, *The Truman Administration and China* (New York: J. B. Lippincott Co., 1975), p. 10.

此，受到孤立主義遺緒或「重歐輕亞」戰略的影響，在中國大陸內戰期間到處出現的民族主義與要求民主化的口號，一方面透過國際傳播和輿論，影響了美國的決策過程，同時在因躊躇而錯失干預時機後，更讓美國為撇清責任而自縛手腳；❺事實上，類似的「虎頭蛇尾」例證在整個冷戰時期可說不勝枚舉，1965–1973 年的越戰便是一例，甚至到了後冷戰時期，2003–2011 年的伊拉克戰爭也是同樣個案。以中國大陸為例，在大陸內部要求打倒帝國主義與政治民主化等口號呼聲高漲，削弱了美國介入的正當性，美國顧及無法與中共方面建立正式聯繫，以及憂慮蘇聯勢力可能藉此進一步擴張赤化版圖，❻為求政策平衡起見，於是保存臺灣便成為勉強可接受的過渡選項之一，至於其正當性則首先來自 1950 年的「臺灣地位未定論」，❼其次，更乾脆轉而利用「法統延續」來解決問題，亦即在 1954 年與遷臺政府直接重建正式外交關係。❽自此，兩岸之間的長期分裂也成為定局。

---

❺　Dean Acheson, *Present at the Creation: My Years in the State Department* (New York: W. W. Norton, 1969), p. 302.

❻　例如在國民政府遷離南京後，美國駐華大使司徒雷登 (John L. Stuart) 卻留駐等候與中共談判，見 Theodore His-en Chen, "The United States and the Far East," *Current History*, No. 28 (1955), p. 22；事實上此時美國內部對於中蘇關係其實有著 「附庸」 或 「獨立」 的對立看法，請參考 US Department of State, *The Foreign Relations of the United States, 1949* (Washington, D.C., 1978)。

❼　美國的立場是不干預中國內戰，至於臺灣未來地位之決定「應俟太平洋地區安全恢復，中日條約簽署後，或交由聯合國討論。」Dean Acheson, "Crisis in Asia: An Examination of US Policy," *The Department of State Bulletin* 22, January 23, 1950, pp. 111–118.

❽　Lewis M. Purifoy, *Harry Truman's China Policy* (New York: New Viewpoint, 1976), pp. 298–306; Nancy B. Tucker, *Taiwan, Hong Kong, and the United States, 1949–1992: Uncertain Friendships* (New York: Twayne, 1994).

二、冷戰結構變遷與兩岸關係發展

事實上，兩岸自 1950 年代以來分裂分治的發展，不僅受到冷戰時期國際權力結構互動的制約，更是與冷戰時期最主要的霸權國家——美國——的一舉一動（無論是 1954 年簽署「共同防禦條約」或 1972 年發表「上海公報」）息息相關，反映出世局變遷的內涵。相較於國際社會在冷戰初期呈現「非美即蘇」的兩極化態勢，隨著第三世界不結盟運動的逐步滋長、美國內部反越戰情緒高漲、居高不下的國防財務壓力迫使美國放棄打「兩個半戰爭」的戰略安排，再加上意圖藉由 1969 年中蘇共「珍寶島事件」之際設法漁翁得利，促使美國重估其對中國政策，[9]尤其是在 1971 年季辛吉兩度密訪北京，間接導致中華民國被迫退出聯合國之後，美國的戰略「轉向」也將兩岸關係帶往另一個新階段。[10]

儘管部分美國決策者認為，「中國需要美國的程度，遠大於美國對於中國的需要」，[11]但隨著蘇聯在 1979 年入侵阿富汗，迫使新上任的美國總統雷根 (Ronald W. Reagan) 投入「新冷戰」，[12]並改變了其原先

[9] Harry Harding, *A Fragile Relationship: The United States and China since 1972* (Washington, D.C.: Brookings Institute, 1992); Robert S. Ross, *Negotiating Cooperation: US-China Relations* (New York: Columbia University Press, 1995); Andrew J. Nathan and Robert S. Ross, *The Great Wall and the Empty Fortress: China's Search for Security* (New York: W. W. Norton & Company, 1998), chapter 4.

[10] James H. Mann, *About Face: A History of America's Curious Relationship with China* (New York: Alfred A. Knopf, 1998), chapter 2.

[11] Ibid., pp. 132–134.

[12] 所謂「新冷戰」內涵可參見 1985 年「雷根主義」(Reagan Doctrine) 的闡釋，參見 US Government, *Weekly Compilation of Presidential Documents, XXI*, February 11, 1985, pp. 145–146.

的親臺立場。可以這麼說，直到 1989 年東歐變局與「天安門事件」爆
發之前，基於中共政權對於美國在經濟與戰略上的雙重價值，美國在
戰略上似乎開始出現較靠近中共的傾向，以致臺灣在國際空間上居於
劣勢。不過，由於鄧小平企圖聚焦經濟改革，有意暫時淡化衝突，因
此為兩岸關係帶來一段相對和緩時期。

三、全球化、區域化與後冷戰國際體系

在蘇聯崩潰導致兩極結構瓦解後，在國際社會引起關於下一個體
系結構特徵問題的關注；❸對此，除暫且將新階段稱為「後冷戰時期」
外，幾乎找不到其他的共識。❹從美國繼續在各項主要政經指標維持
遙遙領先局面的現實看來，或許我們可以接受杭廷頓 (Samuel P.
Huntington) 所謂「有限的單極體系」(limited uni-polar system)，❺或
中國最初所稱「一超多強」的說法。儘管如此，如果觀察到美國勢力
的相對衰落（以及在 2003 年伊拉克戰爭後之全球威望受挫），第三世
界國家透過聯合國等建制的國際政治民主化安排而逐漸顯露之集體議
題設定能力，全球化浪潮與網路時代略顯端倪，與區域整合運動的未
來展望等，我們或許不得不接受目前世界正走向「修正性多極體系」
(revised multi-polar system) 的多極化格局現實。

從這個角度來看，無論未來美國的霸權地位是否出現實質動搖，
在伊拉克僵局與全球金融海嘯的侵擾下，讓美國正處於某種霸權危機
的過渡階段中，❻假使它能把握機會進行自省與創新，或許有機會維

---

❸　John T. Rourke, *International Politics on the World Stage* (New York:
　　McGrew-Hill, 2003), p. 40.

❹　Kenneth Waltz, "Structural Realism after the Cold War," *International
　　Security*, Vol. 25, No. 1 (2000), pp. 5–41.

❺　Samuel Huntington, "The Lonely Superpower," *Foreign Affairs*, Vol. 78,
　　No. 2 (1999), pp. 35–49.

❻　See Niall Ferguson, "The Axis of Upheaval," *Foreign Policy*,

持地位，並繼續扮演影響兩岸關係的主要變數來源。相對地，若它仍企圖以制度擴散甚或先制攻擊來維持領導優勢的話，**⓱**尤其在那些美國扮演關鍵角色的潛在衝突區域（例如臺海問題）中，將埋下不穩定發展的變數，亦即兩岸之間的分立平衡將隨美國霸權地位變動而受到影響；特別對長期依賴美國的臺灣而言，可能產生傾向負面的發展。尤其進入後冷戰時期以來，隨著東亞區域主義的快速發展，不僅區域安全問題複雜多端，美國干預能力的下降，更使各個潛在議題之間的高度連動性引人注目。**⓲**在本章接下來的段落中，將繼續透過兩個「次結構」的角度，聚焦於新世紀以來的發展，試圖對這些區域安全問題的彼此連結進行闡釋，並設法說明它們與兩岸關係之間直接或間接的互動。

參、大三角：美中臺三邊關係

在冷戰結束後，由於美國得以繼續維持超強地位，甚至還有機會鞏固所謂單極體系，關於美國是否將建構「帝國」的探討亦紛紛出現，**⓳**例如甘迺迪 (Paul Kennedy) 便改變其原先認為美國將趨於衰弱

---

http://www.foreignpolicy.com/story/cms.php?story_id=4681

⓱ 相較於冷戰後期的退縮政策，新干預主義 (new interventionism) 或預防性防禦 (preventive defense) 等積極作法在後冷戰時期已代之而起；See Ashton Carter and William J. Perry, *Preventive Defense: A New Security Strategy for America* (Washington, D.C.: Brookings Institute, 1999).

⓲ Deepak Nair, "Regionalism in Asia Pacific: A Frustrated Regionalism?" *Contemporary Southeast Asia*, Vol. 31, No. 1 (2008), pp. 110–142; Bates Gill and Michael J. Green, "Unbundling Asia's New Multilateralism," in Green and Gill, eds., *Asia's New Multilateralism* (New York: Columbia University Press, 2009), pp.1–29; Kishore Mahbubani, "America's Place in the Asian Century," *Current History*, Special Issue (May 2008), pp. 195–200.

的說法，轉而指出其強大力量乃史無前例且無可比擬的，❷部分學者還認為遠超過英國，❷尤其是所謂「新保守主義者」。❷無論如何，由於東亞在美國後冷戰布局中日趨重要，中國大陸又為其鎖定的頭號目標，基於臺灣與此兩者的密切聯繫，其連動性也值得觀察。

一、變遷中的美國亞太戰略與臺灣的角色

正如前述，美國在後冷戰時期不僅更積極參與全球事務，東亞在其戰略中的相對地位亦不斷提升，例如在 1990 年首份「東亞戰略報告」中，❷儘管提出十年內分階段裁減駐軍的計畫，仍強調繼續在此地區駐軍的必要性，在 1992 年第二份報告中更聲稱美國在亞太地區的角色，已從冷戰時期的次要轉為主要地位。❷在柯林頓 (Bill Clinton) 政府上臺後，基於以「交往與擴大」為主軸的全球戰略布局，美國也

---

❶ 例如 Richard Haass 便將美國學界對其外交政策目標的建議歸納為威爾遜主義、經濟主義、現實主義、人道主義與最低限度主義等五個方向；Richard N. Haass, " Paradigm Lost," *Foreign Affairs,* Vol. 74, No. 2 (1995), pp. 44–48; see also "The Age of Non-polarity: What will Follow U.S. Dominance," Vol. 87, No. 3 (2008), pp. 44–57.

❷ See Paul Kennedy, *The Rise and Fall of the Great Powers: Economic Change and Military Conflict from 1500 to 2000* (New York: Random House, 2002).

❷ Josef Joffe, *Uberpower: The Imperial Temptation of America* (New York: W. W. Norton & Company, 2006), p. 28; Robert Jervis, "The Compulsive Empire," *Foreign Policy,* No. 137 (2003), p. 84.

❷ 部分學者認為，所謂「新保守派」乃起源自對於 1980 年代雷根政府政策的支持；See Stefan Halper and Jonathan Clarke, *America Alone: The Neo-Conservatives and the Global Order* (New York: Cambridge University Press, 2005).

❷ See *A Strategic Framework for the Asia Pacific Rim: Looking Toward the 21st Century* (Washington, D.C.: Department of Defense, 1991).

❷ 周煦，**冷戰後美國的東亞政策**（臺北：生智出版社，1999 年），頁 44–45。

在 1995 年提出第三份「東亞太安全戰略報告」，㉕一方面停止前述裁軍計畫，並選擇「制衡與融合」戰略，在 1998 年報告中進一步勾畫出美國未來對東亞地區的政策走向，包括：維持駐軍；強化美日軍事同盟；擴大在東南亞的安全合作與基地使用權；積極促使北韓朝有利方向發展；重申美澳軍事同盟重要性；與中國積極全面交往，建立長期穩定關係；擴大與俄羅斯在區域內的合作；推動地區信心建立措施與透明化的機制等。㉖

　　大體言之，為有效介入並操控東亞的安全局勢，美國在冷戰結束後便致力於在亞太地區構築「兩重一輕」的三大前線基地群，亦即在「第一島鏈」（以日本橫須賀港為中心）和「第二島鏈」（以關島為中心）的駐軍，以及以新加坡為中心的東南亞基地群。在 2001 年 911 事件後，由於沿朝鮮半島、臺灣海峽到東南亞的西太平洋區域被認為屬於「不穩定弧形地帶」，為有效應付預防性戰爭，美國乃不斷強化兩個島鏈之間的連結；其次，尤其在 2008–2016 年歐巴馬任內，一方面國務卿希拉蕊 (Hillary Clinton) 於 2009 年鄭重宣布美國將「重返亞洲」，甚至以「美國的太平洋世紀」為題，聲稱白宮已設立注重亞洲的「戰略方針」，㉗自 2012 年起所謂「再平衡」(re-balance) 更成為其戰略指導原則。據此，美國不僅積極調整對亞太戰略比重，日美於 2015 年通過新版「防衛合作指針」之目的，也是讓自衛隊與美軍從平時起實現一體化運作，由此，未來日本做為美國在此地區偵察及指揮中心的地

㉕ See *United States Security Strategy for the East Asia-Pacific Region* (Washington, D.C.: Department of Defense, 1995).

㉖ See Richard Sokolsky, Angel Rabasa, C. R. Neu, *The Role of Southeast Asia in U.S. Strategy toward China* (Santa Monica, CA.: RAND, 2000).

㉗ 2009 年之行也是自 1960 年代以來，美國國務卿首次將首次出訪地選在亞洲地區。Hillary Clinton, "America's Pacific Century," Foreign Policy, November 2011;
http://www.foreignpolicy.com/articles/2011/10/11/americas_pacific_century

位將更突顯；除此之外，美國非但藉北韓核試壓力，在 2016 年迫使南韓接受部署末段高空區域防禦系統 (THAAD)，川普在 2017 年首份「國家安全戰略報告」中，即直指俄羅斯與中國大陸為修正主義政權，並正式使用「印太」(Indo-Pacific) 此一新戰略概念，2018 年更將太平洋司令部改稱「印太司令部」，在在顯現美國的戰略積極性及未來發展方向。

從未來趨勢看來，西太平洋地區不僅對美國而言愈來愈重要，對中國大陸而言，更是能否保障自身利益的關鍵。至於美國的戰略調整方向則可從兩個角度來觀察：首先從「消極面」看來，主要作法便是透過前述關島基地整建計畫，設法由此支撐第一島鏈的戰略嚇阻能量；在「積極面」角度，美國似乎正逐步收縮對中國大陸的地緣圍堵網，亦即聯合日本將澳洲與印度納進新的「四角同盟」，在東南亞則設法利用南中國海問題拉攏越南成為美國的新盟友。值得注意的是，第一島鏈存在著兩個「戰略缺口」(strategic gap)，亦即臺灣與沖繩之間的宮古海峽（釣魚臺周邊海域），以及臺灣與呂宋島之間的巴士海峽，據此，無論自 2017 年起解放軍更積極推動「繞島巡航」，或美國於此同時積極提升並強化對臺關係，均可看出臺灣在美國區域戰略布局中的關鍵地位，及其潛在影響力。

無論如何，自 2016 年 12 月川普在當選後與蔡英文總統通話，創下臺美自 1979 年斷交三十七年以來，首度有美國總統當選人和中華民國總統直接通話的紀錄後，川普不僅於 2018 年簽署「臺灣旅行法」，接著批准了「2019 財年國防授權法案」，內容包括支持加強美臺軍事合作、擴大聯合軍事訓練、對臺軍售、安全合作及加強臺灣自我防衛能力等。其後，除了在 2018 年底批准「亞洲再保證倡議法」，據此美國將支持對臺灣軍售常態化並增進雙邊外交及國防接觸，美國國會在 2019 年推動「臺灣保證法」之後續發展亦值得關注。

二、中國大陸與美國的區域戰略攻防

事實上，美國調整其東亞政策，不只因為中國大陸經濟的快速增長，也因為後者對區域安全有舉足輕重的影響力；更甚者，美國之所以自 2009 年以來逐漸將戰略重心移往東亞，確實是為了因應「中國崛起」態勢對美國霸權日益顯著的潛在威脅。[28]除了經濟面之外，長期以來，人民解放軍 (PLA) 一直是鞏固中共對內統治的主要支撐，相關軍事改革早自 1980 年代便開始啟動。[29]在江澤民於 1992 年「十四大」報告提出建立「綜合國力競爭戰略」的新目標後，海洋利益便開始受到重視，[30]中國大陸的海洋戰略輪廓亦隨之浮現出來，並因為海洋戰略本身具備的「擴張性」意涵，從而備受關注。中共自 2008 年底派遣護航艦隊前往亞丁灣海域後，讓美國更關切中共海軍從「近海防禦」往「遠海防禦」過渡之趨勢，為因應此發展趨勢，美國國防部長潘尼塔 (Leon Panetta) 於 2012 年度「香格里拉對話」（亞洲安全會議）中雖表示「無意遏制中國」，但美國艦隊仍將於 2020 年前將主力移轉至太平洋，以遂行「再平衡」(re-balance) 的新戰略。[31]更甚者，包括 2012

---

[28] David Shambaugh, "China Engages Asia: Reshaping the Regional Order," *International Security*, Vol. 29, No. 3 (2004/05), pp. 64–99; Brantley Womack, "China and Southeast Asia: Asymmetry, Leadership and Normalcy," *Pacific Affairs*, Vol. 76, No. 4 (2003/04), p. 526.

[29] See Ellis Joffe, *The Chinese Army after Mao* (Cambridge, Mass.: Harvard University Press, 1987); Paul H. B. Godwin, *The Chinese Defense Establishment: Continuity and Change in the 1980s* (Boulder: Westview Press, 1983); Larry M. Wortzell, ed., *China's Military Modernization* (New York: Greenwood Press, 1988).

[30] James Holmes, "China's Maritime Strategy Is More than Naval Strategy," *China Brief*, Vol. 11, No. 6 (2011), pp. 10–13.

[31] See "Panetta says rising US military presence in Asia-Pacific region not

年航母編隊正式成形、2013-2015 年在南海填陸造島、2016 年推動包括重編戰區與成立新軍種在內之大規模軍隊改革，加上 2017 年第二艘航母下水，中共的一連串作為也有反制美國戰略之暗示意味。

　　總的來說，如何應對「中國崛起」態勢，絕對是在美國當前西太平洋戰略布局中的思考核心所在，尤其它對美國在東南亞利益甚至亞太權力平衡所造成之影響，❸❷更使美國感受到強烈的憂慮感。由此，美國與中共關係不啻為美國在新世紀中最重要的雙邊關係。相對地，中共在「十八大」政治報告中涉及外交政策部分雖然並不多，在對象上仍以「發達國家－周邊鄰國－發展中國家－國際組織（多邊外交）－外國政黨（黨際交往）」作為應對優先順序。值得注意，更關鍵者在於針對發達國家關係的表述上，相較於「十七大」報告提出「將繼續同發達國家加強戰略對話，增進互信，深化合作，妥善處理分歧，推動相互關係長期穩定健康發展」的說法，「十八大」報告的措辭則微調為，「將改善和發展同發達國家關係，拓寬合作領域，妥善處理分歧，推動建立長期穩定健康發展的新型大國關係」，其中，所謂的「新型大國關係」顯然是重中之重。至於 2017 年的「十九大」報告不僅重申「國內外形勢正在發生深刻複雜變化，我國發展仍處於重要戰略機遇期」，在凸顯「中國特色大國外交」之餘，與美國互動也因 2018 年川普發動貿易戰而愈發緊張。

intended to threaten China," *Washington Post*, June 2, 2012，
http://www.washingtonpost.com/world/asia_pacific/panetta-pentagon-to-shift-warships-to-pacific-60-percent-of-fleet-will-base-there-by-2020/2012/06/01/gJQAMQp07U_story.html

❸❷ Rommel C. Banlaoi, "Southeast Asian Perspectives on the Rise of China: Regional Security after 9/11," *Parameters*, Summer (2003), pp. 98–107; Elizabeth Economy, *China's Rise in Southeast Asia: Implications for Japan and the United States* (New York: Council on Foreign Relations, 2005); Evelyn Goh, "Southeast Asian Perspectives on the China Challenge." *Journal of Strategic Studies*, Vol. 30, No. 4 (2007), pp. 809–832.

三、中美關係與兩岸關係之互動影響

　　儘管部分人士認為，隨著中國邁向「和平崛起」，中美關係也將朝向正面發展，❸但也有不同意見，例如沙特 (Robert G. Sutter) 認為，中美雙方在亞洲議題上仍存在著下列幾個歧見，包括：臺灣問題（美國反對透過武力解決）、區域霸權問題（美國不希望被排除在亞洲議題之外）、共黨統治正當性（自由與人權議題）、美國的世界領導地位（中國始終堅持反霸立場）等。❸更甚者，即便面對 2009 年全球金融危機高峰期，五角大廈仍悄悄計畫將從伊拉克與阿富汗撤退的部隊重新部署到亞洲，然後根據「海空一體戰」(AirSea Battle) 概念，應用於與中國大陸所有可能戰爭，並用以補充 1992 年「國防計畫指導」的不足，旨在排除任何可能挑戰美國霸權的「同儕競爭對手」。❸一般認為，美中關係目前正處於不確定的尷尬時期當中；一方面不斷爆發或升溫的衝突顯示雙方很難建立起真正的戰略合作架構，但深陷複雜經濟互賴的現實，❸似乎也暗示直接軍事對抗不可能發生。從這個角度看來，

---

❸ See Wang Jisi, *China's Changing Role in Asia* (Washington, D.C.: The Atlantic Council of the U.S., 2004); David M. Lampton, "The Stealth Normalization of U.S.-China Relations," *The National Interest*, No. 73 (2003), pp. 37–48.

❸ Robert G. Sutter, *China's Rise in Asia: Promises and Perils* (Oxford: Rowman & Littlefield Publishers, Inc., 2005), pp. 26–27.

❸ "Pentagon Poised to Announce New Multiservice Air-Sea Battle Office," INSIDEDEFENSE.com, http://defensenewsstand.com/NewsStand-General/The-INSIDER-Free-Article/pentagon-poised-to-announce-new-multiservice-airsea-battle-office/menu-id-716.html

❸ 例如 Zachary Karabell 提出的 「超融合」 (superfusion) 概念一般，見 *Superfusion: How China and America Became One Economy and Why the World's Prosperity Depend on It* (New York: Simon & Schuster, 2009).

兩國當下所存在的互動，乃是某種既不能稱為熱戰，也非冷戰，或許可稱為「溫戰」(tepid war) 的狀態。

從某個角度來說，兩岸關係一度在 1987–1999 年間呈現相對緩和態勢，固然與此時期中共與美國「關係正常化」的進展有關，而在 2000–2008 年間的進入某種政治互動凍結狀態，也與小布希 (George W. Bush) 政府轉而將中國大陸視為「戰略競爭者」的變化直接相關。至於隨著中國大陸整體國力與影響力的提升，美國對中國大陸政策再度陷入爭辯，臺灣的安全與兩岸關係的穩定性亦可能因此受到微妙的影響，例如卡普蘭 (Robert Kaplan) 便認為，大約到 2020 年左右，美國將無法保證臺灣的安全，❸❼ 至於米爾斯海默 (John J. Mearsheimer) 在 2014 年的「告別臺灣」更引發新一波「棄臺論」高潮；❸❽ 但這些都還未成為共識，至於在中美雙方陷入亞洲政策競逐的情況下，自 2016 年底的「川蔡通話」以來，美國一方面在 2018 年決定對中國大陸發起「貿易戰」，同時在 2018 年至 2019 年初連續推出九項友臺法案，由此，兩岸關係或將因此面臨另一個轉捩點。

肆、小三角：日中臺三邊關係

自 1950 年代至今，美國的東亞戰略大體是以「美日安保體制」為基礎。儘管前國務卿貝克 (James Baker) 曾在 1991 年提出所謂「扇形架構」，企圖擴大並深化美國的主導性，但美日同盟依舊處於核心位置。❸❾ 可以說，在美國調整對亞洲政策的過程中，日本絕對扮演關鍵

---

❸❼　Robert Kaplan, "A Power Shift in Asia," Washington Post, http://www.washingtonpost.com/opinions/a-power-shift-in-asia/2011/09/23/gIQAhIdjrK_story.html

❸❽　John J. Mearsheimer, "Say Goodbye to Taiwan," The National Interest, March–April, 2014, http://nationalinterest.org/article/say–goodbye–taiwan–9931

❸❾　Secretary Baker, "The U.S. and Japan: Global Partners in a Pacific

角色；但於此同時，日本自身亦並非不存在獨立的政策思考過程，而這也會帶來一定的變數。

一、日本與臺灣特殊關係的發展與演進

儘管美國是影響日本與臺灣關係最主要的變數來源，但後兩者的特殊互動關係早在冷戰初期便開始發展，日本政界中當時形成一批以舊軍人勢力與保守派為主的力量，成為「臺灣遊說團」的主要成員。[40]更甚者，自1972年日本與中華民國斷交後，雙方仍努力維持實質關係，分別由「財團法人交流協會」與「亞東關係協會」作為新的準官方管道，而此種具有「民間交流、官方掛鉤」特色的「日本模式」，也成為美國在1979年與我國斷交後，捨棄「德國模式」（亦即雙重承認）而選擇的新模式；美國雖在建交聲明中強調「上海公報」的「一個中國」立場，但也表明「在此範圍內，美國政府與臺灣居民保持文化、商務及其他非政府關係」的立場，自此成為1980年代以來，我國對外交往的主要模式。

值得注意的是，日本雖與中華民國維持實質關係，同時也積極擴大與中國大陸的經貿往來，但在1990年代「中國威脅論」浮上檯面後，加上日本泡沫經濟開始崩潰，連續十餘年經濟低迷的困境，不僅讓日本必須面對「政治大國」夢碎的挑戰，甚至連東亞經濟龍頭的優勢亦飽受中國大陸的威脅；在民族主義與權力危機感的促使下，[41]隨

Community," *Dispatch*, Vol. 2, No. 13 (1991), pp. 841–846; James A. Baker, "America in Asia: Emerging Architecture for a Pacific Community," *Foreign Affairs*, Vol. 70, No. 5 (1991/92), pp. 1–17.

[40] 若干日本軍事顧問團（白團）成員自1950年起負責重新訓練在臺國民政府軍官，一直持續到1964–1969年間才大致結束；見戴國輝，**臺灣總體相：住民‧歷史‧心性**（臺北：遠流出版社，1989年），頁154–157。

[41] Kent Calder, "China and Japan's Simmering Rivalry," *Foreign Affairs*, Vol. 85, No. 2 (2006), p. 130.

著中共與日本對立態勢出現，臺灣與日本關係也出現向上發展態勢，雖主要呈現「官方（行政機關）冷，民間（民意機構、私人智庫與退休官員）與基層（在野黨與年輕議員）熱」的特徵，伴隨美國新亞太戰略，包括 2013 年「臺日漁業協定」在內，雙方在 2011–2015 年間共簽署二十八項協議（1972 年以來共簽署六十一項協議），官方關係明顯升溫。

二、中日互動對周邊環境與兩岸關係之影響

無論如何，日本和中國大陸的互動關係乃其東北亞政策中最重要一環。值得注意的是，就在臺灣自 1990 年代末採取「拉寬談判縱深策略」，迴避甚至放棄「一個中國」問題以增加籌碼，使兩岸關係一度進入「寒冬期」後，[42] 日本也因為企圖拉高與中華民國互動層級、歷史教科書問題，以及升高對釣魚臺主權訴求等議題，同樣面臨與中國大陸關係的低潮。[43] 不過，在 1997–2000 年間一度出現所謂「同盟漂流」現象的美日關係，[44] 由於美國在 2000 年後轉而將中共視為「戰略競爭者」，再加上日本因為經濟泡沫化，使其東亞經濟龍頭優勢亦面臨中國大陸的挑戰，在民族主義與權力危機感促使下，為反制中國崛起，日本也選擇強化與美國的關係。儘管中國大陸自 2004 年起取代美國成為日本最大貿易夥伴，但因日本右翼勢力擴張，兩國高層不但在 2001–2006 年間長期未互訪，日本更在 2005 年與美國一起召開「安全保障協商委員會議」，並計畫制定「共同戰略目標」，明確將「中國大

[42]　蔡東杰，**兩岸外交策略與對外關係**（臺北：高立圖書公司，2001 年），頁 312。

[43]　李建民，**冷戰後日本的「普通國家化」與中日關係的發展**（北京：中國社會科學出版社，2005 年），頁 179。

[44]　Funabashi Yoichi, *Alliance Adrift* (Washington, D.C.: Council on Foreign Relations, 1999); Michael J. Green, "Japan, the Forgotten Player," *National Interest*, No. 60 (2000), pp. 42–49.

陸加強軍備」與「北韓發展核武」列為亞太地區的不穩定因素。不過，中共與日本兩國倒也非一味地進行對立競爭，尤其在 2006 年小泉內閣下臺後，接下來數任首相都試圖緩和與中國大陸之間的緊張互動關係，特別是在 2009–2012 年期間，由於部分執政之民主黨領導者（例如小澤一郎與鳩山由紀夫）呈現若干隱性「親中」傾向，一度也讓日本外交與美日同盟走向轉變埋下伏筆。

隨著中國大陸對美國霸權地位威脅愈發明顯，尤其是 2010 年以來，美國對中共戰略似乎透露出「硬的更硬，軟的也硬」的走向。在硬戰略方面，無論各種強化軍事布署措施或不斷擴大軍事演習規模等，針對中國大陸而來的「敵對性」不言可喻，至於自 2002 年起逐年發布的「中國軍力報告」，透過掌握話語權在東亞地區乃至全球形塑「中國威脅論」氛圍，亦確實達到相當之效果。在此情況下，儘管在經濟（泡沫困局）與政治（政黨輪替）因素牽絆下，日本在中共與美國之間的戰略選擇一度有所遲疑，但同樣如日本自 1997 年起逐年發布「東亞戰略概觀」所形塑的走向一般，它最終仍選擇了強化美日同盟的道路，例如在 2012 年版報告強調日本應實現「動態日美防衛合作」後，❹⑤自安倍晉三 2012 年底再度擔任首相後，2015 年的新版防衛指針便首度突破「周邊事態」限制，讓雙方邁向全球合作新階段，同年日本透過行政命令解禁所謂「集體自衛權」，更徹底轉變過去「專守防衛」路線，2016 年並公開拋出修憲議題，目標當然是針對憲法第 9 條對戰爭之限制。至於臺灣與日本同步推動代表機構更名，❹⑥亦透露出某種端倪。

相對地，面對美日同盟互動升溫，中國大陸對外政策自然不可能

---

❹⑤ The National Institute of Strategic Studies, *East Asian Strategic Review 2012*, http://www.nids.go.jp/english/publication/east-asian/pdf/2012/east-asian_e2012_07.pdf

❹⑥ 日本在 2016 年將「交流協會」改稱「日本臺灣交流協會」，臺灣則在 2017 年將「亞東關係協會」改稱「臺灣日本關係協會」。

無所因應，亦愈發呈現「有所作為」態勢，**❹**尤其 2014 年底召開中共中央外事工作會議後，推進「周邊外交」顯然已超越與發達國家關係，成為中共外交的新核心 ， 從而正式確認其外交政策的重大轉變 。 在 2017 年解放軍開始推動對臺「繞島巡航」同時，其實對日本也有類似舉措，從而對後者帶來戰略壓力。值得注意的是，日本雖決定強化美日同盟，但並未放棄與北京改善關係，例如李克強便於 2018 年成為時隔七年再度訪日的中國大陸總理，習近平也於 2019 年兩度訪日，在埋下中日關係伏筆之餘，勢必對美日關係與東亞區域發展帶來一定之影響。

　　總而言之，如同牛頓第三運動定律的「反作用力」概念，以及現實主義權力邏輯所暗示的一般，中國大陸近來雖自滿於高速躍進的經濟成長表現，卻也無法迴避由於權力板塊重組所潛藏的敵對性，從這個角度看來，美日同盟經過跌宕後重新走回強化道路，即是理所當然的發展，對於企圖爭取區域乃至於全球領導權的中國大陸而言，也是在可見的未來必須面對的衝突與挑戰來源。由於臺灣與中共及日本存有潛在衝突的第一線（東海與釣魚臺海域）近在咫尺，我國既不能完全迴避，當然也必須為可能的事端做好萬全準備。

伍、我國的戰略挑戰與抉擇

　　自美國與中國大陸正式建交以來，對臺軍售便始終是其雙邊關係的爭執關鍵點。部分由於實力仍有差距，且中國大陸有賴美方支持其改革開放政策，在避免破壞既存關係格局的前提下，中方往往將抗議侷限於形式化層面，這也凸顯出美國作為雙邊互動主導者的基本角色；但從 2010 年以來，大陸方面對軍售議題的態度漸趨激烈，一方面反映

---

❹ Ross Terrill, The New Chinese Empire(New York: Basic Books, 2004), chapter 10; Constantine C. Menges, China: The Gathering Threat(Nashville: Nelson Current, 2005), pp.8–10.

出前述中美關係的「質變」發展，另一方面我國在處理兩岸與對外關係時，也必須特別留意此趨勢。

一、美國在兩岸關係中的角色變換

儘管美國是臺海兩岸互動過程最為關鍵的變數，但從實際面看來，美國的兩岸政策始終維持與時俱進，其扮演的角色也因此出現階段性的變化。首先是 1954–1970 年間的「不對稱同盟」(asymmetric alliance) 關係，儘管臺灣與美國藉由 1954 年的共同防禦條約形成同盟關係，但一方面基於臺灣對美國的極度依賴，再加上美國不斷以類似「宗主國」角色代替臺灣出面與中共斡旋，使臺灣實際上僅居第二層級的次要消極地位；其次是 1971–1978 年間的「不確定的不對稱同盟」(uncertain asymmetric alliance) 關係，由於美國的消極棄守，使得中國大陸在 1971 年的聯合國「中國代表權」投票中獲勝，據報導駐華大使藍欽 (Karl Rankin) 曾祕密建議採取「兩個中國」政策，但最後未被白宮所接受；[48]接著是 1979–1997 年間長期的「準同盟」(quasi-alliance) 關係，美國雖因與大陸建交而終結與臺灣的紙上同盟，但藉由同時制定的「臺灣關係法」，使雙方依舊存在非正式的同盟性質互動，在此同時，中共基於推動改革開放政策的需要、當時臺灣擁有的相對經濟優勢，以及臺灣在解嚴後所啟動的兩岸實質交流，這些都有助於中國大陸方面默認了美臺之間的「特殊關係」(special relationship)。

值得注意的是，由於中國大陸外交主軸在 1990 年代逐漸由「反霸」趨於隱性「稱霸」，迫使美國在 1994 年公布「對臺政策檢討報告」，並於 1995 年通過邀請前總統李登輝訪美作為制衡，[49]甚至在

---

[48] Karl Rankin, *China Assignment* (Seattle: University of Washington Press, 1964), p. 264.

[49] Warren Christopher, *In the Stream of History: Shaping Foreign Policy for a*

1996 年還公開介入臺海危機，但是在奈伊 (Joseph S. Nye, Jr.) 建議美國應採取某種「戰術模糊」政策後，中程協議 (Interim Agreement) 概念的提出更促使美臺關係在 1998–2006 年間進入 「介入性次同盟」(intervening sub-alliance) 狀態，⓾這暗示美國的戰略位置雖仍位於兩岸之間，但角色已顯著弱化。自 2007 年以來，美國與臺灣雙邊關係更朝向「調停性次同盟」(mediating sub-alliance) 狀態演進，其中蘭德公司 (RAND) 在「臺灣問題解決後之美中關係」研究報告中，暗示美國應選擇某種「折衷方案」(即在臺灣自我節制獨立企圖下，推動兩岸簽署和平協議)，前副助理國務卿薛瑞福 (Randy Schriver) 更直言「美中共管臺海已是事實」；換言之，美國在臺海問題當中的角色似乎愈來愈從原先「介入者」，轉向「誠實中間人」(honest broker) 邁進。

　　儘管自 2017 年川普上臺以來，美臺關係拉近或讓雙方可能重返「介入性次同盟」狀態，事實上，從蘭德公司於 2001 年建議美國「在戰略上接近臺灣」，2007 年提出前述「折衷方案」，到 2015 年報告提醒協防臺灣的挑戰等，⓿再再暗示美國重返亞洲之餘仍不排除撤退的可能性，這也是我國必須嚴肅面對的戰略事實。

New Era (Stanford: Stanford University Press, 1998), p. 287.

⓾　密西根大學教授（1998–2000 年擔任白宮國家安全委員會亞太事務資深專家）李侃如在 1998 年首次提出中程協議倡議，其後，國務院前亞太助卿陸士達 (Stanley Roth)、前美國在臺協會臺北處長張戴佑 (Darry N. Johnson) 及喬治華盛頓大學教授何漢理 (Harry Harding) 等，也曾先後詮釋類似概念。

⓿　Eric Heginbotham, et al., The U.S.–China Military Scorecard: Forces, Geography, and the Evolving Balance of Power, 1997–2017, RAND(2015),
http://www.rand.org/content/dam/rand/pubs/research_reports/RR300/RR392/RAND_RR392.pdf

二、臺灣在主從結構下的戰略機會

正如古希臘哲學家阿基米德 (Archimedes) 的名言：「給我一個支點，我可以舉起整個地球」一般，長期居於國際結構從屬地位的臺灣所需要的也不啻是某種「支點」，亦即一個可借力使力的政策槓桿空間。正如前文所提，由於中共與美國已進入經濟（匯率與主流貨幣議題）與軍事部署（第一島鏈攻防戰）短兵相接狀態，短期內衝突的機率高於合作的可能性；其中，特別是鞏固島鏈防禦網的部分，臺灣居於無可迴避的西太平洋地緣戰略樞紐位置，只要美國傾向繼續維持既有霸權地位，這即為我國未來最主要的談判籌碼。除此之外，如同「月盈則虧」的道理一般，臺灣近年來的外交困境主要是來自中國大陸崛起以及各國理性地選邊站有關；不過，透過經濟崛起提供商機是一回事，由於經濟崛起可能導致區域或全球權力轉移則又是另一回事，前者所帶來的乃是「機會」，後者則不啻埋下「威脅」的暗示；因此，掌握權力過渡中稍縱即逝的間隙不啻相當關鍵。

當然，所謂「兩大之間難為小」，想在大國夾縫中求生存絕非易事，有賴於高度理性的政策選擇；面對美國、日本與中國大陸在東亞的競逐，要達成與三者之間的平衡互動，只有貫徹「親美、和陸、友日」方針，並儘量避免捲入不必要的紛爭。除此之外，臺灣雖在政治外交方面空間有限，但國際經貿向來是我國突破現狀、參與國際活動與建制的重要途徑，❺❷過去如此，未來也將是臺灣凸顯自身「民主、和平與共存」價值的不二法門。從某個角度看來，唯有伺機推動建設性對話，❺❸或許我們方能獲致更多的彈性空間，以因應日趨複雜多變

---

❺❷ Alexander C. Tan, Scott Walker, and Tsung-Chi Yu, "Risk Diversification: Ensuring Taiwan's National Security," in Alexander C. Tan, Steve Chan, and Calvin Jillson, eds., *Taiwan's National Security: Dilemmas and Opportunities* (Aldershot: Ashgate, 2001), pp. 119–133.

的區域安全環境。

陸、結　語

從本章的敘述可知，首先，或許兩岸關係只有被放進更廣泛的全球角度來加以觀察，才能更清楚地掌握其發展之脈絡與可能性所在。其次，從冷戰到走向後冷戰的半個多世紀以來，國際結構內涵曾產生數度重大變遷（尤其是美國霸權地位的演進），這些變化對於兩岸關係確實存在顯著影響，我們也必須試圖掌握此等影響的細節，這亦是本章選擇從兩個戰略三角個案來加以闡釋的緣故。最後也是最重要的，瞭解兩岸關係不僅與臺灣的國家安全休戚相關，欲滿足前述安全需求，亦惟有以「鑑往知來」及「知己知彼」作為基礎，也就是在宏觀且通盤地審視兩岸互動的周邊環境後，選擇並做出最理性的戰略判斷。

問題與討論

一、從冷戰時期乃至於後冷戰階段，國際體系結構內涵如何影響兩岸關係？其彼此之間又存在何種互動態勢？

二、近期美國對中國大陸政策有何調整趨勢？對兩岸關係之可能影響又為何？

三、近期中國大陸與日本衝突持續升高的國際背景為何？未來可能走向如何？對於兩岸關係又可能產生何種連動影響？

四、美國對兩岸關係與美臺關係曾有過哪些階段性的政策轉折？目前出現何種進一步發展的可能性？對我國又可能帶來何種影響？

五、面對當前兩岸關係與東亞區域安全環境之間的連動性，我國的政策回應主要為何？我們又該如何進行自我評估？

---

❸ Richard C. Bush and Michael O'Hanlon, *A War Like No Other: The Truth about China's Challenge to America* (Hoboken, NJ: John Wiley & Sons, 2007), pp. 184–186.

參考文獻

李建民，冷戰後日本的「普通國家化」與中日關係的發展（北京：中國社會科學出版社，2005 年）。

周　煦，冷戰後美國的東亞政策（臺北：生智出版社，1999 年）。

蔡東杰，兩岸外交策略與對外關係（臺北：高立圖書公司，2001 年）。

蔡東杰，當代中國外交政策（臺北：五南圖書出版公司，2011 年）。

Bush, Richard C. *The Perils of Proximity: China-Japan Security Relations*. Washington, D.C.: Brookings Institute Press, 2010.

Bush, Richard C. and Michael O'Hanlon. *A War Like No Other: The Truth about China's Challenge to America*. Hoboken: John Wiley & Sons, 2007.

Carter, Ashton and William J. Perry. *Preventive Defense: A New Security Strategy for America*. Washington, D.C.: Brookings Institute, 1999.

Christopher, Warren. *In the Stream of History: Shaping Foreign Policy for a New Era*. Stanford: Stanford University Press, 1998.

Gill, Bates and Michael J. Green, eds. *Asia's New Multilateralism*. New York: Columbia University Press, 2009.

Halper, Stefan and Jonathan Clarke. *America Alone: The Neo-Conservatives and the Global Order*. New York: Cambridge University Press, 2005.

Harding, Harry. *A Fragile Relationship: The United States and China since 1972*. Washington, D.C.: Brookings Institute, 1992.

Hudson, Michael. *Super Imperialism: The Origin and Fundamentals of U.S. World Dominance*. London: Pluto Press, 2003.

Jisi, Wang. *China's Changing Role in Asia*. Washington, D.C.: The Atlantic Council of the U.S., 2004.

Joffe, Josef. *Uberpower: The Imperial Temptation of America*. New York:

W. W. Norton & Company, 2006.

Karabell, Zachary. *Superfusion: How China and America Became One Economy and Why the World's Prosperity Depend on It*. New York: Simon & Schuster, 2009.

Kennedy, Paul. *The Rise and Fall of the Great Powers: Economic Change and Military Conflict from 1500 to 2000*. New York: Random House, 2002.

Mann, James H. *About Face: A History of America's Curious Relationship with China*. New York: Alfred A. Knopf, 1998.

Menges, Constantine C. *China: The Gathering Threat*. Nashville: Nelson Current, 2005.

Nathan, Andrew J. and Robert S. Ross. *The Great Wall and the Empty Fortress: China's Search for Security*. New York: W. W. Norton & Company, 1998.

Ross, Robert S. *Negotiating Cooperation: US-China Relations*. New York: Columbia University Press, 1995.

Schulzinger, Robert D. *U.S. Diplomacy since 1900*. New York: Oxford University Press, 2002.

Sokolsky, Richard, Angel Rabasa, and C. R. Neu. *The Role of Southeast Asia in U.S. Strategy toward China*. Santa Monica, CA.: RAND, 2000.

Sutter, Robert G. *China's Rise in Asia: Promises and Perils*. Oxford: Rowman & Littlefield Publishers, Inc., 2005.

Tan, Alexander C., Steve Chan, and Calvin Jillson, eds. *Taiwan's National Security: Dilemmas and Opportunities*. Aldershot: Ashgate, 2001.

Terrill, Ross. *The New Chinese Empire*. New York: Basic Books, 2004.

Tucker, Nancy B. *Strait Talk: United States-Taiwan Relations and the*

Crisis with China. Cambridge, Mass.: Harvard University Press, 2011.

Tucker, Nancy B. *Taiwan, Hong Kong, and the United States, 1949–1992: Uncertain Friendships*. New York: Twayne, 1994.

Wortzell, Larry M., ed. *China's Military Modernization*. New York: Greenwood Press, 1988.

政治學

呂亞力／著

全書三十三章大致涵蓋四部分：第一部分是政治學學科的介紹；第二部分旨在剖析政府及相關事宜，本書在此部分的敘述，基本上遵循傳統的政治學，但也增添一些行為學者的研究；第三部分為純粹行為政治學的素材；第四部分介紹一些國際關係的知識，主要是針對無法修習國際關係課程的讀者之需要。而意識型態與地方政府兩方面的常識，為政治學入門者所不可缺乏，故特使其自成單元，一併列入。

政治學概論

劉書彬／著

本書試圖將政治學的立論基礎與概念，以深入淺出的方法講解，並使讀者可以落實到日常生活的範圍中。內容所採用的實例多數與我國遭遇的國內外情勢相關，期盼能藉由本書的出版，讓讀者能對政治學耳目一新；透過對個人相關事務的關切，引發對政治學的興趣，進而藉由本書的閱讀，建立起基本的民主法治觀念，裨益我國民主政治的發展。

當代政治思潮

蔡英文／著

本書闡述 1950 年代之後政治思潮的發展趨向，而推促且貫穿這半個世紀政治思潮的發展動力有二，一是對法西斯主義獨裁與極權主義全面控制的批判與反思；二是對自由民主真實意義的重新闡釋。作者以此作為論述的基本架構，分辨政治思潮的脈絡經緯，並剖析交錯其間的各種政治觀念及爭議。全書內容條理分明，能讓讀者切實掌握當代政治思潮的境況，並對自由民主的問題有更深刻的瞭解。

歐美民主憲政之源流：從古代民主到現代民主之實踐

王晧昱／著

本書探究歐美民主憲政之緣起，及其締造和發展的艱困過程與主要路徑，重視不同時代統治者與被統治者的互動，以及面對其間矛盾與衝突的因應作為，並檢視各時代的政治理念、政治勢力和政治制度的演化，以及在不同時代的變遷結構下，所層層注入的不同內容，尤其是抗爭者與思想家所主張的訴求，進而檢視現今歐美國家民主憲政上所形成的多樣風貌，以認識其實踐和發展成果。

中國研究：理論與實際

李英明／著

　　本書的七篇文章通過對名家著作的省思，探討在中國研究這個範疇中，種種歷史記憶的形塑與建構是如何被表現。同樣一個事件，在不同的視野和敘事觀點上，所表現出來的面貌可能天差地遠，如此，記憶和歷史真實其實是無法通過種種觀察或研究被客觀如實地還原。但是在每一次的研究和觀察的過程中，記憶或歷史因應著不同的時空條件被賦予新的詮釋、解釋或是敘事，從而也建構或形塑了新的記憶與歷史，使得記憶或歷史所形成的文本展現出多元的面貌。

國際政治經濟學理論

曾怡仁／著

　　國際政治經濟學（簡稱國政經，IPE）自 1970 年代發展以來，關於研究對象、方法途徑以及學科定位等，均呈現出多元的觀點，不僅有理論典範間的競逐，也有學派間的爭議。本書嘗試將國政經的主要研究途徑與代表性理論作深入的比較分析，同時，也探討國政經與政治經濟學或國際關係學等相關學科間的關聯性，冀望經由學科內與學科間的交錯討論，能夠幫助讀者系統性地瞭解國政經理論的發展圖像。